DIEDERICHS
GELBE REIHE

Wolfram Eberhard

Lexikon chinesischer Symbole

Die Bildsprache der Chinesen

Eugen Diederichs Verlag

Redaktion: Ulf Diederichs
Mit 269 Abbildungen im Text

CIP-Kurztitelaufnahme der Deutschen Bibliothek
Eberhard, Wolfram:
Lexikon chinesischer Symbole :
d. Bildsprache d.
Chinesen / Wolfram Eberhard.
1. Aufl. – Köln : Diederichs, 1987. –
(Diederichs Gelbe Reihe ; 68 : China)
ISBN 3-424-00878-8

NE: HST; GT

1. Auflage 1987

Umschlagentwurf: Eberhart May, Bergisch Gladbach
Satz: Fotosatz Böhm, Köln
Reproduktion der Schwarzweißabbildungen: LAP, Köln
Druck und Bindung: Druckerei Pustet, Regensburg
ISBN 3-424-00878-8

Einführung in die Symbolsprache der Chinesen

I

Die Vorstellungen, die man in Europa von China hatte, haben sich im Lauf der Zeit mehrmals geändert. Im Altertum war China ein geheimnisvolles Land, über das man nur wenig erfahren konnte. Im Mittelalter und noch bis Ende des 18. Jahrhunderts war es ein Land von unendlicher Größe, mit einer geordneten Verwaltung, mit verfeinerten Sitten, ein Land, das man bewunderte. Sogar die chinesischen Bauern, schrieb Leibniz, seien vornehm und distanziert wie in Europa nur der Adel, und sie zeigten keinerlei Gemütsaufwallung.

Dann kam die Zeit, in der China seiner militärischen Schwäche wegen ein Ziel der Kolonialmächte wurde - nun ein Land unter korrupter, harscher Regierung und einschneidenden, ja grausamen Gesetzen. Erst seit der Jahrhundertwende begannen einzelne Europäer einzusehen, daß man China nicht verstehen könne ohne Kenntnis der Sprache und vor allem seiner hochentwickelten, Poesie, Prosa und Lehrdichtung umfassenden, Literatur. So hat Richard Wilhelm, der als Pfarrer und Missionar in der deutschen Kolonie Kiautschou begann, durch seine Übersetzungen und eigenen Publikationen innerhalb zweier Jahrzehnte das Chinabild der Deutschen von Grund auf verändert. Er vermittelte die Überzeugung, daß der Westen durchaus der fernöstlichen Lebensanschauung und Weisheit bedürfe, er sah sich als Mittler zwischen den Kulturen. Auch nach seinem Tod vor fünfzig Jahren blieb die Frage: Denken die Chinesen anders als wir? Mehrere Forscher haben dies bejaht; sie gingen fast alle von der chinesischen Sprache aus. Chinesisch hat in unserem Sinn keine Deklination oder Konjugation. Alle Worte bestehen aus jeweils einer unveränderlichen Silbe. Es gibt kaum mehr als 400 Grundsilben, die zusammengesetzt eine Vielzahl neuer Begriffe bilden können. Da allerdings das Nordchinesische vier Tonhöhen hat, in denen man einen Laut aussprechen kann, erhöht sich die Anzahl akustisch unterscheidbarer Worte auf beinahe das Vierfache, aber die Zahl gleichlautender Worte ist noch immer sehr hoch. Dagegen sind wir ziemlich verschwenderisch: wozu sagt man »drei Menschen«, wo »drei« ja bereits den Plural anzeigt? Und wozu »ich war gestern im Theater«, wenn »gestern« schon die Vergangenheit ausdrückt? Und wozu noch das Geschlecht ausdrücken, das aus dem Zusammenhang sowieso klar wird?

Die grammatikalische Kürze hat Folgen. Wenn man den Zusammenhang nicht kennt, ist der chinesische Text oft nicht genau zu verstehen. Andererseits kann es durchaus den Reiz eines Liebesgedichts ausmachen, daß aus ihm nicht ersichtlich wird, wendet sich hier ein Mann an eine Frau oder an einen anderen Mann.

Weiter: Man kann nicht, wie wir es tun, ein Wort buchstabieren. Wenn ein Chinese merkt, daß sein Partner das Wort, das er eben gesprochen hat, nicht versteht, zeichnet er das Wort mit dem Finger der einen in die andere Hand. Alle Schriftzeichen sind Bilder und wenden sich daher ans Auge. Wir dagegen sind viel mehr Ohrenmenschen als die Chinesen. Die Bilder sind nur zum kleinsten Teil einfache Bilder – weniger als zweihundert; die Mehrzahl (bis zu achttausend Schriftzeichen werden von einem gebildeten Chinesen benutzt) sind zusammengesetzte Bilder, von denen der eine Teil ein Bild ist, z. B. ein Mann, eine Frau, ein Baum, ein Fisch; der andere Teil gibt eine Andeutung des Lautes, indem man ein anderes Bild wählt, dessen Aussprache man kennt, aber dessen Bedeutung dann nicht beachtet wird. Sobald ich ein chinesisches Schriftzeichen sehe, weiß ich, daß es eine Pflanze sein muß, kein Baum. Der andere Teil deutet die Aussprache an, und dadurch kann ich genauer sagen, daß die Pflanze in diesem Fall der Spinat sein muß und nicht die Schafgarbe.

Die jüngste Schriftreform Chinas hat allerdings dieses Prinzip so weit zerstört, daß viel mehr Schriftzeichen auswendig zu lernen sind, da sie keine Bilder mehr darstellen. Aber halten wir fest: Chinesen sind Augenmenschen; jedes ihrer Schriftzeichen ist ein Symbol und nicht wie bei uns eine Andeutung des Lautes. Für »Symbol« hatten die Chinesen bis in die neuere Zeit kein spezielles Wort, sie sagten einfach »Bild« (*hsiang*). Was aber ist ein Symbol? Begnügen wir uns statt einer langwierigen begrifflichen Erörterung mit der eher schlichten Feststellung C. G. Jungs: »Ein Wort oder ein Bild ist symbolisch, wenn es mehr enthält, als man auf den ersten Blick erkennen kann . . .« (*Man and his symbols,* London 1964). Wir werden uns hier mit denjenigen Symbolen beschäftigen, die nicht Schriftzeichen sind, sondern Bild und Ausdrucksweise. Sie sagen durch mehr oder weniger realistische Darstellung indirekt etwas aus, was vielleicht auch durch einen Satz ausgedrückt werden könnte, aber eben nicht mit Worten gesagt werden will.

Vor fast fünfzig Jahren schon hat Ferdinand Lessing von einer »Symbolsprache« der Chinesen gesprochen, einer zweiten Form der Sprache, die alles durchdringt und gleichsam eine zweite Art der Kommunikation zwischen Menschen ist, höher zu stellen als die einfache Sprache und auch vielfältiger, nuancenreicher. Solchen Feststellungen geht dieses Buch nach.

Es folgt aber auch in gewisser Weise Emil Preetorius, der eine der schönsten Sammlungen ostasiatischer Kunst zusammenbrachte und resümiert: »Alle Malereien des Ostens sind sinnbildlich gemeint, und ihre charakteristischen Themen wie Felsen, Gewässer, Wolken, Tiere, Bäume, Gräser sagen nicht nur sich selbst, sondern noch ein weiteres aus: sie bedeuten etwas. Es gibt im Osten schlechthin kein Ding der gesamten Natur, der belebten und unbelebten, ja nahezu auch kein Artefakt, das nicht zugleich Symbolwert hätte, sofern es sich darstellen und in dem einen oder anderen Sinne deuten läßt.« Und Preetorius fügt hinzu, »daß Bildzeichen und Schriftzeichen sich berühren in Form und Gehalt, daß sie nicht selten völlig einander durchdringen« (Katalog der Sammlung Preetorius, München 1958).

II

Auch wenn nach Preetorius' Worten das Erlernen der Malkunst in China der Schreibkunst durchaus verwandt ist, besteht zwischen beiden ein beträchtlicher Unterschied, wenn man sie als Mittel der Kommunikation auffaßt. Etwas Geschriebenes soll eine »Botschaft« vermitteln, die der Leser verstehen soll oder zumindest versuchen soll zu verstehen. Der gebildete Chinese teilt dem Empfänger eines Bildes oder Schriftstücks oft nicht direkt mit, was jener erfahren soll; er kleidet seine Mitteilung häufig in Zitate aus der alten Literatur; sie wird also nur dem verständlich, der das Zitat kennt. Das Bild und das einzelne Symbol, das darin zu sehen ist, kann zweifach »gelesen« werden: als ein Kunstwerk, das den Empfänger erfreuen soll, oder als ein Segenswunsch für den Empfänger, etwa in der Bedeutung, daß er ein langes Leben haben möge. Das Bild als Ganzes oder das einzelne Symbol im Bilddetail wendet sich also an einen anderen: um ihm einen ästhetischen Genuß zu verschaffen und ihm zugleich einen Wunsch in verhüllter Form zu überbringen.

Diese Verhülltheit hat mit der Einstellung der Chinesen zum Körper und zum Sexus einiges zu tun. In allen Fragen des Geschlechtslebens sind sie seit jeher außerordentlich prüde; zwar sind neuerdings Texte aus der Zeit um 200 v.Chr. aufgefunden worden, in denen sexuelles Verhalten in einfachen Worten, aber recht deutlich ausgedrückt wurde; in späteren Texten jedoch wird alles Sexuelle bildhaft und wortspielerisch umschrieben, und alle Regierungen Chinas bis in die Gegenwart haben sich bemüht, das, was sie als Pornographie ansahen, zu unterdrücken und auszurotten. Der weise Konfuzius bejahte den Sexus durchaus, auch wenn er ihn mehr im Rahmen der Ehe und nur im verborgenen Kämmerlein billigen konnte. Der spätere Konfuzianismus jedoch ging in einigen Vorschriften so weit, daß er dem Ehemann riet, die körperliche Berührung seiner Frau tunlichst zu vermeiden. Ob das allgemein praktiziert wurde, läßt sich mit Fug bezweifeln. Aber Liebe und Sexus öffentlich zu zeigen, verstieß gegen die Sitte. Und der erotische Bereich wurde in der Literatur wie in der Kunst nur indirekt, mitunter sehr subtil angespielt: durch eine verhüllte zweite Bedeutung des Symbols, die der Empfänger der Botschaft wohl versteht, über die er aber nicht spricht. Für den Absender der Botschaft war es immer eine besondere Freude zu sehen, ob der Adressat seine verborgene Andeutung verstanden hatte oder nicht.

Im Zusammenhang mit dem Spiel der erotischen Symbole kann man auch das dem Symbol innewohnende Wortspiel sehen – was darum besonders nahe liegt, weil in China so viele Worte gleichlautend sind. So kann der Satz »yo yü«, wenn er ausgesprochen wird, bedeuten »er hat Überfluß« (z. B. an Reichtum), oder »es gibt Fische«. Ein abgebildeter Fisch ist also ein Wortspiel, denn der Empfänger eines solchen Bildes weiß sofort, daß der Absender ihm »Reichtum« wünscht; und das nicht, etwa weil Fische so viele Eier legen oder immer in großen Scharen auftreten.

Wortspiele wenden sich an das Ohr des Chinesen, oft zugleich auch an sein Auge. Wortspiele, die auf einem Dialekt beruhen und nicht auf dem »Mandarin« (d. h. der Sprache der Beamten bzw. dem Hochchinesisch), sind allgemein schwer zu verstehen. Darum sind Wortspiele in China weniger häufig als bildliche Symbole.

Noch ein anderes Moment ist von Bedeutung und das nicht nur, weil hier wiederum ein großer Unterschied zwischen China und dem Westen besteht: China hat keine Porträtkunst entwickelt. Das kommt auch von daher, daß es früher üblich war, beim Tod einer hochgestellten Persönlichkeit einen Maler zu bestellen; der brachte bereits das Bildnis eines Mannes in Amtskleidung mit sich, oder das einer Dame in Gesellschaftskleidung, er brauchte nur noch die Gesichtszüge in das Bild einfügen. Porträts von lebenden Personen gab es so gut wie keine, sieht man einmal von Kaisern, Philosophen und Gottheiten ab. Diese und auch die Totenbilder vermeiden jede Andeutung des Erotischen; Männer und Frauen sind immer bekleidet dargestellt. Welch ein Gegensatz zum Westen, wo selbst in der religiösen Ikonographie unbekleidete Frauen, Männer, an der bloßliegenden Mutterbrust säugende Kinder gang und gäbe sind.

Nacktheit ist für Chinesen das Zeichen eines unzivilisierten Menschen; selbst dort, wo sie pornographische Szenen darstellen, sind diese – ganz im Gegensatz zu japanischen Figurationen – von einer beinah kindlich zu nennenden Harmlosigkeit. Scham hat im heutigen China fast die gleiche tugendhafte Bedeutung wie zu Konfuzius' Zeiten. Alles Sexuelle wird in Symbolen oder Wortspielen lediglich angedeutet.

III

Wie ist solche Verhaltenheit zu erklären? Warum nicht direkt sagen oder tun, was man doch sagen oder tun will? Mir scheint, ein Faktor spielt dabei eine sehr wichtige Rolle: Schon in der Ära Konfuzius (um 500 v.Chr.) lebten die Menschen in schmalen Häusern, in engverschachtelten Dörfern zusammen. In den Dörfern lagen die Häuser so dicht wie möglich beieinander, um so viel Land zum Anbau zu haben wie es nur irgend ging. In den Städten reihten sich die Häuser ebenfalls dicht aneinander – wie im europäischen Mittelalter –, um die Verteidigungsmauern in einem kleinen Radius zu halten: je kürzer die Stadtmauern, desto besser waren sie zu verteidigen.

Die Hütten der Ärmsten waren aus Zweigen und Stroh, die besseren Häuser aus Lehmziegeln mit Ziegeldächern. Bis vor nicht allzu langer Zeit waren die Fenster einfache Öffnungen in der Wand, bestenfalls mit Papier verklebt. Drinnen waren die Zimmer nur durch leichte Wände, oft aus Papier, getrennt. Jedes Wort, das in einem Raum gesprochen wurde, konnte man im ganzen Haus hören. Einzelzimmer gab es für die Familie nicht und daher auch keine Geheimnisse zwischen den Familienmitgliedern. Auch die Nachbarn im Nebenhaus konnten noch fast jedes Wort hören.

Viele Jahrhunderte hindurch – um das weiter auszuführen – waren durch Gesetz jeweils fünf Familien gemeinsam haftbar für ein Verbrechen und mußten den Polizisten der Regierung auf jede Frage Rede und Antwort stehen; sie konnten nicht sagen, daß sie nichts wüßten. Daher war die Regel, daß man nicht viel sprechen solle und alles zu vermeiden habe, was zu Streit in der Familie oder innerhalb der Nachbarschaft führen könne. Analog dazu vermied man in der Kunst, Erotisches klar auszudrücken; man drückte sich nicht direkt aus, um nicht dem anderen zu schaden oder ihn zu verletzen. So auch zog man Landschaftsmalereien den Porträts oder Gesellschaftsbildern vor; verdeckt durch Symbole legte man etwas durchaus »Gesellschaftliches« hinein, was der andere übersehen konnte oder still lächelnd verstehen würde. Die Landschaft zeigt sich als ein Kosmos, geordnet und harmonisch; wer Wasser nahm, mußte Wasser abgeben, und wer Rücksicht forderte, mußte Rücksicht nehmen. Kein Wunder, daß die europäischen Missionare und Reisende des 16. bis 18. Jahrhunderts die Chinesen als ein »altes« Volk schildern, abgeklärt und voller Weisheit - aber ohne Leben.

Aber Chinesen sind zu jeder Zeit lebendige Menschen gewesen, nur zurückhaltender, weil sie immer berechnen mußten, wie die anderen ihre Lebensäußerungen auffassen würden. Sie bilden eine Gesellschaft, die versucht, durch symbolische Formen und Ausdrucksweisen wie auch durch Ritual den einzelnen zum Mitglied einer gesitteten und geordneten Gesellschaft zu machen.

Bezeichnenderweise gab es bis in die Neuzeit in China kein Wort für »Freiheit«, weder im philosophischen noch im politischen Sinn; das alte Wort dafür, das man jetzt benutzt, hatte immer die negative Nebenbedeutung »losgelassen sein«. So gab es auch kein Wort für Individualismus, und keines für »Gleichberechtigung«. Nach chinesischem Verständnis ist kein Mensch dem anderen gleich: er ist entweder älter als der andere, oder männlich und dadurch höherstehend als das weibliche Geschlecht, oder in einer höheren Position innerhalb der staatlichen Hierarchie. »Brüderlichkeit«, wie sie schon ein Prinzip des frühen Christentums war, gab es in China nicht, denn der einzelne sah sich stets als Teil einer Familie, und gegen jemanden, der keine Familie besaß, hatte man keine Verpflichtung. Die tragende Gesellschaftslehre, der Konfuzianismus, regelte die Pflichten des Menschen, nicht so sehr dessen Rechte. Ein Benehmen, das sich streng an die Bräuche (*li*) hielt, war seit jeher Richtschnur der Erziehung.

In Form von Zyklen vollzieht sich das Leben des einzelnen wie der Gesellschaft. Von der Geburt bis zum Tode gliedert sich das Menschenleben in Zyklen von acht (Mann) oder sieben (Frau) Jahren. Das Jahr umfaßt vier - oder manchmal fünf - Perioden. »Das Jahr ist gegliedert durch Feste, die Erlebnisse sind geordnet durch Sitten« (Richard Wilhelm, *Die Seele Chinas*); Ziel der Jahreszeitenfeste ist es, das Einvernehmen zwischen den Menschen und der Natur zu erneuern.

Zu den Zyklen, die Ordnung schaffen oder Ordnung symbolisieren, gehört das Jahr mit seinen 2 mal 6 Monaten oder 24 Abschnitten, gehört der Monat mit seinen 4 mal 7 Tagen, gehören die fünf Himmelsrichtungen (die fünfte ist die Mitte) und auch die fünf Planeten oder die drei Stufen des Kosmos: Himmel, Erde und in der Mitte der Mensch. Noch die Götter sind ein Teil dieser Weltordnung: sie sind früher Menschen gewesen, die ihrer guten Taten wegen in die höchste Stufe aufgerückt sind. Unter ihnen befinden sich die gewöhnlichen Sterblichen, und ganz unten die Toten, die sich in böse Dämone verwandeln können oder im Fegefeuer schmoren, bis ihre Sünden abgegolten sind. Alle drei Welten sind gleich und nur graduell voneinander verschieden.

IV

Versuchen wir einmal, die Objekte, die als Symbole dienen, in Gruppen zusammenzufassen, so ergeben sich einige interessante Beobachtungen. Der Mensch zeigt sich als das wichtigste Objekt, sowohl physisch wie auch als soziales Wesen, und mit ihm die Dinge, die von Menschenhand erschaffen sind Dies wiederum entspricht einer Grundcharakteristik der chinesischen Weltanschauung: der Mensch steht in der Welt als erstes. Die Tiere, Pflanzen, selbst Himmel und Erde sind ihm unterstellt (eine Anschauung, wie sie auch die biblische Schöpfungsgeschichte kennt).

In der belebten Natur sind Tiere wichtiger als Pflanzen. Haustiere aber sind nicht so häufig Symbole wie die wilden Tiere. Den gleichen Befund machen die Analysen von chinesischen Träumen, in denen Rind, Schwein und Huhn selten auftreten. Umgekehrt ist es bei den Pflanzen: fast alle Bäume oder Sträucher sind von Bedeutung im täglichen Leben, sie werden als Früchte oder Rohstoff von Parfümen oder als Baumaterialien gebraucht.

Die Naturphänomene wie Wolken, Regen, Tau, Donner sind für den Menschen natürlich auch sehr wichtig. Tiere haben für ihn etwas Ambivalentes; nicht wenige unter ihnen sind eine Gefahr für ihn oder haben Qualitäten, die ihn in gewisser Weise beeindrucken.

Selbst ein so vielschichtiger Begriff wie *tao*, den man mit »Sinn« oder »Prinzip« übersetzt hat und von dem sich der seit Laotse wirksame Taoismus herleitet, geht eindeutig auf Naturbeobachtungen zurück. In den Lehm- und Lößgebieten Nordchinas war nach längeren Regengüssen kein Durchkommen mehr; erst wenn ein Weg (*tao*) gebahnt war, kam Ordnung ins Land.

Die überwiegende Zahl der Symbole Chinas bezieht sich auf Dinge, die man mit dem Auge erfassen kann; sie können als *Formsymbole* bezeichnet werden. Oft ist der Begriff, den man symbolisch darstellen will, gleichlautend oder beinah gleichlautend mit dem Symbol (wie etwa *fu* das Glück, und *fu* die Fledermaus, die daher Symbol des Glücks ist); in solchen Fällen kann man von *Lautsymbolen* sprechen.

Dann gibt es Symbole, die mit dem Geruch, und andere, die mit dem Geschmack zusammenhängen. Neuerdings ist der Forschung aufgefallen, wie wichtig auch der Tastsinn für viele Chinesen ist. Wie fühlt sich ein Ding an, ist es kühl und weich wie Jade; ist es glatt, hart, geschmeidig? Die letzte Gruppe von Symbolen kann als *Eigenschaftssymbole* gelten; bestimmten Objekten, vor allem Tieren, werden bestimmte Eigenschaften zugesprochen (etwa dem Adler Stärke bis ins hohe Alter).

V

Wenn man durch unser Buch, das etwa vierhundert Symbole beschreibt, hindurchwandert, fällt einem bald auf: Viele Symbole beziehen sich auf einige wenige Dinge. Für Chinesen sind dies die höchsten Werte des täglichen Lebens – der Wunsch nach einem langen Leben in Gesundheit, der Wunsch nach hoher sozialer Stellung und der Wunsch nach Kindern (d. h. nach Söhnen).

Daneben verschwinden Wünsche, die sich auf ein Jenseits oder eine Wiedergeburt beziehen, ein Wohlwollen der Gottheiten, ein Vermeiden von Sünden. Das chinesische Pantheon der alten Zeit kennt Hunderte von Gottheiten. So gut wie alle waren früher einmal Menschen und sind erst nach ihrem Tod zu Göttern geworden. Als solche haben sie mehr Macht als die lebenden Menschen – mit Ausnahme des Kaisers von China –, aber sie können manipuliert, ja sogar bestochen werden, genau so wie Lebende in hohen Stellungen. Das Verhältnis von Mensch zu Gott ist im chinesischen Universismus ein völlig anderes als im Christentum oder Islam.

Daß man sich in der alten Zeit vornehmlich Söhne wünschte, hat durchaus Gründe. Sie müssen nach dem Tod des Vaters die Mutter und die jüngeren Geschwister versorgen, sie müssen auch dem toten Vater die Opfer darreichen, ohne die er zu einem »Hungergeist« würde. Keine Söhne zu haben, war früher eine der schlimmsten Befürchtungen eines Mannes. Darum wurde – bis 1928 – Polygamie erlaubt, wenn sie auch nicht sehr verbreitet war: nur Reiche konnten sie sich leisten. Einfacher war es, einen Sohn aus der Familie, z. B. einen Neffen, zu adoptieren. Man wußte auch, daß Kinderlosigkeit physische Gründe haben konnte. Nicht von ungefähr gab es eine Fülle von Regeln, wann und wie der eheliche Beischlaf vonstatten gehen solle, und die sexuelle Nebenbedeutung so mancher Symbole hat immer auch mit dem Kindeswunsch zu tun.

Wenn man ältere Studien zur chinesischen Symbolforschung, etwa die Bücher von Williams und Yetts, überprüft, fällt einem das fast gänzliche Fehlen der sexuellen Komponente auf. Soweit ich sehen kann, haben diese Studien ihr Material der klassischen Literatur und Dichtung entnommen bzw. sich von chinesischen Gelehrten bei ihrer Arbeit helfen und beraten lassen.

Dabei ist der Reichtum an sexuellen Symbolen in Volksromanen und im Volksmund erstaunlich, und ich habe versucht, wenigstens einiges Wichtige auf dem Gebiet mit in diese Sammlung aufzunehmen. Manche dieser Symbole haben einen »harmlosen« Sinn, der auch in den älteren Sammlungen behandelt wurde; daneben aber noch einen anderen, der nicht in den üblichen Büchern steht, der aber in seiner Bedeutung den meisten Chinesen geläufig ist. Sie zeigen sich in der Tat nicht so abgeklärt, wie es scheint – abgeklärt ist nur die klassische Literatur und Philosophie. Die Dichtung dagegen spart nicht mit Anspielungen auf das sexuelle Leben, mögen sie noch so versteckt sein.

Aber auch in anderer Hinsicht ist das Studium der chinesischen Symbole aufschlußreich. Es lassen sich aus ihnen nämlich einige der Denkkategorien herauslesen - ein noch wenig beackertes Gebiet, dessen Kenntnis äußerst wichtig wäre für ein *wirkliches* Verständnis der Chinesen. Nehmen wir z. B. das Gegensatzpaar *ch'ao-yeh: ch'ao* ist der Hof des Kaisers und *yeh* ist die Wildnis. *ch'ao* ist Hof und die ihn umgebende Hauptstadt. *yeh* sind alle Dörfer, alles Land, ob kultiviert oder brachliegend; *yeh* ist aber auch das *wilde* Tier, ein *wilder* Kult, nämlich einer Gottheit, die nicht vom Kaiser anerkannt ist. Bei uns würde man den Ausdruck »Stadt und Land« gebrauchen, aber dies bedeutet Ganz etwas anderes. *shan - hai* heißt »Berg und Meer«, doch man meint damit dasjenige, was von Bergen und Meeren umschlossen ist, also das Land als Ganzes; der Ausdruck Berg-Gespenster und Meer-Geister (*shan-ching, hai-kui*) umfaßt hingegen alle mehr oder minder gefährlichen Geister. *shan-shui,* Berge und Wasser, kann sich auch auf »fließendes Wasser und hohe Berge« beziehen, aber für sich allein bedeutet es »Landschaftsgemälde«. Denn solch ein Gemälde zeigt in überwiegender Mehrzahl Berglandschaften und Flüsse oder Bäche.

Ein Erdbeben wird beschrieben als »Berge schütteln, die Erde bewegt sich« (*shan yao, ti tung*). Bei all diesen Kompositionen begrifflicher Gegensätze, zu denen noch viele andere, wie rein - unrein, hoch - tief, usw. gehören, hat das erste Wort den Nebensinn des Männlichen, das zweite den des Weiblichen. Untersuchungen über solche Wortfelder sind erst am Anfang.

In diesem Buch werden aus diesem Grund nicht nur die Symbole »als solche« behandelt, sondern gelegentlich auch die Objekte, die man gern in symbolischen Umschreibungen erwähnt, z. B. das Auge. Das Auge selbst ist kein Symbol wie z. B. in vielen Ländern der »böse Blick« durch ein Bild eines Auges abgewendet werden kann. Aber man liebt es, das Auge symbolisch zu beschreiben oder zu umschreiben. Die Augenbraue dagegen kann dem Kenner symbolhaft einen ganz bestimmten Charakterzug einer Person andeuten.

VI

Im Gegensatz zu den Symbolen, die wir von der europäischen Geistes- und Kulturgeschichte her kennen, gebrauchen die Chinesen nur wenige Symbole im religiösen Sinn; zumeist werden sie im gesellschaftlichen Verkehr benutzt. Wenn man jemanden besucht, muß man ein Geschenk mitbringen; es kann sogar Geld sein, ohne daß dies gleich als Korruption angesehen wird. So wie wir Blumen mitbringen, bringt man also einem Freund, einem Verwandten, einem Lehrer etwas mit - es kann eine Vase sein oder ein bemalter Teller, ein besticktes Täschchen, und alle sind geschmückt mit Symbolen.

Diese Symbole deuten an, wir sagten es schon, was man dem Beschenkten auch mit Worten nahebringen könnte; aber in solchen Situationen gelten Worte als zu primitiv. So ein Symbol ist weitaus subtiler. Der Beschenkte muß sich das Geschenk genau ansehen, muß es studieren, und nun erst findet er zwei, drei Details auf dem Geschenk, die ihm sagen, was der Schenker ihm wünscht. Dies beginnt schon mit dem Einwickelpapier, wenn ein solches benutzt wird: es muß rot sein, wenn es sich um ein Geburtstags- oder Hochzeitsgeschenk handelt, aber niemals, wenn es mit einem Kondolenzbesuch verbunden ist. Oft ist das Einwickelpapier nicht einfach rot oder grün, sondern weist kleine Muster auf, die der Europäer vielleicht gar nicht beachtet, die aber wiederum einen Wunsch ausdrücken, wie den Wunsch für langes Leben, für glückliche Ehe etc. So sind schon die Grundfarben Symbole für sich allein.

Symbolische Handlungen sind in China ebenfalls beliebt. Ganz gleich, ob der Angesprochene älter ist als ich oder jünger, rede ich ihn an, als wäre er der Höherstehende; erst im Laufe dieses Jahrhunderts hat diese Art zu sprechen abgenommen – so wie bei uns die Briefformel »Euer Hochwohlgeboren« oder »mit vorzüglicher Hochachtung«.

Jemandem zu sagen, er solle sich schämen, ist nicht schicklich. Aber eine leichte Bewegung mit dem Zeigefinger auf der unteren Backe wird dem Betroffenen, ohne daß die Beistehenden es immer beachten, dasselbe sagen. Aber der andere ist nicht öffentlich beschämt, da ich mich ja nur gejuckt haben könnte ...

Beim Gebrauch von Symbolen im täglichen Leben kommt immer noch die Spannung hinzu: ist der andere klug genug, den Sinn des von mir gewählten Symbols zu verstehen, oder versteht er ihn nur halb.

VII

Die erste Anregung zu diesem Buch kam mir durch die Studien meines Lehrers Ferdinand Lessing, die er in der Zeitschrift »Sinica« 1934/35 veröffentlichte; er hat mich in die moderne chinesische Umgangssprache eingeführt. Für die lexikalischen Vorarbeiten habe ich westliche und japanische Spezialliteratur, soweit erreichbar, mit zu Rate gezogen. Aber das meiste Material kommt direkt aus der chinesischen Literatur, aus Romanen und Theaterstücken, einiges aus der erotischen Dichtung. Aus Gemälden und Fresken, aus der Volkskunst und dem Volksglauben erfuhr ich manches. Es würde das Buch allzusehr befrachten, wenn ich in jedem Fall die Quellen angeben würde, zumal die meisten nur dem Sinologen erreichbar und für ihn lesbar sind.

Dieses Buch setzt sich auch Grenzen. Es will vor allem diejenigen Symbole erklären, die noch heute lebendig sind oder die zumindest noch heute verstanden werden. Altchina, d. h. die Epoche vor etwa 1800 Jahren, besaß eine großenteils andere Symbolik; und es ist in der Tat schwer, die sinnbildliche Bedeutung von Darstellungen herauszufinden, wenn keine Quellen zur Hand sind, die den Sinn erschließen. Versuche in dieser Hinsicht sind natürlich gemacht worden; ich erwähne nur die Namen von Carl Hentze und Anneliese Bulling. In sehr vielen Fällen ist man auf die eigene Kombinatorik und Eingebung angewiesen, da die zu Rate gezogenen chinesischen Fachleute oft auch nur Vermutungen äußerten.

Das gilt z.B. für T'ao-t'ieh, die Darstellung einer Maske auf Bronzen aus vorchristlicher Zeit: sie soll einerseits »Vielfraß« bedeuten, nach Meinung anderer Forscher einen Tierkult (mit zwei seitlich abgebildeten Tierköpfen) versinnbildlichen. Auch nach 2000 Jahren ist hierfür keine überzeugende Deutung gefunden worden, was mich schließlich veranlaßt hat, auf einen solch strittigen Begriff zu verzichten.

Dieses Buch beschränkt sich außerdem auf Symbole, die allen Chinesen bekannt waren und sind. Spezielle buddhistische und taoistische Symbole sind nur gelegentlich erwähnt. Es gibt deren viele, doch ist ihre Kenntnis nur einem Kreis von Gläubigen und Fachexperten bekannt. Solch ein ganz spezielles Symbolwerk, wie es von Erwin Rousselle ansatzweise behandelt wurde, wäre eine sehr verdienstvolle Tat.

Nicht behandelt ist auch der Fundus an Symbolen, den sich die Zimmerleute, die Maurer und die Schmiede in ihren Berufen geschaffen haben. So ist dieses Buch nur eine Einführung und vieles kann noch getan werden, bis der gesamte Symbolschatz der Chinesen gehoben ist.

An dieser Stelle möchte ich all denen, die mir geholfen haben, meinen Dank aussprechen, an erster Stelle dem Herausgeber, Herrn Ulf Diederichs, der nicht nur meinen Stil verbessert, sondern auch zahlreiche Zusätze gemacht hat, die aus der deutschen Übersetzungsliteratur oder der sinologischen Fachliteratur stammen. Dank auch meinem Kollegen und Freund Prof. Alvin Cohen, dann Frau Dade Singapuri, die die symbolträchtigen chinesischen Stickereien für den Bildteil zur Verfügung gestellt hat, sowie Frau Hwei-Lee Chang für die Anfertigung der chinesischen Zeichen, und dem Ostasiatischen Museum, Köln, für seine Hilfe bei der Bildbeschaffung.

Wolfram Eberhard

Aal
shan 鱔

Der chinesischen Flutsage nach soll Hsiang-liu, ein »Minister« des mythischen → Kaisers Kung-kung, der die Sintflut Chinas hervorrief, ein Aal gewesen sein. Eine andere, nur fragmentarisch erhaltene Mythe sagt, daß Chiang-shen (der Gott des Yangtse) ein Leck im Schiff mit einem Aal verstopft habe - eine Geschichte, die an Varianten der biblischen Sintflutgeschichte erinnert. Wenn eine → Schlange einen Aal frißt und nur noch der Kopf des Aals herausschaut, muß man ihn sofort abschneiden: wer diesen Aalkopf bei sich trägt, hat gute Einkünfte und gewinnt immer beim Spielen.
Im Volksmund ist Aal ein Wort für Penis, wie auch in Japan. »Gelber Aal« bezeichnet einen Homosexuellen.

Acht
pa 八

Die Zahl acht ist, wie alle geraden Zahlen, weiblich, d. h. eine Yin-Zahl. Sie tritt in Kombinationen auf: die acht Symbole des → Gelehrten z. B. sind → Perle, der → Klangstein, die Münze (→ Geld), der → Rhombus, → Bücher, Gemälde, das → Rhinozeroshorn und das Artemisiablatt (→ Schafgarbe). Diese acht Symbole, auf manchen Bildern als stark verkleinerte Embleme zu erkennen, können zu vier verkürzt oder zu vierzehn erweitert werden; sie gelten manchen auch als die acht Kostbarkeiten des Konfuzianismus. Die acht Symbole der → Unsterblichen - auch die acht taoistischen Heiligen genannt - sind → Fächer, → Schwert, → Flaschenkürbis, Kastagnetten, Blumenkorb, → Bambusrohr, → Flöte, → Lotos. Es sind zur Person gehörige Embleme.

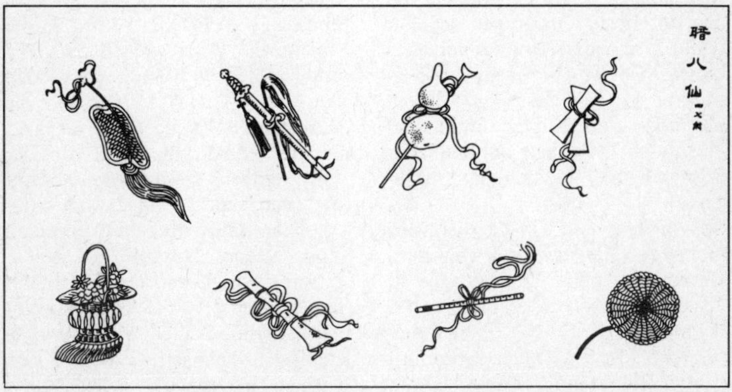

Die Symbole der acht Unsterblichen

Die acht Unsterblichen wünschen Glück

So wie Konfuzianismus und Taoismus durch acht Sinnbilder (Emblemata) ausgedrückt werden, hat auch die dritte große Lehre Chinas ihre Sinnbilder: Meeresschnecke, → Schirm, → Baldachin, → Lotos, → Vase, → Fisch, endloser → Knoten, Rad der Lehre symbolisieren die verschiedenen Aspekte des Buddhismus.

Alle möglichen Kombinationen von ungebrochener und gebrochener Linie, in einem Komplex von drei Linien, spielen die acht → Diagramme (*pa-kua*) des I-ching durch. Eigentlich sind es Trigramme, und sie finden sich als sinnbildlicher Schmuck auf Gemälden, Stickereien u. ä.

Obwohl acht eine Yin-Zahl ist, wird sie in der Zahlenmystik mit dem Mann als einem Yang-Wesen in Beziehung gesetzt: »Das Leben des Mannes wird von der Zahl 8 beherrscht. Mit 8 Monaten bekommt er die Milchzähne, mit 8 Jahren verliert er sie. Mit 2 x 8 Jahren wird er mannbar, mit 8 x 8 Jahren zeugungsunfähig.« Die polare Kraft → *yin* bewirkt die Veränderungen des → *yang*, wie umgekehrt bei der → Sieben die Kraft der männlichen Acht die weibliche Entwicklung beeinflußt.

Die acht »Pfeiler des Himmels« genannten Säulen in der alten Kosmologie haben mit den acht Himmelsrichtungen, den acht Bergen und den acht Pforten zu tun, durch welche die Regenwolken eintreten und die acht → Winde. Im »Buch der Riten« (Li-chi) heißt es über die Windrose: »Welches sind die acht Winde? Von Nordosten kommt der Flammenwind / Von Osten kommt der brausende Wind / Von Südosten kommt der heitere Wind / Von Süden kommt der große Sturm / Von Südwesten kommt der kühle Wind / Von Westen kommt der dauernde Wind / Von Nordwesten kommt der scharfe Wind / Von Norden kommt der kalte Wind« (übers. Richard Wilhelm).

Adler
ying 鷹

Der Adler ist auf Bildern als Symbol der Stärke zu finden. Wenn er dabei auf einer → Kiefer sitzt, ist das Bild als Geschenk an einen alten Mann gedacht: er möge stark sein wie ein Adler und lange leben wie die Kiefer. Ein Adler auf einem Felsen im Meer versinnbildlicht den → Helden (*ying*), der alleine kämpft.

Bei den Hunnen (*hsiung-nu*) in Zentralasien, in der Zeit vom 1. Jahrhundert v. Chr. bis Ausgang des 2. Jahrhunderts n. Chr. war der Adler das Symbol des Herrschers.

Wenn ein Adler mit einer → Schlange kämpft, handelt es sich um den indischen Garuda-Vogel.

Adler auf Meeresfelsen: Symbol des Einzelkämpfers

Affe
hou 猴

Nicht nur in der indischen Mythologie spielt der Affe eine bedeutende Rolle, auch in Südchina (wo verschiedene Arten vorkommen) und in Tibet; einer tibetischen Legende nach ist er sogar Ahnvater aller Tibeter. Berichte von Affen, die Frauen entführt und mit ihnen Kinder gezeugt haben, sind in Südchina geläufig; verschiedene chinesische Klans leiten sich von einer solchen »Mischehe« ab.

Auch Gottheiten, wie in Indien der Affenkönig Hanuman, erscheinen in Gestalt eines Affen. Am bekanntesten ist Sun Wu-k'ung, der den buddhistischen Pilger Hsüan-tsang auf seiner Reise nach Indien begleitet und ihn aus vielen gefährlichen Situationen gerettet, ihm aber auch durch Temperament und Schabernack viele Schwierigkeiten bereitet hat. Im alten Schelmenroman »Die Reise nach dem Westen« ist er eine der Hauptfiguren. In Theaterstükken, die Szenen aus dem Roman darstellen, ist der Schauspieler ein Tänzer mit weißgeschminktem Gesicht, der eine lange Stange hält; sein Tanz erregt allgemeines Gelächter.

Man hat dem Affen in Südchina vielfach Tempel gebaut, in denen er als Ch'i-t'ien ta-sheng (der dem Himmel gleichende große Heilige) verehrt wurde. Im Volksmund dagegen symbolisiert er den Ehebrecher. Im chinesischen Tierkreis ist der Affe das neunte Tier, er folgt auf das

Affe auf Affe: »Möge jede Generation den Grafenrang erhalten«

Pferd, mit dem zusammen er oft dargestellt wird. Zeigt ein Bild den Affen zu Pferde, heißt dies *ma-shang feng-hou,* und das besagt infolge der Lautgleichheit: »mögest du sofort (*ma-shang*) mit dem Grafenrang belehnt werden (*feng hou*)«. Ein solches Bild läßt sich z. B. einem → Beamten schenken.

Häufiger noch wird ein Affe mit → Pfirsich in Händen dargestellt (schon erwähnt im klassischen Roman »Die Metamorphosen der Götter«:) er überbringt den Pfirsich des → Langen Lebens. Einer Mythe nach hat er ihn im Pfirsichhain der → Hsi-wang-mu gestohlen.

Eine andere bildliche Darstellung zeigt zwei Affen auf einer → Kiefer, was lautsymbolisch besagt: »Mögest du von Generation zu Generation mit dem Grafenrang belehnt werden.« Die gleiche Bedeutung hat ein Bild, auf dem ein Affe auf dem Rücken (*pei*) eines anderen Affen hockt.

Ahnentafel
chu 祖

Die Ahnentafel ist ein Holzbrettchen, oft lackiert; etwa 10–20 cm breit und mindestens doppelt so hoch. Es enthält den Namen und oft den Titel des Verstorbenen, manchmal auch den traditionellen Heimatort und andere Angaben. Die Tafel repräsentiert den Toten; im Volksglauben nimmt man an, daß dessen Seele, zumindest bei Opfern, auf der Tafel weilt, sobald sie mit einem Tropfen Hahnenblut »belebt« worden ist. Die Tafel steht bei wohlhabenden Familien in einem speziellen Ahnentempel, in dem alle Mitglieder des Klans versammelt sind; bei armen Familien auf einem Tischchen an der Nordwand des Empfangs- oder Wohnzimmers, flankiert von Weihrauchständern und anderem. Die Tafeln werden je nach Stellung des Toten in der Familienhierarchie aufgestellt; neben den Tafeln der Männer sind die ihrer Hauptfrau zu finden. Man bezeugt den Ahnen an bestimmten Tagen des Jahres seine Ehrfurcht; man kann sie auch um Hilfe und Rat bitten. Je größer die Zahl der Tafeln, desto stolzer ist die Familie auf ihre Ahnen.

Wenn eine Tochter → heiratet, kommt ihre Tafel nach dem Tod zu der ihres Mannes; aber keine unverheiratete Tote kann bei den Tafeln ihrer eigenen Familie stehen. In solchen Fällen gibt es zwei Möglichkeiten: einmal kann man eine Totenhochzeit (*ming-hun*) abhalten,

d. h. entweder eine Familie, deren Sohn vor der Heirat gestorben ist, bitten, ihn mit der toten Tochter nachträglich zu vermählen; oder einen lebenden Mann bitten, die Tote zu heiraten. Er ist dann gewissermaßen Witwer und kann oft sofort eine andere, lebende Tochter der Familie heiraten. Bei diesem Arrangement fallen die traditionellen Hochzeitsgeschenke für die Familie der Braut weg; ja, der Mann erhält sogar noch Geld für seine Hilfsbereitschaft.
Die dritte Möglichkeit ist, die Tafel in einem speziell dafür eingerichteten Raum eines buddhistischen Tempels aufzustellen, gegen Zahlung einer nicht geringen Summe.
Die Volksrepublik China hat die Ahnentempel zerstört und sich bemüht, den Kult im Haus abzuschaffen; es ging ihr weniger um Einheit und Stärke der einzelnen Familien als um die Stärkung der Macht des Staates.

Affe im Ahorn, nach dem Amtssiegel greifend: »Mögest du im Grafenrang das Siegel tragen«

Ahorn 楓
feng

Ahorn ist lautgleich (*feng*) mit »belehnen«. Auf Bildern sieht man gelegentlich einen → Affen auf einem Ahorn. Unter ihm ist ein Bienennest (*feng*). Er versucht, ein in Tuch eingewickeltes Paket zu bekommen, das im Baum hängt. In diesem Paket ist ein Amtssiegel, das Zeichen der Amtswürde, die man dem mit einem solchen Bild Beschenkten wünscht.

Alarmstab 警杖
ching-chang

Rasselstab mit einem Ring am oberen Ende, an dem weitere Ringe hängen: dieses Symbol stammt aus Indien und tritt nur in buddhistischem Zusammenhang auf. Es symbolisiert den Bettelmönch, der die Tiere auf der Erde warnt zu entweichen, um nicht von ihm zertreten zu werden.

Alraun 曼陀羅
ya-pu-lu

Das Alraun lernten die Chinesen spätestens im 13. Jahrhundert von Mohammedanern in Mittel- oder Westasien kennen; die chinesische Bezeichnung ist eine Umschreibung von *yabrûh.*

Die klassische Gebrauchsanweisung lautet: man grabe einen Gang in die Erde, bis man an die Wurzel kommt, diese lasse man von Hunden herausbuddeln, die freilich danach durch den Gifthauch der Pflanze umkommen. Man verstecke sie dann noch ein Jahr in der Erde, dann werde sie getrocknet. Schon eine kleine Kostprobe mache den Menschen drei Tage lang gefühllos und wie tot.

Ameise 螞蟻
ma-i

Wohl weil die zweite Silbe des Wortes Ameise auch »Tugend« (*i*) bedeutet, gilt sie als Symbol der Tugend und des Patriotismus, aber auch als Symbol für Eigennutz.

Im Hinterland von Shanghai ist »Ameise« eine Bezeichnung für den Makler im dörflichen Handel, wohl wegen seines ausgeprägten Sinns für den eigenen Vorteil. Im übrigen spielt die Ameise im chinesischen Symbolismus keine große Rolle.

Amulett

Amulette und Talismane werden schon in der ältesten Literatur Chinas erwähnt. Sie konnten aus verschiedenstem Material angefertigt

Amulett, das die acht Diagramme enthält und den allgemeinen Segensspruch »Glück wie das Ostmeer, Langes Leben wie das Südgebirge«

sein: in späteren Zeiten häufig aus Papier, auf das eine Botschaft an die bösen → Geister geschrieben war, sie möchten dem Träger des Amuletts nichts antun. Da sich eine solche Schrift nicht an Menschen, sondern an Geister wendet, ist sie in Geisterschrift aufgezeichnet. Ihre Schriftzeichen haben eine gewisse Ähnlichkeit mit der chinesischen Schrift, aber nur Taoisten beherrschen sie völlig. Ein handgeschriebenes Amulett gegen Feuer ist, so versichern einige Taoisten, auch für Geister in den westlichen Ländern verständlich, da die Geisterschrift auf der ganzen Welt einheitlich sei.
In der Tat ist diese Schrift sehr alt; im Werk des Ko Hung (281–361 n. Chr.), nämlich dem Pao-p'o tse, findet sich ein ganzes Wörterbuch dazu.
Da die Chinesen den → Kalender als außerordentlich wirksam und praktisch unentbehrlich ansahen, wurde noch sein Papier als Amulett benutzt: Alte Kalender z. B, wurden am Schweinestall aufgehängt oder verbrannt und ihre Asche dem Futter beigemengt, als probates Mittel gegen Seuchen.

Angler *yü-fu* 漁夫

Ein älterer Mann, in einfacher Kleidung am Fluß angelnd, stellt Chiang Tse-ya (auch: Chiang T'ai-kung) dar, der der Sage nach vom ersten → Kaiser der Chou-Dynastie - um 1050 v. Chr. - auf der Suche nach

Des Anglers Zufallsglück

einem weisen Ratgeber beim Angeln angetroffen wurde. Der künftige Kaiser angelte sich diesen Mann, d. h. er stellte ihn sofort ein, als Hauptstrategen im Kampf gegen die verrottete Shang-Dynastie. Diese Geschichte überliefert der Roman Feng-shen yen-i aus dem frühen 17. Jahrhundert, übersetzt von W. Grube u. d. T. »Die Metamorphosen der Götter«.

Ao 鰲

Der Ao ist eine riesige Seeschildkröte, nach anderer Überlieferung ein riesiger Fisch. Von ihm wird überliefert, in der Urzeit habe die Göttin → Nü-kua einen der vier Pfeiler, der die Erde trug, mit sei-

nem Bein repariert. Einem anderen Glauben nach ruht die Erde auf dem Rücken der Schildkröte Ao. Lange Zeit waren die Chinesen der Auffassung, daß sie den Erdboden sicherer machen könnten, indem sie → Schildkröten aus → Stein aufstellten, die eine schwere Tafel trugen: Himmel und Erde seien damit fester verbunden.
Der Ao-shan, d. h. Ao-Berg, liegt auf den »Inseln der Seligen«, den paradiesischen → Inseln im Ostmeer. Zum → Neujahrsfest machte man früher, schon seit dem 12. Jahrhundert, große Aufbauten aus Laternen und beweglichen Figuren, die diesen Weltberg darstellten.
Ao-Kopf war die Bezeichnung desjenigen, der die höchste literarische Prüfung als Bester bestanden hatte. Symbolisch wird der Wunsch, Bester zu sein, dargestellt als eine Frau mit Stab, die einen → Pfirsich in der Hand hält; zu ihren Füßen greift ein Kind einen Ao an. Ein solches Bild drückt den Wunsch nach Erfolg in der Staatsprüfung aus.
Der Ao gilt auch als ein Tier, das gerne → Feuer frißt. Daher wird es häufig als Dachreiter geformt, der vom Dachfirst herab das Feuer abwehrt.

Apfel *p'ing-ko* 蘋果

Die besten Äpfel kamen früher aus Korea und Japan, da die chinesischen nicht so schmackhaft waren. Äpfel sind noch jetzt verhältnismäßig teuer, daher ein gutes Geschenk – zumal Apfel (*p'ing*) den Frieden (*p'ing*) symbolisiert. Jedoch darf man keinem Kranken einen Apfel schenken, da Apfel (*p'ing*) und Krankheit (*ping*) beinahe gleichlautend sind. Apfelblüten wiederum symbolisieren die → Schönheit einer Frau.
Der wilde Apfel blüht in Nordchina im → Frühling und ist ein Sinnbild für diese Jahreszeit. Außerdem steht der wilde Apfel (*hai-t'ang*) für die → Halle des Hauses (*t'ang*); zusammen mit ihr und der → Magnolie (*yü-lan*) auf einem Bild dargestellt, drückt er aus: »Möge (*yü*) dein Haus reich und geehrt werden.«
Die berühmte Schönheit Yang Kuifei, die Geliebte eines Kaisers der T'ang-Dynastie, wurde »Paradiesapfel-Mädchen« (*hai-t'ang nü*) genannt.

Apfelsine *chü-tse* 橘子

Die Apfelsine ist eine Frucht Südchinas – und ein beliebtes Geschenk für die Kinder. Als ein Musterbeispiel kindlicher Pietät (→ *hsiao*) galt Lu Chi, der bei einem Besuch zwei Apfelsinen in die Tasche steckte, um sie beide seiner Mutter zu geben; er selbst aß keine. Da Apfelsine (*chü*) lautähnlich mit *chu* (um Glück beten) ist, gilt sie als glückbringende Frucht und wird besonders am zweiten Tag des → Neujahrsfestes gegessen. An dem Tag ließ der Kaiser früher Apfelsinen an seine Beamten verteilen.

Zwei Apfelsinen, zwei Fische im Korb: »Jedes Jahr Glück«

Eine der Apfelsine verwandte Frucht ist die bittere Orange (*yüan*): sie symbolisiert → »Schicksal« (lautgleich).

Aprikose 杏
hsing

Die Aprikose steht symbolisch für den zweiten Monat des alten Kalenders (etwa März bei uns). Sie ist auch ein Symbol für die → schöne Frau; eine rote Aprikose jedoch bezeichnet eine verheiratete Frau, die ein Verhältnis hat.
Man kann die Aprikose auch Pai-kotse (Weiße Frucht) oder Pai-ko chih (Hundert-Frucht-Zweig) nennen, dann symbolisiert sie den Wunsch nach hundert Söhnen (*pai-ko tse*). Die Aprikosenkerne werden mit den → Augen einer schönen Frau verglichen

Asche 灰
hui

Weil Asche grauschwarz ist, wie sogenanntes »Rabengold« (eine Mischung aus Gold und Kupfer), ist sie ein Symbol von Reichtum. Außerdem vertreibt sie → Geister, besonders Totengeister. Der Ausdruck »Asche kratzen« bedeutet Inzest zwischen Schwiegervater und Schwiegertochter.

Astrologie 占星學
chan hsing hsüeh

Chinas Astrologie ist aufs engste mit der Naturphilosophie verbunden. »→ Himmel, → Erde und → Mensch sind die drei Weltkräfte, und der Mensch ist es, der die beiden anderen – den Himmel, die schöpferische Kraft des zeitlichen Geschehens, und die Erde, die empfangende Kraft der räumlichen Ausdehnung – in Harmonie zu bringen hat. Der Himmel zeigt die Bilder, der Berufene verwirklicht sie. Das Buch der Wandlungen, in dem der Satz steht, ist auf der Erkenntnis aufgebaut, daß nicht die ruhenden Zustände die letzte Wirklichkeit sind, sondern das geistige Gesetz, von dem jegliches Geschehen seinen Sinn und den Impuls dauernder Wirkung erhält« (R. Wilhelm).

Der Berufsastrologe stellt ein Hochzeits-Horoskop: Passen die Eheleute zusammen?

Das I-ching (»Buch der Wandlungen«) ist das bekannteste der chinesischen → Orakelbücher; es wurde um die Zeitenwende kanonischer Text und gewissermaßen zum Indikator für die Wechselwirkungen zwischen himmlischen und irdischen Kräften. Wenn auf der Erde gegen die Gesetze der Moral verstoßen wird, erscheinen am Himmel Unregelmäßigkeiten. Wenn etwa der → Kaiser zu stark unter den Einfluß der Kaiserin geriet, so wurde die (männliche) → Sonne verdunkelt oder es kam sogar zur Sonnenfinsternis.
Den »12 Sternstationen« oder gelegentlich auch »28 Mondstationen« entsprechen auf Erden 12 bzw. 28 Regionen: Teile von China oder, in früherer Zeit. Lehnsstaaten unter chinesischer Herrschaft. Wenn in einem der Gebiete Sternschnuppen zu sehen waren, bedeutete dies, das Volk war von seinem Herrscher (oder → Beamten) abgefallen, weil dieser seinen Pflichten nicht nachgekommen war.
Chinesische Astronomen benennen die 12 Sternstationen nach dem (aus bisher unerklärbaren Symbolen bestehenden) → Zwölferzyklus; sie haben keine Beziehung zum westlichen → Tierkreis, obschon er seit dem Mittelalter den Chinesen geläufig war.
Auch Unregelmäßigkeiten im Lauf der → Planeten wurden genau beobachtet und ausgedeutet.
Obwohl manche Heilige (→ Unsterbliche) als »Emanation« von Sternen vorgestellt wurden, haben die → Gestirne keinen direkten Einfluß auf das Leben eines Individuums. Die Verbindung von den »10 Himmelsstämmen« (d. h. den

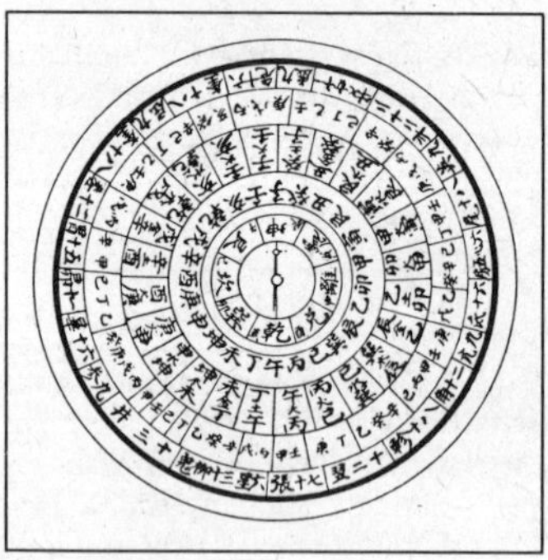

Kompaß für Astrologen und Geomanten (gebrannte Tonscheibe)

Der Herzog von Chou, dem die Erfindung des astrologischen Kalenders zugeschrieben wird – vor 3100 Jahren

→ fünf Wandlungszuständen in ihren positiven und negativen Aspekten) und den »12 Erdenzweigen« (Sternstationen) ergibt Zyklen von jeweils → sechzig Jahren, die für die chinesische Astrologie maßgeblich sind. Das Horoskop jedes Menschen besteht aus acht Zeichen: dem Jahr, Monat, Tag und Stunde der Geburt, durch je zwei Zeichen ausgedrückt.
Das astrologische Denksystem hat nach und nach fast alle Handlungsbereiche der chinesischen Kultur strukturiert. Praktisch gesehen, war ein Horoskop vor allem vor Abschluß einer → Heirat nach der alten Sitte vonnöten: man untersuchte, ob die Horoskope beider Partner in Einklang standen oder nicht. Hier machte man sich das Zwölfersystem als Tierzyklus zunutze; es ergab sich z. B. die Frage, ob ein im Zeichen des Hahns geborener Mann harmonisch mit einer im Zeichen Drachen geborenen Frau zusammenleben könne – oder ob er nicht besser eine andere, die unter dem Zeichen Ratte geboren war, ehelichen solle. Eine statistische Untersuchung hat gezeigt, daß »günstige« und »ungünstige« Kombinationen gleich oft auftraten. Unter dem Vorwand einer ungünstigen Kombination ließ sich ohne weiteres eine Heirat ablehnen, ohne daß die andere Familie dadurch beleidigt wurde.

Aubergine
chieh-tse 茄子

Chinesische Auberginen sind vorwiegend lang und nicht rund. Die Frucht sieht mit der Fruchtkappe zusammen wie ein Mensch mit → Hut aus, und so stellt sie im Volksmund einen → Beamten mit Beamtenkappe dar. Ihre Abbildung drückt den Wunsch aus, daß der Empfänger des Bildes einen Beamtenrang erhalten möge. In Taiwan wird die Aubergine besonders am Jahresende gegessen und macht dann angeblich die Lippen rot.
Aufgrund ihrer phallischen Form steht die Aubergine in ganz Ostasien, besonders in China, Korea und Japan auch für Penis.

Auge 眼
yen

Da die Chinesen Augenmenschen sind, spielt das Auge in ihrer Physiognomie eine bedeutende Rolle. Von einer schönen Frau sagt man, sie habe Augen wie Mandeln oder wie Meteore. Die Geliebte wird als *yen-chung-jen*, der Mensch in meinen Augen, bezeichnet.
Rote Augen sind ein schlechtes Zeichen; der Gott der Bordelle hat sie, und überdies noch weiße Augenbrauen. »Ein-Auge« ist eine Bezeichnung für den Penis.
Die alten chinesischen Kupfermünzen haben in der Mitte ein Auge, d. h. ein Loch, um sie auf Schnüren zu je tausend aufzureihen. Deshalb sind auf manchen Bildern Münzen und eine → Fledermaus abgebildet; Fledermaus (*fu*) und Glück sind gleichlautend, und *ch'ien,* Geld, kann im Chinesischen auch »vor« heißen, deshalb bedeutet ein solches Bild »Glück ist vor deinen Augen« (*fu tsai yen-ch'ien*).

Augenbraue 眉
mei

Augenbrauen sind ein wichtiges → Schönheitsmerkmal. Schon vor 2000 Jahren wurden sie häufig abrasiert und nachgemalt. Berühmt ist ein Mann, der vor lauter Verliebtheit seiner Frau die Brauen nachmalte. Schön geformte Brauen sehen aus wie eine Motte; sie sollen dick sein und leicht gebogen, dann werden sie mit → Schmetterlingen verglichen. Ein Kaiser der T'ang-Zeit ließ sich ein Bild von zehn Augenbrauenformen malen und gab jeder einen speziellen Namen. In Gedichten liest man häufig von »Brauen wie ferne Berge« oder von »traurigen (d. h. feinen) Brauen«.
Der »Gott mit den weißen Augenbrauen« (*pai mei shen*) ist der Gott der Freudenmädchen. Er sieht aus wie der Gott des Krieges, reitet auf einem Pferd und trägt ein Schwert. Das Mädchen opferte ihm beim ersten Verkehr mit einem Gast; nach späterer Überlieferung auch zusammen mit einem Gast, wenn dieser zum erstenmal zu ihr kam.
Augenwimpern sind ebenfalls wichtig für die Beurteilung einer Person; eine Frau mit sehr langen und gebogenen Brauen wird als temperamentvoll angesehen.

Auster 蠣
li

Das Wort für Auster (*li*) ist in manchen Dialekten gleichlautend mit dem Wort für »jüngerer Bruder« (*ti*). Man bringt einer Frau, die eben ein Kind bekommen hat, Austern und drückt damit den Wunsch aus, daß das Baby einen jüngeren Bruder bekommen möge.

Ausweis 虎符
hu-fu

In alter Zeit gab der → Kaiser jedem → Beamten, der im Krieg war oder in eine Stadt fern von der Hauptstadt auf Dienstreise ging, einen Ausweis mit, der aus der Hälfte eines zweigeteilten bronzenen → Tigers bestand. Schickte der Kaiser einen Boten zu ihm, so hatte er den anderen Teil des Tigers bei sich als Ausweis. Es wurden auch halbierte Fischbronzen verwendet. In späteren Zeiten hat man Amtsstücke gesiegelt und durchgeschnitten, so daß die Echtheit eines Dokuments durch ein Zusammenfügen der Siegel festgestellt werden konnte. Private Dokumente wurden nicht nur gesiegelt, sondern oft zusätzlich unterschrieben oder mit einem Fingerabdruck versehen. Die chinesischen Siegel sind aus Holz, Elfenbein oder Jade und oft kunstvoll verziert. Der Verlust eines solchen Siegels ist riskant, denn man kann z. B. keinen Scheck auf der Bank einlösen, ohne die Unterschrift zugleich mit dem Siegelabdruck zu versehen. Die Unterschrift für sich genügt nicht.

Bis vor nicht langer Zeit waren an jedem chinesischen Haus Schilder, die den Namen der darin lebenden Familie angaben; in älterer Zeit dazu die Namen aller Mitglieder der Familie, Geschlecht und Alter. Ein Bürger, der auf Reisen gehen wollte, mußte einen von den Behörden ausgestellten Ausweis bei sich tragen, auf dem das Reiseziel notiert war.

Axt 斧
fu

Die Axt ist eines der zwölf → Insignien der kaiserlichen Macht. Sie ist zugleich ein Symbol für Lu Pan, den göttlichen Schutzpatron der Zimmerleute. Sie symbolisiert außerdem den Makler oder Mittelsmann und die Mittlerin.

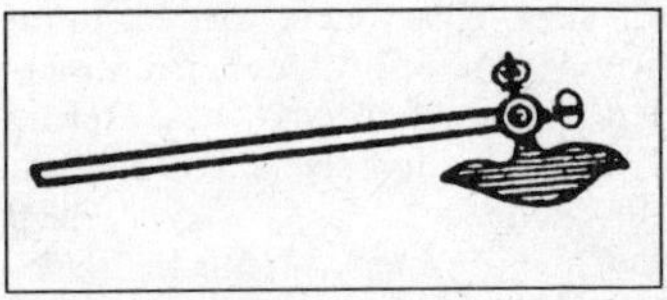

Buddhistische Axt

Azalee 杜鵑花
tu-chüan-hua

Die Azalee, auch Kuckucksblume genannt, wird mit einer → schönen Frau verglichen. Der chinesische Kuckuck (*tu chüan*) spielt in der Volkskunde von Szu-ch'uan eine große Rolle. Man sagt von ihm, daß er die ganze Nacht hindurch ruft, bis seine Kehle blutig ist, und demjenigen, der seinen ersten Ruf hört, steht die Trennung von der Geliebten bevor. Es ist anzunehmen, daß die Azalee, die vor allem in Szu-ch'uan sehr häufig vorkommt, ihren Namen von der → roten Farbe der Kuckuckskehle erhalten hat.

Bad
hsi-tsao 洗澡

Vor allem die Südchinesen sind ungewöhnlich sauber, sie baden täglich oder begießen sich zum mindesten mit Wasser; auch in Flüssen und im Meer wird viel gebadet. In Südchina findet man nichts dabei, wenn Männer und Frauen zusammen baden; und schon sehr frühe Quellen kritisierten diese »südliche« Sitte. Reiche Familien hatten seit dem Altertum ihr Badezimmer; um etwa 1000 n. Chr. kommen öffentliche Badehäuser häufiger vor.

Symbolisch »reinigt« das Bad. Eine Frau badete vor ihrem Eintritt in ein Nonnenkloster; man → wäscht sich vor dem Beginn einer Pilgerfahrt; der Bräutigam und die Braut baden am Abend vor der Hochzeit. Im Mittelalter wurden die Buddha-Figuren im Tempel am 8. Tag des 12. Monats gebadet, und die Mönche ermöglichten in ihren Tempeln auch Bäder für Bürger. Dieser Tag galt traditionell als der Tag, an dem Gautama zum Buddha wurde. Es war aber zugleich auch der Vorabend des Tages, an dem der große Ritus des Exorzismus veranstaltet wurde, der Tag, an dem alles Übel aus der Stadt ins Wasser getrieben wurde.

Das Bad reinigt den Badenden symbolisch bei entscheidenden Wenden seines Lebens. Es hat auch Beziehung zur Fruchtbarkeit: Die Amazonen der chinesischen Mythen werden schwanger, wenn sie im Frühling baden.

Badeleben Ende des 18. Jahrhunderts

Bär 熊
hsiung

Der Bär versinnbildlicht einen → Mann, während die → Schlange eine Frau darstellt. Er steht für Tapferkeit und Stärke. Wenn man von einem Bären träumt, läßt sich die Geburt eines → Sohnes erwarten. Der »Große Yü«, ein mythischer Held, der die große Flut beseitigte, die sein Vater nicht hatte abwenden können, war wie der Alte ein Bär.

Das Sternbild des Großen Bären (*pei tou*) ist von besonderer Bedeutung. Wörtlich heißt es »der nördliche Scheffel«, aber Scheffel heißt auch ein Gefäß auf dem Altar, der im Kultleben eine Rolle spielt; er hat eine Art Griff, der bei uns der Deichsel des »Großen Wagens« entspricht. Dieser Teil des Sternbildes wird auch »Wolken-Scheffel« genannt und stellt bei der Hochzeitszeremonie symbolisch den Phallus dar. Die Chinesen sehen in dem → Gestirn sieben Sterne und bezeichnen es folglich als »Siebengestirn«.

Das Sternbild des Großen Bären gilt als Sitz des Shang-ti, des obersten Gottes in der Volksreligion. Wenn dieses Sternbild auf Schiffen dargestellt wird, versinnbildlicht es die Göttin T'ien-hou (Himmelskaiserin), die Beschützerin der Seefahrer.

Ein quadratischer Ziegel mit dem Schriftzeichen »Glück« symbolisiert den »nördlichen Scheffel«, er wird häufig an der Innenwand eines Hauses eingesetzt.

Panda-Bär auf Bambus

In der ideologischen Auseinandersetzung zwischen der Volksrepublik China und der Sowjetunion hat der (russische) Bär die Bedeutung eines Aggressors. Mao Tse-tung sprach von ihm als dem Eisbären; in chinesischen Fassungen vom »Rotkäppchen« übernimmt der böse Bär die Rolle des Wolfes.

Baldachin 蓋
kai

Nach alten, bruchstückhaften Überlieferungen ist der Kosmos für die Chinesen der Wagen des Fürsten. Die Welt wird mit einem von einem Baldachin überdachten Leiterwagen verglichen. Der Baldachin ist rund und versinnbildlicht den → Himmel. Der Führer des Wagens steht ganz vorn, unter dem Saum des Baldachins. »Das Wort für diesen Platz (*hsien*) entspricht jener Stelle in der Empfangshalle, die der Herr einzunehmen hat, wenn er Hof hält. Wenn es heißt: ›Die Erde trägt und der Himmel bedeckt‹ (Li-chi, Kap. Chung-yung), so ist damit in gleichem Maße auf das Haus wie auf den Wagen hingewiesen« (Marcel Granet).

Schon auf Reliefs aus der Han-Zeit (206 v. Chr. bis 220 n. Chr.) sind Baldachins abgebildet, die, von Dienern getragen, eine würdige Person vor den Sonnenstrahlen beschützen. So findet sich häufig auf Bildern der → Hsi-wang-mu ein Baldachin oder Schirm, den eine Dienerin über sie hält.

Auch der → Schirm geht schon auf Konfuzius' Zeiten zurück und war bereits damals zusammenklappbar. Der Baldachin wiederum wurde immer mehr zum buddhistischen Zeichen. Er ist eines der → acht buddhistischen Symbole und repräsentiert die Lunge der Gottheit.

Ball
ch'iu 球

In chinesischen Opern und verschiedenen Volkstraditionen spielt ein Ball aus rotem Stoff oder Federn eine große Rolle. Es war Sitte in Südchina, daß ein junges Mädchen, das im Heiratsalter war, an einem von ihr bestimmten Tag Freier einlud und ihnen von einem Balkon einen Ball zuwarf: wer ihn fing, wurde ihr Bräutigam. Der beliebteste Tag für diese Zeremonie war der 15. Tag des 8. Monats, das »Mitt-Herbstfest«, eine Art Erntedankfest,

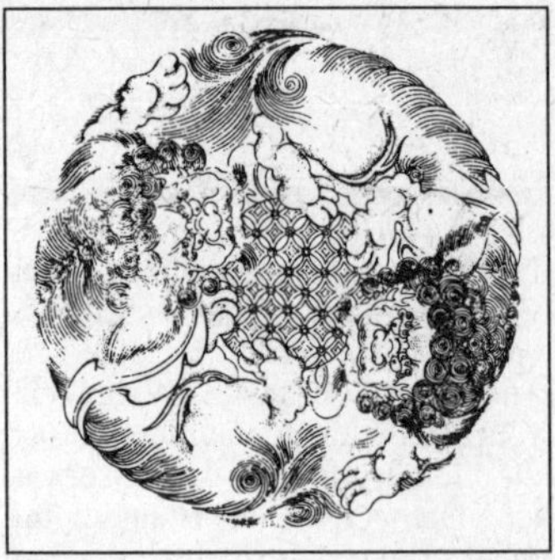

Zwei Löwen spielen mit buntem Ball

und ein → Mondfest. In manchen Teilen Mittelchinas wurde ein roter Ball auf dem Dach der Sänfte befestigt, in der die Braut ins Haus des Bräutigams umzog.

Bei dem »Drachenlampenfest« am 15. Tag des 1. Monats spielten die aus Stoff und Papier hergestellten → Drachen mit einem »gestickten Ball«. Dies ist ein Fruchtbarkeitsfest am Ende des langen → Neujahrsfestes, auf dem die Drachen die regenbringenden Wolken des Frühlings symbolisieren. Auch die → Lö-

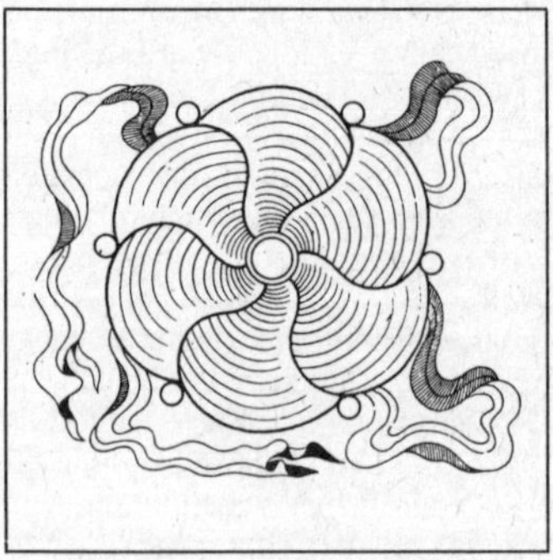

Gestickter Ball

wen, die als Steinfiguren häufig Tempeltore bewachen, spielen oft mit einem gestickten Ball. Genauer gesagt, der eine dieser Dämonenwächter, der östlich aufgestellt ist, rollt den Ball (das magische Knäuel) unter der linken Tatze, und der weiter westliche säugt nach volkstümlicher Auffassung sein Junges aus der rechten Tatze. Gleich einem Ei enthält dieses Knäuel in der Mitte das Löwenjunge; durch das Rollen wird sein Ausschlüpfen bewirkt. Man sagt auch, daß beim Liebesspiel die ausgerissenen Löwenhaare das Knäuel formen. Daher gilt hier, wie in anderen Fällen, der Ball als Symbol der Fruchtbarkeit.

Bambus
chu 竹

Der Bambus ist eines der wichtigsten Naturprodukte Chinas. Er gibt das Baumaterial für Häuser und Baugerüste her, und Rohstoff für Papier. »Sein Name möge auf Bambus und Seide überliefert werden«, sagt man und meint zugleich das Rohr des Pinsels und das bräunliche Papier, das aus Bambus gemacht ist. Bambussprossen sind Leckerbissen, Bambusblätter würzen den → Wein, Bambusplättchen ersetzten früher gelegentlich Geld, Bambuspferde (*chu-ma*) entsprechen seit alters her unseren Steckenpferdchen: sie sind Sinnbild der Jugend. Nicht nur zu realen Gebrauchsgegenständen, auch zu poetischen Sentenzen liefert der Bambus den Stoff.

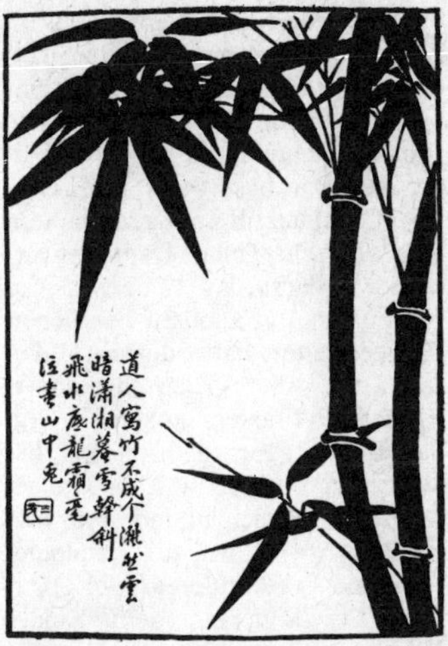

Bambus – eine Leitform chinesischer Kalligraphie

»Man kann machen, daß man kein Fleisch ißt / Aber man kann es nicht dahin bringen / Daß man keinen Bambus hat« (Su Tung-po, übers. Ferd. Lessing). »Jedem sind eigene Sorgen bereitet im Zeichen der Dürre. / Ich, wenn es trocken ist, bange um Kiefer und Bambus« (Po Chü-i, übers. Günter Eich).

Der Bambus läßt seine Blätter hängen, weil sein Inneres (»Herz«) leer ist. Ein leeres Herz jedoch bedeutet Bescheidenheit, daher symbolisiert der Bambus diese Tugend. Andererseits ist der Bambus immergrün und unveränderlich, daher ein Symbol des Alters; und er ist hager, er gleicht dem Greis. Im Wind biegt sich der Bambus »vor Lachen«; das Schriftzeichen für Bambus sieht wie eine Kurzform des Wortes für »lachen« aus. Eine Unterlage aus Bam-

bus, die man bei heißem Wetter im Bett sich unter die Beine schiebt, um diese abzukühlen, wird Bambusfrau genannt (*chu-fu-jen*).
Früher machte man Feuerwerkskörper aus Bambus: denn ins Feuer gelegt, zerplatzt Bambus mit lautem Knall. Bambus gilt als Dämonenvertreiber - und das Feuerwerk zu → Neujahr und anderen feierlichen Gelegenheiten hatte durchaus diesen Sinn. Aber gleichzeitig sollen Ruhe und Frieden einkehren, und da paßt es gut, daß erstens die Worte für Bambus und für »beten, wünschen« gleichlautend sind, und zweitens die Worte für »explodieren« und »verkünden« (*pao*) ebenfalls. Ein Bild, auf dem Kinder Bambusraketen abbrennen, enthält für den damit Beschenkten die Botschaft »wir wünschen, daß Frieden verkündet werde«. Zur besseren Verdeutlichung kann noch eine → Vase (*p'ing*) dazugestellt werden, denn sie bedeutet Ruhe und Frieden (*p'ing-an*). Bambus und → Pflaume zusammen stellen Mann und Frau dar; wenn noch dazu ein Elternpaar erscheint, ist → Eheglück angezeigt. Bambus, Kiefer und Pflaume sind die → »Drei Freunde im Winter«. Ein Bambuszweig oder -ast gehört zu den Emblemen der weißgekleideten → Kuan-yin, der Göttin der Barmherzigkeit.
Die jungen Bambussprossen, die gelblich wie ein Spargel sind und oben spitz zulaufen, wurden mit den Krüppelfüßen der chinesischen Frauen verglichen, auch mit ihren schlanken Fingern. In der Pflanzenmalerei spielt die Tuschwiedergabe der »Vier Edlen« - der Pflaumenblüte, der Orchidee, der Chrysantheme und des Bambus - eine besondere Rolle. Berühmt geworden ist der Satz, der Künstler müsse selbst zum Bambus werden, ehe er diesen zu malen beginne. »Der kalligraphisch orientierten fernöstlichen Malerei dient der Bambus geradezu als Leitform« (Roger Goepper).

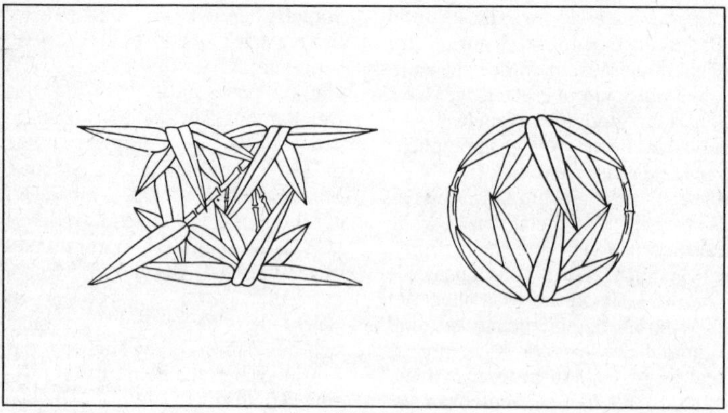

Stilisierte Bambusblätter: etwas, das im Winter nicht stirbt

Banane 芭蕉
pa-chiao

Während in Japan, vor allem durch den Dichter Bashô, die in Gedichten vielgepriesene Banane symbolhaft verstanden wird, ist sie in China nurmehr ein Symbol der Selbsterziehung. Im Kopfjagdzeremoniell auf Taiwan spielt sie eine Rolle. Als eine von vierzehn → Kostbarkeiten des Gebildeten wird das Bananenblatt angesehen; immer sind es nur die Blätter, die hervorgehoben werden, nicht die Frucht (die in Europa der eigentliche Symbolträger ist).

Barmherzigkeit, Göttin der

→ Kuan-yin

Bart 鬍子
hu-tse

Ein Bart ist ein Zeichen von übernatürlicher Kraft oder von Tapferkeit, besonders, wenn er rot oder purpurfarben ist. Kopfjäger an der Grenze zwischen Burma und China jagen vor allem Männer mit kräftigem Bartwuchs. Schon vor Jahrhunderten meinte ein Schriftsteller, daß berühmte Chinesen sehr wenig Bart hätten, daß sie aber von Malern stets mit großem Bart dargestellt würden. Auch auf der chinesischen Bühne tragen bedeutende Männer einen langen Bart.

Baum 樹
shu

In der Kosmologie der alten Chinesen gab es *fu-sang,* den »Hohlen Maulbeerbaum«, und sein Gegenstück *k'ung-t'ung,* den »Hohlen Pawlownia-Baum«; beide stellten zugleich einen hohlen Baum und einen Berg dar, beide dienten den → Sonnen als Unterschlupf und den Herrschern als Behausung.

In der Kunst der Han-Zeit wird oft ein großer Baum dargestellt, an dem ein Held sein Pferd festbindet. Man hat diesen Baum als den Fu-sang-Baum der alten Literatur aufgefaßt. Der Fu-sang-Baum steht am Ort, wo die Sonne aufgeht. In ihm sind viele Vögel, die die Sonnen darstellen. Der Held Hou I (auch Shen I, d.h. der Gott I genannt) schießt alle Sonnen bis auf eine ab, weil die zehn Sonnen eine solche Hitze verbreiteten, daß die Menschheit in Gefahr war, verbrannt zu werden. Der Beschreibung nach muß der Fu-sang wie ein Maulbeerbaum ausgesehen haben. Fu-sang war auch der Name eines Landes, in dem die Bewohner → Hirsche hielten und keine → Rinder, wegen der Hirschmilch.

Die Baumarten Chinas und deren symbolhafte Bedeutungen finden sich unter → Ahorn, → Bambus, → Buchsbaum, → Holzölbaum, → Kastanie, → Kiefer, → Olive, → Persimone, → Pflaume, → Weide, → Wu-t'ung, → Zimtbaum, → Zypresse.

Beamter 官
kuan

In der Hierarchie und auch in der Staatslehre des alten China nimmt der Beamte eine hervorragende Stelle ein: im Unterrichtswesen wie in der Organisierung der Arbeiten, im Militärwesen wie in der Gerichtsbarkeit. Unter den Ämtern waren auch »kosmologische«: Astronomen, die den → Kalender zu berechnen hatten und zugleich → Astrologie betrieben.

Der taoistische Begriff des *wu-wei* (»Handeln im Nicht-Handeln«) wurde von späteren Philosophen so ausgelegt, daß der Beamte tüchtig zu sein habe und sich anstrengen müsse, der Fürst aber nicht. Es genüge, wenn er tüchtige Beamte wählt – die es sich dann nicht nehmen ließen, die ganze Arbeit für ihn zu tun, so daß er in Ruhe seine hohe Stellung genießen könne: »Er macht das Nicht-Machen, und nichts bleibt ungemacht« (Han-fei-tzu).

Die Praxis sah zu allen Zeiten anders aus, allerdings haben die → Kaiser den Wert einer klugen Personalpolitik und einer straff organisierten Administration früh erkannt; Dienstreisen waren Bestandteil der Staatskunst (→ Ausweis).

Beamte auf chinesischen → Neujahrsbildern sind sehr oft Gottheiten, dargestellt in Hoftracht mit Mütze (→ Hut), Brust- und Leibgürtel und in zeremoniellen → Schuhen.

In beiden Händen hält der Beamte eine Schriftrolle mit der Inschrift:

Beamter in Hoftracht, mit Fledermaus: „Der Himmelsbeamte möge Glück verleihen"

t'ien-kuan tz'u fu, »der Himmelsbeamte möge Glück verleihen«. Ein Schauspieler in gleicher Aufmachung tritt auch zu Beginn einer Aufführung auf der Bühne im Volkstheater auf und begrüßt mit diesem Spruch die Zuschauer.

Der Himmelsbeamte ist der erste einer taoistischen Dreiheit, zu der auch der Erdbeamte und der Wasserbeamte gehören. Alle drei erscheinen am 15. Tag des 1. Monats, dem Beginn einer Dreier-Periode, die mit den Toten-Seelen zu tun hat (*shang-yüan,* 15. 1. bis 14. 7., *chung-yüan* 15. 7. bis Ende des 11. Monats, *hsia-yüan* 1. 12. bis 14. 1.).

Das besondere Glück einer Beam-

Kind in Beamtenkleidung bietet höher stehendem Beamten Wein an

tenlaufbahn und die entsprechend schwierigen Staatsprüfungen bringen es mit sich, daß in vielen (oft wortspielerischen) Sinnbildern entsprechende Segenswünsche »hineingeheimnist« sind, vergleiche → Affe, → Ahorn, → Aubergine, → Bohne, → Boot, → Chrysantheme u. a. Hoch in der Beamtenhierarchie angesiedelt sind auch die → Gelehrten.

T'ai pao, »großer Beschützer«, war ursprünglich der Titel eines der höchsten Beamten des Kaisers. Dann wurde er als Titel des Unterhäuptlings einer Bande gebräuchlich; heute auch die Bezeichnung für einen jugendlichen Verbrecher.

Berg *shan* 山

Im alten China gab es einen ausgeprägten Bergkult; den Bergen kam eine ähnliche Rolle zu wie in der Gesellschaft den Herrschern: sie gewährleisteten den festen Bestand des Kosmos. Bis in die Neuzeit hat sich der Kult der »fünf Berge« (*wu-yüeh*) erhalten. Es sind seit alters her Opferstätten, und sie liegen in allen → fünf Himmelsrichtungen: im Osten der T'ai-shan (Provinz Shantung), im Süden der Heng-shan (Provinz Hunan), in der → Mitte der Sung-shan (Provinz Honan), im Westen der Hua-shan (Provinz Shensi) und im Norden der Heng-shan – in der Provinz Shansi gelegen und anders geschrieben als der südliche Heng-shan. Alle fünf Berge sind bewaldet, in China eine Seltenheit, und auf ihren Gipfeln stehen zahlreiche taoistische Tempel. Neben diesen fünf gibt es einige Berge, die besonders Buddhisten heilig waren, vor allem der O-mi im Westen (Provinz Szu-ch'uan).

Nach alter Vorstellung ist der Westen der Welt auch der Bereich der Gebirge. Dort im geheimnisvollen Nordwesten ragt auch der K'un-lun empor, dem indischen Weltenberg Sumeru (Meru) vergleichbar – und gleich ihm hat er neun Etagen. Man findet darauf Paläste, hängende Gärten, Brunnen, aus denen das Lebenswasser quillt. Wem es gelingt, alle zum K'un-lun führenden Stufen zu erklimmen, der erlangt → Unsterblichkeit. Es heißt, daß der

»Allergrößte → Eine« (T'ai i) im K'un-lun residiert. Trotzdem ist die einzige Gottheit, die dort Besuche empfängt, die Königinmutter des Westens (→ Hsi-wang-mu). Das mag damit zusammenhängen, daß Berge früher – vor allem das K'un-lun-Gebirge – als der Ort gelten, »wo die → zehntausend Dinge ihren Anfang nehmen und → *yin* und → *yang* sich gegenseitig abwechseln«.

Im Unterschied zur indischen Kosmogonie hat man den K'un-lun nicht im Zentrum der Welt zu sehen, sondern im Westen an den Quellen des Gelben Flusses. Mit dem Eindringen des Buddhismus in China, d. h. spätestens seit dem 1. Jahrhundert n. Chr., vermischten sich indische und chinesische Vorstellungen. Vom Sumeru, so dachte man, gehen vier große Flüsse in die vier Himmelsrichtungen, und der Gelbe Fluß wurde als der östliche angesehen.

Fast jeder Berg besaß zumindest einen Berggott. Noch im späten Altertum herrschte in Nordchina der Glaube vor, daß die Seelen der Toten auf Bergen leben, daher erhielten sie besondere Opfergaben. Häufig sind Berichte aus späterer Zeit, wonach die Regierung Bergkulte verboten habe; diese hatten z. T. erotischen Charakter, z. B. wurden junge Mädchen mit dem Berg »verheiratet«. Der Wu-shan im westlichen Mittelchina ist dafür berühmt, daß dort einem nächtigenden Fürsten eine Göttin erschien, die das »Wolken- und Regenspiel« mit ihm trieb.

Dichter im Gebirge

Bergwanderung

Der Berg erzeugt nach chinesischem Glauben → Wolken und → Regen. Auf Bildern symbolisieren Berge mit Wolken umringt die Erde, Wellen dagegen die See. Der Ausdruck »Berge und Meere« (*shan hai*) bedeutet die Ganzheit »China«; so lautet auch der Titel des ältesten erhaltenen Geographiebuches. Einer der stärksten Schwüre ist der »Bergschwur und Meereid«. Der Ausdruck »Mittlerer Berg« (*chung yüeh*) kann die menschliche → Nase bedeuten. Ein Bergsturz galt als untrügliches Zeichen, daß die herrschende Dynastie zu Ende gehe; Berg und → Kaiser entsprachen einander.

In der Ära Mao Tse-tung wurde eine alte klassische Geschichte sprichwörtlich berühmt: die von Herrn Einfältig (*Yü-kung*), den es bekümmerte, daß der Weg zum nächsten Ort um eine Bergkette herumführte. Obwohl schon neunzig, fing er an, durch die Berge einen geraden Weg zu graben. Auf die Vorhaltungen eines Gelehrten, er sei doch schon zu alt dazu, wies er auf seine Kinder, die ihm halfen, auf die Enkel und Urenkel, die seine Arbeit zu Ende führen würden. Mao Tse-tung, dem diese Durchhalte-Moral durchaus gelegen kam, ließ das eigentliche Ende der Geschichte, wie sie von Lieh-tse überliefert ist, stets aus: dort erbarmen sich die Götter der Berge und des Meeres dieses einfältigen und so beharrlichen Mannes, sie berichten dem höchsten Gott Shang-ti davon, der nun seine dienstbaren Gottheiten beauftragt, sofort den Weg durch die Felsen durchzubrechen.

Über Berggeister → Shan hsiao

Berglieder 山歌
shan ko

Berglieder sind ursprünglich Liebeslieder von Nichtchinesen, die in den Bergen leben. Ein junger Mann auf einem Berg singt ein Mädchen auf einem anderen Berg an; diese antwortet ihm und daraus entwickeln sich längere Liebeslieder. Solche Wechsellieder sind später auch aus rein chinesischen Gegenden belegt. Liebeslieder, die von Kurtisanen auf Booten in der Gegend von Su-chou gesungen wurden, werden auch Berglieder genannt.

Bernstein 琥珀
hu-po

Schon im Mittelalter wußten die Chinesen, daß Bernstein aus altem Kiefernharz entsteht, und daß in ihm gelegentlich Reste von Insekten zu sehen sind. Bernstein wurde aus dem heutigen Burma sowie aus Zentralasien nach China importiert. Bernstein symbolisiert »Mut«; sein chinesischer Name ist »Tiger-Seele« (*hu-po*), und der → Tiger ist ein tapferes Tier. Früher glaubte man, daß seine Seele beim Tod in die Erde gehe und zu Bernstein würde.

Berufe, die vier
士農工商

Im Volksglauben sind der Holzsucher, der die Berge ausnutzt; der → Fischer, der die Gewässer ausbeutet; der Bauer, der die Erde Frucht bringen läßt und der → Gelehrte, der den Himmel und seine Zeichen kennt, die Vertreter der Hauptberufe. Auf Volksdrucken werden sie zusammen dargestellt, wenn sie über eine → Brücke gehen. Diese vier sind nicht identisch mit den vier sozialen Klassen des alten China: Gelehrter (*shih*), Bauer (*nung*), Handwerker (*kung*) und Kaufmann (*shang*).

Besen 掃
sao

Einmal ist der Besen ein Symbol der Weisheit, der Einsicht. Er darf jedoch nie in einem Sterbezimmer stehen, weil der Tote sonst ein Gespenst mit langen Haaren würde; auch nicht hinter Spielern, weil er sonst das Glück im Spiel herausfegt. Eine Frau mit Besen stellt oft die Göttin Sao-ching niang-niang dar

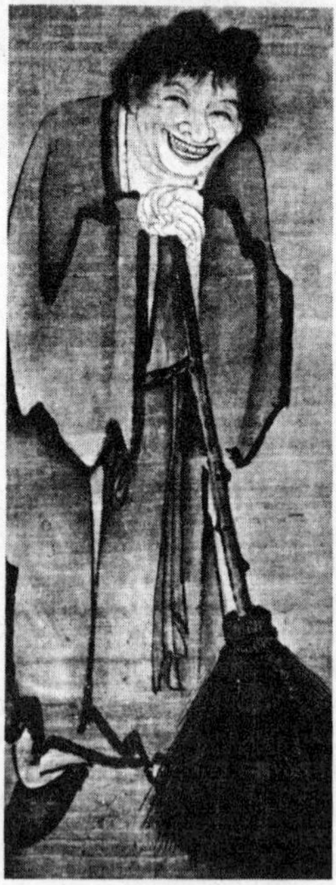

Shih-tê mit Besen

(die Frau, die alles klarfegt): sie ist die Göttin des schönen Wetters, weil sie die Wolken und den Regen wegfegt; sie wird besonders zur Neujahrszeit verehrt.
Auch Shih-tê, der »Findling«, Freund und Gesinnungsgenosse des Poeten Han Shan, wird oft lachend mit einem Besen dargestellt, wie er die Klosterküche ausfegt. Von diesem »Heiligen« heißt es: »Er schrie und lärmte und ärgerte die Leute. Dann wieder starrte er in die Luft und lachte wild. Aber jedes Wort und jeder Atemzug war in Übereinstimmung mit dem Tao.«

Betel
pin-lang 檳榔

Der Betelbaum kommt – abgesehen von Hinterindien – nur in Südchina und in Japan vor. Die Nußfrucht wird zerkleinert und mit Muschelkalk vermischt, in ein Blatt gerollt und gekaut. Längerer Gebrauch macht die Zähne schwarz. Der ausgespuckte Saft ist rot und sieht wie Blut aus. Betel macht die Ohren heiß, das Gesicht rot, die Augen schwimmend und erzeugt eine Stimmung wie bei Trunkenheit, wenigstens behaupten das chinesische Texte. Man glaubt, daß Betel ein Heilmittel gegen Malaria sei. Bei den chinesischen Minderheiten im Süden ist Betel ein Hochzeitsgeschenk. Es gibt hierfür Büchsen aus Silber oder Zinn mit drei Kammern, je eine für den Kalk, die Blätter und den Betel.

Biene
mi-feng 蜜蜂

Südchinesische Stämme suchten Bienennester in alten Bäumen, räucherten sie aus und gewannen so Honig. Selten wird Bienenzucht erwähnt. Im allgemeinen spielt die Biene keine bedeutende Rolle. Da das Wort für »Biene« (*feng*) etwa gleichlautend mit »Grafenwürde« (*feng*) ist, bedeutet ein Bild, auf dem

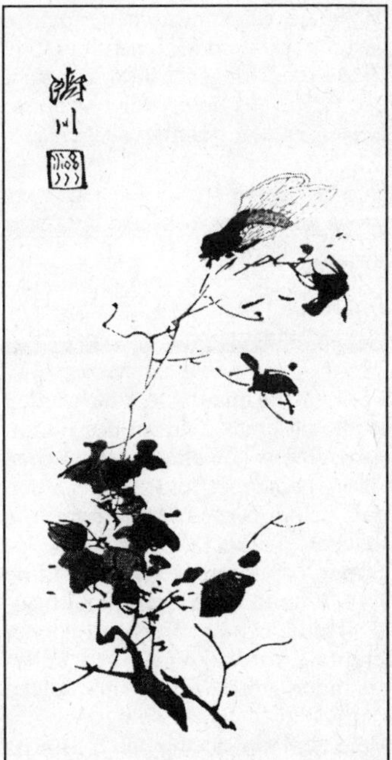

Blumen und Biene: wie Mädchen und junger Mann

ein → Affe und eine Biene sind, »mit der Grafenwürde belehnen«, wobei der Affe (*hou*) den Begriff »belehnen« (*hou*) darstellt. Gelegentlich gilt die Biene, wie bei uns, als Symbol des Fleißes und der Sparsamkeit. Bienen wie → Schmetterlinge stellen einen verliebten jungen Mann dar; die → Päonie, auf der sie sitzen oder die sie umfliegen, das junge Mädchen. »Die Biene rufen, den Schmetterling herbeiführen« bezeichnet einen außerehelichen Beischlaf; sein Vollzug wird beschrieben als »die Biene rollt, der Schmetterling pflückt«.
In einem südchinesischen, auch in Japan bekannten Märchen hilft eine Biene dem jungen Mann, die richtige Braut aus einer Reihe schöner junger Frauen herauszusuchen.

Birne
li 梨

Weil ein Birnbaum sehr alt werden kann, gilt er als Zeichen des → Langen Lebens. In einer chinesischen Oper behauptet ein Obsthändler, daß seine Birnen eine gute Ehe machen; aber ein Liebespaar soll nie Birnen aufschneiden, weil Birne und Trennung (*li*) etwa gleichlautend sind. Auch Verwandte oder Freunde sollen keine Birne untereinander aufteilen, aus demselben Grund.
Vor allem am 15. Tag des 7. Monats soll man niemandem Birnen schenken, denn dies ist der Tag, an dem die Seelen der Toten auf Erden weilen; man könnte sonst noch schmerzlicher an die Trennung von den Geliebten denken.
Der Lieblingsschüler des Konfuzius, Tseng-tse, der wegen seiner Pietät besonders berühmt war, verstieß seine Frau, weil sie die Birnen für die Familie nicht gar gekocht habe.
»Birnenblüten mit Regentropfen« sind ein Schauspiel von höchster → Schönheit; besonders schöne Frauen werden so beschrieben.

Blau
lan 藍

Man soll keine blaue oder hellblaue Blume oder Schleife im Haar tragen, weil dies Unglück bedeute. Andere sagen, daß blau eine hohe Stellung und sozialer Aufstieg bedeute, aber einen Aufstieg mit Sorgen.
Blaue Augen gelten als häßlich; sie kamen hauptsächlich bei ethnischen Minderheiten in Zentralasien vor, z. B. den Hunza.
»Blaugesichter«: K'ui-hsing, der Gott der Literatur, war ursprünglich ein → Gelehrter, der aus gekränktem Ehrgeiz Selbstmord verübte. Er wird oft mit blauem Gesicht dargestellt. Chien-chai ist ein König der Dämonen, dessen Figur man beim Totenopfer, am 49. Tag nach dem Tod eines Menschen, aus Papier faltet und aufstellt. Er hat – genau wie K'ui-hsing – ein blaues Gesicht und rotes Haar. In anderen Traditionen ist ein Mann mit blauem Gesicht ein → Gespenst oder einer mit schlechtem Charakter.

In der alten Literatur tritt *lan*, das Wort für blau, noch nicht auf; es leitet sich von der Indigo-Pflanze ab, bis heute die Hauptquelle für das Färben der Kleider einfacher Leute. Älter ist ein anderes Wort für blau (*ch'ing*), das alle Schattierungen von dunkelgrau über blau bis grün umfaßt. Dieses »blau« kann die Farbe des Himmels und die des Meeres beschreiben.
ch'ing symbolisiert das Studium des Gelehrten, der noch nachts beim Schein der »blauen Lampe« arbeitet. Der »Weg der blauen Wolken« ist ein Ausdruck für die Prüfungskarriere des Mannes. Früher schlug man bei der Hochzeitsfeier ein »blaues Zelt« auf. So wird auch das Zelt der Nomaden in der Mongolei beschrieben.
»Im blauen Feld Jade säen« bedeutet »schwängern«; siehe auch → Brücke. »Blauer Drache« kann den Penis bedeuten. »Blauer Vogel« ist ein Bote der → Hsi-wang-mu und heißt übertragen einfach »ein Bote«.

Blumen
hua 花

Die »Blumen der vier Jahreszeiten« sind im Frühling die Iris oder die → Magnolie, im Sommer die → Päonie und der → Lotos, im Herbst die → Chrysantheme, im Winter die → Pflaume und der → Bambus. Dazu gibt es noch Reihen von »Blumen der 12 Monate«, die aber recht verschieden sind. Feststehend in diesen Reihen sind nur die

Pflaumenblütenzweig – Vorbote des Frühlings

→ Aprikose (2. Monat), der → Pfirsich (3. Monat), der → Lotos (6. Monat), die → Zimtblüte (8. Monat), die → Chrysantheme (9. Monat). Ein Bild, auf dem eine → Orchidee (*yü-lan*), ein wilder Apfel (*hai-t'ang*), eine Päonie (*mu-tan*) und eine Zimtblüte (*kui-hua*) dargestellt ist, symbolisiert den Spruch »In der Halle (*t'ang*) aus Jade (*yü*) herrschen Reichtum (*fu* für die Päonie) und Ehrung (*kui*)«, ein guter Wunsch für einen Freund.
Der unter der Regierung Mao Tsetung berühmt gewordene Ausspruch »Laßt hundert Blumen blühen« bezieht sich auf älteste chinesische Tradition. Schon im *Shi-king*, dem Buch der Lieder, heißt es zum Bau eines Brautgemachts *unter den Wellen:* »Ich deckte mit Lotosblättern sein Dach / Schwertlilien die

Blumenvasen – Ornament an Gartenzäunen

Wände, Orchidee der Gipfel / Pfefferkraut duftet lieblich im Hof / Zimtholz die Balken, Muscheln die Wände / Das Tor von Magnolien, Päonien am First / Zum Vorhang geschlungen die bunten Lianen / Basilikum-Teppich den Boden bedeckt / Die Matten beschwert ich mit weißem Jade / Felsorchidee wuchert voll Duft / Haselwurz rankt sich zwischen den Lotos / Mischt sich mit Iris und Lilienpracht / Hundert Blumen blühen im Garten« (übers. P. Weber-Schäfer). Die »Vier Freunde der Blumen« sind die Schwalbe, der Pirol, die Biene und der Schmetterling.

Eine »Blume« ist die Erscheinung einer → schönen Frau; die wiederum Wiedergeburt einer Blume; beide sind eigentlich dasselbe, sagt ein Schriftsteller des 19. Jahrhunderts.

Am 15. Tag des 2. Monats ist ein Fest für die Göttin der hundert Blumen (Pai hua shen), bei dem junge → Mädchen den Jadekaiser (Yü-huang-ti) begrüßen. Auf Bildern sieht man dazu Götter, die auf → Bananenblättern als Booten oder auf → Wolken herbeikommen und Blumen darbieten.

Ein »Mädchen wie eine gelbe Blume« (*huang hua nü*) ist eine Jungfrau, während eine »Rauchblume« eine Kurtisane ist, deren Leben im Freudenhaus wie der Rauch vergeht. Die »Blumenliste« (*hua-pang*) ist eine Rangliste der Kurtisanen eines Hauses, und »Blumenboote« sind Boote in Mittelchina und der Umgebung von Hongkong, auf denen Kurtisanen singen, spielen und die Gäste bewirten. Ausdrücke wie »Blumen genießen und mit dem Mond spielen«, »Blumen suchen und den → Weidenbaum befragen« oder »Unter Blumen schlafen und unter Weiden liegen«, »Blumen aufsuchen und Gräser herausfordern« beschrieben einen Mann, der mit Prostituierten verkehrt.

Eine »Blumenschlacht« findet am 5. Tag des 5. chinesischen Monats auf Dörfern Südchinas statt, und da dieser Tag beinahe auf die Sommersonnenwende fällt, an dem die männliche Kraft (*yang*) ihren Höhepunkt hat und die weibliche (*yin*) ihren Aufstieg beginnt, ist diese symbolische Schlacht eine Art Fruchtbarkeitsritual. Ein »Blumenherz« bezeichnet die Vagina. Ein Blumenkorb, der von einem jungen Mädchen getragen wird, ist das Symbol der → Lan Ts'ai-ho, eine der acht → Unsterblichen.

Blut
hsüeh 血

Im Chinesischen werden zwei Arten von (menschlichem) Blut voneinander unterschieden: das frische, rote Blut, wie es aus Wunden fließt, ist das Symbol des Lebens; das dunkle Blut der → Menstruation ist schmutzig, und Berührung mit ihm bringt Unglück oder Krankheit. Im roten Blut ist der Sitz der → Seele, und wenn man mit solchem Blut irgendeinen Gegenstand beschmiert, gibt man dem Ding magische Kraft.
Wenn es gelingt, einen Dämon mit Blut zu beschmieren, muß dieser seine wahre Gestalt annehmen. Bei der Weihe von Götterbildern wird das Auge mit Blut angemalt und dadurch das Bild oder die Figur beseelt. Es gibt mehrere Geschichten, in denen ein Maler das Bild eines Drachens malte, der Käufer oder sein Freund jedoch bemängelte, die Augen seien nicht ausgemalt. Als der Maler dem nachkam, verwandelte sich das Bild in einen echten Drachen und flog davon.
Andere Geschichten berichten, wie ein Kind die Knochen seiner in der Fremde verstorbenen Eltern, oder eine Witwe die sterblichen Reste ihres Mannes sucht. Wenn sie sich ins Fleisch stechen und Blut heraustropft, dringt es in die Knochen der toten Angehörigen ein, in keine anderen sonst, und so können die Überreste gesammelt und in die Heimat überführt werden.
Mit Blut kann man auch eine Keuschheitsprobe machen: Eine Frau braucht zu ihrer Rechtfertigung sich nur in die Wange zu stechen und Blut ins Wasser tropfen zu lassen – es mischt sich nicht, sondern bleibt wie eine Perle. Das Blut einer Jungfrau bleibt immer rot, wird nie schwarz.
Der männliche Samen ist verwandeltes Blut; wenn zuviel Samen ausgegeben wird, wird die Gesundheit des Mannes geschädigt. Ebenso ist Muttermilch Blut: wenn man eine Schale mit Muttermilch nachts in den Tau stellt, ist sie am Morgen in Blut verwandelt. Dagegen sagt ein Alptraum von »Blut auf dem Bett«, daß die Frau unkeusch war.

Bodhi
p'u-t'i 菩提

Daß → Buddha unter dem Bodhi-Baum (ficus religiosa) seine Erleuchtung empfangen haben soll, ist nicht durch ihn selbst belegt; dennoch spricht einiges dafür, daß unter einem solchen, durch herzförmige Blätter mit langer, seitlich abgebogener Spitze kenntlichen Bodhi-Baum der Sidharta Gautama in einer Nacht des Jahres 528 v. Chr., unweit des jetzigen Mahãbodhi-Tempels von Bodh-Gayã, zum Buddha wurde. In China werden die Perlen des → Rosenkranzes *p'u-t'i-tse* genannt, weil sie zur Erleuchtung führen können, wenn man mit ihnen betet. »P'u-t'i-Wasser« symbolisiert den männlichen Samen.

Bogen
kung 弓

Schon im 2. Jahrtausend v. Chr. war der typische Kriegsbogen ein zusammengesetzter Bogen, der in Europa erst vom 2. Jahrhundert n. Chr. bekannt wurde. Dagegen haben südchinesische Minderheiten noch lange den einfachen Bogen benutzt. Bogen und Pfeil bedeuten die Ankunft eines männlichen Babies. Am dritten Tag nach der → Geburt wurde im alten China mit einem Bogen aus Maulbeerholz und Pfeilen aus Artemisia (→ Schafgarbe) in die Luft geschossen, um Übel zu vertreiben. Zu jener Zeit verscheuchte man auch nächtlich erscheinende Unheilsvögel durch den »die-Sonne-rettenden-Bogen mit den Mond-rettenden-Pfeilen«, so wie man noch bis in die Neuzeit bei Sonnen- oder Mondfinsternissen auf das vermeintliche Untier schoß.
Das homerische Motiv von dem Bogen des Helden Odysseus, den keiner spannen konnte außer ihm selbst, findet sich in einem Text aus dem 3. Jahrhundert v. Chr., wonach keiner der Höflinge den Bogen des Königs spannen konnte – aber der Text fügt hinzu, daß sie nur aus Höflichkeit es ließen. Ein späterer Text sagt, daß einzig der junge → Buddha den Bogen seines Ahnen spannen konnte, niemand sonst. Ihm wird zum Lohn dafür eine Ehefrau gegeben. Und in einem mittelalterlichen Drama (»Die Geschichte vom Eisernen Bogen«) ist allein der Freier des Mädchens imstande, den Bogen zu spannen.
Dem Bogen eng verwandt ist die Armbrust, die sich früh bei den Einwohnern der südlichen Provinzen verbreitet hat; man versah sie oft mit Kugeln anstelle von Pfeilen.
Das Bild des Mannes, der mit dem Bogen in die Luft schießt und von Kindern umgeben ist, stellt den Gott Chang-hsien dar und drückt den Wunsch aus, viele Söhne zu bekommen. Diese Gottheit ist westchinesisch.
In der alten Kunst des Bogenschießens kam der am weitesten, der »die vollkommene Tugend« (*tê*) hatte, d. h. sich in einem harmonischen Gleichgewicht aller innerer und äußerer Kräfte befand.

Bohne
tou 豆

Die Sojabohne ist wegen ihres Eiweißgehalts eines der wichtigsten Nahrungsmittel der Chinesen. Aus ihr macht man den Bohnenkäse (*tou-fu*), und der ausgepreßte Saft, der wie Milch aussieht, ist ein beliebter Frühstückstrank. Symbolisch heißt »Bohnenkäse essen« Beischlaf haben. Bei Hochzeiten in Taiwan gibt die Schwiegermutter ihrer Schwiegertochter einen Kuchen aus getrocknetem Bohnenkäse (*tou-kan*), was andeuten soll, daß ihre Söhne später einmal hohe → Beamte (*ta-kuan,* beide Worte werden in Taiwan gleich ausgesprochen) werden sollen.

Boot 船
ch'uan

Ein Bild, auf dem zwei Kinder ein Holzboot mit vier Rädern ziehen, auf dem ein Beamtenhut, ein Beamtengürtel und ein Granatapfel liegen, ist ein Bilderrätsel: Der → Hut (*ch'uan*) entspricht dem → Beamten (*kuan*), der → Gürtel (*tai*) bedeutet ebenfalls Beamtenrang, das Schiffchen (*ch'uan*) bedeutet »von Generation zu Generation (*ch'uan*)«, und der → Granatapfel (*liu*) bedeutet »dahinfließen (*liu*)«. Das Rätsel drückt also den Wunsch aus, der Empfänger dieses Bildes möge Hut und Gürtel eines Beamten erlangen, d. h. Staatsbeamter werden, und dies möge für Generationen so weitergehen (weiterfließen).

Ein Bootsrennen mit schmalen, langen Booten wird in Südchina und den Ryukyu-Inseln am 5. Tag des 5. Monats veranstaltet. Dies ist ein Fruchtbarkeitsritual, weil dabei häufig genug ein Mann ertrinkt und so der fruchtbarkeitsspendende Flußgott sein Opfer bekommt. Es liegen viele Berichte vor, daß die Regierung oder der lokale Beamte solche Bootsrennen verboten hat, aber die Sitte hat bis in die neueste Zeit weiterbestanden.

An der Küste Südchinas und auf der Insel Taiwan wurden an bestimmten Tagen große Boote aus Papier und leichten Brettern gemacht, die man anzündet und in die See stößt. Sie sollen die Pest wegtragen. In einem anderen, seetüchtigen Boot wurde das Bild eines der Pestgötter (Wang-kung) ins Meer hinausgetrieben; wo immer es landete, wurde dem Gott ein Tempel erbaut.

»Trockenboot« (*han-ch'uan*) ist ein Bootsgestell ohne Boden, das ein Mann oder auch zwei Personen mit sich herumtragen, so daß es aussieht, als ob sie ruderten: in Nordchina ein beliebtes Spiel zur → Neujahrszeit.

»Der Herrscher ist das Boot, das Volk ist das Wasser. Das Wasser ist es, das das Boot trägt; aber das Wasser ist es auch, das das Boot zum Kentern bringen kann« (Hsün-tzu, 3. Jh. v. Chr.)

Brücke
ch'iao 橋

Eine Brücke verbindet, was getrennt ist. So müssen z. B. die Toten auf einer ganz engen Brücke von dieser in die andere Welt übergehen, und unwürdige Sünder fallen in die schmutzigen Wasser von Blut und Eiter. Der Legende nach ging der Pilger Hsüan-tsang in der T'ang-Zeit nach Indien, um die buddhistischen Texte zu holen, damit der Kaiser vor den Seelen der vielen von ihm ermordeten Menschen Ruhe bekäme. Er mußte auf dieser Reise eine Brücke überschreiten, die nur aus einem Baumstamm bestand. Dabei verloren er und seine Begleiter ihre Körper, d. h. sie wurden → unsterblich.

Das Bild eines Generals zu Pferd, auf einer Brücke, gegen Feinde kämpfend, stellt den Chang Fei dar bei seinem Kampf auf der »Brücke der langen Bretter«. Diese Szene ist dem Roman »Die Geschichte der Drei Reiche« nachgezeichnet.

Nahe bei Ch'ang-an, am Wei-Fluß, ist die berühmte → Blaue Brücke, an der sich die Ehefrauen und Freunde von ihren Männern verabschieden, wenn sie in die fernen Provinzen gehen müssen, um dort ein Amt anzutreten. Diese Brücke hat eine eigene Göttin, »die Person von der Blauen Brücke«, welche niemand anders als die Mondgöttin ist.

Einst verabredete sich der junge Herr Wei mit seiner Freundin unter der Blauen Brücke; aber sie kommt nicht zum Stelldichein, das Wasser des Wei-Flusses steigt höher und höher – und er ertrinkt. Dieser Beweis äußerster Treue ist eine in Taiwan sehr bekannte Legende; sie wird auch auf zwei Freunde gemünzt, die dann zu Gottheiten werden. Nach einer anderen Fassung trafen sich Herr P'ei Hang und seine Freundin Yün-ying in einer Geisterhöhle nahe der Brücke, und beide wurden zu Unsterblichen.

Die Brücke in der Blumenbucht

Es gibt außerdem einen Gott der Brücke, der es nicht zuläßt, daß böse, krankheitsbringende Dämonen herüberkommen. Darum gehen in manchen Teilen Chinas die Leute am 16. Tag des 1. Monats über drei Brücken, um die Krankheitsdämonen zu vermeiden. In einem der beliebtesten chinesischen Märchen wird ein junges Liebespaar, das so verliebt war, daß sie beide nicht mehr ihre Pflicht taten, von der Gottheit durch einen Fluß (die Milchstraße) getrennt, so daß sie nur

noch einmal im Jahr zusammenkommen können; an diesem Tag machen die → Elstern eine Brücke, so daß der Kuhhirt zur geliebten → Weberin eilen kann.
Eine Brücke, die von Seetieren gemacht wird und dem Helden erlaubt sich zu retten, tritt in China, Korea und Japan auf.
Auch in der erotischen Literatur spielt die Brücke eine Rolle, zumal der Zwischenraum zwischen Anus und Vagina als Brücke aufgefaßt werden kann. Gemälde, auf denen zwischen zwei hohen Bergen ein Bach strömt, über den eine Brücke führt, auf die ein Mann zustrebt, haben einen erotischen Nebensinn.

Brunnen
ching 井

Wenn ein Mann → heiraten will, aber keine Braut finden kann, sagt man »er sucht einen Fluß und möchte einen Brunnen haben«. In der erotischen Literatur ist »Brunnen« ein Ausdruck für Vagina. In der Provinz Fukien werden die Brunnen zeremoniell am 7. Tag des 7. Monats gereinigt, an dem Tag, an dem das himmlische Liebespaar zusammenfindet und an dem ein Freudenfest gefeiert wird.
Wenn ein Hochzeitszug an einem Brunnen vorbeikommt, muß der Brunnen zugedeckt werden, denn es wird angenommen, viele unglückliche Frauen begingen Selbstmord, indem sie sich in den Brunnen stürzten.
Der Ausdruck »Treffen am Brunnen« bezieht sich auf ein Drama, dessen Held Liu Chih-yüan (895–947) als junger Soldat ein Mädchen heiratete, diese aber verließ, um die Tochter eines Beamten zu heiraten. Nach 13 Jahren trifft er sie am Brunnen wieder, zusammen mit ihrem Sohn, dessen Vater er ist.
So hat der Brunnen mehrfache Beziehungen zu jungen Frauen, die ja auch jahrtausendelang das Wasser aus dem Brunnen ziehen mußten.

Brust
hsiung 胸

Auf Volksbildern wird die männliche Brust oft stark betont, nicht die von Frauen. Es herrschte der Glaube vor, daß es ein glückbringendes Zeichen sei, wenn ein Mann eine wohlentwickelte Brust hat. Der Gründer der Chou-Dynastie, Wen-wang, hatte vier Brüste, und dies galt als ein Glückszeichen. Frauen trugen in der alten Zeit ein Brustband, so daß ihre Brust unter dem Kleid nicht sichtbar war. In der heutigen Zeit wird die Frauenbrust als »Jadegipfel« oder als »die beiden Gipfel« bezeichnet, aber auch als *man-t'ou* (Kloß oder Ball). Die Brustwarze wird mit einer Weintraube verglichen oder mit dem Samen des → Lotos; Frauen der unteren Klassen haben, so wird versichert, eine rote Warze, groß wie eine Dattel. Eine Frau mit kleiner Warze kann Kinder gebären, die in die Oberklasse aufrücken, Frauen mit großer und schwarzer Brustwarze bekommen Kinder, die in die Unterklasse abfallen. Das Tal zwischen den Brüsten wird mit einer Felsschlucht verglichen.

Buch
shu 書

Das Buch ist eines der → acht Symbole des → Gelehrten und symbolisiert seine Gelehrsamkeit. Bis vor nicht allzu langer Zeit setzten Eltern am ersten Geburtstag ihren Söhnen verschiedene Dinge vor: → Geld, Silber, → Schildkröte, Banane und darunter auch ein Buch. Faßte das Baby das Buch an, galt dies als Vorzeichen, daß es studieren werde.
Seit mehr als zwei Jahrtausenden gehört die Übergabe eines Buches durch eine übernatürliche Macht (als literarischer Topos), »nicht nur zur Initiation, sondern auch zu den Vorboten eines neuen Zeitalters, ein Glaube, der gerade in den taoistisch gestimmten Geheimgesellschaften tiefe Wurzeln geschlagen hat« (Wolfgang Bauer).
Die chinesischen Denksysteme stützen sich seit jeher auf Bücher, seien es »die fünf« klassischen Bücher oder die »vier Bücher« des Konfuzianismus. Das Thema der Nützlichkeit von Büchern wird bereits im taoistischen T'ai-p'ing-ching (»Weg des Höchsten Friedens«) behandelt, in der Antwort eines Meisters auf die Frage von Schülern, was letzten Endes die taoistische Literatur von

Bücher und Mandelblütenzweig: »Mögest du die Prüfung bestehen und einen hohen Beamtenrang bekleiden«

Art des »Höchsten Friedens« überhaupt wert sei: »Ach, Eure Dummheit ist aber auch zu arg! Wollt Ihr vielleicht sagen, daß mein Tao gewogen werden kann? Ja? Den Preis für all das, was ich Euch erklärt habe, um Euren Sinn zu erleuchten und Euch tiefen Einblick zu verschaffen in die Werte des himmlischen Tao? Nun, wenn ich Euch jetzt stattdessen 1000 Pfund Gold gegeben hätte, damit Ihr es für den Staat verwendetet, wäret Ihr dann vielleicht auch imstande, Himmel und Erde ein freudiges Herz zu verleihen und durch die Abstim-

mung von *yin* und *yang* zu bewirken, daß Naturkatastrophen und schlechte Vorzeichen verschwinden, die Herrscher ein hohes Alter erreichen und die Regierung in das Stadium des ›Höchsten Friedens‹ eintritt?« Soweit der 1800 Jahre alte Text (übers. Wolfgang Bauer).
Bereits vor 2200 Jahren muß es in China eine »Bücherverbrennung« gegeben haben: Li Ssu, der allmächtige Kanzler in Ch'in, hat sie 213 v. Chr. verfügt. Der private Besitz bestimmter Bücher, u. a. des Shihching (Buch der Lieder) und des Shu-ching (Buch der Schriften) wurde einer Überlieferung zufolge unter Todesstrafe gestellt; alle vorhandenen Exemplare mußten abgeliefert und durch die Behörden vernichtet werden. Die *tabula rasa* erstreckte sich auf alle Aufzeichnungen der Philosophenschulen und die historische Literatur - ausgenommen die Annalen von Ch'in und Bücher des praktischen Lebens.

Buchsbaum 黃楊
huang-yang

Das Holz des Buchsbaums wird für die charakteristischen → Gürtelgewichte verwendet, die früher jeder Gebildete besaß und die außerhalb Chinas heute zu einer großen Sammlung in Santa Fé zusammengetragen sind. Es bot sich als Hauptmaterial auch deswegen an, weil der Buchsbaum - immergrün und langsam wachsend - ein Symbol für → Langes Leben ist.

Buddha 佛
fo

Buddha ist der Tradition nach 621 v. Chr. geboren und 543 ins Nirvana eingegangen; nach jüngsten Forschungen hat Buddha wesentlich später gelebt, nämlich 563–483 v. Chr. Seine Lehre kam der alten Tradition zufolge im 1. Jahrhundert n. Chr. nach China; jedoch gibt es Anzeichen dafür, daß der Buddhismus zusammen mit Kaufleuten aus Indien oder Zentralasien bereits Jahrhunderte früher über die Seidenstraße nach China gelangt ist. Vom 2. Jahrhundert n. Chr. an sind buddhistische Gemeinden an mehreren Orten Chinas nachweisbar. Die Gelehrten bekämpften den Buddhismus zuerst, indem sie ihn als eine pietätlose Religion bezeichneten (Buddha hatte seine Familie verlassen und alle Mönche mußten dies auch tun) und Buddha selbst als »Barbaren«, da er in der traditionellen Kleidung, schmucklos, die eine Schulter entblößt, auftrat. Auch gab es einen theologischen Streit - vergleichbar einem ähnlichen im Christentum -, ob sich der → Kaiser vor dem Buddhabild niederwerfen müsse, oder ob Buddhas Jünger vor dem Kaiser niederzuknien hätten.
Im Laufe der Zeit wurden von nicht-chinesischen Missionaren, unter chinesischer Assistenz, die wichtigsten Schriften des Pāli-Kanon übersetzt. Später durften auch Chinesen Mönche werden; sie gingen dazu über, selbst aus dem Prakrit ins Chinesische zu übersetzen. Es bil-

deten sich dann mehrere Schulen, die, nicht ganz zu Recht, als »Sekten« bezeichnet wurden. Der Unterschied zwischen diesen bestand darin, daß der eine Lehrer bestimmte, ihm besonders wichtige Textstellen heranzog, während ein anderer andere Texte bevorzugte. Alle Schüler eines Meisters mußten diese Texte auswendig können und sie wiederum ihren Schülern lehren. Diese »Schulen« bildeten sich in den ersten fünf Jahrhunderten heraus.

Im heutigen Volksglauben ist Buddhismus im großen und ganzen eine Religion, die mit dem Tod zu tun hat und daher vorwiegend von alten Menschen praktiziert wird: Mönche lesen die Totenmessen, Särge werden oft jahrelang in buddhistischen Tempeln aufbewahrt; ebenso die Ahnentafel von Personen, die in früher Jugend gestorben sind. Die Gebeine von Unbekannten und Fremden werden in speziellen Bauten neben dem Tempel aufbewahrt. Die Leichen von Gläubigen wurden verbrannt und nicht begraben. Das heutige Regime hat sich sehr für die Einäscherung eingesetzt, ohne daß dies mit einer besonderen Wertschätzung des Buddhismus zu tun hätte.

Am 8. Tag des 2. Monats des alten Kalenders wird in China das Fest der Geburt Buddhas gefeiert; nach anderer Zeitrechnung findet das Fest am 8. Tag des 4. Monats statt. Manche Texte besagen, daß dies der Tag von Buddhas Empfängnis gewesen sei.

Die → acht buddhistischen Symbole (*pa-chi-hsiang*) entstammen ältester indischer Königsverehrung: die Mu-

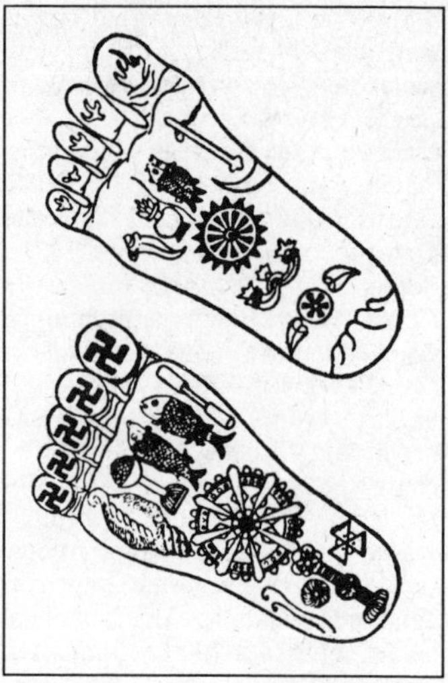

Buddhas Fußabdrücke auf Stein, mit den Emblemen des Buddhismus

schel ruft zur Predigt, das Rad versinnbildlicht die Predigt, der → Baldachin beschirmt die Lebewesen, der → Schirm überdacht alle Heilkräuter, der → Lotos ist Sinnbild der Reinheit, die → Vase das der vollkommenen Weisheit, → Goldfische stehen für Erlösung und der → Knoten für ewiges Leben.

Wird Buddha auf Bildern, von spielenden → Kindern umgeben, dargestellt, symbolisiert er »Glück kommt vom Himmel herab«, - und wenn er, auf einem Lotos im Wasser stehend, mit einer rotgekleideten, auf einem Fisch reitenden Frau gezeigt wird, so spielt das auf ein Theaterstück »Die weiße Schlange« (Pai shê chuan) an.

Siehe auch → Bodhi, → Dickbauch-Buddha, → Fingerzitrone.

Büchse
ho 盒

Das Wort für Büchse (*ho*) ist gleichlautend mit »Eintracht«. Eine Büchse, aus der → Lotosblätter (*ho*) heraushängen und dazu ein → Zepter, hat die Bedeutung, »alles möge in Eintracht und Harmonie nach Wunsch gehen«.

Es gab eine »Zwillingsgottheit« → Ho-ho (oft mit dem Zusatz *erh-hsien,* die beiden Heiligen), die in den Händen je ein Kästchen und einen Lotos tragen. Sie wurden früher in Peking am 19. Tag des 1. Monats gefeiert. Im Volksglauben wurden sie mit dem »Blauen Drachen« (*ch'ing-lung*) und dem weißen Tiger (*pai-hu*) gleichgesetzt und von Geschäftsleuten auch als Götter des Haustors verehrt.

Chang Ko-lao
張國老

Chang ist einer der acht → Unsterblichen. Es heißt, er sei eigentlich eine → Fledermaus gewesen, die sich in einen Menschen verwandelt habe. Eine andere Sage berichtet von ihm, daß er stets einen weißen Esel bei sich gehabt habe, mit dem habe er tausend Meilen an einem Tage zurücklegen können. Wenn er an seinem Bestimmungsort angekommen war, faltete er ihn zusammen wie ein Stück Papier und steckte ihn in seinen Koffer. Wenn er ihn wieder brauchte, so spritzte er mit seinem Mund Wasser darauf, und das Tier erhielt wieder die ursprüngliche Gestalt.

Chang Ko-lao auf dem Esel

Changs Kennzeichen ist eine lange Bambusröhre, die sog. Fischtrommel (*yü-ku*): im Bambuszylinder stecken zwei mit Krücken versehene Stäbe, das Ganze wird als Lärminstrument benutzt. Chang wird auch mit den beiden Schlegeln in der Hand dargestellt, gelegentlich auch mit → Phönixfeder oder → Pfirsich. Er soll zum ersten Mal Anfang des 7. Jahrhunderts erschienen sein und aus der Provinz Shansi stammen. Sein ursprünglicher Beruf, so ein modernes Märchen, sei der eines Holzsuchers gewesen. Er habe, einem Traum folgend, auf einer Brücke den → Li T'ieh-kuai getroffen, der ihm eine Pille aus Schmutz gegeben habe, durch die tote Fische wieder lebendig würden. Andere Fischer hätten versucht, sie ihm wegzunehmen. So habe er die Pille verschluckt und sei unsterblich geworden.

Ch'ang-o 嫦娥

Die Mondgöttin Ch'ang-o soll die Frau des Bogenschützen Hou I gewesen sein; dieser hatte das Kraut der → Unsterblichkeit von → Hsi-wang-mu geschenkt erhalten. Während seiner Abwesenheit aß seine Frau Ch'ang-o das Kraut, wurde unsterblich und stieg zum → Mond auf, wo sie im »Palast der weiten Kälte« (*kuang han kung*) bis heute lebt. Hou I, der sie vergeblich verfolgt hatte, nahm später auf der → Sonne seinen Wohnsitz.

Die Mondgöttin Chang-o kehrt mit ihrem Geliebten in den Mondpalast zurück

Sie wird oft als vornehme Dame geschildert, die sich im Spiegel beschaut, den ihr die Zofe hält, während eine andere Zofe Tee bringt. An ihrer Seite sind zwei Kinder, die einen → Hasen bestaunen, das ist der Hase im Mond, der einen phallus-ähnlichen Stössel in einen Mörser steckt. Er pulverisiert die Rinde des Kassia- oder → Zimtbaumes, die Unsterblichkeit gewährt.

Chih

→ Unsterblichkeitskraut

Ch'i-lin

→ Einhorn

Chinesische Begriffe

→ hsiao, → jang, → jen, → pao, → yang, → yin

Chrysantheme 菊
chü

Die Chrysantheme ist die Blume des Herbstes und somit die symbolische Pflanze des Herbstes bzw. des 9. Monats des alten chinesischen Kalenders. Ihr Name *chü* ist lautgleich mit »verweilen« (*chü*), auch ist die »Neun« (*chiu*) des 9. Monats lautgleich mit »lange Zeit« (*chiu*): deshalb ist die Chrysantheme auch Sinnbild der Dauer und eines langen Lebens. Am besten pflückt man sie am 9. Tag des 9. Monats, oder man bereitet an diesem Tag aus den bereits getrockneten Blüten einen Tee. Die Zeit der Chrysanthemenblüte wird auch in der Weise festlich begangen, daß man den Reiswein vom Vorjahr mit diesen Blumen ansetzt. So der Lyriker T'ao Yüanming: »In später Pracht erblühn die Chrysanthemen / Ich pflücke sie, vom Perlentau benetzt / Um ihre Reinheit in mich aufzunehmen / Hab einsam ich zum Wein mich hingesetzt ...« (übers. Richard Wilhelm). Und ein anderer Lyriker, Tu Mu, besingt das Fest im neunten Mond in folgender Weise: »Steckt Chrysanthemen euch ins Haar! Ihr müßt / voll Blüten sein, wenn ihr mich heimbegleitet« (übers. Günther Debon).

Auf Bildern sieht man häufig Kombinationen mit anderen naturhaften Symbolen. → Kiefer und Chrysantheme (*sung chü yu ts'un*) drücken den Wunsch aus, daß der mit diesem Bild Beschenkte lange leben möge. Im Gedicht »Heimkehr« von T'ao Yüan-ming heißt es: »Kiefer und Chrysantheme überdauern (alles andere) (und so mögest du alles überdauern)«.

Und wenn auf der Chrysantheme eine Heuschrecke sitzt, bedeutet dies, daß der Beschenkte lange Zeit (*chü*) den höchsten Beamtenrang (*kuan*) innehaben möge: in Nordchina wird *Heuschrecke kuar* gesprochen, ist also lautähnlich mit *kuan*. Ähnlich bedeutungsvoll ist eine

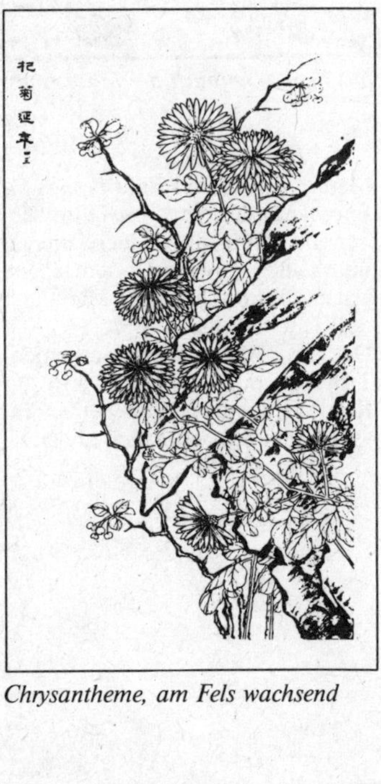

Chrysantheme, am Fels wachsend

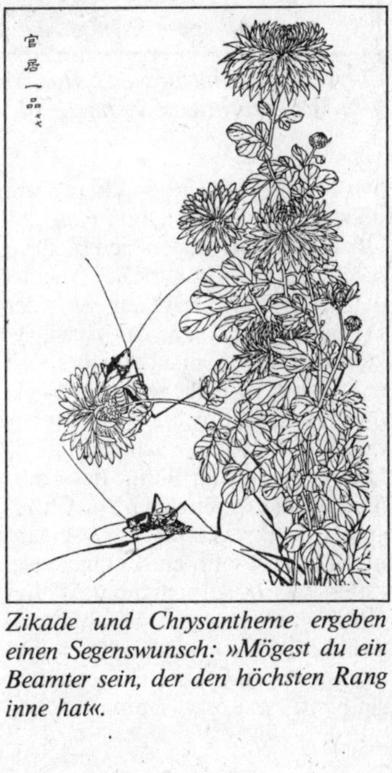

Zikade und Chrysantheme ergeben einen Segenswunsch: »Mögest du ein Beamter sein, der den höchsten Rang inne hat«.

Chrysantheme mit Bambus. Holzschnitt aus dem »Lehrbuch der Malerei aus dem Senfkorngarten«, 2. Jhg. 1701

Darstellung der Chrysantheme mit neun Wachteln: *chiu shih t'ung chü* »neun Geschlechter mögen friedlich beieinander hausen«. Die Wachtel heißt *an-ch'un*, was auf *an* »der Frieden« deutet. Um die Viersilbigkeit der Sentenz nicht zu stören, ist das Wort »friedlich« unterdrückt und erscheint nur im Wortsinn der ersten Silbe von »Wachtel«.

Die → Pflaume als Blume des Frühlings ist das Gegenstück zur Chrysantheme. Bezeichnenderweise sind in einem bekannten Roman zwei Zofen »Chrysanthemenblüte« und »Pflaumenblüte« genannt, während sich kein Name auf Sommer und Winter bezieht. Diese Jahreszeiten sind zu extrem: Sommer und Mann, Winter und Frau passen als Ehepaar zusammen; doch ihre Dienerinnen müssen beiden dienen und heißen daher nach den Jahreszeiten, die zwischen dem Mann und der Frau vermitteln.

Der Ausdruck »Chrysanthemen-Truppe« (*chü-pu*) bezieht sich auf Kurtisanen, die Volkslieder im »südlichen Stil« vortragen können.

Chu-ko Liang

諸葛亮

Chu-ko Liang (181–234 n. Chr.) war der berühmteste Stratege Chinas. Er half dem Liu Pei, eine eigene Dynastie (das Reich Shu im Westen Chinas, in der heutigen Provinz Szu-ch'uan) zu gründen. Als Liu Peis treuer Ratgeber gehört er zu den Heldenfiguren jener Zeit, die in der literarischen wie volkstümlichen Tradition lebendig geblieben sind. Seine Geschichte wird in dem Roman San-kuo chih yen-i (»Geschichte der drei Reiche«) erzählt. Liu Pei brauchte einen Berater und war auf Chu-ko Liang aufmerksam gemacht worden. Eine häufig in Tempeln dargestellte Szene zeigt Chu-ko am Fenster seines von Garten und Mauer umgebenen Hauses. Liu kommt mit zwei seiner Freunde und will ihn besuchen. Zweimal tut Chu-ko Liang, als ob er nicht zu Hause sei; erst beim dritten Mal läßt er sie ein. Er wollte sehen, ob Liu Pei ihn ernstlich anstellen wollte.

Chung K'ui 鍾魁

Chung K'ui ist *der* Dämonenfänger; man hängt sein Bild am Jahresende oder am 5. Tag des 5. Monats auf, um Dämonen zu vertreiben. Diese

Chung K'ui mit Fledermaus, das Glück beschwörend

Figur soll mit dem alten No-Fest vor dem → Neujahr zusammenhängen, ein Fest, bei dem Männer in Masken, die verschiedene Gottheiten darstellen, alle bösen Einflüsse aus der Stadt in den Fluß oder ins Meer treiben. In modernen Bildern zeigt man ihn mit einem Schwert, die fünf → Gifttiere vertreibend.
Er tritt vielfach in Dramen auf. In einem Drama des 16. Jahrhunderts ist er ein Gelehrter, der mit seiner Schwester zusammen in den Bergen Westchinas lebt. Er will zur Staatsprüfung gehen, hat aber nicht das Reisegeld. So geht er zu einem reichen Wohltäter, der ihm genug Geld und ein → Schwert gibt. Unter-

Chung K'ui mit dem magischen Schwert

wegs besucht er einen Tempel, dessen Mönche ein Fest für den Wohltäter ausrichten. Chung K'ui ist betrunken, beschimpft die Mönche und stört das Fest. Er sagt, wenn Dämonen den Menschen schaden können, sollte man sie nicht mit einem Fest feiern, sondern ausrotten. Daraufhin klagen die Hungergeister in der Hölle bei → Kuan-yin, der Göttin der Barmherzigkeit. Diese verzeiht ihm, aber auf Buddhas Wink wird er doch bestraft, er erkrankt. Während seiner Schwäche wird er von Dämonen angegriffen, die seine Figur verändern und sein Gesicht schwarz machen, ihm dazu einen komischen Bart geben. Er nimmt an einer Prüfung teil und besteht sie, wird aber bei der nächsten wegen seiner ungewöhnlichen Häßlichkeit zurückgewiesen und begeht Selbstmord. In der → Hölle bewundert man ihn und gibt ihm 3000 Soldaten, die ihm beim Töten von Dämonen helfen sollen. Chung K'ui verspricht dem Wohltäter seine Schwester als Frau. Mehrere Dramen allein behandeln die Verlobung der Schwester. In einem weiteren Drama ist Chung K'ui Kommandant von 84 000 Geistern und wird an der Brücke in die Unterwelt als Wächter angestellt.

Chung-li Ch'üan

鍾離權

Chung-li ist einer der acht → Unsterblichen. Man erkennt ihn an dem → Fächer, mit dem er auch Tote wiederbeleben kann. In manchen Darstellungen ersetzt ein Staubwedel den Fächer. Oft wird er mit nacktem Bauch dargestellt. Der Sage nach lebte Chung-li zur Zeit der Han-Dynastie und fand den »großen Zauber des Goldzinnobers« (Stein der Weisen). Er konnte Quecksilber schmelzen und Blei verbrennen und sie in gelbes und weißes Silber verwandeln. Er konnte leibhaftig durch die Luft fliegen.

Nach einem Volksroman war er ein Militär, der für die Sung-Dynastie (960–1278) und gegen das Nordchina beherrschende Volk der Liao kämpfte. → Lü Tung-pin, auch einer der acht Unsterblichen, setzte sich dagegen für die Liao ein, doch schließlich wurde er von Chung-li

Chung-li Ch'üan mit dem Fächer

Dachs und Elster: »Freude vom Himmel - Freude auf Erden«

bekehrt. In einem Drama tritt Chung-li als Richter auf, der einen Rechtsstreit schlichten soll, in den wiederum Lü Tung-pin verwickelt war. Beide Unsterblichen stehen also in enger Beziehung.

Dachs
huan 獾

In der chinesischen Tiermythologie spielt der Dachs keine große Rolle. Wohl aber in Japan: dort ist der Tanuki eine Art Widerpart des chinesischen → Fuchses, freilich in seinem Wesen völlig verschieden. Verwandelt sich der Fuchs mit Vorliebe in verführerische Mädchen und verlockende Frauen, so gibt sich der Dachs Tanuki gern als dickbäuchiger Abt oder als zerlumpter Bettelmönch. »Ganz aus dem Häuschen ist der Dachs / Sein Trommeln auf dem Bauch / Das macht ihm Spaß / Und sonst . . . denkt er an nichts« (Shikitei Samba).
Da im Chinesischen der Dachs lautgleich mit »sich freuen« (*huan*) ist, werden mitunter Dachs und → Elster zusammen dargestellt, um den Wunsch »mögest du große Freude erleben« zu versinnbildlichen.

Dämon

→ Gespenst

Dämonenfänger

→ Chung K'ui

Dattel 棗
tsao

Die chinesische Dattel entspricht nicht der arabischen Dattelfrucht; sie wird richtiger Brustbeere oder Jujube genannt. Da die Jujube gleichlautend mit »früh« (*tsao*) ist, symbolisiert sie oft diesen Begriff; in Begleitung einer → Litschifrucht drückt sie den Wunsch aus, der Beschenkte möge frühzeitig Söhne bekommen; mit einem → Zimtzweig: der Beschenkte möge hochgestellte Söhne bekommen.

Man sagt, daß die Leute in Nordchina Jujuben besonders gerne aßen, so viel, daß ihre Zähne gelb gefärbt seien. Wenn man von Jujuben träumt, stirbt man bald, denn das Schriftzeichen für Jujube sieht so aus, als bestände es aus zweimal dem Schriftzeichen für »kommen«, und das wird als das Kommen von Totenseelen aufgefaßt. Die unreife Jujube gilt als Abtreibungsmittel.

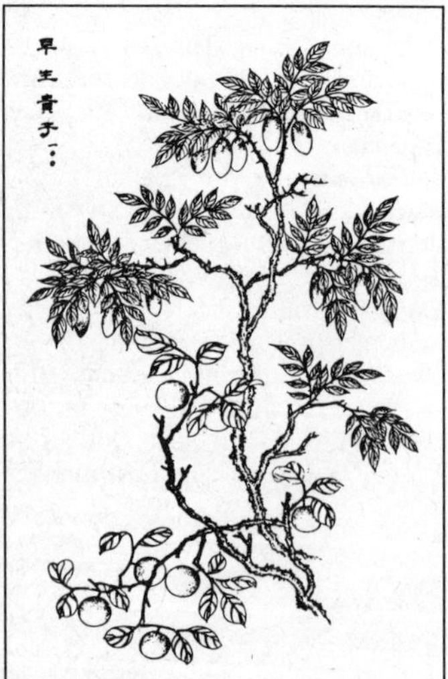

Dattel und Longanfrüchte: »Mögest du frühzeitig Söhne von hohem Rang bekommen«

Diagramme 卦
kua

Acht Diagramme sind die Grundformen des »Buches der Wandlungen« (I-ching). Sie bestehen aus ungebrochenen (männlichen) und gebrochenen (weiblichen) Linien; je drei Linien bilden ein Diagramm, das je nach der Zusammensetzung Himmel, Erde, Wasser, Feuer, Feuchtigkeit, Wind, Donner, Berge symbolisiert. Durch Potenzierung der acht Diagramme werden 64 Hexagramme gebildet, d. h. jedes der Hexagramme besteht aus zwei übereinanderliegenden Diagrammen. Diese 64 verschiedenen Bildzeichen bilden gewissermaßen den Text, der dem → Orakelbuch I-ching zugrunde liegt; alles übrige ist Zutat (Kommentar, Ausschmückung, Legende). Sind die acht Diagramme als »Verdichtung des Kosmos« (Marcel Granet) aufzufassen, so umreißen die 64 Hexagramme alle menschlichen Gegebenheiten und Zustände: eine Art genialer Weltformel.

Das System der Diagramme und Hexagramme soll angeblich von

Die acht Diagramme mit dem Yin-Yang-Symbol in der Mitte

Chou-kung, dem Verwandten und wichtigsten politischen Berater des ersten Herrschers der Chou-Dynastie (Beginn etwa 1050 v. Chr.) entwickelt worden sein. In der Tat sind bisher keine Diagramme oder Hexagramme auf Gegenständen gefunden worden, die aus der Shang-Zeit, d. h. der Dynastie vor den Chou, stammen. In komplizierten Spekulationen werden die acht Diagramme den fünf → Elementen (*wu-hsing*) zugeordnet, sowie auch den fünf Richtungen. Die Diagramme werden nicht selten auf den Kleidern berühmter Männer, wie Chiang-Tse-ya, dem militärischen Berater der ersten Chou-Herrscher, und dem Himmelsmeister (*t'ien-shih*), dem Führer einer der Hauptsekten des Taoismus, dargestellt. Sie kommen aber auch als Dekoration auf Gefäßen vor.

Dickbauch-Buddha
Mi-lo fo 彌勒佛

Es gibt außerordentlich viele nichthistorische Buddhas, mit einer ausgeprägten Ikonographie in Indien und China: den Buddha Amitābha etwa, »Buddha des Unendlichen Lichts«, der umgeben von unzähligen Bodhisattvas im »Paradies des Westens« lebt; dann den Maitreya-Buddha, ein »Künftiger«, der im Tusita-Himmel thront: von hehrer, eher asketischer Gestalt, die mit unergründlichen Augen in eine ewige Zukunft blickt, in der die Welt erlöst erscheint (was der historische Buddha nie verheißen hat). Dieser Maitreya als »noch nicht gekommener Buddha« erschien gegen Ende des ersten Jahrtausends in abgewandelter Form als lachender »Dickbauch-Buddha«. In der Sung-Zeit (960–1280) kam er auf und wurde in ganz Ostasien populär.
Sitzend wird er gezeigt, als beleibter Mann mit unbekleideter Brust, einen Sack haltend und immer lachend. Oft ist er von Kindern umgeben, oder sie fangen ihn im Netz und befreien ihn dann. Er ist ein Symbol naiven Frohsinns. War der Maitreya-Kult noch revolutionär und wurde von den Regierungen früherer Jahrhunderte blutig unterdrückt, so nahm der gutmütige Dickbauch ihr den Stachel und löste gewissermaßen den Buddha der Zukunft ein – »mit der grandiosen Banalisierung, die indirekt alles Unglück und Elend der Welt als eine

Art Mangelerscheinung ausdeutete« (Wolfgang Bauer).
Der »Freuden-Buddha« (*huan-hsi fo*) ist kein Synonym für den Dickbauch, sondern eine figürliche Darstellung für Beischlaf.

Donner 雷
lei

Schon sehr frühe Texte erwähnen den Donner zusammen mit dem Blitz: »Der Donner ist das Geräusch des → Feuers, und er ist das Lachen des Himmels« (Huang-ti Nei-ching). Es heißt auch, daß der Donner der Ärger des Himmelsgottes sei; bei Donner solle man in voller Kleidung mit einem Hut dasitzen und nicht scherzen. Man stellte ihn als einen Trommler dar, mit einer ganzen Anzahl von Trommeln um sich; er beginne im 2. Monat des chinesischen Jahres (→ Drache) und höre im 2. Herbstmonat auf.
In späteren Texten ist der Donner ein Tier mit einem Kopf wie ein Schwein oder ein Affe, mit Hörnern und Krallen an Händen und Füßen und großen Flügeln aus Fleisch, nicht aus Federn. Sein Haar ist rot. Wenn der Donner (d. h. der Blitz) eine Schwangere berührt, kann er nicht wieder aufsteigen und fällt herab. Dann kann man sehen, wie er aussieht. Ebenso schlimm für ihn ist der Nachttopf.
Der Donner fährt auf einem Wagen, den die → Geister von Verstorbenen ziehen. Einmal wird erzählt, daß der Donner (der Blitz also) eine Frau erschlagen wollte, die nicht pietätvoll gegen ihre Tante war. Sie bedeckte aber ihren Kopf mit ihrer blutigen Hose, worauf der Donner machtlos zur Erde fiel und wie ein Adler aussah. Leute, die Schweinefleisch und Fisch zusammen essen, werden häufiger vom Donner getroffen.

Der Gott des Donners

Drache 龍
lung

Der Drache ist eins der vielschichtigsten Symbole Chinas, in ihm kommen die verschiedensten mythologischen und kosmologischen Vorstellungen zusammen: unter dem Begriff Drache werden ganz unterschiedliche Wesen zusammengefaßt. Im Vergleich zur europäischen Mythologie ist der Drache ein gutartiges Tier – Sinnbild der männlichen, zeugenden Naturkraft (→ *yang*). Seit der Han-Zeit (206 v. Chr.–220 n. Chr.) ist er zugleich Sinnbild des → Kaisers oder Himmelssohnes. Er ist das erste der »360 Schuppentiere« (siehe die

Zwei Drachen spielen mit einer Perle

→ fünf Tierarten) und das fünfte Tier des chinesischen → Tierkreises. Als eines der vier Tiere der Weltrichtungen steht er im Osten, der Richtung des Sonnenaufgangs, des Zeugens, des Frühlingsregens und des Regens allgemein. Hier wird er blaugrüner Drache (*ch'ing-lung*) genannt, und sein Widerpart ist der weiße → Tiger (*po-hu*), Herrscher über den Westen und den Tod.

In diesem vegetativen Zusammenhang dachten sich die Alten den Drachen im Winter unter der Erde; aber am 2. Tag des 2. chinesischen Monats steige er aus der Erde in den Himmel empor, was den ersten Donner und den ersten Regen hervorrufe; danach können in Nordchina die Felder bestellt werden. Noch heute feiert die chinesische Gemeinde in Marysville (Kalifornien) an diesem Tag ein großes Drachenfest; Feuerwerkskörper, den Drachen symbolisierend, werden gezündet, und wer ein Stück wiederfindet, hat im kommenden Jahr Glück.

Als Wundertier kann sich der Drache klein machen wie eine Seidenraupe und so groß, daß er den Raum zwischen Himmel und Erde füllt. Nach Belieben macht er sich sichtbar und unsichtbar. Am Tag seines Himmelaufstiegs kann man ihn nicht sehen, weil er durch Regenwolken verborgen ist; er reitet selbst auf den → Wolken. Auf Bildern sind häufig zwei Drachen dargestellt, die in den Wolken mit einem Ball oder einer Perle (= Donner) spielen – was den Regen verursacht.

Die kosmologische Spekulation unterschied schon früh vier Kategorien: erstens Himmelsdrachen (*t'ien-lung*), die die regenerierende Kraft des Himmels symbolisieren; zweitens Geisterdrachen (*shen-lung*), die den Regen fallen lassen; drittens Erddrachen (*ti-lung*), die Herrscher über Quellen und Flußläufe, und viertens Schatzhüter (*fu-tsang-lung*). Außerdem entwickelte sich die Vorstellung von vier Drachenkönigen (*lung-wang*), deren jeder über eines der vier die Erde umgebenden Meere wacht.

In der Volkstradition spielen vor allem diese »Meeresdrachen« eine große Rolle; der Meeresdrachenkönig besitzt einen prächtigen, mit vielen Kostbarkeiten angefüllten Palast. Glückskinder besuchen ihn dort unter dem Meer, mitunter erlangen sie eine Drachentochter zur Frau.

Große und kleine Drachen: »Die Kinder mögen eine glänzende Laufbahn antreten«

In Mittelchina führten die Männer zu → Neujahr einen Drachentanz auf; ein ähnlicher Tanz wird als → Heiratszeremonie zu dem Augenblick aufgeführt, wenn das junge Paar die Feier verläßt und sich ins Brautgemach zurückzieht. In dieser Szene des Tanzes wird angedeutet, wie ein Paar sich küßt.

Der Glaube, daß eine Frau einen – oder auch mehrere – Drachen gebiert, war weit verbreitet. In vielen Ortsnamen kommt der Drache vor, als »Drachenmutter«, »Drachensee« o. ä.; die Stadt Kowloon (Chiu-lung in Mandarin) ist die »Stadt der neun Drachen«.

Die Zahl der → Neun wird dem Drache besonders gern zugemessen, symbolisiert sie doch die potenzierte männliche Kraft (3 mal 3). So lautet ein weitverbreiteter Segensspruch: *i lung chiu tzu, ko tzu pieh,* »der Drache hat neun Söhne, jeder von anderer Art« – ein Kindersegen, den man Jungvermählten wünscht.

Es gibt unendlich viele Formen von Drachen; im allgemeinen wird er mit einem schlangenähnlichen Leib dargestellt, doch mit Füßen und Tatzen; seine Haut ist geschuppt, seine Hörner oft wie die eines → Hirsches, sein Ohr eher das eines → Rinds.

Drachen-Boote sind schmale, lange → Boote, mit Drachenmustern verziert; sie werden in Südchina bei einem Fest am 5. Tag des 5. Monats zu Wettrennen benutzt. Wenn dabei ein Mann ins Wasser fiel und ertrank (wenige Chinesen konnten

Drache und Phönix – Mann und Frau

Drache mit neun Söhnen, die verschiedene Eigenschaften haben. Der erste kann schwere Sachen tragen, der zweite vermag einen Brand zu löschen, der dritte kann wie eine Glocke rufen, der vierte ist kräftig wie ein Tiger, der fünfte ißt gerne, der sechste liebt das Wasser, der siebte kämpft tapfer, der achte ist stark wie ein Löwe, der neunte kann gut beobachten

in der alten Zeit schwimmen), so galt dies als erwünschtes Opfer an den Fluß-Drachengott, der daraufhin Fruchtbarkeit spendet.

»Drachenklauen«: die zeremoniellen Kleider der Oberklasse unterschieden sich durch die Anzahl der Klauen, die die dargestellten Drachen hatten; des Kaisers Gewand durfte Drachen mit fünf Klauen zeigen, das von Prinzen nur vier, und das von anderen Beamten nur drei.

Drache und → Phönix verkörpern die männliche und die weibliche Natur und sind Symbol des Ehepaares.

»Drachenspeichel« hieß der Amber, das aus Arabien eingeführte und sehr kostspielige Parfüm. »Drachenaugen« (*lung-yen*) sind kleine, süße Früchte, auf Englisch »longan« genannt.

Eine bekannte Darstellung zeigt Kaiser T'ai-tsung der T'ang-Dynastie im gelben Gewand, wie er mit dem Minister Wei Chen → Schach spielt. Dieser schläft dabei ein, man sieht aus seinem Mund den Atem kommen, und der Atem tötet in der Ferne einen Drachen – einen Drachenkönig, der mit Wei Chen gewettet hatte, er werde es nicht regnen lassen zu der Zeit, wo der Gott es ihm befehle. So werden, dem Roman »Die Reise nach dem Westen« (Hsi yo chi) zufolge, ungehorsame Drachen bestraft.

Drei 三
san

Die Drei, wie alle ungeraden Zahlen männlich, ist in China eine sehr bedeutungsvolle Zahl: Von der Trinität → Himmel → Erde → Mensch (*san ts'ai*) werden eine Fülle von Dreierzyklen abgeleitet. Zum Beispiel hat man in der frühen Han-Zeit ein System erdacht, wonach drei sich jeweils ablösende Geschichtsperioden die Qualitäten »Loyalität« (*chung*), »Respekt« (*ching*) und »Verfeinerung« (*wen*) haben und den »drei Dynastien« (Hsia, Shang, Chou) entsprechen.
Ein chinesisches Wörterbuch zählt elf Grundbedeutungen der »drei« und 1915 Zusammensetzungen mit »drei« auf.
Nach dem »Buch der Riten« (Li-chi) entspricht der → Mensch, in seiner Mittelstellung zwischen Himmel und Erde, der Zahl drei. Als »die drei Kostbaren« (*san pao*) werden Bhaisajya, Shakyamuni-Buddha und Amitābha, der Buddha der Zukunft, angesehen; oft sind sie in buddhistischen Tempeln zusammen dargestellt, wobei → Buddha in der Mitte thront und Amitābha rechts von ihm. »Die drei Kostbaren« bedeutet häufig auch »Buddha, die Lehre, die Mönchsgemeinde«.

Die drei Wünsche: Glück (Kind mit Pfirsisch und Fledermaus), Langes Leben (Gott der Langlebigkeit) und Reichtum (Hirsch)

Bedeutsam ist auch der Begriff »Die drei Weltanschauungen« (*san chiao*) oder auch der Ausspruch »Die drei Lehren sind eins«. Beide beziehen sich auf Konfuzianismus, Taoismus und Buddhismus. Daß diese in der Tat wichtigsten Religionen Chinas eins seien, könnte verschleiern, daß der Konfuzianismus als Staatsreligion über die beiden anderen praktisch den Sieg davongetragen hat. Aber es ist damit auch gemeint, daß alle drei Lehren am Leben des Menschen teilhaben: der Konfuzianismus als Religion der Pietät (→ *hsiao*) und der Familie; der Volkstaoismus als Religion der Gemeinde, der die zeremonielle Reinigung des Wohnorts obliegt; der Buddhismus als Religion des Todes und der Welt in ihrer Gesamtheit. Buddha z. B. wird man nicht mit kleinen Wünschen belästigen, denn er ist mehr für die Welt nach dem Tode zuständig, ob man als Mensch wiedergeboren wird oder als Tier, ob man in den Fegefeuern Strafen erleiden muß oder ins Paradies eingehen kann.
Die »drei Körbe« bezeichnet die Hauptteile des buddhistischen Kanons. Eine der gebräuchlichsten Zusammensetzungen sind »die drei → Freunde«, nämlich die langes Leben symbolisierenden Pflanzen Bambus, Kiefer und Pflaume.
Der »Drei-Zeichen-Klassiker« (*san tse ching*) war früher das erste Buch, das chinesische Schüler zu studie-

»Die drei Lehren sind eins«

ren und auswendig zu lernen hatten. Es bestand aus einfachen Sätzen oder Ausdrücken zu je drei Schriftzeichen; zugleich waren darin Moralregeln festgehalten. Im heutigen Taiwan kann der Titel des Buches auch als starker Fluch genommen werden, mit der Bedeutung »ich beschlafe deine Mutter«.
Die »drei Unterdrückten« (*san ya*) sind drei Tiere, die man nicht ißt: die Wildente, weil sie ein Symbol ehelicher Liebe ist; der → Hund, weil er treu seinem Herrn dient; der schwarze → Aal, weil er die Treue und Ergebenheit symbolisiert, die zwischen Herrscher und Untertan bestehen soll.

Die »drei Yang« (*san yang*) bedeuten die drei Frühlingsmonate, in denen das männliche Element (→ *yang*) immer stärker hervortritt. Sie werden eingestuft als Frühling, Glück und Erfolg und bildlich dargestellt als ein Schaf (*yang*) oder auch als drei Schafe miteinander.
Die »drei Augen« der Frau sind ihre beiden Augen und ihre Vagina.
»Drei-Alte« nannte man früher die Dorfältesten und Stadthäupter: in solchen Titeln kommt die Zahl drei »als Hauptemblem jeder eine hierarchische Organisation entsprechenden Anordnung« (Marcel Granet) zum Ausdruck.

Dreieck *san-chüeh* 三角

Das Dreieck spielt als Symbol in China kaum eine Rolle. Es ist allerdings mehrfach als weibliches Symbol zu finden (→ Schlange).
Ausdeutungen westlicher Gelehrter, wonach die Dreieck-Muster auf prähistorischen Graburnen teils das weibliche Geschlechtsteil (auf die Spitze gestelltes Dreieck) und teils das männliche Geschlechtsteil (mit der Spitze nach oben gerichtetes Dreieck) symbolisieren, sind nicht bestätigt worden.
Im tibetischen Tantrismus ist ein Dreieck mit der Spitze nach unten ein weibliches Symbol, mit der Spitze nach oben ein Symbol für → Feuer; übertragen kann dann ein Dreieck mit der Spitze nach unten auch ein »Feuerplatz« sein.

Dreifuß
ting 鼎

Bronzene Dreifüße treten schon in der Mitte des 2. Jahrtausends v. Chr. auf und mögen sich aus frühen Kochtöpfen entwickelt haben. Sie sind aber bald zu einer Staatseinrichtung geworden: an den Besitz der neun Dreifüße knüpfte sich nach alter Vorstellung die Herrschaft über das Reich der → Mitte. Der Legende nach hat Huang-ti dieses Symbol eingeführt; tatsächlich hatte bereits die Chou-Dynastie (etwa 1050–256 v. Chr.) neun Dreifüße zum Zeichen der neun Provinzen des Landes.
Die drei Füße symbolisierten die drei höchsten Würdenträger unter dem Kaiser. Der Verlust auch nur eines dieser Dreifüße deutete das Ende der Dynastie an. In der heutigen Volkskunde ist der Dreifuß eines der Glückssymbole (→ Kostbarkeiten).

Dreizehn
shih-san 十三

Weder im chinesischen Zehner- noch im Zwölferzyklus hat die »Dreizehn« Platz. Meist tritt sie wie in der indischen → Zahlenmystik in eine »unangenehme Beziehung« zu den übrigen Zahlen (was in Indien darauf zurückzuführen war, daß das Jahr früher in zwölf Mondmonate eingeteilt wurde, infolgedessen am Schluß einiger Mondjahre ein dreizehnter Monat eingeschaltet wurde, dem man den bezeichnenden Namen »Herr der Bedrängnis« gab). Als Schimpfwort werden in China die Ausdrücke »Dreizehn Punkte« oder »Dreizehn T'ai-pao« benutzt, wobei T'ai-pao – ursprünglich der Titel eines hohen → Beamten bei Hofe – ein »schwerer Junge« bedeutet.

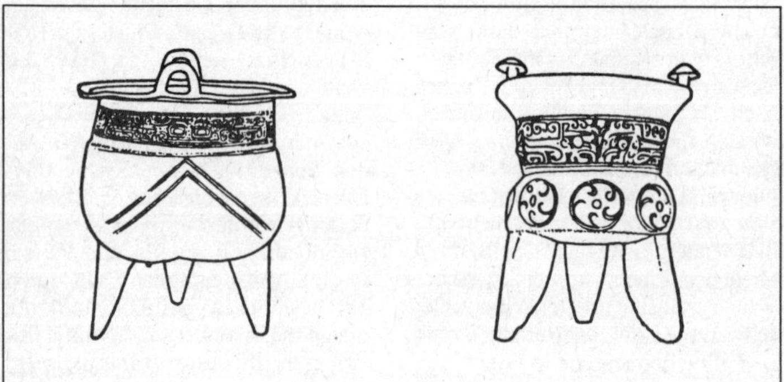

Kultische Dreifüße

Eheglück

Die ältesten erhaltenen Knochenorakel haben das Glück menschlichen Zusammenlebens zum Thema. Die Beziehung zwischen Mann und Frau gehört zu den → fünf Wegen, die immer gangbar sind« (Li-chi, »Buch der Riten«).
Ehe und Familie – die Nebenfrauen bei Mittel- und Oberschicht immer eingeschlossen – haben in Chinas Philosophie und Gesellschaft seit jeher einen Rang beansprucht, wie vielleicht in keiner anderen Hochkultur. Der Frieden des Staates wurde sozusagen in einer Beweiskette auf die Ordnung der Familie zurückgeführt, und das auf konfuzianischer Familienethik aufbauende Klansystem hat China zum menschenreichsten Land der Erde gemacht.
Buddhistische wie auch konfuzianische Vorstellungen vom vorgefundenen Leid und erstrebtem Glück mündeten in K'ang Yu-weis Entwurf eines neuen Gesellschaftssystems ein; sein »Buch von der Großen Gleichheit« (Ta T'ung Shu, 1902) benennt fünf Barrieren, die niederzureißen seien; das vierte Kapitel behandelt »Wie man die Schranken zwischen den Geschlechtern abschafft und die Gleichstellung der Frauen erreicht«, das fünfte »Wie man familiäre Schranken abschafft und die Menschheit ein ›Volk des Himmels‹ wird«. Dieses Buch hatte auf die gemäßigten Reformen wie auf

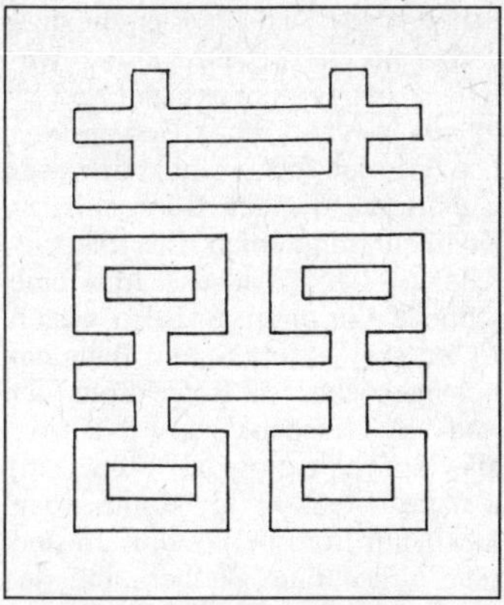

Freuden des ehelichen Lebens

spätere kultur-revolutionäre Vorstellungen einigen Einfluß.
Sinnbilder des Eheglücks finden sich in den Volksdrucken des alten wie des neuen China. Beliebte Tiersymbole sind → Eisvogel, → Elster, → Gans, → Mandarinente, → Phönix, dann als Pflanzensymbole → Lotos, → Narzisse, → Orchidee.
Siehe auch → Fliegen, → Eis, → Frühling, → Gefühle, → Heirat, → Ho-ho, → Holzölbaum, → jen, → Regen, → Rot, → Schicksal.

Ei
tan 蛋

Das Hühnerei spielt in China eine ähnliche Rolle wie in Europa; es ist ein Symbol der Fruchtbarkeit. In der Provinz Chêkiang ließen die Mädchen am Hochzeitstag Eier über die Brust der Braut in ihren

Schoß rollen. Bemalte Eier, die man vorher bei der Zeremonie des Waschens der Braut benutzt hat, verschenkt man an die → Heiratsgäste. Die Mutter bekommt nach der Geburt des Kindes Rührei. Auch Kranken bringt man Eier als Geschenk, als Wunsch für eine schnelle Gesundung. Beim ersten Geburtstag gibt man dem Baby ein weichgekochtes Ei. Rotgefärbte Eier sind ein Geschenk zu → Neujahr; man spricht dann vom »Übersenden der Freude« (im kommenden Jahr). Nur fromme Buddhisten sind gegen Eier und glauben, daß jemand, der gerne Eier ißt, nach dem Tod in die Hölle der »leeren Stadt« gelangt.
Bei den Minderheiten in Südchina ist ein Ei-Orakel sehr verbreitet, bei dem man ein Ei schön bemalt, dann kocht und aus der Form des Eigelbs und Eiweiß die Zukunft deutet.
Vor allem in Südchina sind zahlreiche Mythen bekannt, in denen das Ei eine zentrale Rolle spielt: die Welt war ursprünglich ein Ei, aus dem alle Geschöpfe hervorkommen; nach der großen Flut bleibt nur ein Geschwisterpaar übrig. Durch verschiedene Proben kommen sie zu der Überzeugung, daß in ihrem Fall Inzest die einzige Möglichkeit ist, die Menschheit zu retten. Die Frau gebiert dann ein Ei, aus dem unzählige Kinder kommen. Gründer-Heroen werden aus einem Ei geboren, das bisweilen in einem neunstöckigen Turm (Weltenberg) ausgebrütet wird; auch in Südkorea existiert eine Mythe, wonach einer ein Ei findet, in dem ein Baby liegt, das dann zum Führer aller Stämme wird.
Ko Hung (254–334), ein Anhänger der hun-t'ien-Astronomie, schrieb dem Himmel die Gestalt eines Eies zu. Der Himmel bebrütet (bedeckt): d. h., die ganz von der Himmelsschale überdeckte Erde ruht wie ein Eigelb auf flüssiger Masse.

Eidechse

→ Gecko, → Gifte, die fünf

Einhorn 麒 麟
ch'i-lin

Das mythische Ch'i-lin hat mit dem europäischen Einhorn wenig gemeinsam. Es wird zwar in manchen Texten als Tier mit nur einem Horn dargestellt, es kann aber auch deren zwei oder drei haben. Das Ch'i-lin

Steinritzzeichnung des mythischen Ch'i-lin

wird beschrieben als Tier mit dem Körper eines → Hirsches, und einige Forscher gehen davon aus, daß es sich aus einer Art Hirsch entwickelt haben könnte. Aber in den detaillierten Beschreibungen hat das Ch'i-lin den Schwanz eines Rindes, die Schuppen eines Fisches, gespaltene Zehen oder je fünf Zehen an jedem Fuß und ein mit Fell bekleidetes Horn. Seine Farbe ist gelegentlich weiß.

Mit dem → Drachen, dem → Phönix und der → Schildkröte zusammen gehört es zu den »vier Wundertieren« (*szu-ling*) bzw. als das »Haupt der Haartiere« zu den → fünf Tierarten.

Von alters her ist es ein Sinnbild des Kindersegens. So heißt eines der Nan-Lieder aus dem berühmten Shih-ching: »Ch'i-lins Fuß – edle Söhne bringt das Ch'i-lin. Ch'i-lins Stirn – edle Sippe bringt das Ch'i-lin« (übers. Richard Wilhelm). Populäre Drucke zeigen einen Jungen auf dem Einhorn über die Wolken reitend, mit der Aufschrift: »Das Ch'i-lin bringt Söhne«. Oft trägt der Junge einen → Lotos (*lien*) in der Hand: darin ist der Wunsch ausgedrückt, daß man hintereinander (*lien*) Söhne bekommen möge.

Eine bestimmte Neujahrsfeier in Mittelchina, in der Provinz Kiangsu, hatte den Namen »Das Einhorn bringt Kinder«. Jugendliche zogen umher mit einem ausgestopften Einhorn, umgeben von Laternen; sie kamen damit in verschiedene Dörfer, wo sie kurze Stücke über klassische Helden wie Yo Fei (ein patriotischer General), Shun (ein mythischer Kaiser und Vorbild der Elternliebe) und die Frau Meng

Junge auf dem Ch'i-lin mit Lotos (lien) und Mundorgel (sheng), was bedeutet: »Das Ch'i-lin möge Söhne schenken, die ununterbrochen (lien) von Stufe zu Stufe aufsteigen (sheng)«

Chiang (ein Vorbild ehelicher Treue) vorführten.

Nach einer alten Fabel tritt das Ch'i-lin auf kein Lebewesen, nicht einmal auf wachsendes Gras. Das mag, wie auch das bekleidete Horn, dazu beigetragen haben, daß dieses Tier auch Güte symbolisiert. Es erscheint, wenn eine gute Regierung herrscht oder wenn es im Land einen Heiligen gibt. Sein Auftreten kann jedoch nach den Umständen Verschiedenes bedeuten; so bricht in einer der Geschichten der Chia-yü (»Schulgespräche« des → Konfu-

Das Ch'i-lin bringt der Mutter des Konfuzius einen Nephrit, auf dem das Schicksal des Weisen verzeichnet ist. (16. Jhd.)

zius) der Meister in Tränen aus, als er einen merkwürdigen Hirsch begutachtete, dem das linke Vorderbein gebrochen war. Nach dem Grund seiner Tränen gefragt, antwortete Konfuzius: Ch'i-lin erscheinen, wenn ein Fürst weise und einsichtig ist; treten sie aber auf, wenn es nicht an dem ist, dann bedeuten sie Unheil. Deswegen bin ich so betrübt.

Ganz allgemein bedeutet die Darstellung eines Ch'i-lin den Wunschspruch, es möge Segen bringen. Auf den Röcken vornehmer Frauen sah man früher öfters eine Szene dargestellt, in der die anderen Wundertiere dem Ch'i-lin als ihrem Führer huldigten. Männer, die auf einem Ch'i-lin reiten, sind fast immer Figuren aus dem Roman Feng-shen yen-i.

Der Ausdruck »Ch'i-lin-Horn« bezeichnet eine der 30 Positionen beim Beischlaf.

Eins
i 一

Ein chinesisches Wörterbuch zählt 67 Bedeutungen der Zahl »eins« auf, mit 3417 Zusammensetzungen. Ein anderes widmet dieser einen Zahl 923 Seiten im Folioformat; der Verlag gab danach den Plan eines vollständigen Zahlenlexikons auf.

Nach altchinesischer Philosophie gab es am Anfang das »Allergrößte Höchste« (→ T'ai chi), aus dem das »Allergrößte Eine« (T'ai i) erwuchs, das sich dann in die → zwei Prinzipien → *yin* und → *yang* wandelte, aus denen zunächst die fünf → Elemente oder »Wandelzustände« (Holz, Feuer, Erde, Metall, Wasser) hervorgingen und aus diesen wiederum die → »zehntausend Dinge« (*wan wu*).

»Eins« ist das Ungeschiedene, das Vollkommene. Konfuzianische Denker und → Lao-tse drückten dies auf ihre Weise aus:
»Groß ist die Ursprungskraft des Schöpferischen, alle Wesen verdanken ihm ihren Anfang. Und diese Kraft durchdringt den ganzen Himmel« (Erläuterung zum 1. Hexagramm des I-ching, »das Schöpferische«).
Und Lao-tse: »Es gibt ein Ding, das ist unterschiedslos vollendet / Bevor der Himmel und die Erde waren, ist es schon da / so still, so einsam / Allein steht es und ändert sich nicht / Im Kreis läuft es und gefährdet sich nicht / Man kann es nennen die Mutter der Welt / Ich weiß nicht seinen Namen / Ich bezeichne es als SINN« (beide Texte in der Übertragung Richard Wilhelms).

Eis 冰
ping

Ein Kind, das im Winter auf dem Eis sitzt, stellt den Wang Hsiang dar, eines der 24 Beispiele kindlicher Pietät (→ *hsiao*): seine kranke Mutter wollte mitten im Winter einen Karpfen essen, da ging der Junge an den zugefrorenen Fluß und setzte sich so lange auf das Eis, bis es schmolz; dann sprang ein großer Karpfen heraus.
»Gesprungenes Eis« ist ein Ausdruck für eheliche Freuden im hohen Alter. Ein »Eis-Mensch« (*ping-jen*) ist ein Ehevermittler oder – häufiger – eine Mittlerin. Die Geschichte des symbolischen Ausdrucks ist aufschlußreich: Es träumte ein Mann, daß jemand auf dem Eis stand und mit einer anderen Person unter dem Eis sprach. Der Traum wurde ihm so erklärt: »Auf dem Eis ist das männliche Element (*yang*), unter dem Eis das weibliche (*yin*). Du mußt zwischen beiden vermitteln.« Mann und Frau sind also durch Eis getrennt, und diese Trennung kann nur durch einen »Eisbrecher«, den Vermittler, beseitigt werden, nicht durch die Betroffenen selbst.

Eisen 鐵
t'ieh

Eisen war in China schon im 2. Jahrtausend bekannt; jedoch kam es erst um 400 v. Chr. in allgemeinen Gebrauch, vor allem zum Schmieden von Pflugscharen und Waffen.
Es ist ein Symbol für die Stärke und Gerechtigkeit. Die bösen Seedrachen (*chiao*) fürchten Eisen. Daher versenkte man eiserne Figuren in Flüssen oder Dämmen. In Südchina gibt es einen »Eisenbaum«, der nur einmal alle 60 Jahre blüht. Er symbolisiert so den → Sechziger-Zyklus und ist ein Sinnbild des Langen Lebens, denn der Mensch lebt nur einen Zyklus lang.
»Eiserne Schuhe«, wie sie im vorderasiatischen Märchen mehrfach vorkommen, werden auch in dem klassischen Roman Feng-shen yen-i, »Die Metamorphosen der Götter« (Kap. 54), erwähnt.

Eisvogel 翡翠
fei-tsui

Der Eisvogel sieht wie eine → Schwalbe aus, sagen alte Texte, und kommt vor allem in Südchina und Vietnam vor. Er wurde wegen seiner malachit-farbenen Federn sehr geschätzt, und symbolisiert → Schönheit. Die → Augenbrauen einer schönen Frau sind »Eisvogelbrauen«. »Eisvogel-Verkehr« ist eine der 30 möglichen Stellungen im Beischlaf. Im ganzen ist der Vogel ein Sinnbild des glücklichen Ehe- und Liebespaares.

Elefant 象
hsiang

Elefanten kamen in Chinas Frühzeit bis in den hohen Norden vor und wurden von den Herrschern häufig gejagt; in den Südprovinzen gab es Elefanten bis in die Neuzeit. Gezähmte Elefanten werden in der Literatur seit dem 3. Jahrhundert v. Chr. erwähnt, und in den Volksromanen sind Elefanten oft die Reittiere der → Helden. Bilder, die einen Mann zeigen, der mit einem Elefanten pflügt, stellen den mythischen Kaiser Shun dar; er verkörperte die Pietät (→ *hsiao*) und lebte genau 100 Jahre, wie es sich für einen vollkommenen Herrscher gehört.

Das Märchen, in dem ein Elefant einen Jäger, der ein elefantenmordendes Untier getötet hat, zu einem Ort führt, wo er über 300 Elefantenzähne findet, stammt spätestens aus dem 10. Jahrhundert. In Tausend-und-eine-Nacht findet es sich in der 7. Reise von Sindbad.

Der Elefant gilt als hoch moralisches Tier: er hat seinen Geschlechtsverkehr nur im Wasser, weil er sich (wie ein Mensch) nicht beobachtet fühlen will. Er ist dankbar: einem Mann, der seine Krankheit heilt, gibt er Elfenbein zum Dank. Er ist außerdem ein Symbol der Klugheit und Stärke; manchmal wird er in diesem Zusammenhang mit → Löwe, → Leopard und → Tiger zusammen dargestellt. Auf einem Elefanten reiten (*ch'i-hsiang*) bedeutet »Glück« (*chi-hsiang*). Auf Darstellungen dieses Segenswunsches

Elefant trägt Kostbarkeiten

Knabe auf Elefant, mit Zepter: »Glückliche Vorzeichen, wie gewünscht«

sieht man ein Kind auf dem Elefanten, das ein → Zepter (*ju-i*) trägt. Die Decke auf dem Elefanten zeigt einen aus dem Meer herausragenden Felsen, und in der Luft ist eine Perle in den Wolken – alles Zeichen von Glück.

Elemente, die fünf
wu-hsing 五行

Die → fünf chinesischen Elemente haben nur wenig Ähnlichkeit mit den vier Elementen der altgriechischen Philosophen oder den Elementen der Perser und Inder. Der Ausdruck *»hsing«* wird von verschiedenen Sinologen unterschiedlich wiedergegeben, oftmals als »Wandelzustände«. Es handelt sich um Holz (Osten, blau), → Feuer (Süden, rot), Metall (Westen, weiß), → Wasser (Norden, schwarz) und → Erde (Mitte, gelb).

Diese fünf Wandelzustände bilden ein Ganzes: »In der Natur des Wassers ist es, zu befeuchten und nach unten zu fließen; in der des Feuers, zu lodern und nach oben zu schlagen; in der des Holzes, gebogen und geradegerichtet zu werden; in der des Metalls, gehorsam zu sein und geformt zu werden; in der der Erde, bestellt und abgeerntet zu werden« (aus der Abhandlung Hung-fan, Teil des »Buches der Urkunden«).

Den fünf Elementen werden an die hundert weitere Parallelen zugeordnet, so die fünf → Jahreszeiten (wo der »Erde« dann entweder keine Jahreszeit beigeordnet ist oder ein paar Tage von jeder der vier Zeiten), die fünf → Tiere (haarige, befiederte, schuppige, gepanzerte, nackte), die fünf Geschmacksrichtungen (salzig, bitter, sauer, scharf, süß) usw. Das ganze System ist mit der chinesischen → Astronomie, → Astrologie, → Geomantik verbunden, wie auch einem Zweig der altchinesischen → Medizin.

In der alten Zeit wechselte die offizielle Kleidung nach den Jahreszeiten. Sogar im Gerichtswesen beachtete man die Wandelzustände: nur im Herbst, der Jahreszeit, in der alles ausstirbt, durften Verbrecher hingerichtet werden. Alle menschlichen Handlungen sollten in Harmonie mit der Natur sein.

Elster *ch'iao* 鵲

Die Elster wird im Volksmund immer *hsi-ch'iao* = Freudenelster genannt, weil sie der Freudenbringer ist. Ihr Ruf kündigt eine gute Nachricht oder das Kommen eines Gastes an. Und das Glück, das sie ankündigt, ist oft das → Eheglück, nach einer der bekanntesten chinesischen Mythen, der von der → Weberin und dem Kuhhirten. Wegen der Vergeßlichkeit der Elster kam es dahin, daß sich die beiden Liebenden nur einmal im Jahr treffen durften. Es ist die Nacht des 7. Tages des 7. Monats. An diesem Tag verschwinden alle Elstern, fliegen zum Himmel und machen eine → Brücke über den Himmelsfluß (Milchstraße), so daß der Hirt zu seiner Frau kommen kann. An diesem Tag regnet es meistens, damit wir auf der Erde nicht sehen können, was am Himmel geschieht.

Im Shen i ching (»Buch der Gottheiten und anderer Seltsamkeiten«, 4.–5. Jahrhundert n. Chr.) wird von einem »Elster-Spiegel« berichtet: »Ehedem, wenn Mann und Frau voneinander Abschied nahmen, zerbrachen sie einen → Spiegel und jeder nahm eine Hälfte an sich. Wenn sich nun die Frau mit anderen Männern einließ, dann verwandelte sich ihre Hälfte des Spiegels in eine Elster und flog zu ihrem Mann hin. Daß man später auf der Rückseite der Spiegel Elsterfiguren eingoß, das hat in dieser Tatsache seine Begründung.«
Die Elster als Glücksvogel steht gegen den → Raben, den Unglücksvogel. Sie ist ein Tier des → *yang*, der männlichen Kraft. Als der Ahn der Mandchu – der letzten chinesischen Dynastie – von Feinden verfolgt wurde, setzte sich eine Elster auf seinen Kopf. Da gaben die Feinde die Verfolgung auf; seitdem war die Elster bei den Mandchu tabu. Bei den Mandchu ließ auch eine Elster eine Frucht fallen, durch die ein Göttermädchen schwanger wurde.

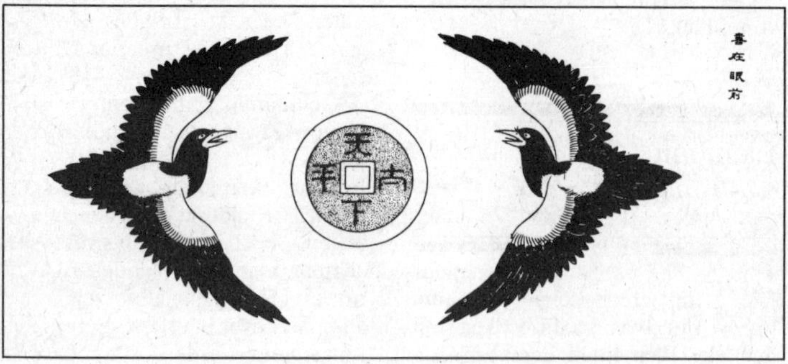

Zwei Elstern, eine Geldmünze mit Loch und der Inschrift: »Großer Friede auf der ganzen Welt«

Zwei Elstern: Eheglück

Die Elster macht ihr Nest aus Dingen, die sie auf dem Erdboden findet, und wenn man am 5. Tag des 5. Monats das Nest verbrennt und die Eier einem Kranken gibt, wird dieser wieder gesund.

Ein Bild mit 12 Elstern bedeutet 12 gute Wünsche. Ein Bild mit einem → Beamten in der Mitte, auf einem Pferd, von Elstern umgeben, bedeutet »doppelte Freude (d. h. Kindersegen in einer guten Ehe) komme zu dir«; wobei das Pferd andeutet, daß das Kind ein hoher Beamter werden möge. Ein Bild mit Elstern (*hsi*), Bambus (*chu*) und Pflaume (*mei*) bedeutet »Mögen sich Mann und Frau (d. i. Bambus und Pflaume) zusammen freuen (zwei Elstern)«. Zwei Elstern auf einem Bild bedeuten »Möget ihr in Freude einander treffen«, was ein Wunsch für eine Hochzeit sein kann, aber auch den Nebensinn »ehelichen Beischlaf« hat.

Ente
ya 鴨

Auf Bauernstickereien findet man häufig eine gestickte Ente. In Teilen von Ostchina ist das Wort für Ente (*ya*) tabu, weil es »Homosexueller« bedeutet, weiter nördlich ist *ya* ein Ausdruck für Penis. Im buddhistischen Ritual steht die Ente für *ya*, unterdrücken (nämlich das Böse). In Taiwan wird in der Silvesternacht eine schwarze Ente geopfert und deren Blut einem → Tiger aus Papier in den Mund gestopft. Der Tiger wird dann vor dem Stadttor verbrannt und vertreibt alles Böse aus der Stadt. Ein Mann Chu I-kui machte in Taiwan 1661 einen großen Aufstand gegen die chinesische Regierung. Da er vorher Entenzüchter gewesen war, nannte man ihn »Enten-Mutter-König«; seinetwegen wurde eine zeitlang in Zentral-Taiwan die Entenzucht verboten.

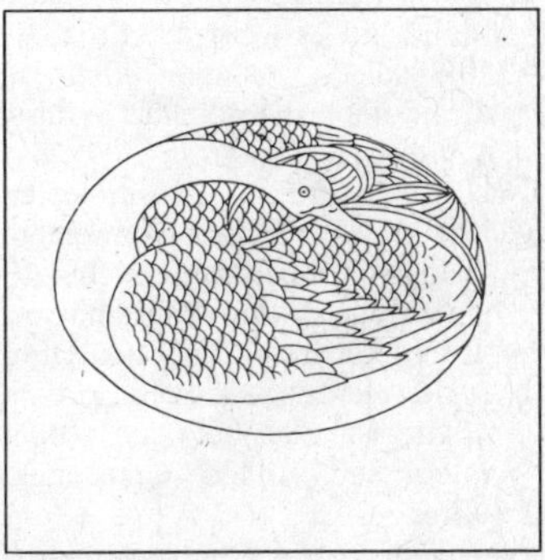

Ente im Schilf: »Mögest du die Prüfung gut bestehen«

In China und Teilen von Taiwan verbreitete sich eine Geheimreligion, die »Enten-Ei-Religion«, wie sie noch heute genannt wird. Ihre Anhänger sollen sich von Enteneiern ernähren und streng vegetarisch leben. Beim Kult der Göttin → Kuan-yin halten sie ein Entenei in der Hand. Wegen angeblicher Unmoralität des Kultes ist die Religion in Taiwan verboten.
→ Mandarinente steht für → eheliches Glück.

Erde
t'u oder ti 土 地

»Die Erde trägt und der Himmel bedeckt«, heißt es in alten chinesischen Schriften: Himmel und Erde wurden als zeugendes Paar angesehen, das »Buch der Wandlungen« (I-ching) spricht vom Zustand der Erde als empfangende Hingebung (2. Hexagramm *k'un,* das Empfangende). Und es weist der Erde das rechtwinklige → Quadrat (*fang*) zu, während der → Himmel als Symbol den Kreis hat.
Nach den frühen Kosmologien gleicht die Welt dem von einem → Baldachin überdachten chinesischen Wagen: der Baldachin ist rund und versinnbildlicht den Himmel; der viereckige Kasten, in dem die Fahrgäste sich befinden – oder vielmehr sein Boden – entspricht der Erde.
Eine andere Vorstellung verbindet den Erdumfang mit der kreisförmigen Außenlinie des Himmels durch die → acht Pfeiler, die wiederum über acht Winde (d. i. die Windrose) mit den acht in einem Achteck angeordneten → Diagrammen in Beziehung stehen. »Himmel und Erde« bedeuten »die ganze Welt« (*t'ien ti*). Nicht nur in universeller Hinsicht war die Erde als viereckig angesehen, sie selbst wurde auch wieder in Vierecke eingeteilt, in viereckige Felder, Häuser, Dörfer, → Stadtumfriedungen. Das Prinzip des Rechtecks wirkte terminologisch fort in den Produkten eines Gebiets (*fang-wu*), dem Statthalter einer Provinz (*fang-po*) und auch in der regionalen Mundart (*fang-yen*). Die Erde ist auch eines der fünf → Elemente oder »Wandelkräfte«, ihr zugeordnet ist die → Mitte, die Farbe → gelb, die Zahl → zwei, der Geschmack süß, das Produkt weiße → Hirse, das Haustier → Rind, die Tierart »das Nackte« (dessen Inbegriff der Mensch ist).
In der Astronomie und → Astrologie spielt der »Erdenzweig« (*ti-chih*) eine Rolle; im Unterschied zu den »Himmelsstämmen« (*t'ien-kan*), den auf einem Achsenkreuz angeordneten Zeichen des Zehnerzyklus, bezeichnet er die Zeichen der in Kreisform untergebrachten Zwölferreihe. In dieser bedeutungsvollen Umkehrung der Symbole kommt die gegenseitige Abhängigkeit der beiden Zyklen und auch die der Grundkräfte Himmel und Erde zum Ausdruck (nach Marcel Gronet, Das chinesische Denken).

Ertragen
→ jen

Esel
lu 驢

Der Esel gilt in China als dummes Tier. Er war in älterer Zeit das Reittier der ärmeren Leute und der niederen Beamten. Auch manche Heilige reiten auf Eseln. → Chang Ko-lao, einer der acht → Unsterblichen, reitet auf einem Esel (oder Maultier), den er zusammenklappen und in eine Bambusröhre stecken kann.
Im »Ost-Berg-Tempel« (*tung-yüeh miao*) in Peking stand früher ein Esel aus Bronze. Kranke besuchten

»Die Eselsmühle«. Aus der technologischen Enzyklopädie T'ien-kung k'ai-wu (1637), die alle Stadien des chinesischen Arbeitslebens veranschaulicht

ihn und berührten die Stelle, an der sie krank waren, am Neujahrstag. So sind die Geschlechtsteile des Esels ganz abgerieben, aber man sieht niemals, wie ein Kranker sie berührt.
Der Ju-i chün (→ Zepter), einer der Liebhaber der Kaiserin Wu der T'ang-Zeit, war einem klassischen Roman zufolge die Wiedergeburt eines Esels. Er wurde nach dem Tod zum »Eselskopf-Geist«, der gegen die T'ang-Dynastie kämpfte.
Ein Schimpfwort für buddhistische Mönche ist »kahler Esel«, wobei im Volksmund die → kahlköpfigen Mönche oft mit einem Penis verglichen werden.

Essig
ts'u 醋

»Essig essen« ist in China *der* symbolische Ausdruck für eifersüchtig sein. So benutzt man in Nordchina nicht einmal das Wort Essig, sondern fragt bei Tisch: »Möchtest du das Tabuierte (Wort) haben?« Eine → Heiratszeremonie war, der noch in der Brautsänfte sitzenden Braut eine Schale voll Essig zu bringen, in den sie einen glühenden Stab hineinhielt, so daß es brodelte; die Braut umwandelte dann die Sänfte und schritt in ihr zukünftiges Heim – so hoffte sie, für alle Zeit Eifersucht zu vermeiden.
Ansonsten gilt es als ein gutes Mittel, Essig zu »essen«, wenn einem eine Fischgräte im Hals steckengeblieben ist.

Eßstäbchen
chu
oder *k'uai-tse*
筷子

Stäbchenpaare, als Eßgerät benutzt, wurden schon in Gräbern aus dem 12. Jahrhundert v. Chr. oder früher gefunden. Heute sind sie fast immer aus Bambus oder Holz gemacht, aber auch aus Silber, Elfenbein oder Plastik. Das Wort *chu* (Stäbchen) soll man zu Neujahr nicht aussprechen, da es lautgleich mit »stoppen« ist. Man soll sie auch nicht ausleihen, weil sie leicht zerbrechen. Und man soll sie nach dem Essen nie in die Eßschale legen, weil man das so beim Kult der Ahnen tut. Es würde Unglück bringen.

Nach den Essensregeln des Li-chi (Buch der Riten) soll man für → Reis und → Hirse keine Eßstäbchen benutzen; das mag damit zusammenhängen, daß es Vorschriften für Zeremonien und für die chinesische Oberklasse waren.

Eule
hsiao
梟

Von den verschiedenen Bedeutungen, die die Eule in den alten Kulturen hat – der Totenvogel der Ägypter und Inder, Unglücksbringer bei den Römern, Symbol der Weisheit bei den Griechen – gilt in China vor allem die eines Unglückstiers.

Bestickte Handtasche mit Eule (rechts oben)

Das Erscheinen einer Eule deutet Unheil an, sie ist das Gegenstück zum → Phönix, der immer Glück ankündigt.

Der Hauptgrund für ihren Ruf scheint zu sein, daß man glaubte, die jungen Eulen lernten erst dann fliegen, wenn sie die Augen ihrer Mutter ausgepickt hätten – ein äußerst pietätloses Benehmen.

Manche Autoren identifizieren sie mit dem »Dämonen-Wagen«, einem Wesen, das ursprünglich zehn Köpfe gehabt haben soll, aber einer sei von einem Hund abgebissen; seitdem blute sie, und man solle keine Kinderkleider in der Sonne auslegen, da dies Unwesen sie sonst verzaubert.

Dem Nachtvogel werden auch »Sonnenaugen« zugesprochen: große starre Augen sind typische Attribute eines Dämons. In Chinas Frühzeit muß die Eule auch positiv besetzt gewesen sein, es sind zahlreiche Bronzegefäße in Eulengestalt überliefert, und Eulenskulpturen wurden als Dachreiter angebracht, um die Hausbewohner gegen »Donner und Feuer« zu schützen.

Fächer *shan-tse* 扇子

Rund- oder Palmblattfächer sind schon im 1. Jahrtausend v. Chr. gut bekannt gewesen; der Faltfächer jedoch scheint in Korea erfunden zu sein und ist erst im 10. Jahrhundert in China bekannt geworden. Angeblich wurde er zuerst von Dienern benutzt, weil man ihn so leicht wegstecken kann. Die Rundfächer wurden aus Papier, auch aus Seide, und in der Frühzeit besonders häufig aus Vogelfedern gemacht. Die Faltfächer für Frauen und die für Männer waren unterschiedlich, was die Anzahl der Faltungen betrifft: bei den Männern waren 16, 20 oder auch 24 gebräuchlich, bei den Frauen ging es nicht unter 30 Fächerfalten ab.

Der Fächer war zeitweise ein Zeichen für den → Beamtenrang. → Chung-li Ch'üan, einer der acht → Unsterblichen, ist durch einen Fächer gekennzeichnet, mit dem er Tote belebt. Viele Gottheiten haben Fächer, mit denen sie das Böse vertreiben können. Wegen der Lautgleichheit (*shan:* Fächer; *shan:* gut) symbolisiert der Fächer den Begriff »gut«. Man schenkt einen Fächer auch als Abschiedsgeschenk, damit er dem Reisenden die Hitze vertreiben kann. Kunstvoll bemalte Fächer sind seit jeher eine Spezialität der großen Maler Chinas.

Färben *jan* 染

Färben von Stoff hat die Nebenbedeutung »sich anstecken«, und dies wieder die zweite Bedeutung »Geschlechtsverkehr« haben«, was auch durch das Wort »Ähre, Ernte« (*jen*) ausgedrückt wird, wohl als eine wortspielerische Umschreibung.

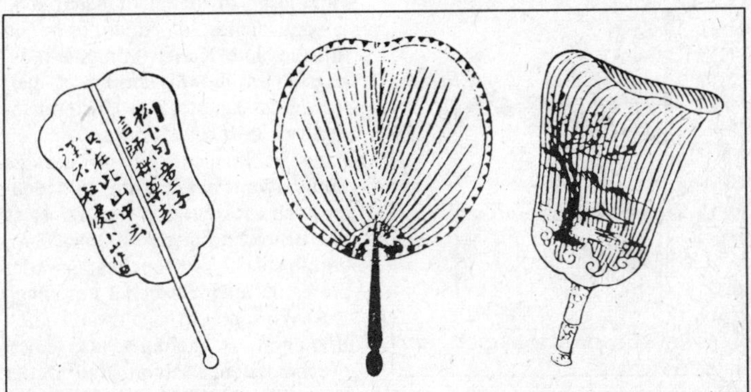

Dreierlei Fächer

Fahne
ch'i 旗

Fahnen wurden schon im Altertum im Krieg eingesetzt. Chinggis Khan benutzte von 1205 an eine weiße Fahne, in die erst später ein schwarzer Mond eingesetzt wurde. Ein anderer Text besagt, daß die Fahne der Regierungstruppen weiß war. Die Armeen, die Chu Hung-wu, der Gründer der Ming-Dynastie (1368–1644), führte, hatten rote Fahnen, die dann zu gelben Fahnen wurden, nachdem er sich zum Kaiser ernannt hatte. Gelb war dann die Farbe des → Kaisers.
Im chinesischen Theater tragen Generäle Fahnen auf ihrem Rükken. Die Anzahl der reichlich verzierten Fahnen gibt die Anzahl der Armeen an, die unter ihrem Kommando stehen.
Im Unterschied zu der Flagge der Kaiserzeit, die einen fünfklauigen → Drachen und eine rote Sonne bzw. Perle auf gelbem Grund zeigte, ist in der Flagge der Volksrepublik (seit 1949) auf rotem Grund ein großer gelber Stern aufgeführt, neben sich eine Gruppe von vier kleineren, die die vier Klassen symbolisieren: Arbeiter, Bauern, Kleinbürger und »patriotische Kapitalisten«.

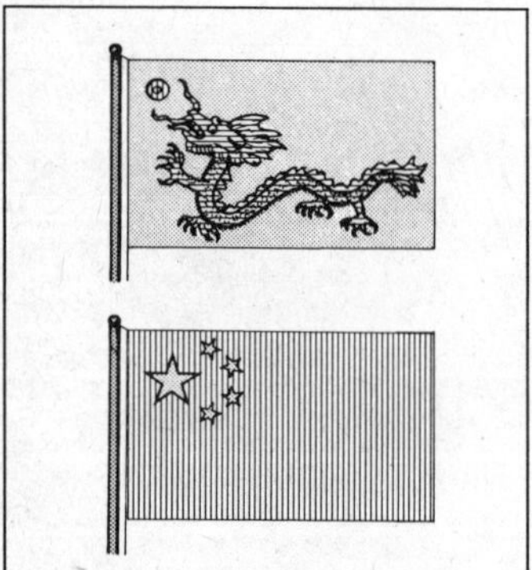

Die kaiserliche Flagge (bis 1912) und die Flagge der Volksrepublik China

Fang-chang 方丈

Der Überlieferung nach soll Shih Huang-ti, der erste → Kaiser von China, den Magier Hsü Fu nach den ominösen drei Inseln im Ostmeer geschickt haben, um sie auszukundschaften.
Ihre Namen waren »Vierecksklafter« (Fang-chang), »Wucherndes Unkraut« (P'eng-lai) und »Weltmeerkontinent« (Ying-chou): drei Paradiese, in denen Unsterbliche ein glückliches, nie endendes Leben führten. Der Kaiser, von Sterbensängsten erfüllt, wies den Kundschafter an, das Kraut der → Unsterblichkeit von dort mitzubringen.
Fang heißt nicht nur »viereckig« und verweist auf → Erde, es bedeutet auch »Rezept«. Weiterhin ist es die Bezeichnung der Klause eines buddhistischen Mönches, in der dieser oft auch Besucher empfängt. Das Wort *fang* meint zwar »einen Klafter im → Quadrat«, also einen bescheidenen, kleinen Raum, der aber in Wirklichkeit nicht immer so klein war.

Fasan
yeh-chi 野雞

Der Fasan spielt besonders in der früheren chinesischen Literatur eine bedeutende Rolle. Man glaubte, daß der Fasan sich im 1. Monat des Winters in eine Auster verwandelt. Andere Texte sagen, daß er zu einer → Schlange wurde.

Fasan ist eine Figur in einem alten Brettspiel, bei dem die → Eule sein Gegenspieler ist. Im allgemeinen ist der Fasan ein unglückbringendes Tier: wenn die Fasanen nicht im Anfang des 12. Monats schreien, kommt eine große Flut, und wenn sie auch in der Mitte des 12. Monats noch nicht schreien, werden die Frauen unsittlich und verführen Männer. Der Fasan schreit ebenfalls beim ersten → Donner des Jahres und dann, wenn der Himmelshund (→ Hund) erscheint oder am Himmel ein Komet. In einem Volksroman verführt ein Fasan, als schöne Frau verkleidet, einen Zuckerwerkverkäufer, aber eine Gottheit hilft dem Mann und tötet den Fasan. In einem Text des 19. Jahrhunderts führt ein Fasan den Verliebten zu seiner Geliebten - aber diese ist ein Totengeist.

Der Fasan tritt auch in einer Reihe von zwölf → Insignien auf, in der er die Kaiserin symbolisierte. In Nordwest-China gab es einen berühmten Kultplatz, der eine größere Rolle im chinesischen Glauben spielte, den »Speicher von Ch'en« (Ch'en-tsang). Dort verfolgte einst ein Knabe Fasanen. Das Männchen

Fasan

setzte sich in Ch'en-tsang und wurde zu einem Stein, das Weibchen setzte sich weit entfernt auf einen anderen Platz. Was eigentlich an diesem Platz geschah, wird in den alten Texten nicht klar gesagt, aber heute bedeutet »er überquerte den Speicher von Ch'en (wo ein Wasser ist)« einen heimlichen, außerehelichen Geschlechtsverkehr. - Ein »Fasanentor« war das Südtor des Palastes. Ein »goldener Fasan« mit langen Schwanzfedern war Abzeichen eines Zivilbeamten.

Feen
hsian nü 仙女

In der chinesischen Mythologie gibt es einige ausgeprägte Feen (d. h. Göttinnen), um die sich ein ganzer Kranz von Legenden legt. Da wäre zunächst → Hsi-wang-mu, die »Königliche Mutter des Westens« zu nennen, die im K'un-lun-Gebirge an Tibets Grenze über ein Feenreich geherrscht haben soll. Dann die Mondgöttin → Ch'ang-ho, die Fee → Ma-ku mit den langen Nägeln, → Ma-tsu, die Schutzfee der Fischer, und → Nü-kua, die gleichzeitig Schwester und Ehefrau des mythischen → Fu-hsi war.
Diese Feen und ihr Gefolge werden fast stets mit den → Unsterblichen in Verbindung gesehen. Ihre Wohnstätten sind zumeist Paradiese: die östlichen »Inseln der Seligen«, die schon Lieh-tzu beschreibt – »Tag und Nacht flogen sie zueinander, sich zu besuchen in zahllosen Scharen« (übers. Wolfgang Bauer). Oder die ferne Insel Ch'ang-chou, von der das Buch »Aufzeichnungen über die zehn Kontinente innerhalb der Meere« berichtet: »Es liegen dort auch purpurne Palastanlagen. Es ist ein Land, das die himmlisch-wahren Unsterblichkeitsmädchen durchziehen (übers. W. Bauer). Im Unterschied zu den Feengottheiten (*shen*), die ihre Tempel und ihren Kult haben, genießen die »heiligen Mädchen« (*hsien-nü*) keine kultische Verehrung.
Von Feenpalästen auf dem → Mond ist viel die Rede; es gibt eine Legende von der Himmelsreise des Kaisers Hsüan-tsung (er regierte 713–751), in der es heißt: »Der Kaiser mußte immer wieder an die Mondfeen denken, wie sie, im Winde fliegend, mit wehenden Ärmeln und Umhängen getanzt hatten. So begann er zu komponieren und verfaßte die Melodie zu dem Text ›Wolkengewand und Federkleid‹ « (übers. W. Bauer).
Buddhistische Paradiese und Mondvorstellungen kannten solche Freuden nicht, vielleicht sind chinesische Feengeschichten deswegen so voller Erotik und subtiler → Schönheit. Andererseits ist eine gewisse Anfälligkeit zum Kitsch unverkennbar, die sich mehr noch als in der Literatur in zahlreichen populären Drucken niederschlägt.

Feng-huang
→ Phönix

Feng-shui
→ Geomantik

Feuer
huo 火

Feuer ist eines der fünf → Elemente oder »Wandelzustände«, ihm zugeordnet sind die Richtung Süden, die Farbe → Rot, der Geschmack bitter, der Geruch »verbrannt«, das Haustier → Huhn und die Tierart »Gefiedertes«.
Im tibetischen Tantrismus ist Feuer

Feuergott mit Fächer

ein männliches Symbol, der Feuerplatz ein weibliches. »Feuertreten« oder Laufen über brennende Kohlen ist ein → Frühlingsritual am 15. Tag des 1. Monats. Es wird auch noch heute praktiziert bei schamanistischen und anderen Reinigungszeremonien. Ein Feuerverbot herrschte früher in China am 105. Tag nach der Wintersonnenwende, also am 4. April unseres Kalenders. Es war eine Art von → Neujahrsfest, bei dem das alte Feuer ausgelöscht und neues, reines Feuer durch Feuerbohren erzeugt wurde. An diesem Tag des Übergangs gab es in den Häusern kein Feuer. Daher hieß das Fest auch »Fest des Kaltessens«.

Feuerwerk ist ein Brauch der Neujahrszeit, zwischen dem 1. und 15. Tag des neuen Jahres. Die Feuerwerkskörper sollen durch ihr Krachen die bösen Dämonen vertreiben. Daher kann ein Feuerwerk auch bei anderen Zeremonien abgebrannt werden. Der Feuerwerkskörper (*pao*) »verkündet« (*pao*) das Fest.

Das »große Feuer« ist der Stern Antares im Sternbild des Skorpions; er war im alten China ein Stern, dessen Auf- und Absteigen am Himmel den Bauern die Zeiten für landwirtschaftliche Arbeiten angab. »Feuerfamilien« (*huo chia*) bilden taoistische Mönche, die verheiratet sind. »Feuergrube« ist ein vielgebrauchter Ausdruck für ein Freudenhaus. Schließlich ist Feuer (*huo*) gleichlautend mit »lebendig« (*huo*), und darum machte man beim Opfer am Neujahrstag ein großes Feuer für den Gott des → Reichtums, um ihn nicht nur um reichlich Geld, sondern auch um ein gutes Leben zu bitten.

Fingernagel 指甲
chih-chia

Es herrschte der Glaube vor, daß man abgeschnittene → Nägel nicht offen liegenlassen solle, da sonst die → Eule sie fressen und mit ihnen bösen Zauber machen könne. Lange Fingernägel, die reiche Chinesen bis in neuere Zeit trugen, waren wie in romanischen Ländern ein Zeichen des Reichtums: der Träger brauchte nicht mit der Hand zu arbeiten. Seit dem 7. Jahrhundert

sind Fingernägelschoner bekannt, die ein Abbrechen verhindern sollen. Männer sollen kurze Nägel haben, Frauen längere. Schöne schlanke Finger einer Frau werden mit Zwiebelsprossen verglichen; um sie zu verschönern, werden sie mit dem Saft einer südchinesischen Pflanze gefärbt.
Wenn einem Mann, der den kleinen Fingernagel sehr lang wachsen läßt, dieser abbricht, wird er – so der Aberglaube – bald sterben.

Fingerzitrone 佛手
fo-shou

Die Fingerzitrone ist eine Zitrusfrucht von bizarrer Form, deren Auswüchse wie Finger aussehen, daher im Chinesischen »Buddhahand« (*fo-shou*) genannt. Sie duftet gut und wird darum oft in Zimmern aufgestellt, aber nicht gegessen. In der erotischen Literatur wird sie mit dem männlichen Geschlechtsteil verglichen; sie tritt aber gewöhnlich nicht alleine auf, sondern zusammen mit anderen symbolischen Pflanzen oder Tieren. Wenn man etwa auf einem Bild Kinder sieht, die einen übergroßen → Pfirsich, einen → Granatapfel und eine Fingerzitrone bringen, dann symbolisiert dies langes Leben, viele Söhne und Glück. Hier wird Buddhahand (*fo-shou*) für Glücksleben (*fu-shou*) benutzt, die »Hand« (*shou*) für langes Leben. Buddhahand mit → Schmetterling (*tieh*) bedeutet »langes Leben« und »Leben bis zum 80. Jahr« (*tieh*).

»Viel Glück, langes Leben und reichlich Söhne«

Fisch 魚
yü

Das Wort für Fisch ist im Chinesischen gleichlautend mit »Überfluß« (*yü*), daher ist der Fisch ein Symbol des Reichtums. Zeigt ein Bild ein kleines Kind mit einem Fisch, so besagt dies: »Hochstehende Kinder (sollst du) im Überfluß haben«; zeigt das Bild einen Goldfisch (*chin-yü*) in einem Bassin (*t'ang*) im Hof des Hauses, an dessen Rand eine hochstehende Frau mit zwei Babys und Zofe sich befinden, bedeutet das: »Möge Gold (*chin*) im Überfluß (*yü*) die ganze Halle (*t'ang*) des Hauses füllen«.

Ein Fisch zusammen mit → Lotosblüten (*lien*) drückt den Wunsch aus, »Jahre über Jahre (*lien nien*) mögest du im Überfluß (*yü*) leben«.
Schon in der ältesten chinesischen Literatur zeigte das Vorkommen vieler Fische an, daß eine reiche Ernte bevorstand. Wenn die Fische im Fluß in Scharen aufwärts schwimmen, wurde dies als eine »Auflehnung« gegen die Ordnung und als bevorstehende Unruhen im Volk gedeutet.
Fische waren eine beliebte Opfergabe; in Mittelchina wurden lange Zeit dem Gott des → Reichtums Fischköpfe (*yü-t'ou*) geopfert, weil sie symbolisch Beginn (*t'ou*) des Reichtums (*yü*) bedeuten. Man ißt Fisch zu → Neujahr, damit »Jahr für Jahr Überfluß« herrsche. Wenn das Sternbild »Fisch« am Firmament sichtbar wird, zeigt dies an, daß die Zeit von → »Wolken und Regen«, d.h. des Geschlechtsverkehrs, verpaßt ist (nämlich vom Kaiser).
»Fisch und Wasser kommen zusammen« bedeutet ebenfalls Geschlechtsverkehr, und von einem glücklichen Ehepaar sagt man »sie haben die Freuden von Fisch und Wasser«. So kommt es, daß ein Fischepaar auch als Symbol der Harmonie, der gemeinsamen sexuellen Freuden und der eigenen Entfaltungsmöglichkeiten gilt – ein beliebtes Hochzeitsgeschenk.
Schon im alten China hatte das Wort Fisch den Nebensinn von Penis, in dieser Bedeutung hat jetzt der → Aal den Fisch verdrängt. Von wiederum anderer Bedeutung → Karpfen und → Walfisch.
Ertrunkene Menschen werden in mancher Überlieferung zu Fischen, und solche Fischdämonen heiraten zuweilen in Menschengestalt eine Frau; sie müssen aber täglich baden

»Möge immer etwas übrig bleiben«

Goldfische im Bassin: »Gold und Edelsteine mögen dein Haus füllen.«

und werden schließlich daran als Dämonen erkannt. In anderen Geschichten verwandeln sich Fische in Vögel. Daß ein Riesenfisch ein ganzes Boot verschlingt, kommt schon in der Literatur des ersten vorchristlichen Jahrhunderts vor.
Der Fisch ist eins der → acht buddhistischen Symbole.

Fischer
ta yü-ti 漁夫

Der Fischer gilt als einer der vier Grundberufe, neben dem Holzsammler, dem Bauer und dem Gelehrten; → Beamter und Kaufmann erscheinen erst im Rahmen eines ausgebildeten Staats- und Gesellschaftssystems.

Fischer verkauft Karpfen: er wünscht gutes Einkommen und sozialen Aufstieg

Der legendäre → Fu-hsi soll den Chinesen als erster das Fischen beigebracht haben und auch das Knüpfen von Netzen. In der Han-Dynastie ist das Fischereiwesen ganz unter staatliche Kontrolle gekommen. Die Wertschätzung des Berufes, der für das – neben dem Reis – wichtigste Grundnahrungsmittel zu sorgen hatte, macht Shao Yungs berühmte »Unterhaltung von Fischer und Holzsucher« (um 1050) deutlich: eine Szene, die oft auf Tempelgemälden dargestellt ist.
Mao Tse-tung verglich den Partisanenführer mit einem Fischer, der sein Netz weit auslegen und die Schnüre doch fest in den Händen halten muß – eine raffinierte Abwandlung ins Politisch-Symbolhafte.

Fischotter
schui-t'a 水獺

Schon im Mittelalter wurden Fischottern gehalten, um Fische zu fangen. Der Fischotter ist ein Symbol der geschlechtlichen Aktivität, da er, dem Volksglauben nach, so sinnlich ist, daß er oft keinen Partner findet; er umarmt dann Bäume und stirbt, d. h. sein Penis bleibt im Baum stecken und gibt ein gutes Aphrodisiacum ab. Geschichten, in denen er in Frauengestalt Männer verführt, sind häufig.

Flasche
→ Vase

Flaschenkürbis 葫蘆
hu-lu

Der Flaschenkürbis ist ein typisches Objekt der Magier und Taoisten. In ihm sind des Magiers Zaubermedizinen. Bekannt ist die Geschichte, in der ein Taoist in einen Flaschenkürbis hineingeht; man kann seine Stimme von außen hören, bevor er wieder herauskommt.

Der Flaschenkürbis ist ein Mikrokosmos von → Himmel und → Erde, er vereint beide. Wenn man ihn öffnet, kommt eine Art Wolke aus ihm heraus, mit der man Dämonen einfangen kann. Gemälde an Tempelwänden, die Kämpfe zwischen guten und bösen Göttern behandeln (nach dem berühmten Roman »Die Metamorphosen der Götter« aus dem frühen 17. Jahrhundert), zeigen, daß der Flaschenkürbis den Guten zum Sieg verhilft. Ein Flaschenkürbis mit Rankenwerk drückt den Wunsch nach »Söhnen und Enkeln in → zehntausend Generationen« aus; Flaschenkürbis mit Ranken und Rosen bedeutet, daß »zehntausend Generationen langer« Frühling herrscht, d. h. die Familie für immer bestehen möge.

Beim Fest am 5. Tag des 5. Monats (einer Form des Sonnenwendfestes) hängt man am Tor des Hauses einen Flaschenkürbis aus Papier auf. Er ist ein spezifisches Symbol des → Li T'ieh-kuai, eines der acht → Unsterblichen.

Links: Drei Kürbisse und Heckenrosen im Flaschenkürbis. Rechts: Orchideen im Flaschenkürbis: Freundschaftliche Beziehungen

Fledermaus 蝙蝠
p'ien-fu

Während die Fledermaus in der europäischen Volkskunde ein unheimliches, unglückbringendes Tier ist, gilt sie in China als eins der häufigsten Glückssymbole. Der Grund dafür liegt in der Lautgleichheit Fledermaus (*fu*) und Glück (*fu*). Häufig sind Darstellungen von fünf Fledermäusen: den fünf Segnungen, d. h. hohes Alter, Reichtum, Gesundheit, Liebe zur Tugend, natürlicher Tod. Derselbe Wunsch kann auch ausgedrückt werden durch das Bild eines Magiers, aus dessen Krug fünf Fledermäuse herausflattern. In anderen Darstellungen versuchen ein oder zwei Kinder Fledermäuse in eine → Vase (*p'ing,* bedeutet auch »Ruhe und Frieden«) hineinzustecken. Selbst ein Bild, auf dem der Dämonentöter → Chung-k'ui mit seinem Schwert Fledermäuse niederschlägt, bedeutet, daß er »Glück herabbringen« werde.
Eine mittelalterliche Quelle berichtet, daß tausendjährige Fledermäuse weiß sind und mit dem Kopf nach unten an den Ästen hängen. Wenn man sie fängt, trocknet und dann aufißt, wird man sehr lange leben.
Eine → rote Fledermaus bedeutet großes Glück, nicht nur wegen der dämonenabwehrenden Glücksfarbe, sondern weil das Wort für Rot (*hung*) das gleiche ist wie für »riesig«.
Eine interessante Volkserzählung berichtet, daß zum Geburtstag des → Phönix alle Vögel zur Gratulation kamen, nur die Fledermaus kam nicht; sie sagte, sie sei ein Vierfüßler, kein Vogel; später, beim Geburtstag des → Einhorns, kam sie aber auch nicht: sie sei kein Vierfüßler, sondern ein Vogel, da sie ja Flügel habe, sagte sie. Beide geburtstagfeiernden Tiere bewunderten ihre Verschlagenheit.

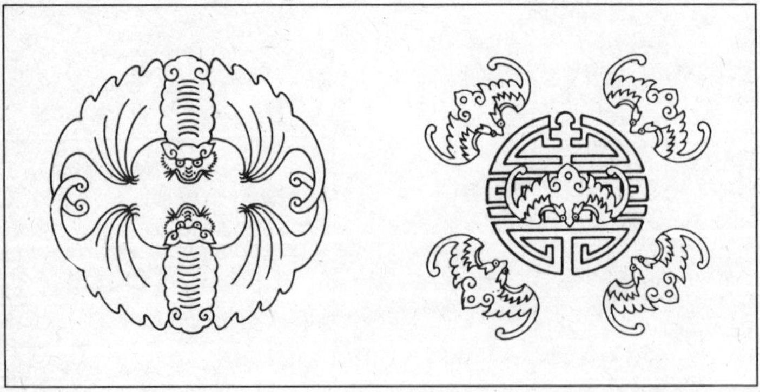

Links: Zwei Fledermäuse: Doppeltes Glück. Rechts: Die fünf Glücksgüter und das Symbol der Langlebigkeit

Fünf Fledermäuse werden eingefangen: Alle Arten von Glück kommen zu dir

»Gemeinsames Fliegen« bedeutet → Eheglück. Wie in der Umgangssprache der Europäer steht »fliegen« für »miteinander schlafen«, nur drückt es ein Chinese bildhafter aus: »Der männliche → Phönix tanzt, und der weibliche fliegt.« Vom Orgasmus heißt es poetisch: »Die Seele fliegt über den Himmel hinaus.«

Wenn man im Traum fliegt, bedeutet dies Ehre und Reichtum. Ein »fliegendes → Schwert« ist ein sehr scharfes kleines Schwert; einmal geworfen, kommt es wie ein Bumerang wieder zurück. »Fliegendes Geld« ist ein alter Ausdrück für Papiergeld. Zahlreiche Texte berichten von einem »fliegenden Kopf«, der sich vom Rumpf getrennt hat. Aber solche Berichte stammen von Nichtchinesen im Süden des Reiches.

Fliegen 飛
fei

Das Fliegen ist ein Vorrecht der → Unsterblichen: »Manche steigen mit hoch aufgerichtetem Körper zu den → Wolken empor und fliegen dort ohne Flügelschlag umher, manche reiten auf dem Dunst mit vorgespannten → Drachen bis hinauf an die Stufen des Himmels, manche verwandeln sich in Tiere und Vögel und durchstreifen die blauen → Wolken ...« (Lebensbeschreibung des chinesischen Methusalems → P'eng-tzu).

Fliegenwedel 拂子
fu-tse

Der Fliegenwedel ist ein Symbol der Autorität und wird als solches vorwiegend von Buddhisten benutzt. Er ist meist aus dem weißen Schwanzhaar von Kühen gemacht, die an einem Stock befestigt sind.

Flöte
ti und hsiao 笛 簫

Es gibt in China zahlreiche Formen, Längs- wie Querflöten, auch Panflöten und Mundorgeln. Der Typ *ti* scheint von Tibet übernommen zu sein, wahrscheinlich kurz vor der Zeitenwende. Diese Flöte hat für Chinesen einen melancholischen Klang.
Die Längsflöte (*hsiao*) dagegen ist rein chinesisch und ein typisches Fraueninstrument. Sie hat oben fünf Löcher, eins unten und eins an einem Ende; das andere Ende ist geschlossen. Die Flöte ist ein Emblem des Unsterblichen → Lan Ts'ai-ho bzw. des → Han Hsiang-tse. Darstellungen, in denen eine junge Frau vor einem Mann Flöte spielt, können einen sexuellen Beisinn haben: der Ausdruck »mit → Jade spielen und die Flöte blasen« bedeutet sexuelles Spiel, besonders Fellatio. In Korea, wie auch in Europa, symbolisiert die Flöte den Penis.

Die Unsterbliche Han Hisang-tse mit Flöte

Fluß
ho, chiang, shui

河 江 水

Die drei wichtigsten Flüsse Nordchinas sind symbolisch für die drei ersten Dynastien Chinas: der Lo für die Hsia-Dynastie, der Huangho für die Shang-Dynastie und der Wei für die Chou-Dynastie. Wenn sich die Farbe des → Wassers verändert, z. B. das Wasser → rot wird, deutet dies Unglück für die Dynastie an. Andererseits ist es ein Glückszeichen, wenn der Gelbe Fluß (Huangho) klar wird; man sagt, daß dies nur alle tausend Jahre und dann auch nur für einen Tag vorkommt.
Der mythische Herrscher Yü, Begründer der Hsia-Dynastie, dem der Himmel die »Neun Abteilungen des Hung-fan«, d. i. ein Teil des »Buches der Schriften« anvertraute – dieser große Yü bändigte die Gewässer und zähmte die Flüsse. Darum gehörte es sich, daß ein

Drachenpferd aus dem Gelben Fluß hervortauchte und ihm das Bild des Flusses (Ho-t'u - ein magisches → Quadrat) übergab, so wie ihm auch eine → Schildkröte aus dem Fluß Lo die Schrift Lo-shu überbrachte.

Alle Flüsse haben ihre Flußgötter, auf die man Rücksicht nehmen muß. Früher bekamen sie Menschenopfer, später gewöhnliche Tempelopfer. Ein berühmtes Märchen erzählt von dem Jungen, den der Flußaufseher nach einem Dammbruch ins Wasser des Gelben Flusses warf, auf Geheiß eines Traumes; Tausende von Arbeitern mußten sofort Erde darüberschütten. Als daraufhin eine riesige Hand aus der Flußmitte auftauchte, warfen sich alle zu Boden; der Junge aber wurde zum Flußgott ernannt.

Geschichten von Helden, die in den Fluß stiegen, um mit dem Flußgott zu kämpfen, werden aus verschiedenen Teilen Chinas berichtet. In der modernen Volkskunde lebt der Drachenkönig in großen Flüssen und erwartet Opfer. Ertrunkene sind eine große Gefahr, denn sie können solange nicht wiedergeboren werden, wie sie nicht einen »Stellvertreter« gefunden haben. So lauern sie Badenden auf und ziehen sie unter Wasser.

Frau

→ Eheglück, → Heirat, → Scheidung, → Schönheit

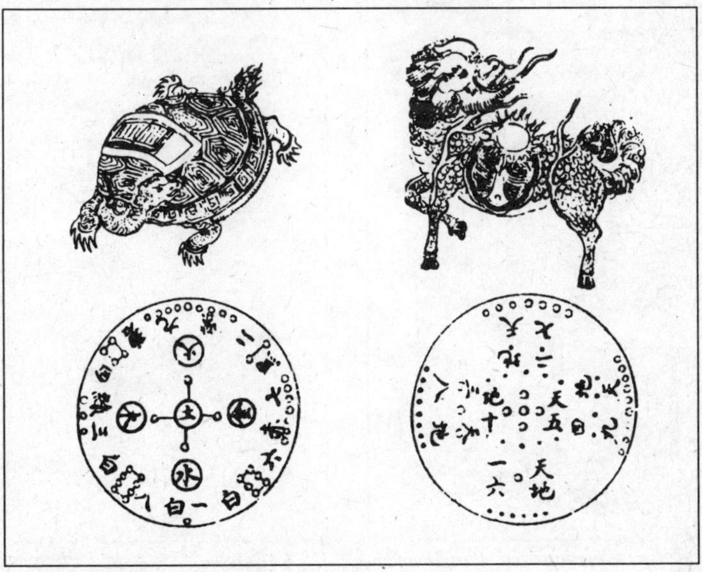

Die magischen Quadrate ho-t'u und lo-shu

Freunde, die drei
san yo 三友

Bilder, die → Kiefer, → Bambus und → Pflaume, oder Bambus, → Stein und Pflaume darstellen, zeigen uns die drei Freunde im Winter: sie sterben nicht, sondern sind beständig und blühen schon, bevor der Frühling beginnt. Es ist eine Grußadresse auch an Leute, die arm oder einsam sind.
Von drei Freunden redet auch → Konfuzius in den »Gesprächen« (Lun yü): »Es gibt drei nützliche und drei schädliche Arten von Freunden. Der aufrechte, der treue, der erfahrene Freund: die sind nützlich. Der scheinechte, der duckmäuserische, der schmeichlerische Freund, sie sind schädlich« (übers. Richard Wilhelm).
Su Tung-p'o (1036–1101) spielt in einem Gedicht, wo er von Kiefer und Bambus als den drei (!) nützlichen Freunden spricht, deutlich auf Konfuzius an – wahrscheinlich waren »die drei Freunde« damals schon so bekannt, daß er den dritten weglassen konnte, wenn der Vers dazu zwang.

Elstern, Bambus und Pflaumenblüten: Freudenbringer, Freundeszeichen

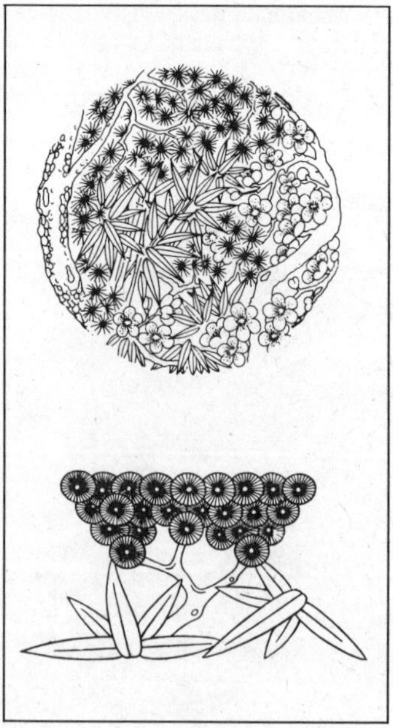

Oben: Bambus, Kiefer und Pflaume, unten: Kiefer und Bambus

Frosch 蛙
wa

Der Frosch wird im Volksmund häufig Feldhuhn (*t'ien chi*) genannt, aber dieser Ausdruck ist ein Tabu-Wort für »Himmelshuhn« (*t'ien-chi*), weil man glaubte, daß der Samen des Frosches mit dem → Tau zusammen vom → Himmel herabfällt. In verschiedenen Gegenden Chinas gab es früher einen Froschkult, der zum Eßtabu führte. In anderen Landesteilen wurden Frösche zum Verkauf gezüchtet. Bis zum späten Mittelalter glaubte man, daß sich Frösche in → Wachteln verwandeln können.
Zweifellos ist der Frosch ein → Mondtier, ähnlich wie die → Kröte, aber einige Andeutungen führen weiter: in Taiwan tabuieren junge Mädchen das Wort »grüner Frosch«, weil dieser angeblich wie der Körper eines Mädchens aussieht; sie sprechen von einem »Wasserhuhn«. In Korea hofft man auf die Geburt eines Sohnes, wenn man vom Frosch träumt. In einem alten Text wird gesagt, daß die eine der zwei → Seelen des Menschen (*hun*) genau so aussähe wie ein Frosch. Und schließlich bedeutet »Froschmund« die Spitze des Penis. Leider sind diese Andeutungen nicht vollständig zu entschlüsseln.
Oftmals fühlten sich Herrscher oder hohe Beamte und Dichter durch das Quaken der Frösche gestört; sie verboten ihnen, Krach zu machen und – die Frösche gehorchten.

Aufruf: »Schützt alle Lebewesen!«

Frucht 果子
ko-tse

Ähnlich symbolgeladen wie viele → Blumen sind auch die verschiedenen chinesischen Früchte: → Apfel, → Apfelsine, → Aprikose, → Birne, → Dattel, → Fingerzitrone, → Flaschenkürbis, → Granatapfel usw. Ein Gleichnis im »Buch der Riten« (Li-chi) besagt: »Viel Blüten und wenig Früchte; das ist die Wirkung des → Himmels, aber viele Worte und wenig Taten: das ist die Schuld des Menschen.« Einige der → Unsterblichen haben Früchte zum Kennzeichnen, so → Lan Ts'ai-ho (Frucht- oder Blumenkorb) und → Ho Hsien-ku (den → Pfirsich der Langlebigkeit).
Ein Mann mit Früchten stellt den Dichter und Gelehrten Hsi K'ang

(223–262) dar. Er liebte das Obst so sehr, daß, wenn man ihn ohne Früchte abbildet, nur mit einem Mädchen, das am Fenster lehnt, die Unterschrift ndennoch von jedem verstanden wird: »Hsi K'ang liebt Obst.«
Es gibt in China kein Wort, das unserem »Obst« ganz entspricht. Man unterscheidet »Wasserfrüchte« und »Trockenfrüchte«, doch gilt die → Banane ebenso wenig als Wasserfrucht wie die → Litschi, vielleicht weil bei beiden die Schale nicht eßbar ist.
Bei Besuchen, besonders am Krankenbett, sind Apfel und Apfelsine noch heute sehr beliebte Geschenke - auch, weil beide recht teuer sind.

Frühling *ch'un* 春

Der Frühling ist die Jahreszeit, in der das männliche Element (→ *yang*) im Aufstieg ist. Natur und Menschen werden fruchtbar, und so spricht man von Frühlingsgefühlen (*ch'un-ch'ing*) oder Frühlingsfarbe (*ch'un-sê*), wobei das Wort *sê* neben anderen Bedeutungen auch »sexuell, Sexualität« bedeuten kann.
Frühlingsbilder (*ch'un-hua* oder *ch'un-t'u*) sind erotische Bilder, oft zu Büchlein (*ch'un-ts'ê*) zusammengefaßt Unsere Texte berichten mehrfach, daß sich ein Ehepaar diese Bilder am Abend ansieht. Für einen Chinesen sind diese Bilder keine Pornographie, sondern eine Art Unterrichtsmaterial, durch die eine Jungfrau oft zum ersten Mal in die »Kunst der Liebe« eingeführt wird. Japaner nennen diese Art von Unterrichtsmaterial »Kopfkissenbuch«. Der berühmte Maler der Ming-Zeit, Ch'iu Ying, war berühmt für seine Frühlingsbilder, die später oft nachgeahmt wurden. Spiegel, auf denen Szenen von Schönheiten des Südens und Szenen aus erotischen Theaterstücken, wie dem »Westzimmer« (Hsi hsiang chi) dargestellt sind, heißen Frühlingsgedanken-Spiegel (*ch'un i ching*). »Frühlingsmedizin« (*ch'un-yao*) sind heute oft Hormonpräparate. Anstelle der Bilder gab es auch kleine Figuren aus → Jade und Elfenbein, die früher kaiserlichen Prinzen vor ihrer → Heirat gegeben wurden. Diese waren oft beweglich und stellten dann ein Paar im Beischlaf dar. »Frühlingspalast« (*ch'un-kung*) ist ein Ausdruck für erotische Filme, aber auch kuriose Dinge, wie Uh-

Beim Betrachten von Frühlingsbildern

ren, die bei jeder Stunde ein neues Bild zeigen, oder → Walnüsse, in deren Schale ein buntes Bild gemalt ist. »Nur ein einziger Frühlingswind« bezieht sich auf einmaligen Beischlaf.
Der Titel zweier berühmter Bücher, »Frühlings- und Herbstannalen« (Ch'un-ch'iu) und »Frühling und Herbst des Lü Pu-wei« (Lü-shih ch'un-ch'iu) weist auf jahreszyklisch geordnete Aufzeichnungen im Sinne von »Annalen« hin.
Im alten China gab es im Frühling einen »Frühlingsplatz« (*ch'un-ch'ang*), außerhalb des Osttores der Hauptstadt; hier wurde dem Gott der Saaten (Kou-mang) ein Opfer dargebracht und ein Frühlingsrind (*ch'un-niu*) geschlagen. Die Augen dieses → Rinds kamen in die kaiserliche Apotheke als Augenmedizin.

Fu-hsi 伏羲

Fu-hsi ist der erste der drei »Kulturheroen« Chinas, die die Kultur begründet haben sollen. Gelehrte haben ausgerechnet, daß er lange vor 3000 v. Chr. gelebt haben muß. Er soll z. B. die acht → Diagramme des I-ching »erfunden« haben, obwohl man dieses »Buch der Wandlungen« selbst erst dem Grafen von Chou (Chou-kung) zuschrieb. Er soll ferner die Ehe erfunden haben sowie Netze und → Reusen zum Fischefangen. Er heiratete, gegen alle Moralregeln der späteren Chinesen, seine Schwester → Nü-kua und wird auf Reliefs der Han-Zeit mit ihr dicht umschlungen dargestellt, wie ineinander verschlungene Schlangen - wobei er ein Winkelmaß in der Hand hält als Symbol des Bauens. Das Winkelmaß wird auch als Symbol der heiligenden und magischen Kräfte verstanden.
Manchmal wird Fu-hsi mit einem Rindskopf und dem schuppigen Körper eines → Drachens dargestellt.

Fu-hsi

Fuchs
hu-li 狐狸

Der Fuchs ist wie in Europa ein schlaues Tier. Dazu kann er lange leben und sich, wenn er alt ist, verwandeln: mit 50 Jahren in eine Frau, mit 100 Jahren in ein junges Mädchen, und mit 1000 Jahren kann er himmlischer Fuchs werden – was ihm nicht oft gelingt.

Der tausendjährige Fuchs mit dem Attribut der neun Schwänze ist besonders sinnlich. Ein solcher Fuchs verführte – in Gestalt der betörenden Tan-chi – den letzten → Kaiser der Shang-Dynastie zu so vielen Untaten, daß er schließlich sein Reich und sein Leben verlor. So steht es in dem berühmten Roman Feng-shen yen-i (»Die Metamorphosen der Götter«) aus dem frühen 17. Jahrhundert.

Schon um die Zeitwende wird gesagt, daß der Fuchs ein dämonisches Tier sei, auf dem Gespenster reiten; neben anderen Berichten, daß das Erscheinen eines Fuchses ein Glückszeichen sei. Sonst aber überwiegt seine erotische Bedeutung. Schon seit 2000 Jahren wird überliefert, daß der Fuchs mit Geschlechtskrankheiten zu tun habe; es gibt Hunderte von Geschichten darüber, daß einem jungen → Gelehrten nachts beim Studium ein bildschönes Mädchen erscheint, mit dem er sofort »Liebe macht«. Sie verschwindet am frühen Morgen und kommt jeden Abend wieder; der Gelehrte wird schwächer und

Die neunschwänzige Füchsin und der japanische Affe Songoku. Holzschnitt von Hokusai

schwächer, bis ihm ein Taoist sagt, das Mädchen sei ein Fuchs, der ihn aussauge, um die Essenz zu gewinnen, die ihm ewiges Leben beschere. Diese Fuchsgeschichten sind auf Nordchina, die Stämme der Oroken und Giljaken, auf Korea und Japan beschränkt und kommen nicht südlich des Yangtse vor. Jedoch haben koreanische und japanische Füchse einen anderen Charakter als die chinesischen. Die Fuchsfrauen behaupten oft, ihr Familienname sei »Hu«, was gleichlautend mit dem Wort Fuchs ist.
Im alten Peking gab es viele Häuser, in denen Füchse lebten; sie standen unter der Verwaltung eines Fuchsbeamten, der im Turm des östlichen Seitentores der Stadt lebte. Familien, in deren Haus Füchse lebten (die natürlich nicht sichtbar sind), stellten ihnen gelegentlich Essen hin und ließen sie gewähren, wenn sie nachts Krach machten. Denn sonst rächen sich die Füchse, indem sie z. B. Schmutz in das Essen der Familie werfen. Fuchsfrauen kann man übrigens von richtigen Frauen daran unterscheiden, daß sie nie ihre Kleider wechseln, diese aber auch nie unansehnlich werden. Damit hängt wohl zusammen, daß »Fuchsgeruch« die Bedeutung »Achselschweiß« hat.

Fünf 五
wu

Fünf ist eine der wichtigsten Zahlen der chinesischen Zahlenmystik. Es ist eine »männliche«, d.h. ungerade Zahl. Ihr entsprechen die fünf Weltrichtungen (unsere vier und die → Mitte), die fünf Farben, fünf Gerüche, fünf Geschmacksrichtungen. → Lao-tse heißt es: »Die fünf

Die Elementargeister (d.h. die »fünf Alten«), die bei der Geburt des Konfuzius über seinem Haus erscheinen. Links zwei Drachen, Sinnbilder der männlichen, zeugenden Natur.

Fünf Männer mit fünf Glückssymbolen

Farben machen des Menschen Augen blind. / Die fünf Töne machen des Menschen Ohren taub. / Die fünf Würzen machen des Menschen Gaumen schal« (übers. W. Gundert).

Ein großes chinesisches Wörterbuch führt zwölf Bedeutungen des Wortes »fünf« auf und 1148 Zusammensetzungen mit fünf. Von diesen sind 1000 mit den → Elementen oder »Wandelzuständen« direkt verbunden: fünf Sitten (Festsitten, Trauersitten, Gastsitten, Heeressitten und Glückwunschsitten), fünf → Gifttiere, fünf Tierarten – »Die Essenz der Haartiere ist das Ch'i-lin (→ Einhorn), die Essenz der Federtiere ist der → Phönix, die Essenz der Schalentiere ist die → Schildkröte, die Essenz der Schuppentiere ist der → Drache. Die Essenz der nackten Tiere ist der Mensch«. So steht es im Buch der Riten. Das gleiche Buch spricht auch von den fünf Beziehungen zwischen den Menschen: Fürst und Diener, Vater und Sohn, Mann und Frau, älterer und jüngerer Bruder, Freund und Freund. Nach der konfuzianischen Vorstellung sind alle diese Beziehungen hierarchisch strukturiert, auch der ältere Freund steht immer über dem jüngeren.

Andere Verbindungen mit fünf liegen der traditionellen chinesischen → Medizin zugrunde, andere bilden die Basis für die chinesische → Astrologie und → Geomantik

Spezielle Bedeutungen haben: die »fünf Anzeichen« (*wu-cheng*) als Anzeichen weiblicher Wollust; die »fünf Verbote« der Buddhisten (*wu-chieh*), nämlich nicht töten, nicht stehlen, keine Lüste haben, nicht schwindeln, nicht Wein trinken, noch Fleisch essen. Die »fünf Reinen« (*wu-ch'ing*) sind Mond, Wasser, Kiefer, Bambus, Pflaume. Die »fünf Klassiker« (*wu-ching*) sind das Buch der Urkunden (Shu-ching), das Buch der Lieder (Shih-ching), das Buch der Wandlungen(I-ching), das Buch der Riten (Li-chi) und das Buch der Zeremonien (I-li); die »fünf Dynastien« (*wu-tai*) heißt die Epoche zwischen T'ang- und Sung-Zeit (907–960 n. Chr.).

Die »fünf moralischen Qualitäten« (*wu-ch'ang*) sind Menschlichkeit, Pflichtgefühl, Weisheit, Zuverlässigkeit, Zeremonielles Benehmen. Die »fünf Glücksgüter« (*wu-fu*) sind Reichtum, langes Leben, Ruhe und Frieden, Tugend, Leben ohne Krankheit. Die »fünf Wandelzustände« (*wu-hsing*) sind Holz, Feuer, Erde, Metall, Wasser.

»Das Lied von der fünften Nachtwache« (*wu-keng ko*), d.h. von der fünften Doppelstunde der Nacht, sind Liebeslieder, dem europäischen »Tagelied« vergleichbar. Die »fünf Donner« ist eine taoistische Zauberformel. »Fünf Scheffel Reis« (*wu-tou-mi*) bezeichnet eine frühe taoistische Sekte aus dem 3. Jahrh. n. Chr.: ihr Begründer Chang Lu ließ sich für die Heilung von Geistern jeweils mit dieser Naturalie bezahlen.

Gans 鵝

o

Die Gans ist in China wie die → Mandarinente oder der → Phönix ein Symbol des → Eheglücks: sie hat im Leben nur einen Partner, so wie eine Frau keinen zweiten Mann nehmen soll. Darum ist eine Gans ein gutes Geschenk zur Verlobung. Dies ist schon ein sehr alter Brauch, der dadurch modifiziert werden kann, daß die Familie des Bräutigams einen Gänserich sendet, die der Braut eine Gans zurückschickt. Beide werden nicht geschlachtet.

Der »kleine Kalender der Hsia-

Eine Wildgans als Überbringerin guter Nachrichten

Dynastie« notiert zum 1. Monat: »Die Wildgans fliegt in nördliche Gegenden«, und zum 9. Monat: »Es ziehen die Wildgänse«. Wenn es auf dem Deckel einer Messingdose heißt: »Die fliegende Wildgans möge die Jahre verlängern«, so ist dies eine Anspielung auf die Ansage der Zeiten im alten Volkskalender und die Stetigkeit des Vogels, der nie den rechten Zeitpunkt verpaßt.

Wildgans wie auch Wildente als Zugvögel deuten Trennung an, doch werden sie auch als Vermittler von Nachrichten des fern im Norden weilenden Ehegatten angesehen.

Wildgänse, die zu Paaren fliegend dargestellt werden, können ein gutes → Heiratsgeschenk sein. Ein Bild jedoch, auf dem ein Mann dargestellt ist, vor dem zwei Gänse sind, stellt den Kalligraphen Wang Hsi-chih (321–379) dar, der der Legende nach Gänse besonders liebte und sie mit chinesischer Tinte fütterte.

»Die fliegende Wildgans möge die Jahre verlängern«

Geburtstag 生日
sheng-jih

Der Geburtstag, zumindest der von → Söhnen, wurde schon im 5. Jahrhundert bei reichen Leuten und Beamten gefeiert. Das Neugeborene bekam gleich am ersten Tag ein rotes Hemd an, und neun rote Eier wurden an die Eltern der Mutter gesandt, um ihnen das freudige Ereignis mitzuteilen. War es ein Junge, so kündete der Vater die Geburt den Ahnen an – bei reichen Familien in der »Ahnenhalle«, bei anderen vor dem häuslichen Altartisch (→ Ahnentafel).

»Für Mädchen haben die Ahnengeister weniger Interesse, da sie durch → Heirat später aus der Familie ausscheiden« (Richard Wilhelm).

Je nachdem, ob ein Junge oder ein Mädchen geboren wurde, galten verschiedene Bräuche. Im ersten Fall wurde früher ein Bogen aus einem Maulbeerzweig und vier Pfeile aus dem Holz der Jujube (Brustbeere) vor der Tür aufgehängt. Am hundertsten Tag nach der Geburt kamen von allen Seiten Geschenke: »Armspangen, Glöckchen, Halsringe mit Schlössern, auf denen gute Wünsche eingraviert sind, die das Kind an das Leben anschließen sollen, werden überreicht. Es sind Gaben, die ungefähr den Patengeschenken in Europa

Geburtstagsbild für Frauen

Geburtstagsbild für Männer

entsprechen. Der Knabe wird auf einen Tisch gesetzt, auf dem Bücher und Schwerter, Beamtenabzeichen und Geld liegen; er wählt seinen künftigen Beruf durch das Ding, das er zuerst ergreift. Den Mädchen breitet man Schere und Elle, Puder und Schminke, Diademe und Geld aus« (Richard Wilhelm); zusätzlich waren es eine → Schildkröte und Schreibpinsel bei den Knaben, Messer bei den Mädchen.
Zur Zeit ihrer Einjährigkeit bekamen die Kinder auch meist ihren ersten → Namen: bewußt unscheinbar gewählt, um die Dämonen nicht aufmerksam zu machen. Starb ein kleiner Sohn früh, so gab man dem nächsten Sohn einen weiblichen Namen; die Dämonen sollten getäuscht werden, so lange, bis das Kind stark genug und vor ihnen sicher war.
In der »Ahnenhalle« oder dem »Empfangszimmer« als dem Hauptraum des Hauses, wurden die Hochzeiten gefeiert und auch die »großen« Geburtstage von Vater und Mutter, besonders der sechzigste, siebzigste, achtzigste. Geburtstag wurde »Fest der Tausend Herbste« genannt, also »möge der Gefeierte tausend Jahre leben«.
Vom 8. Jahrhundert an haben wir viele Berichte von → Kaisers Geburtstag, und von 907 n. Chr. an gab es am Geburtstag einen Tag vor und einen Tag nach Kaisers Geburtstag Urlaub für die Beamten.

Gecko 壁虎
pi-hu

Der Gecko ist ein kleines Tier, einer Eidechse ähnlich, das man in China gern in Häusern sieht, weil es Ungeziefer frißt. Der Gecko klettert auf Wänden und Zimmerdecken umher und heißt darum »Wandtiger« (*pi-hu*). Ein Zaubergift, das für Südchina typisch war (*ku*), wurde hergestellt, indem man einen → Tausendfüßler, eine → Schlange, einen Skorpion, einen → Frosch und einen Gecko in einen Topf tat; die Tiere fraßen allmählich einander auf, und das übriggebliebene hatte in sich das → Gift aller fünf Tiere. Mit diesem Tier, d. h. seinem getrockneten Kadaver, wurden verschiedene magische Praktiken ausgeführt, allerdings auch oft böse Gegner umgebracht.
Ein anderer Name für den Gecko ist *shou-kung* (der, der den Palast bewacht). Man gebe am 5. Tag des 5. Monats den Gecko in einen Topf

Gecko als eines der fünf Gifttiere

und füttere ihn, so sagen die Texte, ein Jahr lang mit → Zinnoberpulver. Nach einem Jahr zerstampfe man das Tier. Man benutze die daraus gewonnene Salbe, um sie auf dem Arm eines Mädchens, das für den kaiserlichen Hof bestimmt war, zu verreiben; beim ersten Geschlechtsverkehr verschwinde der Fleck.

In einer Geschichte zeigte ein Mädchen, von dem man glaubte, es sei eine Prostituierte, den roten Fleck am Arm und sagte, man habe ihn ihr angeschmiert, als sie sechs Jahre alt gewesen, und sie habe ihn noch jetzt, wo sie schon 15 Jahre alt sei.

Männer, die längere Zeit auf Reisen gingen, malten den Fleck auf dem Unterkörper der Ehefrau an. Ein Text erklärt, sie würde dann keine Kinder bekommen, ein anderer, daß der Fleck beim ersten Verkehr verschwinde.

Gefühle *ch'ing* 情

Das Wichtigste an den Riten ist, so meinte → Konfuzius, daß man sich nach ihnen richtet; »für die Klagen und Sprünge muß es ein Maß geben« (nach E. Wickert). Den Gefühlsregungen freien Lauf zu lassen, hieße, sich an dem Verhalten (*tao*) der Barbaren zu orientieren.

Das Gefühlsleben der Chinesen ist durch althergebrachte Riten im Zaum gehalten und gewissermaßen protokollarisch festgehalten. Es vollzieht sich unter Benutzung konventioneller Symbole und einer vorschriftsmäßigen → Gestik. »Der Edle ist darauf bedacht, vor anderen nie den rechten Ausdruck vermissen zu lassen« (Li-chi, »Das Buch der Riten«).

Das Brevier der alten chinesischen → Medizin, das Huang-ti Neiching, zeigt die Entsprechungen zwischen Mikro- und Makrokosmos auf: So wie die Lehre von den → fünf Tugenden an die der fünf Eingeweide anknüpft, so entsprechen auch die Gefühlsregungen den Körperöffnungen: Augen und Zorn, Zunge und Freude, Mund und Absicht, Nase und Trauer, Ohren und Furcht gehören zusammen.

Nach anderer Auffassung gab es sieben Gefühlsregungen: Freude, Zorn, Schmerz, Furcht, Liebe, Haß und Begierde. Daß die Chinesen Gefühle im Sinn von Tastgefühl sehr stark empfinden, macht ihre Romanliteratur deutlich; die Beschaffenheit einer Haut z. B., ob sie sich bei Druck weich anfühlt oder ob sie kühl ist, wird häufig beschrieben.

Im Sinn von Emotionen sind vor allem die Ausdrücke *kan-ch'ing* und *jen-ch'ing* aufschlußreich. Der erste bedeutet durchaus »Gefühl«, aber stark eingeschränkt auf das Gefühl gegenseitiger Verpflichtung der Ehegatten. *kan-ch'ing* schließt das ein, was bei uns als »Liebe« bezeichnet wird, auch Beischlaf und Zärtlichkeit; es kann »zerbrechen« durch Ehebruch oder auch durch Unterlassen der »ehelichen Pflichten«.

Der zweite Ausdruck *jen-ch'ing,* bedeutet »menschliche Gefühle« und wird oft so gebraucht; aber er kann auch »Bestechung« bedeuten, nämlich wenn man seine Gefühle der anderen, meist höher gestellten, Person gegenüber materiell ausdrückt. Verhaltensformen des »Ertragens« und des »Nachgebens« werden als → *jen* bzw. → *jang* gekennzeichnet.

Geister *shen* 神

Geister und Gottheiten (*shen*) sind stets greifbare, konkrete Erscheinungen – ob es sich dabei um die → Seelen toter Ahnen, um hilfreiche Schutzgeister von Feld, Weg und Brücke (sog. Baum- und Steingottheiten), um die opferheischenden → Flußgötter oder um → Unsterbliche handelt. Nach chinesischer Vorstellung sind die Grenzen zwischen Diesseits und Jenseits durchlässiger als bei uns, Geister- und Gespensterglauben sind weiter entwickelt.
Die wichtigste Unterscheidung, die Chinesen machen, ist die zwischen *shen* als gutartige Geister (einschließlich der toten Seelen direkter männlicher Vorfahren, die Gutes bewirken, solange sie selbst gut behandelt werden) – und den *kui* als die Seelen toter Nichtverwandter; die können zu einem selbst wie feindselige → Gespenster (*kui*) sein, zu ihrer eigenen Familie aber durchaus hilfreiche Geister (*shen*).
Die Geister der Verstorbenen werden am → Jahresfest der »Reinen Klarheit« (*ts'ing-ming*) besonders geehrt; früher zog die ganze Familie hinaus zu den Gräbern der Ahnen,

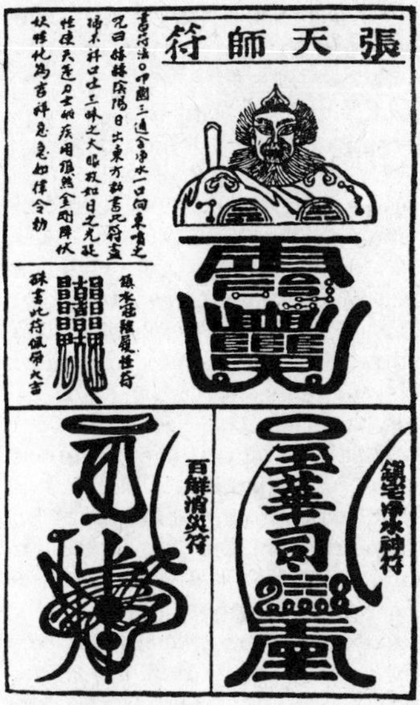

»Briefe« an die Geister

reinigte sie und stellte den Ahnen kleine Opfergaben hin. Unmittelbar nach dem Tod, so heißt es, sei die *hun*-Seele viel unterwegs zwischen Grab und Haus; deswegen nennt man auch die Straße in Ch'ü-fu, die das Grab des → Konfuzius mit der → Halle verbindet, *shen-tao*, die »Geisterstraße«.
Alle Volksgötter (*shen*) lebten einmal als irdische Menschen; sie haben zu Lebzeiten – oder auch nach ihrem Tod – gute Taten vollbracht und sind sohnlos gestorben.
Gefährlich sind die Geister der Erhängten und die der Ertrunkenen (*shui kui*, »Wassergeister«). Von ihnen heißt es, daß sie solange nicht wiedergeboren werden, bis sie einen »Stellvertreter« gefunden, also es bis

dahin gebracht hätten, daß ein anderer Mensch sich an gleicher Stelle aufhänge oder ertränke.

Das Wort *shen* wird auch für eine Person gebraucht, die in einem Fach besonders gut ist; z. B. ist ein »Gottmädchen« (*shen nü*) eine Prostituierte. Das Wort *hsien* (Heiliger) wird in ähnlichem Sinn gebraucht. Ein »Götterstab« (*shen kun*) ist ein männlicher oder weiblicher Schamane. Eine Schamanin kann auch als »Götterknabe« (*shen t'ung*) bezeichnet werden. Taoistische und Volksgötter werden in → Beamtenkleidung dargestellt; Göttinnen in der Kleidung einer Frau eines hohen Beamten. Die genaue Bestimmung, welche Gottheit gemeint sei, ist oft schwierig. Buddhistische Gottheiten, mit Ausnahme von → Buddha selbst, sind immer geschmückt und haben feste Embleme, anhand derer sie leichter zu bestimmen sind.

Befragte man in alter Zeit mittels eines beschrifteten und ins Feuer geworfenen Knochens das → Orakel, so erhielt man Antwort aus dem Geisterreich: die bei der Hitze entstandenen Risse glichen Einritzungen, die kundige Orakelpriester zu deuten hatten.

Auf Zeiten subtiler geistiger Welterfassung und ihrer »Ordnung« folgten Zeiten massiven Wunderglaubens. So in der westlichen Han-Dynastie (206–209 v. Chr.). Bei Hofe spielten damals die Magier (*fang-shih*) eine große Rolle; »die Atmosphäre war dicht bevölkert von Geistern und Göttern« (Richard Wilhelm).

Gelb
huang 黃

Gelb entspricht der »Wandlungsphase« → Erde und der fünften Himmelsrichtung, der → Mitte. Die Entsprechungen »gelb« und »Mitte« erklären sich vermutlich daher, daß man den Erdboden Nordchinas, der jedes Jahr durch Staubstürme aus der Wüste Gobi mit Löß überzogen wurde, als gelb ansah: das Element und die Farbe des → Kaisers, der in der »Mitte der Welt« herrschte.

Anders als in westlichen Ländern war Gelb bei den Chinesen äußerst positiv besetzt; es bedeutet Ruhm und fortschreitende Entwicklung. Wenn vom »Gelben Drachen« die Rede ist, bedeutet dies ein glückbringendes Zeichen, und auch die »Gelbe Quelle« (*huang ch'üan*) – ursprünglich der Name für die Unterwelt – deutet auf einen wasserdurchfluteten Bezirk, nicht etwa auf schwefelgelbe Höllen (W. Bauer).

War Huang-ti der erste d. h. »Gelbe Kaiser«, so dauerte es doch noch bis zum 6. Jahrhundert n. Chr., bis gelb die Ehrenfarbe wurde, die allein dem Kaiser zustand; vorher war → rot die höchste Farbe gewesen. Viele Jahrhunderte hindurch war gelbe Kleidung für gewöhnliche Bürger verboten. Buddhistische → Mönche bildeten eine Ausnahme: sie trugen zu manchen Zeiten gelbe, aber unverzierte Kutten, zu anderen rote. Die beiden wichtigsten Lehrrichtungen des tibetischen Buddhismus, die Gelugpa- und die Kargyüpa-Schule, werden in

Gelbmützen- und Rotmützen-Mönche unterschieden.
Erst in den letzten Jahrzehnten spricht man in China von »gelber Literatur«, d. h. Pornographie, und auch von »gelben Filmen«. – »Gelbblüten-Frau« meint hingegen eine Frau, die noch Jungfrau ist.

Geld *ch'ien* 錢

Vom 7. vorchristlichen Jahrhundert an gab es in China verschiedene Arten Metallmünzen. Aus einem anscheinend in Ost-Shantung benutzten »Messergeld«, wahrscheinlich einem aus einem kleinen Messer entwickelten Zahlungsmittel, entstand allmählich die runde Kupfermünze, ein Überbleibsel des Messergriffs mit dem quadratischen Loch zum Aufhängen. Es bekam dann zwei oder vier Schriftzeichen und blieb bis zum Beginn des 20. Jahrhunderts die Münzeinheit für die breiteren Schichten. Diese Münzen wurden an einer Schnur zusammengebunden, und 1000 von ihnen waren die nächsthöhere Einheit. Als Motiv findet man Geldmünzen in vielen Kombinationen; da »Geld« *ch'ien* lautet, hat es symbolisch sehr oft den Sinn »vor,

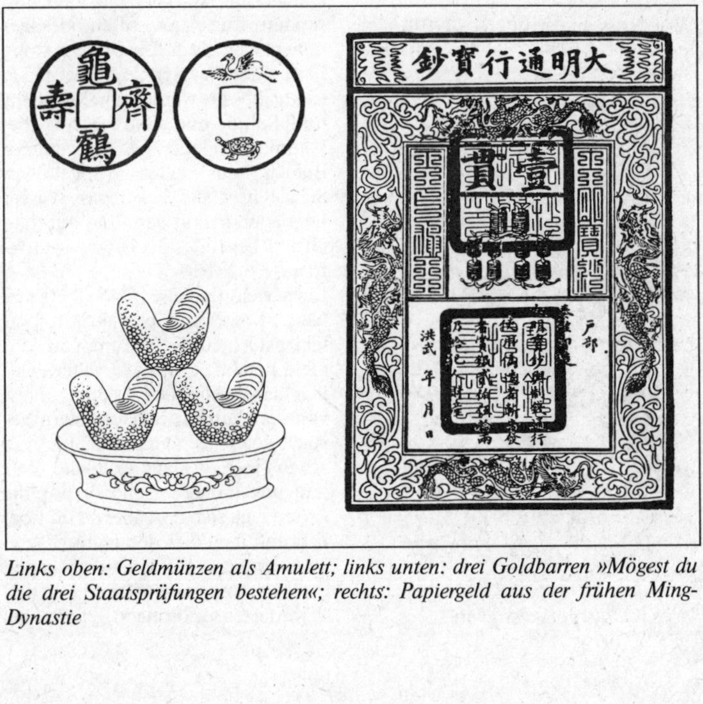

Links oben: Geldmünzen als Amulett; links unten: drei Goldbarren »Mögest du die drei Staatsprüfungen bestehen«; rechts: Papiergeld aus der frühen Ming-Dynastie

bevor« (*ch'ien*). So bedeutet eine → Fledermaus mit Münze »Glück sei *vor* deinen Augen«, wobei das »Auge« zugleich die Bezeichnung des Loches in der Münze ist. Zwei → Elstern mit einer Münze bedeutet »Freude sei vor deinen Augen«. Eine Schnur (*lien*) mit neun Münzen ist »ununterbrochenes Glück«. Die Münze ist auch eine der *pa-pao,* der acht Symbole des Reichtums (→ Kostbarkeiten).

Papiergeld, das seit dem 13. Jahrhundert benutzt wird, ist beim Totenkult üblich: Bündel von 10 000 chinesischen Dollarscheinen, ausgegeben von der »Unterweltbank«, werden verbrannt, um den Toten in der Unterwelt zu versorgen.

Während die Münzen normalerweise aus Kupfer, später auch aus

»Den Geldbaum schütteln«

Messing bestanden, gab es im alten China auch das Tauschmittel Silberbarren, die man als Silberschuh bezeichnete. In der Form solcher → Schuhe sind auch Teiche und Beete in Ziergärten angelegt.

Seit alters her galten Münzen als → Amulette, als Schutz gegen krankmachende Dämonen u. ä. Praktischerweise waren sie, einzeln oder als Geldschnüre, um den Hals zu tragen. Das »böse Einflüsse bannende Geld« (*ya-sui-ch'ien*) wurde zu → Neujahr geschenkt. Im Mittelalter war es Sitte, daß man bei der Hochzeitsfeier auf das junge Paar, wenn es sich auf das Bett gesetzt hatte, mit Geld warf, was die Braut mit dem Rock aufzufangen hatte. Dieses Geld war kein gewöhnliches, sondern trug Aufschriften: »Langes Leben, Reichtum, Ehre« oder »Wie Fische im Wasser«, »Mögt ihr in Eintracht alt werden«, »Mögt ihr fünf Söhne und eine Tochter bekommen«. Heute gilt ein anderer Brauch: aus einer halbgefüllten Schale bläst die Braut das Wasser heraus und kann dann das auf dem Grund liegende Geldstück entnehmen.

Eine viel gespielte Oper hat den Namen »Den Geldbaum schütteln«; solch ein Geldbaum, von dem Geld herabfällt, ist nicht selten bildlich dargestellt. Diese Oper, meist von sehr jungen Schauspielern gespielt, handelt von einer himmlischen Zofe, die auf weltliche Vergnügungen aus ist, herab auf die Erde steigt, sich dort aber so unmöglich aufführt, daß der Himmelsgott zwei göttliche Helden herabsendet, die sie gefangen nehmen und in den Himmel zurückbringen. Heute hat

»den Geldbaum schütteln« oft die Nebenbedeutung einer Puffmutter bzw. Zuhälterin, die durch die Arbeit der Prostituierten viel Geld verdient.
→ Liu Hai

Gelehrter 士
shih

Der Gelehrte gehört zu den vier → Berufen; acht → Kostbarkeiten sind seine Embleme. K'ui-hsing, der Gott der Literatur, war ursprünglich ein Gelehrter; er wird als Blaugesicht dargestellt. Das alte Wort für → blau (*ch'ing*) symbolisiert das Studium des Gelehrten, bei → Kälte und im Schein der »blauen Lampe« bzw. des noch sparsameren → Glühwurms.
Seit → Konfuzius' Zeiten haben die Philosophen, die Literaten, die beamteten Gelehrten China beherrscht und dabei stets für das Ansehen ihrer Klasse gesorgt. Auch arme Gelehrte waren, wenn sie das Examen bestanden, angesehen. »Manche ließen sich, wenn sie Beamtenposten bekleideten, von reichen Kaufleuten bestechen und gewährten ihnen dafür einmalige Vorteile; aber nie gaben sie Privilegien der Klasse preis, denn die waren unveräußerlich. Sie bildeten eine eng verflochtene Gruppe, die ihr Monopol, die Erziehung und Bildung, vererbte. Ihre Ideologie war der Konfuzianismus, ihr Katechismus die konfuzianischen Klassiker« (Erwin Wickert).

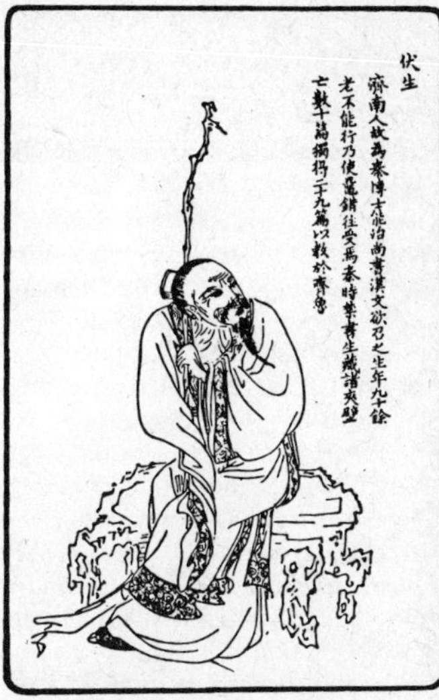

Der konfuzianische Gelehrte Fusheng, der über 90jährig zur Zeit der Han-Dynastie behilflich war, die alten Texte zu rekonstruieren

Noch 1942 bemerkte Mao Tse-tung in einer Rede selbstkritisch: »Ich konnte die Kleider anderer Intellektueller tragen, da ich meinte, sie seien sauber. Aber es war mir zuwider, die Kleidung von Arbeitern, Bauern und Soldaten anzuziehen, da ich das Gefühl hatte, sie sei schmutzig.« Als er 16 Jahre später während des 7. Parteitages der KPC den Ersten → Kaiser lobte, warf Lin Piao ein, der Kaiser habe doch die → Bücher verbrannt und die Gelehrten lebendig begraben. Darauf Mao: »Was zählt das; er hat 460, wir haben 46 000 Gelehrte begraben.« Ein Gleichnis der chinesischen Kulturrevolution.
→ Fuchs, → Hsiu-ts'ai, → Po-shih

Geomantik 風水
feng-shui

Geomantik war für zweitausend Jahre die Wissenschaft von »Wind und Wasser« (*feng-shui*). Niemand hätte ein Haus gebaut oder ein Grab angelegt, ohne den Geomanten vorher um Rat zu fragen. Auf Sachverständige der → Astrologie oder des → Orakels konnte man notfalls verzichten, nicht aber auf den Feng-shui-Fachmann (der auch so etwas wie ein Ökologe war).

»Bewirke Harmonie der → Mitte«, so heißt es im Li-chi (»Buch der Riten«), »und → Himmel und → Erde kommen an ihren rechten Platz, und alle Dinge gedeihen«. Die Einflüsse der Natur und des Universums galt es möglichst günstig zu gestalten und entsprechend sorgfältig mußten Häuser, Brücken, Mauern, Baumgruppen und andere »Örter« angelegt werden. Die Betrachtung des Erdbodens (*ti-li*, heute der Begriff für Geographie) gehört dazu, die Wissenschaft von → *yin* und → *yang* und vor allem die Technik des *feng-shui*.

Ein Geomant bestimmte z. B. die Richtung der Haustür, die oft schief zur Vorderwand des Hauses eingesetzt wurde, da man nicht den ganzen Bauplatz in die optimale, d h. geomantisch richtige Lage drehen konnte. Jedes Dorf war aus diesem Grund so angelegt, daß die Häuser einer Reihe alle gleich hoch waren und die vorderen nie die hinteren überragten. »Selbst abseits vom Dorf darf auf der rechten – bei

Geomantische Anweisung in einem militärischen Lehrbuch von 1662

der Orientierung nach → Süden also westlichen – Seite kein hohes Gebäude gebaut werden, kein hoher Baum stehen. Das verbietet der weiße → Tiger, der zur Rechten jedes Dorfes wohnte, wogegen es der grüne → Drache zur Linken eher gestattete« (W. Oehler, Die Religion im chinesischen Volksleben).

Geomanten waren nicht selten wochenlang damit beschäftigt, eine glückbringende Grabstätte ausfindig zu machen. Die Ahnen mußten vor dem Einfluß schlimmer → Geister geschützt werden, und nur durch ein gutes *feng-shui* waren sie zur Ruhe zu bringen: etwa durch eine an einem Hügel gelegene Grabstätte, die nach Süden gerichtet war, zu beiden Seiten kleine Schutzwälle gegen Winde von Ost und West. Unterhalb des Grabes sollte ein Wasserlauf sein, so daß das Grab von allen Seiten beschützt war.

Pagoden wurden häufig an Stellen errichtet, an denen das *feng-shui* »schwach« war. Wo ein größerer Strom an einer Stadt vorbeifloß,

bestand die Gefahr, daß die guten Einflüsse und Kräfte mit dem Fluß abzogen. Stand in der Flußrichtung ein Berg, so konnte der die Einflüsse aufhalten; fehlte er, so baute man an dieser Stelle eine Pagode und ersetzte durch Kunst, wo die Natur nicht selbst zur »Harmonie der Mitte« gelangt war. Noch heute sieht man Pagoden meist unterhalb der Stadt, gegenüber einer Flußbiegung.
Die Handbücher zur Bestimmung der Lage von Häusern und Gräbern sind nur für Leute verständlich, die Kenntnis von Astronomie und Astrologie haben und auch den speziellen → Kompaß, der für die Geomantik erforderlich ist, handhaben können.

Geruch 氣味
ch'i-wei

Obwohl die klassische Literatur → fünf Gerüche unterscheidet, spielen im Volksleben eigentlich nur zwei eine Rolle: Wohlgeruch und Gestank. »Wohlgeruch« (*hsiang,* auch *fang*) ist ein ständig lobendes Beiwort für alles, was eine Frau betrifft: ihr Schlafzimmer, ihre Kleider, ihr Haar, ihre Haut, ihr Körper, ihre Geschlechtsteile. Ein Ausdruck für Freudenhaus ist »die Hölle von Wohlgeruch und Puder«. Die Zunge der Geliebten ist ein »weicher Wohlgeruch«. Jungfrauen haben einen »reinen Duft«. »Seltsamer Duft« kann aufreizend sein, z B. der Schweiß einer Frau; aber auch der üble Geruch der vormals gebundenen Füße von Frauen ist ein »seltsamer Duft«.
Ein häufiger Ausspruch, der die Gefühle von jungen Männern beschreibt, ist »Mitleid mit dem Duft und sich sorgen um den → Jade«. Manche Männer träumen von »süßem Duft«. »Auf den Duft hören« ist ein seltsamer Ausdruck und bezieht sich auf Frauen, die am 15. Tag des 1. Monats oder auch am 15. Tag des 8. Monats im Tempel dem Gott eine bestimmte Richtung empfehlen und dann hören, was die Leute auf der Straße sagen, um Voraussagen für ihre Zukunft zu gewinnen. »Duft hinzufügen« ist eine Sitte am Abend vor der Hochzeit, an dem die Verwandten der Braut → Geld in die Truhe werfen, in der sich Weihrauch befindet.
Duft bedeutet nämlich eigentlich → Weihrauch, den man bei der Götterverehrung noch heute verbrennt. Es gibt »Weihrauchuhren«, die aus einem am Weihrauch befestigten Geldstück bestehen. Wenn dieser Stab abbrennt, fällt das Geld in eine darunterliegende Schale und gibt einen Klang. Dieses Verfahren dient dazu, kurze Fristen zu messen, z. B. die Länge des Vortrags eines Geschichtenerzählers u. ä.
»Weihrauchkopf« bezeichnet einen Schamanen, und »Duftendes Fleisch« ist ein Tabu-Ausdruck für Hundefleisch.
Gestank (*ch'ou*) wird seltener erwähnt. Besonders schlimm ist → »Fuchsgeruch«, der typisch für Ausländer (d. h. Europäer) und – einem modernen Roman zufolge – nicht auszuhalten sei; aber auch Achselschweiß wird so genannt.

Gesicht 面 臉
mien, lien

Gesicht bezeichnet nicht nur das menschliche Gesicht, sondern auch das Benehmen, das dem sozialen Stand einer Person entspricht. Der nicht seltene Ausdruck »das Gesicht verlieren« (*chiu lien*) bedeutet, daß man durch eine Handlung oder ein Benehmen das Ansehen in der Gruppe, zu der man gehört, einbüßt. Die sensible Einfühlung in den Gesprächspartner entspricht dem eigenen Bedürfnis, »Äußeres und Inneres in Harmonie zu setzen. Darum auch das strenge Achten darauf, daß man keinem anderen eine Beschämung bereitet und daß man selbst nicht ›das Gesicht verliert‹. Denn ›Gesichtsverlust‹ ist etwas Wesentliches, was den ganzen Menschen betrifft. Bezeichnend ist in dieser Hinsicht, daß dasselbe Wort den Leib und die Persönlichkeit bedeutet« (R. Wilhelm, Die Seele Chinas).
Chinesen glauben, daß man aus dem Gesicht auf den Charakter eines Menschen Schlüsse ziehen kann, etwa vergleichbar der Phrenologie in Europa. Zahlreiche Bücher geben darüber Auskunft.

Gespenst 鬼
kui

Generell bezeichnet der chinesische Ausdruck einen zu fürchtenden Dämon, einen Totengeist, der zu Lebzeiten ein Mensch gewesen ist. Die Toten der eigenen Familie nennt man nicht *kui* und fürchtet sie auch nicht, außer man hat sie vernachlässigt oder beleidigt. Aber die

Chung-K'ui bannt die Gespenster

→ Seelen anderer könnten sich rächen für Beleidigungen, die sie im Leben erlitten haben, oder auch aus Not; besonders die Seelen von Menschen, die fern von der Familie gestorben sind und die keinerlei Opfer erhalten (sog. Hungergeister). Die chinesische Volksetymologie bringt *kui,* das Gespenst, und *kui,* die Heimkehr, zusammen.

Die Kleider der *kui* haben keinen Saum; sie selbst geben keinen Schatten, und ihre Stimme klingt nicht normal. Sie sind kurzsichtig und sehen nur einen roten Schein, und die Menschen wiederum sehen sie nur als schwarzen Lufthauch. In Teilen von Südchina glaubte man, daß *kui* die Diener von lebenden Menschen sein können. Obwohl die Presse in China und Taiwan den Gespensterglauben bekämpft, glauben doch noch viele Leute an *kui,* wie aus Zeitungsberichten zu entnehmen ist.

»Kui-Verkehr« bedeutet Geschlechtsverkehr. Ein »Gespensterwagen« (*kui-chê*) ist ein Vogel in Südchina, der neun Köpfe hat und in Häuser eindringt und die Seelen der Bewohner wegnimmt. Vor allem darf man keine Kinderkleider im Freien trocknen, weil das Blut oder eine Feder dieses Vogels auf sie tropfen kann und die Kinder dann krank macht. Die »Gespenstersperre« (*kui men kuan*) ist in der Unterwelt, am Eingang zur ersten Hölle. Der Tote schreitet durch sie in den ersten sieben Tagen nach dem Tod. Die »Gespenstermutter« (*kui-mu*) ist in Südchina bekannt; sie gebiert jedesmal zehn Gespenster und frißt diese am Abend wieder auf. »Gespensterschwangerschaft« ist nach einigen Texten eine falsche Schwangerschaft, durch Träume hervorgerufen. »Ausländisches Gespenst« (*yang kui-tse*) ist eine unfreundliche Bezeichnung aller Europäer und Amerikaner; heute selten.

Gesten
chuang-t'ai 狀態

Im täglichen Leben Chinas sind zahlreiche symbolische Gesten gebräuchlich; näher untersucht ist allerdings nur die Zeichensprache, mit der Kaufleute den Preis der Waren signalisieren. Wenn man z. B. den Zeigefinger einer Hand ausstreckt und den Daumen gegen die geballten anderen Finger legt, bedeutet dies die Zahl → Eins. Zeigefinger und Mittelfinger ausgestreckt, während der Daumen gegen den Ring- und kleinen Finger gelegt ist, bedeutet → Zwei. Wenn Mittel-, Ring- und kleiner Finger ausgestreckt sind, und Daumen und Zeigefinger einen Ring bilden, bedeutet dies → Drei. → Vier wird gezeigt, wenn nur der Daumen eingelegt ist, die anderen Finger ausgestreckt; bei → Fünf sind alle Finger ausgestreckt. Wenn der Daumen und der kleine Finger gestreckt sind, die anderen angelegt, haben wir die Zahl → Sechs. Daumen-, Zeige- und Mittelfinger ausgestreckt, die anderen alle angelegt, zeigt → Sieben an. Daumen und Zeigefinger ausgestreckt, sieht aus wie die → Acht in der chinesischen Schrift. Auch die Geste für → Neun hat Ähnlichkeit mit dem Schriftzeichen: Zeigefinger wird rund gebogen, während der Daumen gegen die anderen, geballten Finger gelegt wird. Bei → Zehn wird wieder das Schriftzeichen angedeutet: man legt den Zeigefinger der linken Hand kreuzweise auf den der rechten Hand.

Viele »Ereignisse« werden durch die Hand ausgedrückt. Hier nur einige Beispiele: Wenn man beide Fäuste zwei-, dreimal gegeneinander bewegt, deutet man einen Kampf an – aber nicht dem, den man angreifen will. Diesem droht man den Kampf an, indem man, wie bei uns, die Ärmel aufrollt. Wenn einer mit der waagerecht gehaltenen rechten Hand und mit aneinander gelegten, gestreckten Fingern über den Bauch streicht, besagt dies: »Ich bin satt.«

Höfliches Hinundherreden. Szene aus dem Volksroman »Die Räuber vom Liangschan Moor«

Eine linke Hand, leicht geballt, in die man den Zeigefinger der rechten Hand hineinsteckt, bedeutet Beischlaf; aber wenn beide offenen Hände gegeneinander gerieben werden, ist man bankrott. Wer beide Hände hinter die Ohren legt, mit der Handfläche nach der Seite zugewandt, bedeutet, daß er nichts hören kann. Hält man die Finger gestreckt, die Handfläche dem Körper zugewandt und stößt dann Hand und Arm nach außen vor, soll das heißen: »Hau ab.« Wenn man andeuten will, daß der Partner Unsinn redet, bewegt man die Hand mit gestreckten, zusammengelegten Fingern einmal vor der Brust nach rechts und nach links.

Eine Hand gegen die eigene Brust legen bedeutet »Ich«, aber wenn man Zeigefinger und Daumen spreizt und den Arm gegen den Angesprochenen hinbewegt, ist das ein recht unfreundliches »Du«.

Übergehen wir die vielen anderen Gesten, die mit der Hand ausgeführt werden und wenden uns anderen Körperteilen zu: Ein leicht nach unten gewandter Kopf, den man leicht schüttelt, sagt »Schäme dich«; mit dem Zeigefinger leicht die Backe nach unten hin streichen, sagt übrigens dasselbe aus. Mit derselben Kopfstellung, die Hand vor dem Kopf hin und her bewegend, dabei den Kopf ein klein wenig schütteln, zeigt dem anderen an, daß die Sache, die man besprochen hat, »nichts mit mir zu tun hat«. Wenn man jemanden (der nicht zugegen ist) nicht leiden kann, streckt man die Unterlippe weit vor, die Nase hoch und zieht die Stirn leicht zusammen. Wer Erstaunen zeigt,

öffnet die Augen und den Mund weit. Ein leichtes Kratzen der Haare besagt »Ich weiß nicht recht« (aber man soll nicht richtig kratzen, weil das den Eindruck von Unsauberkeit erweckt).
Die Zähne auf die Unterlippe legen, heißt »Ich will dich schlagen«; die Unterlippe einziehen, bedeutet leichter Ärger oder Unsicherheit und wird oft von Kindern Ausländern gegenüber gezeigt. Vorgeschobene Unterlippe besagt, daß man etwas nicht glauben mag.
Zusammengezogene Augenbrauen und geschürzter Mund zeigen Unzufriedenheit oder Ekel an und sind eine unfreundliche Geste. Wenn Kinder die Zunge herausstrecken, hat es nicht denselben Sinn wie bei uns, sondern deutet Angst an. Und wenn Kinder die geschlossenen Lippen nach vorn strecken, zeigen sie an, daß sie etwas, z. B. Essen, nicht haben wollen. Übler Geruch wird angedeutet, indem man die Nase leicht anhebt, die Stirn faltet und mit der rechten Hand von der Seite her über die Nase fährt.
Häufig sieht man eine Person, die die Handfläche der rechten Hand nach unten kehrt und dann alle Finger auf und ab bewegt, während der Arm nach unten ausgestreckt ist. Dies heißt »Komm her« und wird von Taxifahrern sofort verstanden. Man kann dasselbe ausdrükken, indem man die rechte Hand mit der Handfläche nach oben wendet, den Daumen auf dem Mittelfinger hält und dann den Zeigefinger in Richtung auf den Sprecher zu bewegt. Diese Geste darf allerdings nicht zwischen Personen zweierlei Geschlechts angewandt werden.
In der Zeichensprache der Stummen bedeutet Vorzeigen des Daumens den → Himmel, des Zeigefingers die → Erde; Mittelfinger bedeutet → Vater, Ringfinger die Mutter und der kleine Finger die eigene Frau.
Gewissermaßen gehört auch das »Ausspucken« zu den Gesten, denn es ist dem Sich bekreuzigen vergleichbar: durch Ausspucken läßt sich die Macht des → Donners brechen, und Geister hassen es, angespuckt zu werden; dies verrät schon der bisher älteste bekannte → medizinische Text. Trifft man auf der Straße einen Begräbniszug, soll man gleichfalls ausspucken – und ebenso, wenn man eine Sternschnuppe fallen sieht.

Gestirne 星
hsing

Im Sternbild des Großen → Bären sehen die Chinesen → sieben Sterne; dieses Siebengestirn, das auch im taoistischen Ritual eine große Rolle spielt, wird am häufigsten dargestellt. In einer schönen Legende sehnten sich die Sterngötter einmal nach dem irdischen Leben und nach dem Genuß von Wein; sie stiegen herab zum Haus eines zum Tode verurteilten Mannes und tranken. Darauf berichtete der Hofastronom dem Kaiser, daß das Siebengestirn vom Himmel verschwunden sei und dies eine große Katastrophe ankündige. Er empfehle eine sofortige und allgemeine

Amnestie. Der Kaiser folgte dem Rat, und die sieben Sterne erschienen wieder; der fälschlich zum Tode Verurteilte aber war gerettet.
Nach einer anderen Legende bestimmt der rotgesichtige Gott des »nördlichen Scheffels« (Pei tou, »Großer Bär«) den Tod des Menschen; er ist Gegenspieler des Gottes vom »südlichen Scheffel«, und beide bestimmen durch ihr → Schachspiel die Geschicke. Der Süd-Scheffel wird häufiger »Unsterblicher des Süd-Pols« genannt und ist im Besitz des Krauts der → Unsterblichkeit.
In der altchinesischen Astronomie, die bereits im 2. Jahrhundert n. Chr. 11 520 Sterne zählte, bestimmte die Deichsel (d. i. der Scheffel) des Großen Wagens die → Jahreszeiten, indem sie jeden Monat in eine andere Himmelsrichtung wies.
In Taiwan macht man ein Brett mit sieben Löchern, die das Siebengestirn darstellen. Auf dieses Brett wird der Tote gelegt und mit dem Brett in den Sarg gebettet.
Häufig werden statt der sieben Sterne nur drei gezeigt. Dann symbolisieren sie in einer Reihe von 12 Insignien den Himmel (dagegen stellen die Berge die Erde dar).
Auch die → drei Wünsche nach langem Leben (Mann auf einem Hirsch reitend), gutem Einkommen (Mann in rotem Kleid) und Glück (Mann in blauem Kleid) werden als »die drei Gestirne« bezeichnet.
Der Mensch hat nach chinesischer Auffassung einen bestimmten Stern, dem man zu → Neujahr opfert. Sterne sind also symbolisch »das Volk«. Ein Mann bringt von einer Himmelsreise einen Stern mit, der eines Tages seiner Frau in den Mund fliegt; sie wird schwanger, und es stellt sich heraus, daß dieser Sohn die Wiedergeburt eines Freundes ist, dem der Mann einmal geholfen hatte.
»Sternschnuppen« deuten den Tod berühmter Männer an.
→ Langlebigkeit, → Planeten, → Weberin und Kuhhirt.

Gifte, die fünf 五毒
wu-tu

Der → Tausendfüßler, die → Schlange, der Skorpion, die Eidechse (→ Gecko) und die → Kröte gelten als die fünf giftigen Tiere, die man am 5. Tag des 5. Monats in Nordchina austreibt. Der 5. Tag des 5. chinesischen Monats ist nahe an der Sommersonnenwende, einer kritischen Zeit des Umschwungs, bei der dem Menschen Gefahren

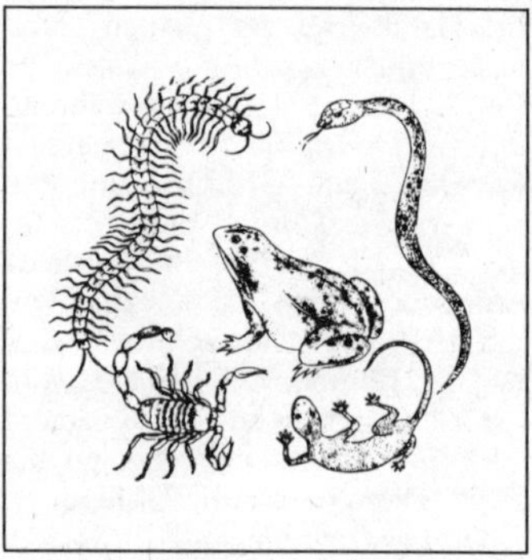

Die fünf Gifttiere

drohen. In Süchina wird an diesem Tag das Drachenbootfest gefeiert (→ Drache). Ein häufiges Bildmotiv zeigt die Tiere um den Helden → Chung K'ui gruppiert. Dieser ist mit finsterem Blick dabei, die Tiere zu töten und die Welt so vom Unheil zu befreien.
Jede Epoche hat andere Bezeichnungen für die fünf Übel. In der heutigen Volksrepublik China steht *wu-tu* für »Bestechung, Steuerhinterziehung, Veruntreuung von Staatseigentum, Pfuscharbeit durch Verwendung von schlechtem Material, Diebstahl der Wirtschaftsinformationen des Staates« (Chinesisch-deutsches Wörterbuch, Peking 1964).

Ginseng
jan-ts'an 人参

Ginseng wird noch heute viel als Tonikum benutzt, dem man die verschiedensten Wirkungen zuschreibt.
Im Altertum war das Bergland im Süden der heutigen Provinz Shanhsi der Hauptproduktionsplatz der Pflanze, später Shan-tang (ebenfalls in Shanhsi) für seinen Ginseng weithin berühmt.
Die Wurzeln des Ginseng sind verhältnismäßig lang und sehen nicht selten aus wie ein kleines Kind. Man sagt, daß Ginseng nicht nur aussieht wie ein kleines Kind, sondern sogar weinen kann.
In der Neuzeit sind die Mandschurei und Korea die Hauptproduktionsgebiete des Ginseng.
Einem alten Mythos zufolge war es die Kiefer, die ein rotes Kind (d. h. den Ginseng) in die Manschurei brachte.
In einer bekannten Volkserzählung wird einem Mann Ginseng vorgesetzt; er weigert sich, ihn zu essen, weil er denkt, es sei ein gekochtes Kind.
In modernen Märchen aus der Nordprovinz Kirin spielt der Ginseng eine bedeutende Rolle. Nach einer Geschichte mißhandelt ein buddhistischer Mönch seinen jungen Schüler. Immer wenn der Mönch ausgeht, kommt ein Kind mit einer roten Bauchbinde und spielt mit dem Schüler. Als der Mönch dies erfährt, rät er ihm, dem Besucher einen Faden an seine Kleidung zu heften. Später findet man den Faden an einer Ginsengpflanze, gräbt deren Wurzel aus und kochte sie. Als während des Kochens der Mönch einmal weggehen muß, öffnet der Schüler den Kochkessel und ißt den Inhalt auf. Die Brühe gibt er seinem Hund zu trinken. Als der

Ginsengpflanze und Wurzel

Meister zurückkehrt, frißt der Hund den Mönch und tötet ihn.
In den zahlreichen Wundergeschichten, die mit dem Ginseng zusammenhängen, spielt immer ein Kind die Hauptrolle.

Gitarre
ch'in 琴

Die chinesische Gitarre wird in alten Texten als ein kosmologisches Instrument beschrieben: sie soll aus dem → Wu-t'ung-Holz Südchinas hergestellt werden und drei Fuß plus 6,6 Zoll (chinesisches Maß) lang sein, um dem Jahr zu entsprechen, 1,8 Zoll dick sein (dreimal sechs) und sechs Zehntel breit, beides, um den sechs Tonarten zu entsprechen. Sie soll oben rund sein und gewölbt wie der → Himmel, und unten flach und eckig wie die → Erde. Oben muß sie breit sein wie die Gebildeten, und unten schmal wie das gewöhnliche Volk. Ursprünglich hatte sie → fünf Saiten, später sieben oder neun (alles »männliche« Zahlen). Die Gitarren der Familien Lei (»Donner«) galten als die besten. »Mundgitarre« heißt eine → Mundzither; Gitarrensaite bezeichnet den äußeren Teil der weiblichen Geschlechtsteile.

ch'in mit Kranich: »Du mögest ein guter Beamter werden«

Glocken
chung 鐘

Bronzene Glocken finden sich bereits in sehr früher Zeit in China und wurden wohl als Musikinstrument verwendet; in späterer und heutiger Zeit sind sie in buddhistischen Tempeln gebräuchlich. In alter Zeit wurden neue Glocken mit dem Blut von Tieren geweiht und dann mit einem Stab angeschlagen. Mehrmals wird berichtet, daß man Glocken aus den Waffen schmolz, die man erobert oder eingezogen hatte, um Revolten zu vermeiden. In buddhistischer Zeit wurde um Mitternacht und auch beim Tod eines hohen → Beamten eine Tempelglocke angeschlagen. Der Ton der Glocke, verschieden wie er sei, deute Glück oder Unglück an.
Märchen über Glocken sind zahlreich: Glocken fliegen durch die Luft an ihren Bestimmungsplatz;

Heilige bleiben unter einer erhitzten Glocke ohne Schaden; böse Mönche stecken einen Mann unter eine Glocke, damit er verhungere usw. Glocken werden besonders schönklingend, wenn ein junges Mädchen in die flüssige Gußmasse hineinspringt oder hineingeworfen wird.
Kleine Glöckchen hingen in Altchina an Prunkwagen, andere wurden an Vögel angebunden, um durch ihren Laut die Menschen zu erfreuen. »Birmanische Glöckchen« (*mien ling*) sind kleine silberne Bälle mit Goldperlchen oder Sand darin, die als sexuelles Reizmittel bei Männern in die Vorhaut und bei Frauen in die Vagina eingeführt werden.
Da das Wort für »glücken« oder »Prüfung bestehen« ebenfalls *chung* heißt, ist ein Bild mit Glocke als Wortspiel zu verstehen.

Bronzeglocke aus der Chou-Dynastie

Glücksgötter, die fünf
wu fu

五福

Die Glücksgötter werden meist als Männer in roter → Beamtenkleidung dargestellt und gewähren einmal → Langes Leben, oft als Mann mit einem → Kranich und → Blumen auftretend; zweitens → Reichtum, drittens Wohlbefinden (Mann mit → Vase), viertens Tugend, fünftens Gesundheit.
Oft ist jeder Gott von einer → Fledermaus umgeben, oder aber von den drei → Gestirnen.
Fünf Fledermäuse für sich enthalten das gleiche Sinnbild.

Die fünf Glücksgötter mit drei Weinfässern

Glühwurm
ying-huo-ch'ong

螢火虫

Der Glühwurm ist ein Symbol für → Schönheit und Beharrlichkeit. Diesen Ruf bekam er vielleicht, weil der → Gelehrte Chü Yin aus Armut in seiner Jugend nachts beim Licht von Glühwürmern studieren mußte und trotzdem mit Bravour die Prüfungen bestand.

Goldfisch
chin yü

金魚

Chinesen lieben Goldfische sehr und halten sie in Aquarien im Haus, oder in Tempelteichen. »Goldfisch« ist lautgleich mit *chin yü* (Gold im Überfluß), und daher ein gutes Hochzeitsgeschenk. Zusammen mit → Lotos (*chin-yü t'ung ho*) dargestellt, hat der Goldfisch die Bedeutung »Gold und Jade (*chin yü*) miteinander vereint« (*t'ung ho,* lautgleich mit *ho,* Lotos). Ein Bild mit einem Paar Goldfischen symbolisiert Fruchtbarkeit, aber »Goldfisch« kann auch der Geliebte einer Witwe oder einer Nutte sein, die den Mann aushält.

Gottheit
→ Geister

Grab
fen-mu

墳墓

Das Grab wurde in China oft als Wohnhaus des Toten angesehen. Es gibt unzählige Geschichten, in denen ein Wanderer nachts an ein feines Haus kommt, drinnen von einer jungen Frau empfangen und bewirtet wird; als er am Morgen aufwacht, befindet er sich in einem Grab. In anderen Geschichten stirbt eine Schwangere und kommt als lebendige Frau jeden Tag aus dem Grab und kauft Essen für das Baby. Sie bezahlt mit Totengeld, wie nachher festgestellt wird. Man sucht das Grab dann auf und findet in ihm ein lebendes Kind.

Man gab den Toten verschiedene Dinge bei, oft den gesamten Hausrat und selbst Pferde und Wagen, Attribute der Reichen. Darum wurden die Gräber der → Kaiser durch erblich verpflichtete Grabwächterfamilien gesichert. Welch unglaublicher Reichtum mit ins Grab kam, weiß man durch die teilweise Ausgrabung des Grabes von Shih-huang-ti, des Ersten Kaisers von China (3. Jahrhundert v. Chr.).

Bis in die jüngste Zeit begrub man Tote an »günstigen« Stellen, die von einem → Geomantik-Fachmann besonders ausgesucht wurden. Andernfalls bestand Gefahr, daß die Ahnen nicht zur Ruhe kamen und ihre Nachkommen von Plagen und Unglück aller Art heimgesucht wurden.

Um das Grab herum pflanzte man bis in die Neuzeit Bäume – die

später den Wanderern in der Ebene den einzigen Schatten geben, den Bauern Bauholz, den Kühen Gras. Einäscherung, jetzt sehr propagiert, war früher nur eine Angelegenheit buddhistischer Mönche, oder aber eine Strafe für Verbrecher. Dagegen wurden Grabbeigaben schon im Mittelalter häufig verbrannt; in späterer und in der Neuzeit waren sie aus Papier gefertigt, ihre Verbrennung ein festes Ritual.
In der alten Zeit gab es »Hausurnen«. Dies hängt vielleicht mit der Sitte des zweimaligen Begräbnisses zusammen, die noch heute in Südchina häufig ist: der Tote wird begraben, nach etwa ein bis zwei Jahren exhumiert, die Knochen werden gereinigt und dann in einer etwa 50 cm hohen tönernen Urne zum zweiten Mal begraben. Diese → Vasen sind in Taiwan noch heute auf Märkten zu haben.

Granatapfel *shih-liu* 石榴

Nach chinesischen Quellen ist der Granatapfel (wörtlich »Steinweide«) im 2. Jahrhundert v. Chr. aus Vorderasien nach China gebracht worden. Wie im Nahen Osten ist auch in China der Granatapfel ein Symbol der Fruchtbarkeit, da er voller Samen (*tse*) steckt, wortsymbolisch also voller Kinder (*tse*). Zusammen mit dem → Pfirsich und der → Fingerzitrone bildet er die »drei Glücksfrüchte«, Früchte des Überflusses. Als Hochzeitsgeschenk schenkt

Granatapfel voller Samen

man gerne ein Bild eines halbgeöffneten reifen Granatapfels. D. h. *liu k'ai po-tzu,* »der Granatapfel öffnet sich: hundert Kerne, hundert → Söhne« (im Chinesischen steht dasselbe Zeichen für beide Begriffe). Solch ein Granatapfel »öffnet einen lachenden Mund« (*shih-liu k'ai hsiao-k'ou*). Seine Blüten werden von Mädchen gern ins Haar gesteckt. Wenn man einem Mädchen sagt, sie sei → Apfel (*p'ing-ko*) und Pfirsich (*t'ao*), dann meint man damit, daß sie 16 Jahre alt sei (*shih-liu* = 16, und in anderer Schreibung »Granatapfel«). Man darf einen Granatapfel nicht bei Opfern benutzen, weil die Frucht zu verführerisch sei. Der Granatapfel blüht im 5. chinesischen Monat, also im Sommer. Zusammen mit der → Orchidee, der Schwertlilie und dem wilden Apfel bildet er die »Blüten der vier → Jahreszeiten«.
Granatapfel, Beamtenhut und Gürtel besagen nicht, daß ein → Beamter »fruchtbar« sei, sondern daß sich die Beamtenwürde von Geschlecht zu Geschlecht fortpflanzen möge: denn *shih,* Granatapfel, kann auch *shih,* Generation bedeuten.

Grille
hsi-shui 蟋蟀

Die Grille ist ein Tier des Sommers und des Muts. Kinder schütteln sie von den Bäumen und trainieren sie für Kämpfe. Im Herbst wurden früher häufig die Kämpfe auf Märkten ausgetragen. Der Besitzer der siegreichen Grille bekam ein → Rind als Preis. Diese Spiele sind seit dem 8. Jahrhundert belegt, finden aber in der Neuzeit nur noch gelegentlich in Mittel- und Südchina statt.

Grün
lü 綠

Grün ist eine Farbe des Lebens und das Emblem des → Frühlings. In chinesischen Träumen, in denen grüne Farben vorkommen, ist das Ende des Traumes immer gut. Ein moderner Text sagt, daß Grün den höchsten inneren Frieden andeute. Mehrere Götter und Göttinnen haben einen grünen Anzug, z. B. der Gott der Literatur. Im 8. Jahrhundert trugen auch die Beamten grüne Kleider. Die Fee → Ho Hsien-ku, eine der acht → Unsterblichen, war einmal müde und zog Schuhe und Strümpfe aus. Als die anderen Heiligen sie bei dieser, für Frauen unschicklichen, Prozedur entdeckten, rannte sie weg, aber ein Strumpf blieb an einem → Litschizweig hängen: seitdem spricht man vom »Aufhängen des Grünen«. Aber Grün kann auch ein negatives Symbol sein. Ein Mann, der ein grünes Kopftuch trägt (*tai lü mao* oder *lü chin*), ist ein Hahnrei, und die »Familie der grünen Lampen« sind Prostituierte. Ein »Grüner Bursche« (*lü-lang*) ist ein böser Geist, der Mädchen in der Pubertät angreift und tötet.

Die Verbindung der beiden Komplementärfarben → Rot und Grün ist den Chinesen besonders wichtig.

Gürtel
tai 帶

Im Altertum trugen → Beamte einen Ledergürtel mit einer metallenen Gürtelschnalle. Im Mittelalter wechselten die Stile und das Material dieser Gürtel. Auf der Bühne tragen noch heute die Schauspieler, die Beamte darstellen, einen »Gürtel«, der wie ein Holzreifen aussieht. Da das Wort »Gürtel« (*tai*) auch »mitnehmen« bedeuten kann, besagt ein Bild, auf dem ein Beamter mit seinem Sohn in einen Palast geht, daß Vater und Sohn hohe Beamte werden mögen. Bei den Mongolen ist noch heute Brauch, daß ein Mann, der ein Verhältnis mit einem Mädchen hat, dieser beim Abschied einen Gürtel gibt. Wenn sie schwanger wird, wird sie »mit dem Gürtel verheiratet« und trägt fortan den Namen des Liebhabers, wie auch ihr Kind.

In Südchina tragen die Einheimischen Gürtel aus Stoff, oft Schärpen. Bei ihrer Hochzeitszeremonie ist das »Tauschen der Gürtel« das Symbol der Heirat. Dem entspricht in Altchina das »Gürteltuch«, das bei dem Umzug der Braut ins Haus ihres Mannes von der Mutter am Gürtel befestigt wurde; sie legt es in der Hochzeitsnacht ab und der Mutter wird es dann zum Reinigen zurückgegeben. Auch hier bedeutet das Anfassen des Gürtels den Vollzug der Ehe.

Wenn ein Mann gebräuchliche Dinge wie etwa → Fächer oder → Pinsel mitnehmen wollte, befestigte er sie an einem Band, das durch den Gürtel gezogen und durch ein »Gürtelgewicht« (engl. toggle) festgehalten wurde. Diese Gürtelgewichte, die bis zum Beginn des 20. Jahrhunderts benutzt wurden, sind oft wertvolle Stücke chinesischer Kleinkunst.

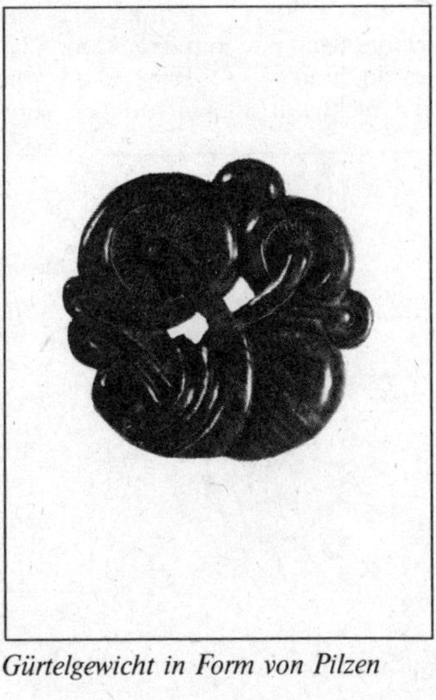

Gürtelgewicht in Form von Pilzen

Haar 頭髮
t'ou-fa

Alle Chinesen haben schwarzes Haar. Ein besonders dunkles, glänzendes Haar einer Frau, »Wolkenhaar« genannt, gilt als besonders → schön, wenn der Haarwuchs zugleich auch kräftig ist. Nur in Südchina und Taiwan gibt es viele, deren Haare von Natur leicht gewellt sind. Bei einer Beschreibung einer schönen Frau wird meist das Haar als erstes erwähnt. Nur im chinesischen Mittelalter werden Völker im nördlichen Turkestan erwähnt, die »gelbes«, d. h. blondes Haar hatten; und Sklaven aus dem südlichen Hinterindien mit gekräuseltem Haar.

Eine Frau mit Haarschmuck auf dem Weg zu Hsi-wang-mu

Die Körperbehaarung ist schwach entwickelt und gilt nicht als wünschenswert. Dagegen sind Männer auf einen starken → Bartwuchs stolz, und in der chinesischen Oper werden hohe → Beamte und Militärs immer mit überlangen Bärten dargestellt.

Hahn 公雞
kung-chi

Der Hahn ist das zehnte Tier im chinesischen → Tierkreis. Er wird in China nicht gegessen, und man darf ihn auch nicht zu → Neujahr töten. Er ist ein Tier, das das Böse vertreibt. Ein Bild eines roten Hahns schützt das Haus vor Feuer – man denke an den »roten Hahn« im deutschen Volksmund; ein weißer Hahn auf dem Sarg vertreibt die Dämonen.

Hahnenkämpfe sind schon im ersten Jahrtausend v. Chr. mehrfach belegt und heute noch, obwohl verboten, in Südchina ein großes Volksvergnügen.

In der → Sonne befindet sich ein Hahn, nach anderen Traditionen ist es ein dreifüßiger → Rabe. Der Hahn gilt nicht nur als ein mutiges, son-

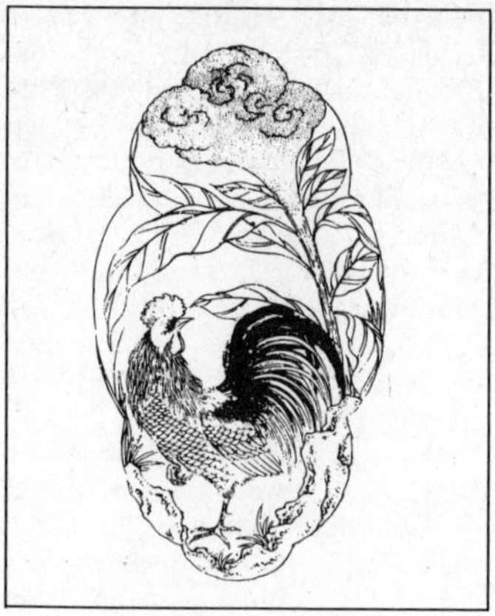

Hahn mit stattlichem Kamm und Unsterblichkeitskraut

Hahnenkampf

dern auch als ein gutmütiges Tier, da er die Hennen zum Futter heranruft. Er ist zuverlässig, weil er die Stunden genau anzeigt. Er ist ein männliches Symbol. Auf einem Baum in Jambudvipa (einer der Kontinente der indischen Legende) sitzt ein Hahn, der »Hahnenkönig«; wenn dieser kräht, krähen alle Hähne auf der Erde.
Symbolisch bedeutet ein Hahn (*kung chi*), der kräht (*ming*), nichts Geringeres als »Verdienste und Ruhm« (*kung-ming*). Der Hahnenkamm (*kuan*) ist gleichlautend mit »Beamter« (*kuan*) und drückt den Wunsch aus, daß der mit einem Hahn samt stattlichem Kamm Beschenkte ein Beamter werden möge. Ein Hahn mit fünf Küken daneben deutet an, daß man als Vater seine fünf Söhne belehren solle.

Hakenkreuz *wan-tzu* 卍字

Das Hakenkreuz ist eines der ältesten Symbole Indiens und Chinas: in der Induskultur seit Mohendscho-Daro (2500–1500 v. Chr.) als Svastika eher ein Glückszeichen, in China mehr Sinnbild der Unendlichkeit.
Das Hakenkreuz kann in beiden Formen, rechts- oder linksgedreht, auftreten, aber das rechtsgedrehte Hakenkreuz ist »das Siegel von Buddhas Herz« und daher oft auf den Buddhastatuen auf seiner Brust sichtbar.
Das Hakenkreuz war in China eine

Fünf Hakenkreuze, fünf Fledermäuse und Zeichen für Langlebigkeit; Fünffach gesteigertes Glück und langes Leben

sehr alte Form des Zeichens *fang* und deutete damit die vier Weltgegenden an; seit etwa 700 n. Chr. wurde es im Sinn von → Zehntausend (*wan*) verwendet, als Zahl der Unendlichkeit. Diese Bedeutung schwingt mit, wenn es, als Ornament in vielen Formen abgewandelt, auf bedruckten Stoffen erscheint.

Hakenkreuzornament: 10 000 Jahre gute Dinge

Halle
t'ang 堂

Der Hauptraum in einem Haus, in dem die Gäste empfangen werden, war für die Chinesen von besonderer Bedeutung (→ Apfel, → Baldachin, → Geburtstag). Aber Halle (*t'ang*) kann auch jede Art von Geschäftsunternehmen bedeuten.
Auch Tränensäcke unter dem Auge nennt man so und variiert diesen Ausdruck mit »liegende Seidenraupe« oder »Drachenpalast«. Diese Stelle unter dem Auge sollte voll entwickelt und von rötlicher Färbung sein; eine Frau, bei der *t'ang* trocken und runzlig oder gar mit Leberflecken besetzt ist, bekommt keine Kinder.
Ein »Hallengast« (*t'ang-k'o*) war ein Mädchen, das auf »Blumenbooten« bedient. »Vegetarierhalle« (*t'sai-t'ang*) war der gemeinsame Nenner, auf den der Volksmund die verschiedenen taoistischen Sekten brachte (nach Maximilian Kern).

Han Hsiang-tse
韓湘子

Han ist eine historische Figur, Neffe des berühmten Gelehrten Han Yü (768–824). Er lebte im frühen 9. Jahrhundert und gab das Leben in der Gesellschaft auf, studierte bei dem Heiligen → Lü Tung-pin und

Han Hsiang-tse mit der Flöte

konnte dann Blumen schnell wachsen und blühen lassen. Er wurde einer der acht → Unsterblichen. Sein Symbol ist die → Flöte.

Handtuch
shou-chin 手巾

Bei gesellschaftlichen Feiern werden feuchte, heiße Tücher gereicht, mit denen man sich Gesicht und Hände abwischt, was im Sommer erfrischend, im Winter erwärmend wirkt. Am Hochzeitstag bekommt die Braut ein Handtuch (*chin*) mit, aber das Verschenken solcher Tücher gilt als wenig passend, denn das erinnert an ein Begräbnis, wo man sie braucht, um sich die Tränen abzuwischen.
Eine Frau bezeichnet ihre Busenfreundin als »Handtuchverkehr«.

Hase 兔子
t'u-tse

Der Hase ist das vierte Tier im chinesischen → Tierkreis. Er sitzt im → Mond – wie in der Sonne ein → Rabe –, und man kann ihn heute noch da sehen. Schon um die Zeitwende wurde der Hase im Mond mit Stößel und Mörser und einem Zweig des Kassiabaumes dargestellt: er stößt im Mörser → Zimtzweige und ist ein Symbol des → Langen Lebens. Häufig wird er Jadehase genannt. Zahlreiche Texte behaupten, es gäbe keine männlichen Hasen; die Häsin werde schwanger durch Ablecken der feinen Pflanzensprossen und gebäre die Jungen, indem sie sie ausspucke.
Ein Bild, auf dem zwei Männer um einen dritten stehen, der drei Hasen ausspuckt, bezieht sich auf T'ang Mu, der gezwungen wurde, seinen eigenen Sohn zu essen. Er erbrach sich und spuckte drei Hasen aus.
Ebenso gibt es Berichte, daß Kaiser Wen-wang (Chou-Dynastie) nacheinander drei Hasen ausspuckte: sie waren aus dem zu Klößen verarbeiteten Fleisch seines eigenen Sohnes entstanden, das man ihm vorgesetzt hatte (vielleicht liegt hier eine Identifikation von *t'u* »Hase« und *t'u* »ausspucken« vor).
Der Glaube, daß es keine männlichen Hasen gäbe, hing wohl damit zusammen, daß der weibliche Partner in einer homosexuellen Verbindung als Hase bezeichnet wurde: »Hasen jagen« bedeutet dann, daß ein Gast in einem Freudenhaus

Der Hase im Mond

einen jungen Mann besucht, und »Hasenjungchen« ist ein sehr starkes Schimpfwort. Schließlich bedeutet »weiblicher Hase (*yin-t'u*)« der äußere Teil der Vagina.
Mehrfach werden »weiße Hasen« erwähnt. In einem Roman läßt sich der Gott des Planeten Venus in Gestalt eines weißen Hasen anschießen, um den Helden auf die Fährte seiner Mutter zu führen.
Ein Kind mit Hasenscharte ist die Folge, wenn die Mutter während der Schwangerschaft Hasenfleisch gegessen hat; oder, nach einer taiwanischen Version, wenn die Mutter im letzten Monat der Schwangerschaft Stoffe in dem Zimmer zerschnitten hat, in dem sich gerade der »Geburtsgott« aufhielt.
Schon in einem mittelalterlichen Text wird der berühmte Trick erwähnt, den unsere Zauberer noch jetzt vorführen: der Zauberer wirft ein verknotetes Tuch auf die Erde, aus dem ein Hase hervorkommt.
Ein Bild mit sechs Knaben, die um einen Tisch stehen, auf dem ein Mensch mit Hasenkopf steht, bezieht sich auf das Mondfest am 15. Tag des 8. Monats und drückt den Wunsch aus, daß die Kinder sozial aufsteigen und in Frieden leben mögen.

Heilige

→ Unsterbliche

Heirat 結婚

chieh-hun

Vom geheimnisvollen → Mondgreis heißt es, daß er in der Nacht die Beinchen von neugeborenen Knaben und Mädchen mit einem unsichtbaren roten Zauberfaden verbindet. Wenn beide herangewachsen sind, so werden sie, sich selbst unbewußt, durch eine starke Fessel zueinander gezogen. Und wenn ihre Lebenswege sich nahekommen sollten, geht es ohne Hochzeit nicht mehr ab.

Die Eheschließung war im vorrevolutionären China keine Angelegenheit für zwei junge Menschen aus beiderseitigem freien Entschluß. Heirat war ein »politischer« Akt, der zwei Familien miteinander verband und der darum nicht der Unerfahrenheit der Jugend überlassen werden durfte. Freie Ehen aus Liebe waren bis in die Neuzeit bei südchinesischen Minderheiten eine Sitte, die von den Chinesen aufs schärfste bekämpft wurde.

Wie bei Handelsabkommen konnte eine Heirat auch nicht direkt eingeleitet werden, sondern bahnte sich durch eine Heiratsvermittlerin an (eventuell auch durch einen Mann). Familien mit einem heiratsfähigen Kind beriefen den Vermittler, dem sie mehr oder weniger bestimmte Aufträge gaben. Dieser besuchte dann die andere Familie, die schon ihrer Ehre wegen nicht sofort zusagen konnte, so daß meist längere Verhandlungen notwendig waren. Wenn die Verhandlungen gut verliefen, kam der nächste Schritt: der Vermittler brachte die »acht Zeichen« (d. h. die Daten des Jahres, des Tages und der Stunde der Geburt) und verglich diese mit den Zeichen des Partners, um zu sehen, ob die geplante Ehe auch → astrologisch glückversprechend war. Hier gab es die Möglichkeit, noch im späten Vorbereitungsstadium eine Ehe abzusagen, oder, wenn man eine Ehe wünschte, aber die Daten nicht zusammenpaßten, Modifikationen vorzunehmen. Dann wurden Geschenke ausgetauscht; als Brautgabe gab es niemals Land, wohl aber eine Aussteuer und möglichst Gold, Silber und Schmuck.

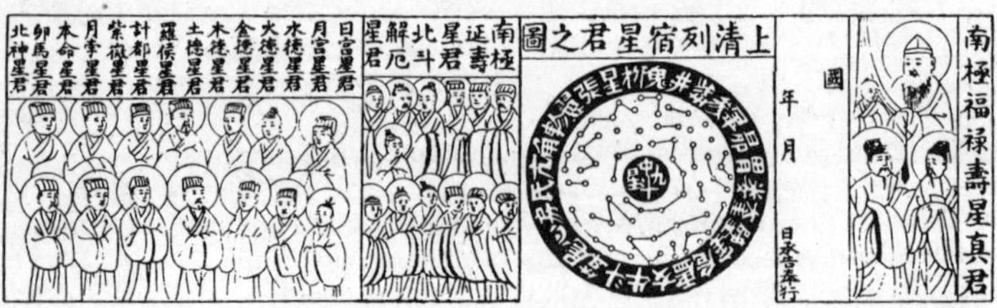

Heiratshoroskop nach den astrologischen Daten

Die ängstliche Schwiegertochter vor den Eltern ihres Mannes

Am Hochzeitstag kommt der Bräutigam mit seinen Freunden zum Brauthaus, wo man ihm zeremoniell den Eintritt verweigert, bis er an die Kämpfer Geld gegeben hat. Es schließt sich ein Festessen an, an dem die Braut nicht teilnimmt. Sie sitzt den ganzen Tag, festlich gekleidet, im Schlafzimmer auf dem Bett und darf nicht hinaus. Zu Beginn der Nacht geht der Bräutigam, oft schon angeheitert, ins Schlafzimmer und lüftet ihren Schleier - die Braut sieht ihn dann zum ersten Mal. Das Paar wird allein gelassen, obwohl andere sich oft den Spaß machen, mit den Fingern das Papier der Fensterscheibe zu durchbohren und die beiden zu beobachten. In manchen Gegenden wurde bis in die Neuzeit am Morgen danach das Brautlaken öffentlich ausgestellt, wie es auch in europäischen Ländern früher üblich war. Eine bereits entjungferte Braut konnte sofort zurückgeschickt werden.

Hauptregeln bei der Auswahl der Braut: eine Heirat unter Leuten gleichen Familiennamens war nicht gestattet; sie konnte nur in ganz seltenen Fällen vom → Kaiser erlaubt werden, wenn die Familien nachweisen konnten, daß beide Stämme ganz verschiedenen Teilen Chinas entstammten.

Der Mann durfte nur *eine* Frau heiraten, und diese hatte bestimmte Rechte. Er konnte allerdings mehrere Nebenfrauen haben. Diese unterstanden der Hauptfrau, die sie selbst, ohne Zustimmung des Mannes, aus dem Haus vertreiben konnte und die alle notwendigen Arbeiten für sie machen mußten. Die Nebenfrauen kamen meist aus den unteren Gesellschaftsklassen. Ihre Lage war nicht gesichert, außer wenn sie einen Sohn gebaren und die Hauptfrau nur Töchter zur Welt brachte. Jede Frau hatte ihre eigene Wohnung, in der sie ihren Gatten empfing.

Die beiden Ho-ho (Hochzeitsgötter)

Von jedem Mann wurde erwartet, daß er heiratete und Kinder zeugte; Homosexualität wurde zwar von älteren Männern und Mönchen praktiziert, war aber kein zulässiger Grund zum Ablehnen einer Heirat. Seit 1928 war die Einehe gesetzlich bestimmt und Polygamie verboten; sie hat aber noch eine Zeitlang weiter bestanden.

Die Hauptunterschiede der Heiratspraxis heute zu früheren Zeiten: die - nebenberufliche - Heiratsmaklerin gibt es nicht mehr, an ihrer Stelle ist auf dem Lande meist eine Amateur-Ehevermittlerin tätig, die auch über Art und Wert des Hochzeitsgeschenks verhandelt. Die in der Stadt geschlossenen Ehen beruhen weitgehend auf freier Gattenwahl; auf der Universität, in Fabriken oder Behörden gibt es gegenüber dem Dorfleben ungleich mehr Gelegenheiten, sich selbst einen passenden Lebensgefährten auszusuchen - wobei noch immer auf den Rat der Eltern oder Freunde gehört wird.

Held
ying-hsiung 英雄

Der heute in China übliche Ausdruck für »Held« ist ungefähr unserem gleich (*ying-hsiung*). Daneben gibt es einen älteren Ausdruck (*hsia*), der noch heute in der Zusammensetzung »kriegerischer Held« (*wu-hsia*) für einen Helden in sogenannten Heldenromanen gebraucht wird. Solche Romane und danach gedrehte Action-Filme sind neuerdings sehr beliebt.

Der alte Held (*hsia*) hat manche Eigenschaften der europäischen Epenhelden. Er stammt aus einer Familie mittleren Standes und ist oft arm. Seine äußeren Attribute werden selten genauer beschrieben, sie sind nicht so wichtig wie sein Charakter. Er trifft seine Entscheidungen augenblicklich, ohne über die etwaigen Folgen nachzudenken. Er setzt all seine Kraft ein, wenn es gilt, arme, schwache, unterdrückte Männer oder Frauen zu beschützen und zu retten; er kämpft gegen das Unrecht. Er hilft Freunden und Fremden. Für seine Freunde nimmt er Rache und kann sich zu Orgien von Grausamkeit versteigen. Oft versucht er auch, die Freunde moralisch zu verbessern.

Im Gegensatz zu manchen Helden der europäischen Literatur muß er imstande sein, seine sexuellen Triebe zu zügeln. Typisch für ihn ist, daß er gegen seine eigene Frau kühl, sogar uninteressiert zu sein scheint. In einer bekannten Geschichte rettet der Held unter größten und lange dauernden Gefahren ein junges Mädchen, das sich in ihn verliebt. Er bringt sie zurück zu ihren Eltern. Diese vermuten, daß er auf den Reisen, bei denen er mit ihr allein war, ein Verhältnis mit ihr angefangen habe und verlangen, daß er sie heirate. Er lehnt dies kalt ab: seine Aufgabe war, das Mädchen zu retten, und nichts weiter. Sie begeht nach seinem Abschied Selbstmord. Nach zwanzig Jahren ist er Kaiser geworden, erinnert sich an sie und erfährt, daß sie schon lange tot ist.
In seltenen Fällen sind auch Frauen Helden. Wenn, wie in einem bekannten Roman, eine Heldin Nonne war, bevor sie sich in weltliche Abenteuer stürzte, ist ein religiöses Motiv keineswegs bestimmend.

Hellebarde
chi 戟

Die Hellebarde ist eine alte chinesische Waffe, die häufig dekorativ-ornamental dargestellt wird. Diese Figur bedeutet entweder Glück (*chi*, lautgleich mit *chi*, Hellebarde) oder drückt den Wunsch aus, der Beschenkte möge die Prüfung bestehen (*chi*, Rangstufe). Nicht selten ist ein Bild, auf dem in einer → Vase ein → Klangstein, drei Hellebarden, an denen → Fische hängen, und eine → Axt stecken.

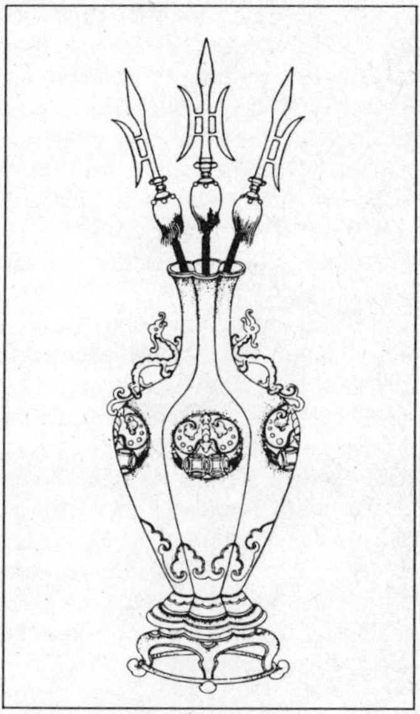

Drei Hellebarden in Vase

Herd
tsao 竈

Jedes chinesische Haus hat einen Herd, aber die Küche muß nicht im Haus sein, sondern befand sich früher oft in einem angrenzenden Häuschen. Herd und Küche werden von der Frau kontrolliert; ihr Mann hat darin nichts zu suchen. Über dem Herd oder an ihm selbst ist oft eine Statue oder ein Bild des Herdgottes angebracht. Dieser beobachtet von seinem Platz aus, was im Haus vor sich geht und berichtet dem Himmelsgott alles Gute und Böse. Bevor er einige Tage vor → Neujahr zur Berichterstattung hinaufgeht, schmieren viele Frauen den Mund des Gottes mit Honig ein, damit er oben nur »Süßes«, Gutes berichten möge. Auf Buntdrucken sieht man den Herdgott von einer Kinderschar umgeben, da er zugleich Beschützer der Familie ist.

Eines der strengsten Tabus ist, den Beischlaf in der Küche, angesichts des Herdgottes, zu vollziehen. Das Gesicht des Küchengottes ist schwarz – von dem Ruß des Feuers. Über seinen Ursprung – alle Götter außer den buddhistischen waren einstmals Menschen – sagt eine Legende, daß die Küchengötter verwandelte Soldaten sind, die vor vielen Jahrhunderten vom Kaiser zu Unrecht umgebracht wurden.

Herr *hsien-sheng* 先生

»Herr« ist die übliche Anrede für einen Mann, den man nicht sehr gut kennt und der nicht mit einem verwandt ist. Auch ein Taoist kann so bezeichnet werden, oder ein Lehrer (als Ehrentitel). Aber bereits im 8. Jahrhundert war und ist noch heute »Herr« eine Anrede von Prostituierten.

Herz *hsin* 心

Auch in China galt das Herz als Sitz der Gefühle, wie auch als Sitz des Lebens. Ein Held des frühen Altertums riß sich wegen eines Loyalitätskonflikts das Herz heraus, aber er lebte noch weiter und fragte eine Frau, die »herzlose Gemüse« verkaufte, ob ein Mensch ohne Herz leben könne. Sie verneinte es und er fiel tot um. Sie hätte ihm eine bejahende Antwort geben sollen, so sagt der Roman, aus dem diese Episode stammt. »Herz und Leber« (*hsin-kan*) ist eine Anrede einer Frau an ihren Geliebten.

Hibiskus *fu-jung* 芙蓉

Dieser auch bei uns beliebte Zierstrauch symbolisiert Ruhm (*jung*) und Reichtum (*fu*), oder, abgewandelt, Ruhm und Pracht. Der Duft der Hibiskusblüte wird mit der Anziehungskraft eines → Mädchens verglichen. In einem Gedicht heißt es, »Wenn Regen auf Hibiskus tropft, öffnet er sich zur fünften Nachtwache (in später Nacht)«, was bedeutet, daß bei richtiger Konstellation der Geliebte die Geliebte erlangen werde. Deutlicher spinnt es ein Gedicht aus, in dem der Geliebte im Garten Hibiskus pflückt.

»Wasserhibiskus« bezeichnet ein junges Mädchen im Bad. Und ein Bordell kann als »Hibiskusvorhang« bezeichnet werden. Ein »Hibiskusgesicht« bedeutet ein besonders schönes Frauengesicht. Der Vergleich des Hibiskus mit einer jungen → Schönheit ist evident.

Himmel
t'ien 天

Der Himmel ist als männlich gedacht, er bildet mit der → Erde zusammen ein Paar. »Der Himmel ist unsichtbar und zeugt, die Erde ist sichtbar und gestaltet«, heißt es in der »Betrachtung über die Anfänge« in der ersten chinesischen Enzyklopädie, »Frühling und Herbst des Lü Pu-wei«. Dies entspricht einer der ältesten Schöpfungsmythen, in der Himmel und Erde als ein eheliches Paar in niemals endender Verbindung gedacht wurde. Als jedoch aus dieser Verbindung Kinder entstanden, hatten sie keinen Platz und hoben schließlich den Himmel nach oben, so daß es eine Fläche zwischen den Eltern gab, in der sie leben konnten. In anderen Vorstellungen ist Himmel ein persönlicher Gott, der das Menschenleben kontrolliert. »Das Glück kommt vom Himmel«, las man früher über den Haustüren, und in vielen Spruchweisheiten ist von Glück und Unglück die Rede, daß der Himmel je nach sittlichem Verhalten der Menschen herabsendet. Aber auch im Sinne von »Schicksal« wird der

Quadratischer Teppich (Erde) mit rundem schwarzen Feld in der Mitte (Himmel)

Ausdruck gebraucht. So sagt eine Mutter, deren kleines Kind gestorben ist, »Himmel« und meint damit, daß der Himmel ihr das Kind weggenommen hat. Christliche Missionare in ihrer Suche nach einem passenden Ausdruck für »Gott« wählten unter anderem das Wort *t'ien-chu*, »Herr des Himmels«.
Im Himmel leben auch andere Gottheiten, die in neuerer Mythologie verschiedenen »Ministerien« zugeordnet sind, so wie der → Kaiser auf Erden seine Ministerien hat. Andere Gottheiten leben auf der Erde, weil sie ihre Aufgaben dort haben; sie kommen, wie z. B. der → Herdgott, einige Tage vor Neujahr zum Hofbesuch beim Himmelsgott und berichten dem »Kaiser Oben« (*shang-ti*), wie man den obersten Gott auch oft nennt, über die Taten der Menschen, die sie das Jahr über beobachtet haben. In einem der berühmtesten Romane ändert eine Regengottheit einen Befehl des himmlischen Kaisers und wird deswegen von ihm hart bestraft.

Bezeichnend für die frühere tiefe Verehrung des Himmels ist eine Stelle bei Ch'ü Yüan (4. Jahrhundert v. Chr.), in der es heißt: »Der Himmel ist Vater und Mutter der Menschen; darum rufe jeder in schwerer Not und Erschöpfung den Himmel an, wie jeder in Krankheit und Trauer sich an seine Eltern halten möge« (übers. Maximilian Kern).
»Das unter dem Himmel« (*t'ien-hsia*) ist ein feststehender Begriff – für das Chinesische Reich wie für die zivilisierte Welt.

Hirsch
lu 鹿

Wegen der Lautgleichheit von Hirsch (*lu*) und gutem Einkommen (*lu*) steht der Hirsch einmal als Symbol des → Reichtums; häufiger noch ist der Hirsch Symbol der Langlebigkeit und tritt dann oft mit dem Gott des → Langen Lebens auf. Legenden über Hirsche sind weit verbreitet in Zentral- und Nordasien, auch in Indien, aber weniger in China. In einer Legende gebiert ein Hirsch ein Mädchen, das später von einem Mann aufgezogen wird. Bei ihrem Tod verschwindet die Leiche.
Die bekannteste Darstellung des Hirsches in China zeigt einen jungen Mann, der sich in eine Hirschhaut gehüllt hat. Dies ist Chou Yen-tse, der sich so verkleidete, weil seine blinden Eltern Hirschmilch haben wollten, um geheilt zu werden. Der Trick gelingt ihm. Es ist eines der berühmtesten Beispiele kindlicher Pietät (→ *hsiao*), das noch heute allen chinesischen → Kindern bekannt ist und sogar auf taiwanesischen Briefmarken abgebildet ist.
Der »Davidshirsch« (*mi-lu,* elaphorus davidianus) heißt im Volksmund »Vieren nicht ähnlich«, denn sein Kopf ist wie der eines Hirsches, sein Schwanz wie der eines Esels, sein Rücken wie der eines Kamels und das Ohr wie das eines Rinds.
In dem Volksroman »Die Metamorphosen der Götter« ist dies Tier das Reittier des Hauptthelden, Chiang Tse-ya. Sieht eine Schwangere dieses hirschähnliche Tier, so bekommt ihr Kind vier Augen.

Beamter und Hirsch: »Ruhm und Reichtum mögen kommen«

Hirse 粟
su

Hirse wird besonders in Nordchina viel angebaut. Berühmt ist der »Traum der gelben Hirse«, das Symbol für den Unwert der Karriere und Ehre: ein Armer klagt in einer einfachen Herberge sein Leid. Der Heilige Lü im Nebenzimmer überhört dies, gibt ihm ein Kopfkissen, auf dem der Mann einschläft, während der Gastwirt einen Hirsebrei aufs Feuer setzt. Der Arme erlebt die Freuden einer guten Ehe, einer reichen Karriere und vieler Ehrungen, bis er im Alter von 80 Jahren stirbt – und zur gleichen Zeit aufwacht: der gelbe Hirsebrei ist noch nicht einmal fertig gekocht. Der Heilige führt ihm so vor, wie das ganze Leben nur eine Illusion, ein kurzer Traum ist. Diese und eine ähnliche Geschichte, der Traum vom südlichen Ast (Nan-k'o i meng) sind Themen für zahlreiche Opern geworden.

Ho-ho 和合

Die Ho-ho sind Zwillingsgötter, deren Name »Zusammensein« und »Eintracht« bedeuten. Einige führen sie auf den Poeten Han-shan (den vom Kalten Berg) und seinen Freund Shih-tê (den Findling) zurück, der eine Einsiedler im T'ien-

Die beiden Ho-ho

tai-Gebirge, der andere Ziehkind des Priors vom Kloster Kuo-ch'ing und Verwalter der Klosterküche; es gibt zahlreiche Bilder von ihnen.
Die einträchtigen Ho-ho im nichthistorischen Sinn werden als Knaben mit halblangen Haaren dargestellt, oft hält der eine einen → Lotos (*ho*) und der andere eine Schale, aus der eine Dampfwolke entsteigt; in ihr sind fünf → Fledermäuse zu sehen, oder aber ein → Pferd und andere Kostbarkeiten. Sie sind ein Symbol der Eintracht zwischen Eheleuten und, wie ihre Embleme ausdrücken, → Reichtumsgötter.

Ho Hsien-ku 何仙姑

Ho Hsien-ku ist eine der acht → Unsterblichen, die einzige Frau in dieser Gruppe. Ihr Symbol ist der → Lotos, gelegentlich auch der → Pfirsich. Sie war von einem Dämon angefallen, und Lü Tung-

Ho Hsien-ku mit der magischen Lotosblume

pin, ein anderer der acht, rettete sie und nahm sie in die Gruppe auf. Eine Legende spinnt dies aus: »Sie hatte geschworen, sich nicht zu verheiraten, und schließlich wußte die (Stief-)Mutter nicht mehr, was sie mit ihr tun sollte. Eines Tages, als sie eben Reis kochte, da kam der Großvater Lü und erlöste sie. Sie hielt den Kochlöffel noch in der Hand, während sie in die Lüfte stieg« (übers. R. Wilhelm nach mündlicher Überlieferung).

Höhle
tung 洞

Die Höhle ist in der chinesischen Vorstellung ein Wohnort von gutartigen übernatürlichen Wesen, gelegentlich auch von Eremiten. Sie kann auch – analog zu westasiatischen Märchen – der Eingang zu einer anderen, schöneren Welt sein. Daher nennt man das Brautgemach, in dem der Bräutigam seine Auserwählte trifft, »Höhlenzimmer«.

Hölle
ti yü 地獄

Chinesische Höllen sind eigentlich Purgatorien, da ein Aufenthalt in ihnen zeitlich begrenzt ist. Sie heißen daher wörtlich »Erdgefängnisse«, weil die Sünder darin für eine von einem Höllenrichter be-

Die Qualen der sechsten Hölle: Gotteslästerer werden u. a. zwischen Bretter geklemmt und zersägt

stimmte Zeit bestraft werden. Chinesen kennen zehn Höllen, von denen die erste die Gerichtshalle ist und die letzte der Ort, an dem die für ihre Sünden bestraften Menschen je nach Verdienst als Menschen oder Tiere wiedergeboren werden.

Jede Hölle hat 16 Unterhöllen, die in verschiedenster Weise für den Strafvollzug ausgerüstet sind. Andere Texte kennen 18 Höllen. Die Zahl der Höllen ist im Lauf der Geschichte, so sagt man, gewachsen, da immer neue Sünden hinzugekommen sind. So wurde im 19. Jahrhundert eine Hölle eingerichtet, in der Männer und Frauen, die getanzt hatten, bestraft wurden: auf einer glühenden Tanzfläche mußten sie eine Frau umarmen, die sich in ein Gerippe verwandelte.

Jede Hölle hat einen eigenen Richter und einen Stab von Schergen, die streng bürokratisch organisiert sind. Die Zustände in diesen Höllen beschreiben Leute, die in Trance in der Unterwelt gewesen sind. Es gibt auch Bilder davon, die man heute (wenigstens in Taiwan) in vielen Tempeln sehen kann.

Der Legende nach werden auch lebende → Beamte aushilfsweise in die Hölle gebracht, um bestimmte Rechtsfälle zu behandeln. Nach ihrer Heimkehr berichten sie von den Zuständen in den Höllen. Dort unten sei es immer dunkel, ohne Unterschied zwischen Tag und Nacht. Nach den Aussagen anderer verlaufen Tag und Nacht umgekehrt wie auf Erden.

Der Richter in der achten Hölle. Tempelgemälde im Tung-yüeh Tempel in Tainan (Taiwan)

Diese Vorstellung von Höllen und Höllenstrafen ist zweifellos aus Indien mit dem Buddhismus nach China gekommen; die Inder kennen eine gleiche Anzahl von »heißen« und von »kalten« Höllen, die Chinesen dagegen nur eine, in der Kälte als Bestrafung vorgesehen ist. Nach neuesten Forschungen scheint es, daß die Chinesen schon vor dem Eindringen des Buddhismus eine Unterwelt wie einen → Himmel kannten, aber bisher ist nichts über Strafen in jener Unterwelt bekannt.

Hof
t'ing
廳

Der freie Platz, den das Haupthaus, die beiden Seitenhäuser und der Haupteingang umgeben und in dem sich ein Teil des Lebens der Familie abspielt, wird »Hof« genannt. Dasselbe Wort kann auch einen größeren Raum bezeichnen, der für besondere Festlichkeiten benutzt wird, ähnlich der → Halle. Manche Häuser hatten hinter dem Haupthaus noch einen Hinterhof mit dem Hinterhaus, das nicht selten von den Eltern des Hausherrn bewohnt war. »Hintere Halle« bedeutet den Anus, und die »Blume der hinteren Halle« bedeutet Verkehr per anum, meist homosexuellen Verkehr.

Holzölbaum
t'ung
桐

Mit *t'ung* werden verschiedene → Bäume bezeichnet, unter anderem auch Paulownia und Firmiana. Aus dem Saft dieser Baumarten wird ein wichtiges Öl gewonnen. Da *t'ung* gleichlautend mit »gemeinsam« ist, kann ein Bild dieses Baumes oder seiner Zweige in Verbindung mit einem anderen Gegenstand oder Tier eine klare Botschaft ausdrücken; wenn z. B. eine → Elster (*hsi*) auf diesem Baum sitzt, bedeutet dies »gemeinsame (*t'ung*) Freude (*hsi*)«.

Honig
mi
蜜

Honig von wilden → Bienen wurde vorwiegend in Südchina gesammelt. Wenn man träumt, daß man Honig aß, bedeutete dies Glück.
Das Wort für Honig bedeutet zugleich »süß«, so daß die Freuden des Beischlafs als »süß« bezeichnet werden.

Hsi-wang-mu
西 王 母

Die »Königinmutter des Westens« gilt als die große Feengöttin, die im sagenumwobenen K'un-lun-Gebirge ihren Wohnsitz hat. Dazu Marcel Granet, der mehrere Mythen zusammenfaßt: »Es heißt, daß der Höchste Herrscher im K'un-lun residiert. Trotzdem ist die einzige Gottheit, welche dort Besuche empfängt, die Hsi-wang-mu. Sie ist eine Art Menschenfresserin mit einem Leopardenschwanz und dem Gebiß eines Tigers, dessen Brüllen sie auch nachahmt. Sie verbreitet die Pest. Mit wirrem Haar, wie eine Zauberin, wohnt sie in der Tiefe einer Höhle. Von dieser Göttin des Todes kann man das Kraut des Langen Lebens erlangen. Bisweilen gibt sie auch ein Festessen hoch oben auf einem Jadeturm.«

Hsi-wang-mu auf dem Phönix

In den Gärten der Hsi-wang-mu

Diese Göttin hatte um die Zeitenwende einen männlichen Partner, Tung-wang kung, den König des Ostens. Während dieser Gegenpart in den folgenden Jahrhunderten verblaßte, blieb die Bedeutung der Hsi-wang-mu. Allerdings hat sie sich in ihrer äußeren Erscheinung bedeutend gewandelt. »Die spätere Kunst stellt sie als eine vornehme chinesische Dame dar, deren Erscheinung die Mitte hält zwischen mädchenhafter Zartheit und der Fülle der Matrone« (Ferdinand Lessing).

In alter Zeit kam, den Berichten nach, Hsi-wang-mu häufiger mit Chinas Herrschern zusammen; wenn sie zu Besuch kam, brachte sie aus dem Westen (mehrfach wird die Wüste Gobi genannt) wertvolle Geschenke mit: besonders schönen weißen → Jade, denn Weiß ist die Symbolfarbe des Westens.

Etwa seit dem 1. Jahrh. v. Chr. heißt es, daß sie stattdessen einen → Pfirsich mitbrachte. Dieses Symbol des → Langen Lebens bleibt bis zur Gegenwart mit ihr verbunden. Alte Paradiesschilderungen bringen sie auch in Verbindung mit dem → Unsterblichkeitskraut; ihr Palast befinde sich »westlich des Schildkröten- und des Frühlingsberges, die Hauptstadt ihres Reiches besteht aus dem K'un-lun-Park und den Weit-Wind-Gärten . . . Dienerinnen mit bunt gemustertem Kopfputz und tigergestreiften Gürteln stehen helfend zur Seite, während »Feder-

Knaben« mit kostbaren Schirmen im Sonnenlicht versammelt ihre Federfächer bewegen« (übers. Wolfgang Bauer). Ihr Geburtstag wurde am 3. Tag des 3. Monats, dem Tag eines alten Frühlingsfestes, gefeiert; ihre Besuche am Kaiserhof fanden am 7. Tag des 7. Monats statt, dem Tag eines Frauenfestes.

In manchen späteren Texten wird berichtet, daß Hsi-wang-mu das Tao, also die höchste Einsicht, dadurch erlangt hätte, daß sie mit irdischen Männern schlief. Ihre ganze → Schönheit und besonders gute Haut sei auf die gleiche Tatsache zurückzuführen.

Eine andere Überlieferung berichtet, daß, sobald einer der Pfirsiche in ihrem Park reif wurde, Hsi-wangmu die Götter zum Pfirsichfest einlud. Einmal allerdings wurde dieses Fest verdorben, als nämlich der → Affe Sun Wu-k'ung in den Park eindrang und alle Pfirsiche stahl.

Auf Volksdrucken wird Hsi-wangmu häufig auf der Jaspis-Terrasse ihres Zauberpalastes dargestellt, eine Dienerin hinter sich, die einen baldachinartigen Fächer über sie hält. Vor ihr stehen drei → Glücksgötter und ein → Hirsch.

hsiao 孝

Die kindliche Pietät (*hsiao*) galt neben Loyalität – dem Herrscher gegenüber – als die höchste moralische Pflicht jedes Chinesen. Eine Reihe von Büchern und Bildern stellt Musterfälle kindlicher Pietät dar, die nicht immer mit unserem Moralgefühl übereinstimmen, aber noch immer von allen Chinesen gepriesen werden. Am bekanntesten sind die »24 Beispiele kindlicher Pietät« (*erh-shih-szu hsiao*).

»Pietät anziehen« bedeutet Trauerkleider anziehen beim Tod der Eltern und anderer naher Familienangehöriger. Trauerkleider sind *»su«*, d. h. aus ungefärbtem, grobem, meist bräunlichem Tuch gemacht; sie werden aber oft als → weiß bezeichnet.

Richard Wilhelm hat das altchinesische Hsiao-ching als »Buch von der kindlichen Ehrfurcht« 1912 übersetzt – der »überaus interessante Versuch, die gesamte Moral, zu der nach chinesischen Begriffen auch das Staatsleben gehört, auf einem einheitlichen Prinzip aufzubauen«.

Hsiu-ts'ai 秀才

»Blühendes Talent« ist die Bezeichnung eines Mannes, der die erste der Staatsprüfungen bestanden hat und sich damit um die nächste Prüfung bemühen kann. Viele brachten es im ganzen Leben nicht weiter. Diese Staatsprüfungen wurden 1904 abgeschafft. Der Titel wurde auch Palastzofen beigegeben, die zum mindesten lesen können mußten.

Huhn
chi 雞

Wie auch der → Hahn, kann das Huhn oder das Bild eines Huhns die → Geister vertreiben: sie fürchten es. In Nordchina und Korea gab es einen ausgesprochenen Hühnerkult. Hühnerfleisch war dort Nahrungstabu und man züchtete Hühner und Hähne offensichtlich nicht so sehr der Eier und des Fleisches wegen; man züchtete lieber langschwänzige Hühner und Hähne, die besonders ausdauernd und schön krähen konnten.
Bei den Lolo, einer den Tibetern nahestehenden Minderheit in Südchina, gab es am Anfang der Welt ein schwarzes und ein weißes Huhn, die je neun Eier legten, aus denen die bösen und die guten Menschen entstanden. Mit Hühnereiern befragte man in Südchina und Vietnam das → Orakel, allerdings konnte man das auch mit den Knochen eines Huhnes tun. Das Blut von schwarzen Hühnern vertrieb Geister besonders wirksam. Im Volksmund bedeutete Huhn oder Wildhuhn eine Prostituierte.

Huhn mit fünf Küken: Gute Eltern-Kind-Beziehungen

Hund
kou 狗

Obwohl der Hund das elfte Tier im chinesischen → Tierkreis darstellt, wird der gewöhnliche Hund in China meist nicht sehr gut behandelt. Hinsichtlich seiner symbolischen Rolle bestehen große Unterschiede zwischen Nord- und Südchina. In Nordchina warf man früher am Fest des 5. Tages des 5. Monats Papierhunde ins Wasser, damit sie die bösen → Geister beißen und vertreiben sollten; auch den Toten gab man zu ihrem Schutz Papierhunde bei, Geisteskranke wusch man mit Hundekot, um die Dämonen, die die Besessenheit hervorriefen, zu vertreiben.
Der Hund galt als Tier des Westens; darum aß man in den Teilen Chinas, in denen noch heute Hundefleisch genossen wird, im Herbst und Winter Hund, aber nicht im Sommer. Tote Hunde soll man, nach taiwanesischem Glauben, ins

Frau mit Hund an der Leine (aus einem alten Weissagungstext)

Wasser werfen, → Katzen dagegen aufhängen; beide Tiere werden zu Dämonen, wenn man sie begräbt. Wenn ein Hund im Traum jemanden beißt, wollen die Geister der Ahnen etwas zu essen haben. Auf Personen, von denen man annimmt, daß sie Geister sind, gießt man Hundeblut: dann zeigt sich ihre wahre Gestalt. Wenn einem ein Hund zuläuft, wird man wohlhabend. Der Hund gilt als Begleiter des Gottes Erh-lang, der die Welt von bösen Dämonen reinigt.

Ganz andere Vorstellungen vom Hund herrschen in Süd- und Westchina vor, besonders bei den dortigen Minderheiten. In den Volksmärchen ist es der Hund, der den Menschen den → Reis bringt, oder, an der tibetischen Grenze, die → Hirse. In der Provinz Kuangtung ist die Geschichte vom treuen Hund sehr beliebt; sie geht auf einen Mann zurück, der im 3. Jahrhundert gelebt haben soll: Auf einer Reise schläft Herrchen auf einer Wiese ein. Ein Grasbrand bedroht ihn, und dem Hund gelingt es nicht, ihn aufzuwecken. So läuft er zum Wasser und benetzt die Wiese um seinen schlafenden Herrn. Er hat ihn gerettet, stirbt aber vor Erschöpfung. Man begräbt ihn und sein Grab heißt »Grab des treuen Hundes«. In einer verwandten Geschichte bewacht der Hund das Gepäck seines Herrn bis zum Tode.

Bei den Yao (einer Minderheit Südchinas) gilt der Hund als Ahnherr des Volkes: Sie führen das auf eine Legende zurück, wonach der chinesische → Kaiser lange Zeit vergeblich gegen Feinde gekämpft und schließlich versprochen hatte, dem, der ihm den Kopf des feindlichen Anführers bringe, seine Tochter zu geben. Ein Hund erscheint mit dem Kopf des Getöteten, und gegen seinen Willen muß der Kaiser ihm seine Tochter geben. Beide ziehen in die Berge und heiraten. Ihre Nachkommen sind die Yao, die noch heute eine »Hundemütze« tragen (noch 1934 selbst gesehen in Chêkiang) und natürlich kein Hundefleisch essen.

Berichte von Hundemenschen, die einen Menschenkörper und Hundekopf haben, sind weit verbreitet in Nordasien; nach einigen chinesischen Berichten sogar auf einer Insel östlich von Korea.

Auffallend ist, daß Hundenamen selten in Texten erwähnt werden; man spricht einfach vom »gelben Hund« o. ä. Heute wählt man öfters ausländische Namen für Hunde, niemals einen Namen, der auch der eines Menschen sein könnte. »Schwarzer Hund« ist ein Mann, der hinter allen Frauen herläuft.

Hut
kuan 冠

Da das Wort für den Hut eines Beamten (*kuan*) gleichlautend mit → Beamter (*kuan*) ist, bedeutet ein Hut für sich allein meist ein Beamter.

Die Darstellung von Vater und Sohn in Hoftracht, d. h. der Vater mit dem Staatshut auf dem Kopf und dem → Zepter in der Hand, der Sohn mit Kopfschmuck, der ihn als besten Prüfling (*chuang-yüan*) ausweist, liest sich folgendermaßen: Mögest du deinen Sohn mit an den Hof nehmen; oder: Vater und Sohn mögen die höchste Würde bekleiden.

Bestickte Handtasche, oben Knabe auf Drache, mit Hut: Wunsch für einen Beamtenposten

I-ching

→ Diagramme, → Orakel, → Schicksal, → *yin* und → *yang*

Ingwer
chiang 薑

Ingwer ist ein wichtiger Bestandteil vieler chinesischer Gerichte. Schon → Konfuzius aß gern Ingwer. Nach der Regelhaftigkeit in früheren Zeiten waren die Soßen je nach der Jahreszeit mit Ingwer, Essig, Wein oder Salz bereitet; nur → Honig war stets dabei, »denn das Süße entspricht der im Mittelpunkt liegenden Erde« (Marcel Granet).

Da die Ingwerwurzel oft wie ein Finger aussieht, sollen Schwangere keinen Ingwer essen, weil das Kind sonst mehr als fünf Finger bekommt.

Inseln
tao 島

Inseln mit Felsen stellen häufig die »Inseln der Seligen« dar, auf denen die → Unsterblichen ein glückliches Leben führen: das chinesische Paradies. Der Mythologie nach sind es drei Inseln vor der Ostküste Chinas, ihre Namen sind → Fang-chang, P'eng-lai und Ying-chou. Einige glauben, sie mit den P'eng-hu-Inseln nahe Taiwan identifizieren zu können. Es spricht aber auch einiges dafür, daß diese Inseln einst direkt vor der Küste zwischen Tsingtao und Shanghai lagen, später mit dem Festland verbunden, ein Teil der Provinz Kiangsu wurden.

Das Sinnbild der → Langlebigkeit wird durch → Kiefernwuchs und → Kranichflug vertieft; früher wurden die Totenkleider häufig mit solchen Bildern »der Inseln« versehen, denn die Verstorbenen sollten sich so fühlen, als seien sie bereits im Zustand des ewigen, glücklichen Lebens.

Insignien des Kaisers

Dem Kaiser werden einmal → neun, ein andermal → zwölf Insignien zugeschrieben. Handelt es sich um neun, so sind dies → Drache, → Berge, → Fasan, Laichkraut, Reiskörner, Fu-Muster (das Recht und Unrecht symbolisiert), → Axt, Flammen, Opferbecher. Durch Hinzufügen des → Sonnenraben, des → Mondhasen und einer Sternkonstellation in Form eines gleichschenkligen Winkels kann diese Gruppe auf zwölf erweitert werden und entspricht dann den zwölf Monaten.
Handelt es sich um die zwölf Insignien, so sind dies → Sonne (rot), → Mond (weiß) und → Gestirne (das Siebenergestirn oft in Dreiergestalt), → Berge, → Drache, → Fasan, Fu-Muster, Axt, zwei Opfergefäße mit → Affen- und → Tigerdarstellung, Wasserpflanze (steht für → Holz), → Feuer, → Hirse. In dieser Kette sind die Glieder 5 und 6 Tiere; die 7

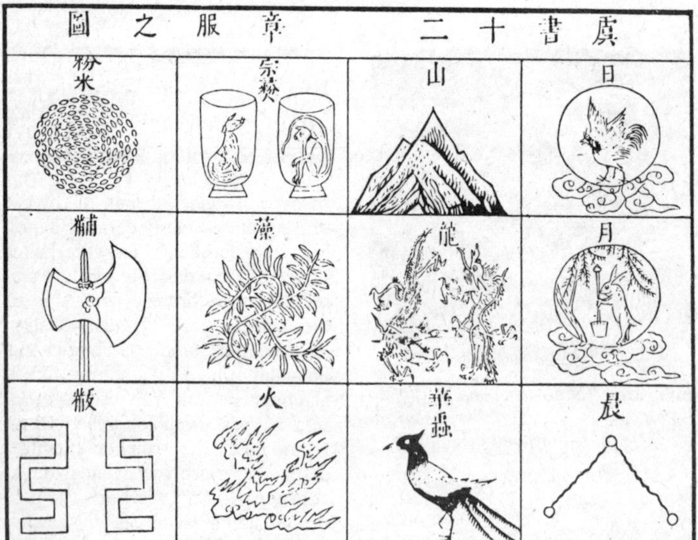

Die zwölf Insignien

symbolisiert die Macht des Kaisers über Leben und Tod, 8 bis 12 symbolisieren die fünf → Elemente.

Jade 玉
yü

Seit dem Altertum ist Jade der beliebteste Stein der Chinesen; er kommt in verschiedenen Färbungen vor, von weiß bis dunkelgrün. Nicht alle Steine, die als Jade bezeichnet werden, sind echter Jade; auch → Nephrit wird so bezeichnet. Im Altertum wurde Jade im Grenzgebiet zwischen den Provinzen Honan und Shensi gefunden, später kam der beste Jade aus Khotan (in Sinkiang) und Burma.
Im Altertum legte man ein kleines Stück Jade in den Mund der Toten, im Glauben, daß Jade die Fäulnis verhindere. Vielfach wurde Jade als → Gürtelschmuck getragen; aber es gab auch größere Jadeplastiken. Männer erhielten zu ihrem 70. Geburtstag einen Jadestab.
Echter Jade faßt sich stets kühl an, darum wird die Haut einer → schönen Frau mit Jade verglichen. Zugleich gilt Jade als Symbol der Reinheit. »Mit Jade spielen« (*nung yü*) ist ein Wort für Beischlaf, »Jade handhaben« (*p'in yü*) bezeichnet Cunnilingus, »Jadesaft« (*yü-chiang*) den Speichel einer Frau, »Jadeflüssigkeit« den männlichen Samen oder den weiblichen Saft, »Jadetür« und »Jadewand« die Scheide der Frau, »Jadestengel« den Penis. Ein junges Mädchen hat eine »Jadehal-

Der Jadekaiser, auch Großer Himmelsherr genannt, mit Hofstaat

tung«, sie hat »Jadebeine« und ihre Brüste sind hart wie »warmer Jade«. Bis heute ist diese Fülle an Kombinationen gebräuchlich, immer in positiver Setzung und häufig in sexueller Färbung.
Das Wort *»yao«* bedeutet eine nicht genau beschriebene Art von Jade. Oft dargestellt ist der »Jadeteich« (*yao ch'ih*) im Palast der → Hsi-wang-mu, zu deren Fest, das zur Zeit der tausendjährigen → Pfirsichreife abgehalten wird, die → Unsterblichen kommen und ihr Geschenke mitbringen. Dies ist ein glückbringendes Ereignis; ein Bild davon drückt den Wunsch für langes Leben und Glück aus, ist daher ein passendes Geschenk für alte Männer.
»Jadekaiser« (*yü-huang-ti*) ist die höchste Gottheit in der Volksreligion.

Jahresfeste 節季
chieh-chi

Chinas große Festlichkeiten sind in der Mehrzahl auf den alten → Mondkalender zurückzuführen, der trotz offizieller Einführung des gregorianischen bis ins 20. Jahrhundert hinein den Jahresablauf bestimmt hat. Das Jahr begann in den letzten Jahrhunderten mit dem 2. Neumond nach der Wintersonnenwende (21. Dezember). Es war daher für die Landwirtschaft unbrauchbar, da Neujahr sich um beinahe einen ganzen Monat verschieben konnte und in 19 Jahren sieben Schaltmonate eingefügt werden mußten.

Das erste Jahresfest war das zu Neujahr, das mit dem → Laternenfest am 15. Tag des 1. Monats (Vollmond) endete. Das Fest des → Frühlingsanfangs wurde früher als geheiligtes Ritual vollzogen (→ Kaiser). Das darauf folgende »Frühlingsfest der reinen Klarheit« (Ch'ing-ming) – das einzige nach dem Sonnenkalender – spielte im alten China etwa die Rolle des Osterfestes; am Tage vorher mußte man fasten, durfte kein Feuer anzünden, und am Festtag selbst aß man bunte gekochte Eier – wie bei uns. Es ist aber zugleich das Fest des wiederkehrenden Lebens, dem Andenken an die Toten geweiht. Die Ahnengräber wurden von Unkraut gesäubert, die Grabhügel neu aufgefüllt, ein Opferteller darauf gestellt. Nach der Revolution von 1911 wurde ein Baumfest daraus, das an allen Schulen begangen wurde; im Freien pflanzten die Schüler junge Bäumchen ein.

Tuan-wu heißt das Fest der Sonnenwende, der Tag, an dem die Höhe des Jahres gefeiert wurde: der 5. Tag des 5. Monats. Da die Sonnenkraft von nun an im Abstieg ist, lauern allerorten die finsteren → Geister. Durch Talismane an Türen und Fenstern, so auch durch → Flaschenkürbis, schützte man sich gegen Dämonen. Als → Drachenbootfest wird dieses Sonnenfest noch heute in Südchina gefeiert. Auch als → Schaukelfest ist es bekannt.

Das Fest der jungen → Mädchen wurde am 7. Tag des 7. Monats im Schein des Halbmondes gefeiert, und man erzählte sich dabei Geschichten von der → Weberin und dem Kuhhirt. Das eigentliche Mondfest war fünf Wochen später, am 15. Tag des 8. Monats, an Vollmond also; das → Ballwerfen fand dann statt und auch die bis heute gebräuchlichen Mondkuchen rühren von dort her. Nach diesem Mittelherbstfest folgte, wenn die schönen Tage vorüber waren und schon kalter Tau fiel, am 9. Tag des 9. Monats, das Fest des doppelten → *yang*.

Der neunte Monat ist die Zeit der → Chrysanthemen, ein regelrechtes Chrysanthemenfest wird allerdings nur in Japan gefeiert, in Verbindung mit großen Blumenausstellungen. Während das Jahr alt wird, Winter und → Kälte entgegenflieht, bilden sich nach alter Naturanschauung bereits im geheimen die Kräfte des neuen Jahres.

Bis zum Ende der Kaiserzeit 1911 wurden zweimal im Jahr feierliche

Zeremonien zu Ehren des → Konfuzius begangen, einmal am Ahnenfest im Frühjahr, dann am 23. August, seinem Geburtstag. Kürzlich erst, 1979, wurde der Geburtstag des alten Weisen in seinem Sterbeort Ch'ü-fu wieder gefeiert - wie es heißt, »nach dem alten Ritual und mit den alten Liedern und Tänzen« (Erwin Wickert).

Jahreszeiten 四時
szu-shih

Die Chinesen teilen, wie wir, das Jahr in vier Jahreszeiten auf. Nur während einer Periode des Mittelalters hatte man fünf Jahreszeiten, damit die Zahl der Zeiten mit den fünf → Farben, den fünf Wandelzuständen (→ Elemente) und der langen Reihe von Dingen, die zu fünfen zusammengefaßt werden, übereinstimmt. Die fünfte Jahreszeit war kurz und wurde nach dem Sommer eingeschaltet.
Im alten chinesischen → Kalender begann das Jahr mit dem zweiten Neumond nach der Wintersonnenwende (21. Dezember); im Altertum waren es manchmal der erste oder der dritte Neumond. Während bei uns die Jahreszeiten kurz nach den kritischen Tagen der Sonnenwende oder der Tag- und Nachtgleichen beginnen, sind sie in China um ein bis beinahe zwei Monate später. Das ist wichtig, wenn man z. B. liest, daß die → Pflaume im Winter blüht: das Ende des Winters war ja erst im April oder gar im Mai.

Schon in der klassischen Literatur finden wir ein Traktat (Yüeh-ling), in dem für jeden Monat die entsprechenden Tiere aufgeführt werden, die wieder erscheinen, die Pflanzen, die gepflanzt oder gesät werden müssen, oder die schon blühen, die Sterne, die der Landwirt beobachten muß, um den richtigen Tag für seine Arbeiten zu wissen, aber auch die Rituale, die am Kaiserhof veranstaltet werden. Alles war genau vorgeschrieben: die Ritualmusik mußte auf einem der fünf → Töne der Tonleiter aufgebaut sein, die Tracht mußte → grün sein, denn grün war die Farbe des → Frühlings usw. Sogar Hinrichtungen durften nur im Herbst stattfinden, weil die Farbe des Herbstes weiß war, und → weiß war auch die Farbe des Sterbens, des Todes.

Die Rose als Symbol der vier Jahreszeiten

Auf Gemälden sind die Jahreszeiten oft daran zu erkennen, daß die Pflanze der jeweiligen Jahreszeit abgebildet ist: die → Pflaume deutet den Winter an, die → Päonie den Frühling, → Lotos den Sommer, die → Chrysantheme den Herbst. Die → Rose spielt in China bei weitem nicht die Rolle wie bei uns, gilt aber doch als Pflanze aller vier Jahreszeiten - vielleicht, weil sie, wenigstens im Süden, beinahe das ganze Jahr hindurch blüht.

Das Leben des Menschen wird, ähnlich wie es die Europäer tun, mit den vier Jahreszeiten verglichen: bis zum 15. Jahr dauert der Frühling des Lebens, von 16 bis 29 der Sommer, von 30 bis 39 der Herbst, und von 40 bis 50 oder gar 60 der Winter. Das Menschenleben beginnt bei den Chinesen interessanterweise mit der Konzeption, d. h. ein Neugeborenes ist bereits ein Jahr alt.

jang 讓

jang ist etwas spezifisch Chinesisches, und es läßt sich schwer mit einem Wort übersetzen. Man kann *jang* umschreiben mit »nachgeben, um etwas sonst Unerreichbares zu erreichen«. Ganz schlicht kann es bedeuten, daß ich auf der Straße einem anderen Menschen ausweiche, ihm Platz mache. Aber viel wichtiger ist dies Nachgeben, wenn man auf ein verbrieftes Recht verzichtet und dadurch den anderen indirekt zwingt, seinerseits etwas aufzugeben, was er eigentlich haben oder erreichen wollte. → Kaiser, die abdanken mußten, machten *jang:* sie gaben den Thron auf, auf den sie traditionell ein Recht hatten, zugunsten eines Usurpators. Dieser konnte dann den abgesetzten Kaiser nicht ermorden, wie er dies gern getan hätte, um die Gefahr einer politischen Gegenkraft auszuschalten.

Im täglichen Leben ist es nicht selten, daß ein kleines Geschenk abgelehnt wird; der andere sieht sich u. U. genötigt, ein anderes, größeres Geschenk zu machen.

jen 忍

jen ist ein Wort, das eine bestimmte Gefühlseinstellung bedeutet. Man kann es einfach mit »tolerieren« übersetzen, d. h. etwas zu ertragen, was man nicht gerne erträgt, um Schlimmeres zu vermeiden. So fragte man in einer Geschichte einen alten Mann, der zusammen mit Frau, Kindern und Schwiegertöchtern, sowie Enkeln und deren Frauen in einem großen Haus lebte, wie denn dieses friedliche und anscheinend glückliche Zusammenleben, dessentwegen er in der ganzen Gegend gepriesen, überhaupt möglich sei. Er sagte nur ein einziges Wort: »jen«. Ein bekanntes Sprichwort heißt: »Ertrage, ertrage, ertrage, verzeihe, verzeihe, verzeihe« (»ertragen« steht noch höher als »verzeihen«).

Jenseitsglaube

→ Ahnentafel, → Amulett, → Geister, → Gespenster, → Hölle, → Inseln, → Okkultismus, → Orakel, → Seele, → Unsterbliche

Jupiter
mu-hsing 木星

Jupiter, der → Planet des Ostens, umkreist die Sonne in etwa → zwölf Jahren. Darum heißt er in China häufig »Großes Jahr« (*t'ai-sui*), während das Erdenjahr zwölf Monate umfaßt. Es bestand der Glaube, daß das »Große Jahr« auf die Erde fallen könne; dann erscheine Jupiter als ein großer Fleischklumpen, der rings mit Augen besetzt sei. Diesen müsse man verprügeln oder im Wasser versenken, sonst würden alle Leute in der Umgebung sterben.

Wegen des Jupiterjahres (weswegen er auch *sui-hsing,* »Planet des Jahres«, genannt wird), gibt es auch einen Jupiterzyklus von zwölf Symbolen. Jedes besteht aus zwei, bisher nicht einwandfrei erklärbaren Worten. Dieser Zyklus ist zeitweilig bei der Jahreszählung benutzt worden und findet sich auf alten Inschriften, ist aber heute kaum mehr bekannt.

Kälte
leng-ch'i 冷氣

Kälte symbolisiert Armut. So ist ein »kalter → Gelehrter« ein armer Scholar oder, in einem anderen Zusammenhang, ein betrügerischer Bettler.

Am 105. Tag nach der Wintersonnenwende (4. April), wurde in China das Fest des »Kaltessens« gefeiert. Man machte an diesem Tag kein → Feuer und aß, was schon am Tag zuvor zubereitet war. Es ist möglich, daß dieses Fest aus Westasien nach China gekommen und ursprünglich ein → Frühlingsfest gewesen ist: das Fest der Frühlings-Tag- und -Nachtgleiche, mit dem das neue Jahr anfing.

Chinesische Tradition schreibt dieses Fest auch dem Gedenken an Chieh-tse T'ui zu. Dieser Mann war der Legende nach vom Fürsten des Lehnstaates Chin eingeladen worden, ihm als Minister zu dienen. Er lehnte alle Einladungen ab, so daß der Fürst sich schließlich zu einer drastischen Maßnahme entschloß: er ließ den Bergwald, in dem sich Chieh-tse T'ui aufhielt, anstecken. Dieser jedoch ließ sich lieber verbrennen als einem Fürsten zu dienen, dessen Politik er nicht billigen konnte.

Kahlkopf 禿
t'u

Ihrer Tonsur wegen ist »Kahlkopf« oder »kahler → Esel« ein Schimpfwort für buddhistische → Mönche, hat aber zugleich den Nebensinn von Penis.

Bereits als Novizen müssen die jungen Mönche sich das Haar scheren lassen. Später, wenn sie auf die Lehren → Buddhas verpflichtet werden, haben sie auch Proben der Selbstkasteiung abzulegen. Meist geschieht das in der Weise, daß ihnen ein Stückchen Holzkohle, getränkt mit einem bestimmten Fruchtsaft, auf dem kahlgeschorenen Kopf befestigt und angezündet wird; man läßt es sich einbrennen, bis die Kohle von selbst erlischt, und die so entstandenen tiefen Narben werden mit Stolz getragen.

Zwei kahlköpfige Mönche

Kaiser 皇帝
huang-ti

Der Kaiser von China leitete sich von dem mythischen Shang-ti, dem Himmelskaiser, her: er war der »Himmelssohn«, der den Auftrag hatte, die Harmonie zwischen → Himmel und → Erde zu wahren. Er war Herrscher über das Reich der → Mitte und die vier »Richtungen«, zu denen er in gewissen Abständen Inspektionsreisen unternahm und dort seine höchsten → Beamten einsetzte. Zu Frühlingsanfang zog er mit einem → Rind die → acht heiligen Furchen am Ackerbautempel in Peking, säte → Reis und vier Arten von → Hirse. Als einziger im Land durfte er in einem Palast wohnen, der nach Süden gerichtet war (vgl. → Links und Rechts). Sein Sinnbild war der → Drache. Auch das → Einhorn zeigte sich in den kaiserlichen Gärten, vorausgesetzt, daß ein weiser Herrscher regierte: dann war es ein sichtbares Zeichen des Himmels, der damit sein Wohlgefallen bekundete.

Kaiser waren tüchtige Leute; dem legendären → Fu-hsi schrieb man die Erfindung der Ehe, der acht → Diagramme und der Fischnetze zu. Der historische Kaiser Yung-lo (Regierungszeit 1402–1424) hat die Große Mauer und den Kaiserkanal wieder instand gesetzt, die Hauptstadt von Nanking nach Peking verlegt, die Verbotene Stadt und den Himmelstempel erbaut und eine Enzyklopädie des gesamten Wissens seiner Zeit schreiben las-

Huang-ti, der Herr der Gelben Erde; der Große Yü, der Ordner des Wassers; und der mythische Kaiser Yao, vom Konfuzianismus als Ideal des guten Herrschers angesehen

sen. Übertroffen wurde er allerdings von Shih-huang-ti, dem »Ersten Kaiser« von China, der in nur elfjähriger Regierungszeit (221–210 v. Chr.) die Fundamente für das 2000jährige Reich der Mitte legte. Er führte die Verwaltung der 36 Kommandanturen durch je einen militärischen und einen zivilen Gouverneur ein und ersetzte damit das alte Feudalsystem durch die Herrschaft der → Beamten. Er vereinheitlichte die Schrift, die Gewichte und Maße, das Münzwesen; die erste → Bücherverbrennung geht auf ihn zurück; er erschloß das Land durch Kanäle und Straßen, sorgte auch (mit unendlichen Menschenopfern) für die beiden größten Bauwerke seiner Zeit - die Große Mauer und das eigene Grabgewölbe, in dem u. a. 7000 lebensgroße Kriegerstatuen Platz fanden.

Auch im Bereich der Magie und Kosmologie ist dieser Erste Kaiser der bemerkenswerteste: Nicht mehr → Feuer, wie in der Chou-Dynastie, sondern → Wasser wurde zum regierenden Element bestimmt, nicht mehr → Rot, sondern → Schwarz zur regierenden Farbe. Von jetzt an regierte die Zahl → Sechs das Leben, selbst die → Hüte der Beamten durften nur noch sechs Zoll lang und breit sein. Shih Huang-ti bereiste alle Provinzen und die größten Städte, er nahm das Reich gewissermaßen rituell in Besitz. Und er rüstete, zeitlebens von Todesfurcht geplagt, ganze Expeditionen aus, die das Kraut der → Unsterblichkeit und die Wunderpilze des Langen Lebens für ihn suchen sollten. Die immer tugendhaften Konfuzianer haben diesen Kaiser stets als den Inbegriff alles Bösen dargestellt; erst jetzt, durch das imposante archäologische Vorhaben der schrittweisen Freilegung seines Grabes, kommt er zu höherer Wertschätzung.

→ Baldachin, → Insignien, → Links und Rechts, → Mitte, → Schritt des Yü, → *yang*.

Kalender 曆
li

Der alte chinesische Kalender ist nicht wie der unsrige nach dem Lauf der → Sonne ausgerichtet, sondern war ein luni-solarer Kalender, d. h. im Grunde nach dem → Mond ausgerichtet, mit Korrekturen, die den Lauf der Sonne berücksichtigten. Das übliche Jahr hat 12 Monate mit 29 oder 30 Tagen und ist daher 354 Tage lang. Da dies nicht mit dem Lauf der Sonne zusammenpaßt, fügt man alle 19 Jahre siebenmal einen → dreizehnten Monat hinzu (wie die Griechen es mit dem metonischen Zyklus taten).

Ein Kalender dieser Art hat den Vorteil, daß man sich danach richten kann, welche Gestalt der Mond gerade hat, um zu wissen, welcher Monatstag ist; jeder Monat beginnt mit Neumond. Diese Art von Kalender regelt zugleich die besonderen Festlichkeiten: viele chinesische → Jahresfeste finden bei Vollmond statt, weil da die Nacht hell erleuchtet ist. Für den Bauern ist ein solcher Kalender weniger günstig, da er nicht genau mit den Jahreszeiten übereinstimmt und bis zu zwei Wochen nach- oder vorgeht. Für ihn sind Kalenderbücher geschaffen, die ihm für jeden Tag den entsprechenden Tag im modernen, d. h. europäischen Kalender angeben, zusammen mit allen Angaben, die er sonst noch zu wissen verlangt. Zum Teil enthält dieser »Volkskalender« vernünftige Regeln, wie die, daß man nur im Herbst Holz fällen, Häuser ausbessern und ähnliche Arbeiten, zu denen dem Bauer vorher die Zeit fehlt, unternehmen solle. Dann enthält solch ein Kalender auch Kapitel über → Medizin und Krankheitskuren, Ohrensausen, Augenzwinkern, Traumdeutung, böse und gute Vorzeichen; ferner Angaben darüber, welche Tage gut sind fürs Haareschneiden und fürs Wäschewaschen, für Heiraten oder Begräbnisse, und wann man auf Reisen gehen kann. In Taiwan werden diese Regeln noch viel benutzt; an bestimmten Tagen trifft man viele Hochzeitszüge, an anderen nur Begräbnisprozessionen, und an wieder anderen hängt überall Wäsche zum Trocknen. Und das, obwohl seit mehr als 50 Jahren der westliche Kalender offiziell eingeführt worden ist.

Kamel 駱駝
lo-t'o

Das zweihöckrige »echte« Kamel kam zu den Chinesen aus Zentralasien; bis in die Neuzeit wurde es zum Lastentragen, vor allem von Salz, benutzt; auch für Forschungsreisen, wie die Sven Hedins, war es unentbehrlich..

Kamele gelten in China als faule, wenn auch ausdauernde Tiere. Darstellungen von Kamelen, mit oder ohne menschliche Begleitung, sind vor allem aus der Zeit der T'ang-Dynastie (618–906) überliefert; eines der bekanntesten Gemälde zeigt den sterbenden Buddha

Shakyamuni unter den Salabäumen, Kamel und → Wasserbüffel, → Elefant und → Tiger und die anderen Tiere, alle trauern um ihn (Seidenmalerei des Wu Tao-tse um 750 n. Chr.).

Kamelie
shan-ch'a 山茶

Wenn man in westlichen Übertragungen auf den Ausdruck »wilder → Tee« stößt, verbirgt sich oftmals die Kamelie dahinter. In der Literatur Chinas spielt sie keine allzu große Rolle. Bei den Hakka, einer Minderheit in Südchina, die vorwiegend auf den Bergen leben und oft Tee züchten, bedeutet »Bergteeblume« (*shan-ch'a hua*) ein schönes, frisches, junges → Mädchen.

Kanone
p'ao 炮

Kanonen haben sich in China, wie auch im alten Europa, aus Steinschleudern und Katapulten entwickelt. Schon in der Mitte des 13. Jahrhunderts schossen die Chinesen mit »kleinen Bambusröhren« (die aber mit Explosivstoffen geladen waren), gegen die angreifenden Mongolen. Im 16. Jahrhundert führten die Fu-lang-chi (»Franken«, d. h. Spanier) Kanonen stärkeren Kalibers ein, die sofort im Kampf gegen die nichtchinesischen Völker Südchinas eingesetzt wurden. »Kanone« ist ein häufiger symbolischer Ausdruck für Penis.

Karpfen
li 鯉

Da Karpfen (*li*) mit »Vorteil« (*li*) gleichlautend ist, symbolisiert er den Wunsch nach Vorteil im Geschäftsleben. Dann wird auch berichtet, daß dieser → Fisch auf seiner Wan-

Karpfen, Kind und Lotos: »Mögest du jedes Jahr etwas übrig behalten«

derung stromaufwärts die Schnellen des oberen Gelben Flusses (am Drachentor) überspringen kann. Dies wird mit Erfolg in der Staatsprüfung verglichen und häufig bildlich dargestellt; man sieht den Karpfen inmitten von kleinen Fischen (den durchgefallenen Prüflingen), wie er aufspringt. Da dies nicht so einfach ist und langes Training verlangt, ist der Karpfen auch ein Symbol der Beharrlichkeit. Sein → Bart ist ein Zeichen übernatürlicher Kraft.

Wieder ein anderes Bild zeigt einen Fischer, der einer Frau mit Kind einen Karpfen verkauft: er wünscht ihr Einkommen und gleichzeitig sozialen Aufstieg.

Das Bild einer jungen Frau mit Zofe am Bach mit einem Kübel, in den ein Karpfen zu springen sich anschickt, drückt einen Wunsch aus: man möge über die gewöhnlichen Menschen hinausspringen.

Kastanie
li 栗

Die sog. Goldblättrige Kastanie ist im östlichen Himalaja beheimatet, eine strauchige Abwandlung der Gattung Eichenkastanie. Das Wort für Kastanie ist gleichlautend mit »sich korrekt verhalten« oder auch »zittern« (daß die eigene Handlung nicht korrekt sein möge). Kastanien werden, zusammen mit → Datteln (*tsao*), bei der → Heirat serviert, mit dem Hintersinn: »Möge sie frühzeitig (*tsao*) Söhne gewinnen (*li*).«

Katze
mao 貓

Weil »Katze« und »achtzigjährig« lautgleich sind (*mao*), bedeutet ein Bild von Katze und → Schmetterling den Wunsch, der Beschenkte möge 70 oder 80 Jahre alt werden. Katze mit → Pflaume (*mei*, lautgleich mit »immer«) und → Bambus (*chu*, lautgleich mit »wünschen, beten«) bedeutet »Alle Zeit wünschen wir dir hohes Alter«.

Wenn eine fremde Katze im eigenen Haus jungt, ist dies ein böses

Katze blickt auf Päonie: »Mögest du reich werden«

Zeichen; selbst wenn sie nur ins Haus kommt, deutet dies Armut an, weil die Katze weiß, daß viele Ratten kommen werden, die die Familie arm fressen. Mütter drohen Kindern, die nicht einschlafen wollen, die Katze werde sie holen.

In Nordchina soll man Katzenfleisch nicht essen, in Südchina besteht dieses Verbot nicht. In der Provinz Kansu gab es einen Katzenkult, nicht aber in Südchina. In Nordchina fängt die Katze Mäuse, in Südchina, besonders in der Kanton-Gegend, heißt es, sie sei zu faul zum Jagen. Die Katze kann → Geister sehen in der Nacht wegen ihrer guten Augen. In der Provinz Chekiang hält man allerdings keine weißen Katzen, weil diese nachts aufs Dach steigen, die Mondstrahlen stehlen und selbst zu schädlichen Geistern werden. Darum soll man tote Katzen nicht begraben, sondern aufhängen, damit sie nicht zu Dämonen werden. Man sieht in Taiwan gelegentlich noch solche an Bäumen aufgehängte Katzen.

Man glaubte, wenn eine Katze über den Sarg spränge, werde die Leiche wieder lebendig und spuke als lebender Leichnam herum. Die Katze ist summa summarum ein Tier, das mit dämonischen Kräften begabt ist; einerseits als Mäusejäger nützlich, andererseits aber doch sehr gefährlich.

»Schwarze Katze« ist ein Schimpfwort für ein Mädchen, das sich fein herausputzt und flirtet. »Bergkatze« ist ein Hase. Von einem Mann, der so tut, als ob er einen gern hat, sagt man: »Die Katze weint über die Maus« (die sie gerade gefressen hat).

Kerze 臘燭
la-chu

Kerzen aus Wachs sind seit mehr als 2000 Jahren gebräuchlich. Im 8. Jahrhundert werden »bunte Kerzen« bei Hochzeitsfeiern erwähnt. »Die Wachskerze anzünden« bezeichnet eine Entjungferung. Sonst wird die Kerze ähnlich gebraucht wie die → Weihrauchstäbchen: zum Abmessen einer bestimmten Zeitperiode. In einer Geschichte behält der Kaiser einen → Gelehrten nachts so lange bei sich, daß eine ganze Wachskerze abgebrannt ist. Zum Dank schenkt er ihm nachher eine Gold-Lotos-Kerze.

Kiefer 松
sung

Die Kiefer ist der am häufigsten dargestellte → Baum in der chinesischen Kunst. Weil sie Kälte aushalten kann und ihre Nadeln nicht verliert, ist die Kiefer das Symbol des → Langen Lebens und der Beständigkeit. Kiefern und → Zedern sind die Häupter aller Bäume und ein Gleichnis der Selbstzucht. Kiefer mit → Bambus und → Pflaume sind die → »drei Freunde im Winter«, obwohl die Pflaume eigentlich erst im Frühling blüht. Kiefer und → Kranich symbolisieren die letzten Jahre eines langen Lebens. Vielleicht hängt damit auch die alte Sitte zusammen, daß man auf das Grab eine Kiefer pflanzt.

Auch in der chinesischen Dichtung nimmt die Kiefer einen hervorragenden Platz ein: *sung-lai,* »die Musik der Nadelbäume«, *sung-t'ao,* »das Rauschen der Kiefer«, sind geläufige Ausdrücke. Die »Gespräche« (Lun yü) des → Konfuzius gehen öfters auf die Kiefer ein (»durch ihr Stillesein verlängert sie ihr Leben«, »wenn es Winter wird, merkt man, wie spät Kiefern und → Zypressen ihr Kleid verlieren«). Auf solche berühmten Stellen spielen auch die Naturlyriker der T'ang-Zeit an, etwa im Gedicht »Kiefernbäume im Hof« des Po Chü-i (772–846): »Was taten sie mir nun Gutes, seit ich ihr Leben teile? Sie lockerten nur ein wenig die Fesseln meines Herzens. Dennoch sind sie mir ›nützliche Freunde‹ und erfüllen den Wunsch nach ›Gesprächen mit Weisen‹ « (übers. Franziska Meister). – Alte Kiefern werden sehr verehrt. Der Erste → Kaiser ernannte eine, die am Fuß des → T'ai-shan stand, zum Mandarin Fünfter Klasse. Weil zweinadelig, steht die Kiefer mitunter für → Eheglück.

Kiefer mit Steinen und Narzissen

Die Kiefer, Sinnbild des Baumes an sich

Kinder
hai-tse 孩子

Wenn es nicht ausdrücklich dazu gesagt wird, bedeuten Kinder immer → Söhne, weil nur ein männlicher Nachkomme das Erbe des Vaters antreten und für ihn und seine Vorfahren die Ahnenopfer darbringen konnte; diese herausgehobene Stellung der Söhne deutet sich schon bei der → Geburt und der → Namensgebung an. Je mehr Söhne ein Mann hat, desto besser, und der Idealfall sind Männer aus der Geschichte, die angeblich hundert Söhne gehabt haben, z. B. Wen-wang, der Gründer der Chou-Dynastie (um 1050 v. Chr.).
Die ausgesprochen geschlechtsspezifische Einstellung früherer Zeiten macht eine berühmte Passage im »Buch der Lieder« (Shih-ching) deutlich, als »der große Mann« gerufen wird, um einen Traum zu deuten: »Braunbären und Graubären Söhne bedeuten, Ottern und Nattern Töchter bedeuten. Es werden euch Söhne geboren werden, die auf prächtigen Betten schlafen werden, in bunte Gewänder gekleidet werden, mit Jadezeptern spielen werden, mit lauter Stimme schreien werden, in roten Schärpen erscheinen werden, das Haus durch Herrschaft berühmt machen werden. Es werden euch Töchter geboren werden, sie werden schlafen auf der Erden, sie werden in Windeln gewickelt werden, sie werden spielen mit tönernen Scherben . . .«
Diese alten Sitten sind in China,

»Wir wollen Frieden verkünden«

schon durch die berufliche Gleichstellung der Frau, weitgehend überholt. Was geblieben ist, ist die überaus große Fürsorge der Eltern, deren Gedanken beständig um die Ausbildung ihrer Kinder kreist. »Wenigstens das erste Provinzexamen! Dann die höheren Examen, schließlich das in der Hauptstadt! Seit zweitausend Jahren war das das Ziel. Die Examina waren die Stufen zu den hohen Ämtern, zu Erfolg, Ansehen und oft auch zu Reichtum. Auf diesen Stufen konnte man aus der Klasse der Bauern und Handwerker, ja selbst der Kaufleute in die höchste Klasse, die der Beamten-Gelehrten, aufsteigen« (Erwin Wikkert, China von innen).
Ein Volksbild zeigt 100 Kinder, die in einem Teich mit → Lotos spielen. Auf dem Bild steht »Wen-wang liebte Lotos« (*lien,* Lotos ist symbolisch für *lien* oder *lin,* »lieben«). Ein

Kinder lassen Drachen steigen

Bild mit zwei Kindern in der Kleidung von Erwachsenen, das eine mit einem Lotos, das andere mit einem Kästchen in der Hand, stellt die Zwillinge → Ho-ho dar (*ho* = Lotos und Eintracht; *ho* = Kästchen und Eintracht), die als Götter der Ehe gelten. Zwei Kinder, die lächelnd einander zugewandt sind, drücken den Spruch aus: »Einander in Fröhlichkeit treffen«, was ehelichen Beischlaf bedeutet. Fünf Kinder halten auf einem Bild ein Plakat mit den Worten »Fünf Söhne mögen die Prüfung bestehen.« Ein anderes zweigeteiltes Bild zeigt zwei Frauen mit je einem Sohn, der eine einen Lotos in der Hand haltend, während der andere auf einem → Einhorn reitet. Dies drückt den Wunsch aus: »Die himmlischen Heiligen mögen einen Sohn schenken« und »Das Einhorn möge einen Sohn schenken«. Zwölf Kinder mit → Granatapfel und → Pfirsich wünschen symbolisch, daß »Glück, langes Leben (und Kinder), alle drei zusammen zahlreich seien«. Das Bild eines alten Mannes, der in Kinderkleidung auf der Erde vor einem noch älteren Ehepaar spielt, stellt den Lao Lai-tse dar, eines der 24 Musterbeispiele der kindlichen Pietät (→ *hsiao*): denn dieser spielte wie ein Kind auf dem Boden, damit seine Eltern glauben sollten, sie selbst seien noch jung.

In der taoistischen Literatur ist das Kind das Ideal eines Heiligen: unschuldig und offen alles in sich aufnehmend, was es sieht. Wenn ein Vater vor seinem Tod Schulden an den eigenen Vater hat, wird ihm ein böses Kind zuteil, das so viel kosten wird, wie seine Schulden betragen; wenn aber der tote Groß-

vater seinem Sohn etwas schuldig geblieben ist, dann bekommt dieser einen sehr lieben Sohn.
In der alten Zeit galten Lieder, die Kinder auf der Straße sangen, als Äußerungen des Übernatürlichen; sie wurden notiert und analysiert und Schlüsse auf das politische Geschehen daraus gezogen.

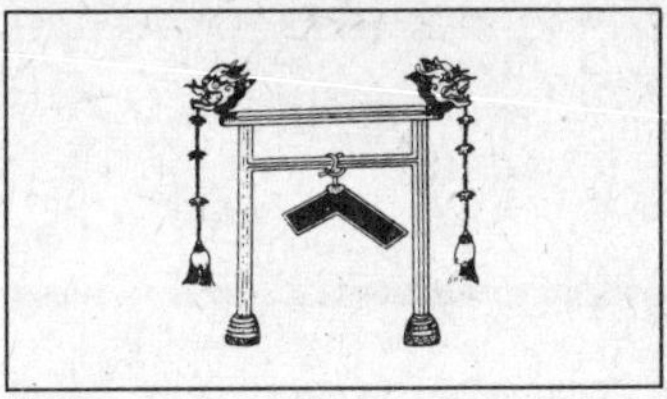

Klangstein

Kirsche 櫻桃
ying-t'ao

Die Kirsche heißt auf Chinesisch »Babypfirsich« (*ying-t'ao*) und ist wohl früh aus Westasien eingeführt worden, wie so viele andere Früchte. »Kirschenlippen« oder »Kirschenmund« sind – wie bei uns – gebräuchliche Attribute weiblicher → Schönheit. Allerdings meint »Kirschen essen« etwas anderes als in Europa, nämlich den Beischlaf vollziehen.

Klangstein 磬
sheng

Der Klangstein ist eines der ältesten chinesischen und vietnamesischen Musikinstrumente; man nimmt an, daß er sich aus dem Xylophon entwickelt hat. Dargestellt ist er oft in stilisierter Form, als eine Art Winkelmaß. Wegen der Lautgleichheit mit *ch'ing*, der Segen, kann es auch »gut Glück« bedeuten.

Kleister 膠
chiao

Die Liebe eines jungen Paares wird oft beschrieben als »so (fest) wie Lack und so (dauernd) wie Kleister«. Eine besondere Art von Klebstoff, angeblich aus den Sehnen des → Phönix gemacht und zum Zusammenkleben von zerrissenen → Bogensehnen benutzt, dient als Symbol eines Liebespaares, das nach langer Trennung wieder zusammenkommt.

Knoblauch 蒜
suan

Der Knoblauch ist eine glückbringende Pflanze, da sie alle Gifte abwehrt. Sie spielt eine Rolle im Ritual am Fest des 5. Tages des 5. Monats. Knoblauch kann auch eine reichliche Nachkommenschaft symbolisieren.

Knoten, der endlose
p'an-chang 盤長

Der endlose Knoten schlingt sich in sich selbst zurück; *p'an-chang* heißt »lange Verschlingung«. Er ist eines der → acht buddhistischen Symbole und steht für ununterbrochenes langes Leben. Mitunter wird er auch als Glücksknoten bezeichnet.
Den Hindus gilt er als das Mal auf der Brust Vishnus. Nach einer anderen Tradition stilisiert der Endlosknoten die Eingeweide des erschlagenen Feindes; hier liegt eine Lautgleichheit mit *tsang*, Eingeweide, vor.
Als ornamentales Symbol wird der Knoten in China vielfach verwendet und zu den verschiedensten Figuren abgewandelt.

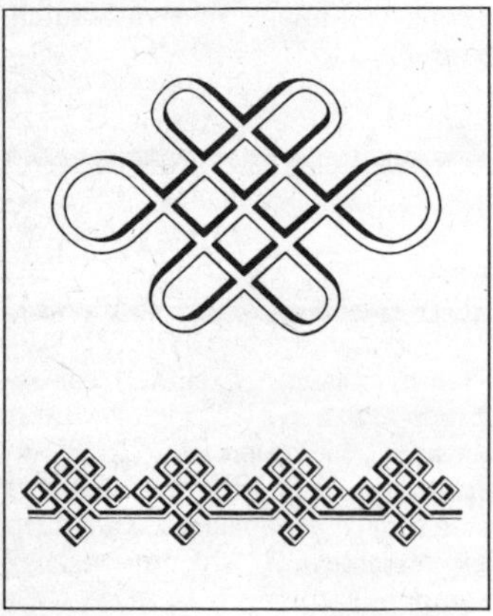

Der endlose Knoten und Glücksknotenornament

König
wang 王

»König« war in der Chou-Zeit der Titel des Herrschers, später auch der von Lehnsfürsten, noch später der Titel von Prinzen. Heute ist der »Große König« ein Ausdruck für den Schneider; allgemeiner wird die Bezeichnung »Großer König« für einen Mann mit besonderen Fähigkeiten verwendet. »König Acht« ist ein starkes Schimpfwort, vergleichbar dem »Hahnrei«. Die nicht ganz überzeugende Erklärung dafür ist, daß man das Wort *wang* nur anders schreiben solle, nämlich als »vergessen« (*wang*), und dann bedeute es eine Person, die »die achte (Tugend) vergessen habe«. Die achte Tugend ist das Schamgefühl. Bei den Hakka, einer Minderheit Südchinas, ist »König« eine Umschreibung für → Fisch.

Körperteile

Nach alter chinesischer Auffassung entspricht das Gefüge des Makrokosmos dem des Mikrokosmos. Das gilt auch für die menschlichen Körperteile. Im unteren Körperbereich, der der → Erde nahe ist, herrscht das → *yin*: da es dem Westen und damit der rechten Seite zugeordnet ist, legten die Chinesen auf rechten »Hand und Fuß« Wert. Anders bei

Augen und Ohren: sie liegen der Lehre nach im oberen Körperbereich, damit dem → Himmel zugeordnet, dem → yang, und dem linksgerichteten Osten; bei ihnen erhielt daher Links den Vorzug. »Hier liegt der Grund, weshalb man den Feinden das linke Ohr abschlagen und das linke Auge ausstechen sollte; deshalb auch bediente man sich mit der rechten Hand zwangsläufig, um die Dinge der Erde zu verzehren: die rechte Hand ist die handelnde - und auch die tötende, die man verbirgt« (Marcel Granet). Später wurden die Körperteile mit dem chinesischen Staat verglichen: das Zwerchfell ist der Palast, die Arme die Vorstädte, die Beine die Grenzen usw. Oder der Leib ist der Herrscher, und die Arme sind die Minister: sie müssen dem Leib gehorchen. In einer modernen Geschichte streiten die verschiedenen Körperteile miteinander um ihre Pflichten, so lange, bis sie alle tot sind.

Konfuzius *K'ung-tse* 孔子

K'ung Ch'iu (551–479 v. Chr.) ist die in ihrer Wirkung nachhaltigste Persönlichkeit in der Geschichte Chinas. Aus einer Familie niederen Adels stammend, suchte »Meister Kung« (K'ung-tse), wie man ihn später nannte, Zeit seines Lebens Ämter bei verschiedenen Lehnsfürsten zu bekommen. Er wurde aber jedesmal bald des Amtes enthoben, weil seine Auffassung von Moral von der des Fürsten abwich. So zog er im späteren Leben mit seinen Schülern (die vorwiegend auch aus dem Adel stammten) umher und gab seine Ideen an sie weiter. Der Tradition nach hat er die »Frühlings-und-Herbst-Annalen« (Ch'un-ch'iu) redigiert und damit ein ursprünglich historisch angelegtes Werk in ein ethisch-moralisches umgewandelt. Auch Kommentare zum I-ching wurden ihm zugeschrieben, ebenso die Kompilation des Shih-ching (»Buch der Lieder«). Musik muß Konfuzius so gefangengenommen haben, daß er »drei Monate den Geschmack des Fleisches vergaß«. Eigene Schriften hat er nicht hinterlassen, wohl aber sind seine »Gespräche« (Lun-yü) von Schülern gesammelt und nach seinem Tod herausgegeben worden; auch die aus dem 3. Jahrhundert v. Chr. stammenden Chia-yü (»Schulgespräche«) gehen zumindest teilweise auf ihn zurück. Schließlich enthält auch Li-chi (»Das Buch der Riten«) viel von K'ung-tses Gedankengut.

Seine Lehre aber, Konfuzianismus genannt, kam erst lange nach seinem Tod zur Geltung, als während der Han-Dynastie, etwa um 100 v. Chr., der Staat → Beamte brauchte, die in gutem Benehmen ausgebildet waren und Lesen und Schreiben konnten. Von da an datiert der Siegeslauf des Konfuzianismus als herrschende Staatslehre; im 12. Jahrhundert wurden die Lun-yü zum Kanon erklärt, d. h. zu einem der klassischen → »vier Bücher«. Bis zum Ende der Kaiserzeit - 1911 von der Republik des Sun

Konfuzius mit Schülern beim Studium des I-ching

Yatsen abgelöst – blieb der Konfuzianismus Staatsreligion.
Konfuzius schuf kein systematisches philosophisches Gebäude (wie später die Neukonfuzianer des 11. und 12. Jahrhunderts dies versucht haben). Die philosophischen Fragen, die etwa zur gleichen Zeit die griechischen Vorsokratiker beschäftigten, interessierten ihn nicht; sein Thema war das Leben des Menschen in der Gesellschaft, das Leben *vor* dem Tode. Seine Moralvorstellungen sind in der Lehre von den → fünf Tugenden bzw. den → vier »Seilen« (*szu wei*) enthalten.
Konfuzius war Agnostiker, aber hat die Existenz von übernatürlichen Wesen nicht geleugnet. Auch die Verehrung von → Himmel und → Erde, wie er sie in der Form von Staatsritualen vorsah, kann man kaum als »Religion« auffassen. Bezeichnenderweise enthält seine Grabstele in Ch'ü-fu nur den ihm posthum zuerkannten Ehrentitel »König der Literatur«.
Konfuzius starb zweiundsiebzigjährig, ohne sein Wissen recht angewandt zu haben. »Sicherlich starb er im Bewußtsein, gescheitert zu sein; und doch gibt es keinen Menschen, der die Kultur, das Leben, die Sittlichkeit eines Volkes so tief und auf Jahrtausende geprägt hat wie gerade er« (Erwin Wickert). Was die Chinesen zu »Chinesen« macht, verdanken sie bis heute wesentlich der konfuzianischen Morallehre (→ *hsiao*); sie ist ihnen so »in Fleisch und Blut übergegangen, daß sie überrascht sind, wenn man ihnen sagt, daß sie eben einen Gedanken des Meisters Kung wiederholt hätten. Die mittlere und jüngere Generation kennt ihn nämlich nicht; erst jetzt beginnt man wieder, ihn zu lesen« (Erwin Wickert).
Symbolische Ausdeutungen seines Lebens waren früher zahlreich: angefangen mit der → Geburt, bei der zwei → Drachen über dem Elternhaus erschienen und → fünf Geister Segen herabsandten, bis zu den ihm zugeschriebenen → zweiundsiebzig Jüngern.
Taoisten und Buddhisten haben, um zu zeigen, daß ihre Lehren nicht im Widerspruch zur konfuzianischen Staatsreligion stünden, den Ausdruck geprägt: »Die → drei Lehren sind eins.«

Korb
lan 籃

Ein verzierter Frucht- oder Blumenkorb ist das Symbol des → Lan Ts'ai-ho, eines der acht → Unsterblichen. Der Korb enthält Reichtümer und wird darum auf Neujahrsbildern dargestellt: ein junger Mann steht vor einem alten, dem er → Blumen im Korb bringt.
Korb oder Schachtel sind auch Attribute des einen der Zwillingsgottheiten → Ho-ho; hier wird das Schriftzeichen *ho* für Korb eingesetzt, das zugleich »Übereinstimmung« bedeutet.

Kosmologie

→ Erde, → Himmel, → Mensch, → *yin* und → *yang*.

Kostbarkeiten
pa-pao 寶

Die → acht Symbole des Buddhismus und die acht Emblemata des → Gelehrten werden auch Kleinode oder Kostbarkeiten genannt. Die buddhistischen Kostbarkeiten werden vorwiegend als dekorative Elemente auf Stickereien (Altarvorhänge und -decken) genutzt. Die Kostbarkeiten des Gelehrten, mitunter generalisierend als die des Konfuzianismus angesehen, bestehen aus Dingen, die der Gelehrte zum Schreiben braucht und schätzt. Sie lassen sich auch zu 14 Kostbarkeiten erweitern: Wunschperle, → Klangstein, Glückswolken, → Raute, → Rhinozerosbecher, Bücher, Bilder, → Ahorn, → Schafgarbe,

Die vierzehn Kostbarkeiten

→ Bananenblatt, → Dreifuß, → Unsterblichkeitskraut, → Geldmünze, Silberschuh.
Eine »Schale voller Kostbarkeiten« (*chü pao p'en*) wird häufig dargestellt, hinter ihr mitunter ein reicher Mann, der in seiner Haupthalle thront: zwei oder auch drei Kinder umspielen sie, Symbole der Glücksgüter → Langlebigkeit, Reichtum und Söhne. Solch eine Darstellung drückt den Wunsch aus, der damit Beschenkte möge Reichtum erwerben; aber der Mann im Hintergrund sollte dann tunlichst entfallen, denn es ist Shih Ch'ung, ein Herr des Mittelalters, der unermeßliche Schätze aufhäufte und dennoch in Armut starb - so wie er selbst es befürchtet hat.
Das Bild einer anderen Wunschschale bezieht sich auf die Legende von Ch'en Wan-san, der um 1400 n. Chr. lebte, tierliebend war und alle gefangenen Fische freiließ. Dafür bekam er eine Schüssel, die sich jedesmal, wenn er eine Münze hineinwarf, randvoll mit Geld füllte. Das Gegenstück zu dieser Wunschschale ist der »Geldschüttel-Baum« (*yao ch'ien shu*).

Kot
mi, ta-pien 大便

Fäkalien vertreiben die bösen → Geister: ein Mann, den man für einen Geist hielt, wurde früher mit Kot und Urin begossen. Von Kot träumen bedeutet Glück oder Reichtum.

Krabbe
hsia 蝦

Nach alter Auffassung gab es sog. Jadekrabben. So berichtet die Legende von einer um 1600 vertrockneten Quelle, an der ein ausländischer Kaufmann jede Nacht ein Feuer entfachte; nach jeweils 14 Tagen (der Zeit von Voll- zu Neumond) fiel ihm eine Jadekrabbe zu.
In der Provinz Szu-ch'uan (wo es keine echten Krabben gibt) gilt die Jadekrabbe als Seuchendämon. In Shensi und Honan trocknet man Krabben und hängt sie an die Haustür oder malt ihr Bild über die Tür: sie sieht ungefähr so aus wie der Kopf eines → Tigers und kann daher bösen Zauber abwehren.
Getrocknete Krabben sind auch als ein sexuelles Anregungsmittel für Männer bekannt.

Zwei Krabben

Kranich
ho 鶴

Der Kranich ist eines der vielen Sinnbilder des → Langen Lebens. Er wird oft mit → Kiefer und → Stein zusammen dargestellt als dreifaches Sinnbild der Langlebigkeit. Ähnliche Bedeutung hat ein Bild von Kranich und → Schildkröte, oder Kranich mit → Hirsch. Wenn ein Kranich zusammen mit → Phönix, → Mandarinente, → Reiher und Bachstelze dargestellt wird, zeigt dies die → fünf zwischenmenschlichen Beziehungen. Der Kranich symbolisiert dabei die Beziehung von Vater zu Sohn: wenn er singt, antwortet ihm das Junge.
Zwei Kraniche, die zur Sonne auffliegen, drücken den Wunsch aus, daß der mit einem solchen Bild Beschenkte »hoch aufsteigen« möge.

Kranich mit Pfirsich: Zwei Symbole der Langlebigkeit

Kranich auf Felsen, in die Sonne blickend: Ein Beamter in hoher Stellung, der alles sieht

Ausdrücke wie »Himmelskranich« (*t'ien-ho*) oder »Seligenkranich« (*hsien-ho*) deuten auf die wunderbaren Eigenschaften, die man dem Kranich, der auch ein Symbol der Weisheit ist, zuschreibt. Das Sterben taoistischer Priester nennt man *yü-hua,* »sich in einen Gefiederten (Kranich) verwandeln«. Kraniche mit einem → Stab im Schnabel, die einem am Meer gelegenen → Pavillon zufliegen, besagen »am Seepalast einen Zählstab hinzufügen«; dies geht auf die Legende von den drei Taoisten zurück, die ihr Alter nicht mehr nach Jahren zählten, sondern nach geologischen Gezeiten: jedesmal, wenn das Meer sich in eine Maulbeerplantage verwandelte, legten sie einen Zählstab nieder, und wenn das Land wieder überspült wurde, ebenso. In dieser Geschichte wird Langlebigkeit drei-

fach gesteigert, durch Kranich, Zählstab und Pavillon (als das taoistische Paradies).
»Knabe des weißen Kranichs« heißt eine dienende Gottheit, die im Palast der »jadenen Leere« auf dem Weltberg K'un-lun lebt und Botschaften überbringt, wie auch guten Helden hilft. Er wird vor allem in dem Roman »Die Metamorphosen der Götter« (Feng-shen yen-i) erwähnt.
Der häufig dargestellte »Turm des gelben Kranichs« (*huang ho lou*) war ein Gebäude im Staate Wu zur Zeit der drei Reiche, in dem Chou Yü den Liu Pei, den zukünftigen Kaiser des Kleinstaates Shu-Han ermorden wollte - eine berühmte Szene aus dem Roman »Die Geschichte der Drei Reiche«.

Kriegsgott

→ Kuan-ti

Kröte
ha-ma 蛤蟆

Die dreibeinige Kröte ist ein → Mondsymbol, so wie der dreibeinige → Rabe als Sonnensymbol gilt. Da die Kröte lange lebt, ist sie auch ein Symbol des → Langen Lebens. Sie kann unerreichbare Wünsche versinnbildlichen, da man glaubte, daß sie den Mond auch verschlingen könnte (bei Mondfinsternissen). Nach einer Tradition ist sie die verwandelte Frau → Ch'ang-o, die ihrem göttlichen Mann das Elixier

Der Unsterbliche Liu Hai mit der dreibeinigen Kröte

der Unsterblichkeit stahl und in den Mond flog, wo sie zur Kröte wurde.
Von der gewöhnlichen Kröte heißt es, daß sie von Leuten gegessen werden soll, die an Geschwüren leiden. Eine Kröte, die → 10 000 Jahre alt ist und dann »Fleischpilz« heißt, soll man am 5. Tag des 5. Monats sammeln und trocknen. Kratzt man mit dem Bein einer Kröte auf die Erde, so sprudelt eine Quelle hervor. Die Kröte kann einen unverwundbar machen. Siehe auch → Frosch.
Die Tanka, eine auf Booten lebende Minderheit in Südchina, feiert zu Ehren eines frisch vermählten Ehepaares am 15. Tag des 8. Monats (einem Vollmondtag) folgende interessante Zeremonie: An die Tür

des Schlafzimmers wird ein → Zimtbaum aufgestellt, unter dem sich eine Kröte und ein → Hase befinden. Vor dem Brautbett, das verhängt ist, stehen Kerzen. Dieser Raum heißt »Krötenpalast«. Dann tritt eine alte Frau, als »Königinmutter des Westens« (→ Hsi-wang-mu) bezeichnet, vorne auf dem Boot auf eine offene Plattform. Vor ihr liegen Erdnüsse, Kürbiskerne, Gebäck mit Zimt, Tee, Wein - alles glückbringende Dinge. Die Mitglieder der Familie sind versammelt, das Ehepaar in Hochzeitsgewändern tritt auf und stellt sich in das Mondlicht. Dann gehen sie in den »Mondpalast« (Brautzimmer) und halten an am »Tor der Mondhalle« (vor dem Bett). Die alte Frau verläßt das Zimmer mit Ermahnungen; das Paar umarmt und küßt sich und wird dann in den »Krötenpalast« (das Ehebett) geleitet. Dies ist ein abgewandeltes Mondfest, das früher am gleichen Tag in ganz China begangen wurde. Die rituell zum zweiten Mal vorgenommene → Heirat steckt voller Mondsymbolik.

Krüppelfuß

→ Lilie, → Lotos

Kuan-ti 關帝

Kuan Yü, höflich später auch Kuankung genannt, half dem Liu Pei, sich zum Kaiser von Westchina zu machen und eine kurzlebige Teil-

Kuan-ti (im Vordergrund)

Dynastie im 3. Jahrhundert n. Chr. aufzubauen. Er fiel nach Liu Peis Tod und wurde in den folgenden Jahrhunderten vergöttert. Bis in die Neuzeit hatte er einen Tempel in fast allen größeren Städten; er galt als Kriegsgott, aber zugleich auch als Gott der Gerechtigkeit; Rechtsfälle wurden von den streitenden Parteien oft in seinem Tempel ausgehandelt. Auf der Bühne tritt er als Hauptfigur in den vielen Dramen auf, die auf dem Roman »Geschichte der Drei Reiche« beruhen. Er ist in der Kleidung eines Generals dargestellt, hoch zu Pferd, und immer erkennbar an seinem roten Gesicht.

Kuan-yin 觀音

Kuan-yin, die Göttin der Barmherzigkeit, war ursprünglich der buddhistische Avalokiteshvara (Schirmherr des tibetischen Buddhismus, der sich im Dalai Lama verkörpert). Seinen Namen übersetzte man ins Chinesische mit »derjenige, der auf die Laute (der Welt) hört« (*kuan yin*). In Darstellungen trug Avalokiteshvara gemäß dem indischen Schönheitsideal leicht weibliche Züge, besaß weiche Formen und eine voll entwickelte → Brust. Wohl deswegen hielt das Volk Kuan-yin für eine Göttin (belegt seit dem 9. Jahrhundert).

Kuan-yin, die chinesische »Madonna«

Kuan-yin wird oft mit einem Baby auf dem Arm dargestellt, sie sieht wie eine Madonna aus. Ihre Begleiter sind ein Knabe mit Flasche und ein Mädchen mit einem → Weidenzweig. An den Küsten Südchinas wird sie oft als identisch mit → Matsu angesehen, einer spätestens seit dem 11. Jahrhundert von Fischern und Bootsleuten verehrten Göttin. Man redet auch davon, daß sie die Frau von → Kuan-kung sei – nur wegen der Ähnlichkeit des Namens. Sehr beliebt ist eine Legende, in der sie den → Lü Tung-pin besiegt, nachdem dieser sie furchtbar geärgert hatte.

Eine andere Legende berichtet, daß der – oben erwähnte – Weidenzweig in die Flasche der Göttin gesteckt und dadurch »unwürdig« geworden sei; da habe er sich in ein Freudenmädchen verwandelt, und die Hurenviertel heißen seither »Blumenstraßen und Weidengassen«.

Kuang-han kung

廣寒宮

Der »Palast der weiten Kälte« liegt im → Mond und ist von schönen Gärten und freundlichen Mädchen umgeben. So dient dieser Ausdruck bildlich auch für die Annäherung an ein geliebtes Mädchen, das man sich so schön vorstellen soll, wie die Feen im Mond. Vor der Landung von Raumschiffen auf dem Mond trat dieser Palast in all seiner Schönheit oft in Träumen auf; danach, so sagt man in Taiwan, nicht mehr.

Kuchen
kao

糕

kao ist eine der vielen Arten von Kuchen, die speziell am Neujahrsfest gegessen wurde, weil *nien-kao* (Jahrkuchen) den Nebensinn von »Jahr für Jahr im Rang aufsteigen« (*kao*) hat.
Zum Mondfest hingegen sind → Kürbiskuchen üblich.
Solche Kuchen werden im eigenen Haus zubereitet, nur in einem Trauerhaus werden keine gemacht. Deswegen kann man sie auch nur an Freunde verschenken, wenn diese in Trauer sind.

Kuckuck
pu-ku

布穀

Der chinesische Kuckuck wird auch Tu-chüan genannt. Der Legende zufolge war dies ein Herrscher von Szu-ch'uan und heißt auch »die Seele von Shu« (Shu ist ein alter Name für Szu-ch'uan). In der Bon-Religion der Tibeter gilt der Kuckuck als heiliges Tier, weil er die Ahnin des Stifters der Bon-Religion geschwängert habe. Man sagt, daß er so lange schreie, bis er Blut spucke, aus dem dann die → Azalee ihre Farbe hat. Ein Stamm der Nichtchinesen in der Provinz Kuichou beweint seine Toten erst, wenn der Kuckuck wieder zurückgekehrt ist. Für die Bauern in Szuch'uan ist er ein wichtiges Tier, weil er die Zeiten für landwirtschaftliche Arbeiten angibt. So hat er Beinamen wie »Weizen ernten«, »der uns bedrängt, daß wir pflügen«, »der, der auf die Seidenraupen achtet«, »der, der auf das Feuer achtet«. Feuer meint hier wohl den Feuerstern, dessen Erscheinen wichtiger Anhaltspunkt für die Bauern war.

Kübel
t'ung

桶

Kübel aus Holz waren früher in jedem Haus gebräuchlich, zum Waschen des Babies, der Füße und der Kleider, auch als Nachtgeschirr. Auf einem Volksbild stehen fünf Männer um drei Kübel herum: sie symbolisieren die fünf Grundbeziehungen des Menschen (*kang,* gleichlautend mit »Kübel«). Außerdem kosten sie Wein (»kosten«, *ch'ang,* wird ähnlich ausgesprochen wie *kang,* »Grundbeziehungen«).

Kürbis *kua* 瓜

In China gibt es verschiedene Arten von Melonen und Kürbissen. Nur die Wassermelone ist aus Vorderasien nach China gebracht worden, weshalb sie »Westkürbis« (*hsi kua*) genannt wird.
Ein wohl auf → Konfuzius zurückgehendes Mahnwort sagt, man solle sich nicht bücken, wenn man durch ein Kürbisfeld geht, um nicht in den Verdacht des Diebstahls zu kommen. Am Tag des Frauenfestes, d. h. am 7. Tag des 7. Mondmonats, opfern Frauen in Mittelchina Melonen; und am 15. Tag des 8. Mondmonats, dem Mondfest, machen sie Kuchen aus Melonen. Im Herbst gehen junge Mädchen nachts auf die Felder und pflücken Melonen; sie hoffen, dadurch Söhne zu gebären.
Die Wassermelone spielt in der Volkskunde Chinas eine größere Rolle. Das Schriftzeichen für Melone (*kua*) kann in der Mitte durchgeschnitten werden, dann können die beiden Teile, mit den oberen Hälften aneinandergelegt, als die Zahl → acht gelesen werden. Zweimal acht ist ein Ausdruck für ein heiratsfähiges Mädchen (nach unserer Rechnung ist sie dann erst 15 Jahre alt). Bildlich ausgedrückt, kann man sagen, das Mädchen »hat das Alter der Teilung des Kürbis« (*p'o kua*). Dieser Ausdruck kann auch die erste Menstruation und sogar die Entjungferung bedeuten, wenn man dazu an die rote Farbe im Inneren der Wassermelonen denkt.
»Melonensamen« ist ein poetischer Ausdruck für die Zähne eines Mädchens.
In der Provinz Kanton soll man nie eine Melone als Geschenk bringen, da das Wort *hsi* (in *hsi-kua,* Wassermelone) dort genauso ausgesprochen wird wie »Tod« oder »Sterben« (*szu* in Mandarin).
→ Flaschenkürbis

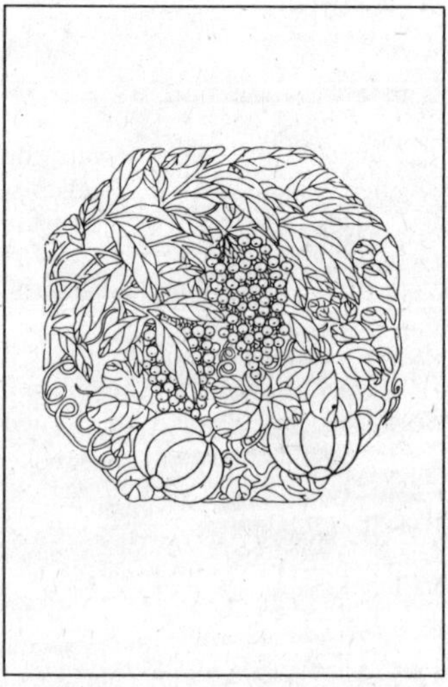

Früchteornament mit zwei Kürbissen

Kupfer
t'ung 銅

Kupfer bezeichnet oft dasselbe wie Bronze und Messing. Das alte chinesische gemünzte → Geld mit einem quadratischen Loch, oft von Übersetzern »cash« genannt, bestand aus Kupfer. 1000 cash waren eine »Schnur«, da man die Münzen an einer Schnur aufreihte. Bei Schwankungen des Kurses wurden zu Zeiten die Münzen eingeschmolzen und zu Kupfergeräten und Waffen verwandelt; umgekehrt kam es vor, daß Münzen aus Kupfergeräten gegossen wurden. Darum schwankte auch später, als Silberbarren die größere Geldeinheit wurden, der Kurs oft und stark.

In Nordchina schmuggelte man Kupferschalen und Schuhe in das Brautbett, weil Kupfer gleichlautend mit »zusammen« ist und Schuhe (*hsieh*) ebenfalls immer »zusammen« sind; man wollte also den Wunsch ausdrücken, daß das Paar zusammen alt werde.

In den verschiedenen → Höllen (oder besser Fegefeuern) müssen die Sünder in der achten Hölle flüssiges Kupfer trinken, weil sie falsche Lehren ausnutzten, um Geld zu machen. In der sechsten Hölle denken Lüstlinge, daß sie einen Tanzpartner sehen, umarmen ihn und merken zu spät, daß sie eine glühende Kupfersäule umarmt haben. Der letzte Kaiser der Shang-Dynastie, die um 1050 v. Chr. endete, war angeblich ein Sadist, der seine Gegner an kupferne Säulen band und diese dann glühend machte. Bronzesäulen aber spielten eine große Rolle als Grenzpfeiler im südchinesischen Grenzgebiet.

Bronzegeräte siehe auch → Glocken und → Trommel.

Kuß
ch'in-tsui 親嘴

Bei den Japanern und den Chinesen ist Küssen keineswegs so üblich wie bei uns. Zwar wird der Kuß schon früh in der chinesischen Literatur erwähnt, steht dann aber pars pro toto für »Beischlaf«. Als Symbol der geschlechtlichen Vereinigung kennt man in China den Kuß durchaus, z. B. im Hochzeitsritual des Mondfestes bei den Tanka (→ Kröte). Allerdings war Küssen in der Öffentlichkeit, so wie es im Westen gang und gäbe ist, bis vor kurzem streng verpönt; Studenten, die dabei erwischt wurden, konnten sogar von der Universität gewiesen werden.

Lan Ts'ai-ho
藍采和

Lan Ts'ai-ho ist einer der acht → Unsterblichen, manchmal als weiblich aufgefaßt, manchmal auch als Hermaphrodit. Sein Emblem ist ein Frucht- oder Blumenkorb, seltener → Flöte oder Becken.

Lan Ts'ai-ho mit Blumenkorb

Dem T'ai-p'ing kuang chi (978) zufolge, einer Sammlung von Erzählungen über wunderbare Begebenheiten, Götter und seltsame Menschen, trug Lan Ts'ai-ho ein zerrissenes blaues Kleid; man sah ihn häufig auf Märkten, oft nur mit einem Schuh bekleidet. Er gilt auch als Schutzpatron der Bänkelsänger. Nach einer anderen Überlieferung war Lan eine Sängerin, deren Gesänge die Zukunft voraussagten.

Landschaft
shan-shui 山水

Es ist sicherlich kennzeichnend, daß das chinesische Wort für Landschaft (*shan-shui*) »Berge und Wasser« heißt. In der Tat zeigt die überwiegende Zahl von chinesischen Landschaftsbildern → Berge und → Wasser.

»Es ist nicht der Berg allein, der hier gemeint und dargestellt ist, sondern der Berg mit allem um ihn her, mit Wäldern und Wassern, Gewölk und Nebel und tausend Einzelheiten als eine unteilbare Einheit. ›Berge ohne Wolken sind kahl, ohne Wasser fehlt ihnen ihr Zauber‹ (Kuo Hsi). Und so tritt zum Berg als das andere Urelement des Landschaftsbildes das Wasser« (Otto Fischer, Chinesische Landschaftsmalerei).

Selten wird eine Ebene zum malerischen Motiv. Denn die Ebene ist ein Element der Landwirtschaft, kein eigentliches Objekt für einen Maler. In den Bergen können zwar auch Anlagen sein; das sind jedoch keine »Felder«, sondern »Gärten«, denn dort wird weder Korn noch → Reis angebaut, die Nahrungsgrundlagen, sondern vielmehr Gemüse und Früchte.

Auf Landschaftsbildern sind häufig Menschen zu sehen, im unteren Bilddrittel und sehr klein. Die Natur scheint wie von Menschenhand gebändigt. Wir wissen, daß Chinesen, wie auch Europäer der alten Zeit, die → Wildnis, die nicht vom Menschen gestaltete oder umgeformte Natur gefürchtet und soweit

Berge und Wasser

wie möglich gemieden haben. Die Wälder und wilden Berge sind der typische Sitz meditierender Heiliger wie auch der räuberischen Banditen. Chinesen haben Miniaturlandschaften in den Höfen ihrer Hausgrundstücke angelegt und oft sehr anmutig gestaltet. Jedes Stück in einem solchen Garten ist speziell ausgewählt; Steine, die den »Berg des → Langen Lebens« darstellen, und Wasser, das Meer der Glückseligkeit, dürfen nicht fehlen. Diese Gärten sind ein Abbild des Landes der Seligkeit.

Als »das heilige Gebiet größter Freude« wird die Vagina beschrieben, wobei »größte Freude« eine Anspielung auf das Paradies ist, in das auch der gläubige Buddhist zu kommen hofft.

Langlebigkeit, Gott der
shou-hsing 壽星

Der Gott des Langen Lebens (*shou-hsing*) tritt auf vielen Glückwunschbildern als ein verhältnismäßig großer Mann auf, schlank, mit langem weißen Bart und überlangem Schädel, meist unbehaart. In der einen Hand hält er einen → Pfirsich, Sinnbild des Lebens, und in der anderen einen Stock aus knorrigem Holz. Er wird oft von einem Dienerknaben begleitet. Nach einer Legende lebt er in einem Palast am Südpol, umgeben von einem großen Garten mit duftenden Kräutern, in dem sich auch das Kraut der

Drei Zeichen für Langlebigkeit

→ Unsterblichkeit befindet; er wird dann häufig Nan-chi shou-hsing (Unsterblicher des südlichen Scheffels) genannt.
Er ist eine → Gestirnsgottheit. Sein Antipode ist der Unsterbliche des Nordpols, auch »Gott des nördlichen Scheffels« genannt. Der Süden ist nach der kosmologischen Symbolik der Chinesen die Gegend des Lebens, der Norden hingegen die Region des Todes. Daher die Auffassung, daß, wenn »der Alte des Südscheffels« erscheine, im Reich der Mitte Frieden herrsche. Man opfert ihm, um langes Leben und damit zusammenhängend Gesundheit und Glück zu erlangen.
Der Gott des Langen Lebens ist auf chinesischen, auch auf japanischen Bildern nicht von ungefähr → kahlköpfig dargestellt; sein Schädel ähnelt dem Penis, der ja auch ein Symbol des Lebens ist. Attribute der Langlebigkeit werden dem »Alten« beigegeben: der Pfirsich, den er oder ein ihm folgender Knabe in Händen hält, der → Hirsch, auf dem er reitet, oder der → Kranich, der ihn durch glückbringende → Wolken trägt.
Ebenfalls eine Symbolgestalt des Langen Lebens ist → P'eng-tsu, der chinesische Methusalem.
Als »Gemüse des langen Lebens« wird in Taiwan der Spinat bezeichnet und darum zu → Neujahr gegessen: erst den oberen Teil, dann die Stengel (siehe auch → Nudeln).

Gottheit der Langlebigkeit mit Pfirsich des Langen Lebens

Lao-tse 老子

Der legendäre Gründer des Taoismus soll späterer Tradition zufolge 604 v. Chr. geboren sein. Dies wird heute allgemein abgetan, ja einige bezweifeln auch, daß das Tao tê ching (»Das Buch vom Tao und seiner Wirkkraft«) von Lao-tse verfaßt ist. Seinen eigentlichen Namen kennt man nicht; erst spätere Tradition hat ihm den Namen Li Tan verliehen; Lao-tse bedeutet nur »Alter Meister«. Im chinesischen Mittelalter kam die Legende auf, daß er am Ende seines Lebens China verlassen habe und nach dem Westen geritten sei. Man schloß daraus, daß Lao-tse nach Indien gekommen und dort als → Buddha wiedergeboren sei – eine typisch anti-buddhistische Legende, die von Buddhisten heftig bekämpft wurde.

Das ihm zugeschriebene Buch Tao tê ching ist durch neue Funde bereits für das 2. Jahrhundert v. Chr. belegt, die rekonstruierten Texte sind beinahe völlig identisch mit dem heutigen Text. Trotzdem können wir den eigentlichen Sinn der in einfacher, prägnanter Sprache geschriebenen 81 Abschnitte noch nicht ergründen, und die außerordentlich zahlreichen Übersetzungen in westliche Sprachen sind immer nur als Versuche zu verstehen, im Buch einen bestimmten Sinn zu finden. Neuerdings wurde vermutet, daß das Buch ein Ritualtext gewesen sei, der nur Stichwörter enthält, während der Lehrer dem Studenten

Lao-tse auf dem Wasserbüffel

genauere Erklärungen mündlich abgab.

Im Tao tê ching ist nicht von persönlichen Gottheiten die Rede; das Tao erzeugt die → Eins, daraus entsteht die → Zwei, diese Zwei bringt die → Drei hervor, aus der sich alle Dinge entwickeln (vgl. Abschnitt 42). Das Tao ist das bestehende Weltgesetz wie auch der

Lao-tse übergibt dem Paßwächter das Tao tê ching

Weltlauf. Das Tao gleicht dem Wasser: geheimnisvoll und tief, nach unten fließend, keinen Widerstand leistend, aber auch keinen brechend.

Das Ethos des »Berufenen« hat, über einen Zeitraum von rund 2500 Jahren hinweg, auch auf den Westen stark eingewirkt: »Wahre Worte sind nicht schön / schöne Worte sind nicht wahr . . . Der Berufene häuft keinen Besitz auf / Je mehr er für andere tut / desto mehr besitzt er« (übers. R. Wilhelm).

In chinesischen Legenden wird Lao-tse fälschlich mit dem Gelben Alten in Zusammenhang gebracht, der mit anderen vier die Welt geschaffen; seine bekannteste Menschwerdung ist die, wonach ihn seine Mutter → zweiundsiebzig Jahre lang unter dem Herzen und ihn dann aus der linken Achselhöhle geboren habe; von Anfang an habe er weiße Haare gehabt und viele Zauberkünste erlangt, durch die er sein Leben verlängert habe. Auf einem schwarzen → Wasserbüffel (oder → Rind) sei er nach Westen geritten, und als er an den Han-ku-Paß gekommen, habe er den Grenzwächter die Kunst des Langen Lebens gelehrt und ihm seine Lehre in fünftausend Worten hinterlassen, die der andere niedergeschrieben und dann ebenfalls ein → Unsterblicher geworden sei.

Bilder von Lao-tse zeigen ihn als bärtigen alten Mann, Sinnbild der → Langlebigkeit. Häufig reitet er, der Legende getreu, auf seinem Wasserbüffel.

Seine taoistischen »Nachfolger« sind Einsiedler und Priester gewesen, die über das Tao nachgesonnen und, dem Volksglauben nach, daraus übernatürliche Kräfte gewonnen haben: sie konnten mittels der → Unsterblichkeitsdroge ihr Leben verlängern, auf Wind und Wolken reiten, sich an verschiedenen Orten zugleich aufhalten. Mit Lao-tse und seiner Lehre hatte das nur noch wenig zu tun.

Laterne
teng 燈

Laternen und Lampen aus unterschiedlichen Materialien und in den verschiedensten Formen, zylindrisch, kubenförmig, ballähnlich, sind schon seit früher Zeit belegt. In vietnamesischen Gräbern wurde eine Lampe in Gestalt eines knieenden Mannes und eine andere in Gestalt eines Baumes gefunden; ihr Alter wird auf 2000 Jahre geschätzt.

Lampen sind heute ein Fruchtbarkeitssymbol. In der Provinz Yünnan stellte man eine Lampe unter das Hochzeitsbett, die den Namen »Kinder- und Enkellampe« trug, dazu andere Lampen zu beiden Seiten, je eine für Bräutigam und Braut; sie hießen »Durch-die-Nacht-brennende-Lampen« und deuteten ein langes Eheleben an, wenn sie zur gleichen Zeit verlöschten. In anderen Gegenden wurde eine Laterne unter dem Bett einer Schwangeren aufgehängt. Im Buddhismus bedeutet das Licht die Erleuchtung und die Erkenntnis.

Laternen sind Wegweiser für den erwarteten Gast, wie auch für die → Seelen der Verstorbenen. Zu besonderer Bedeutung kamen sie beim sog. Laternenfest, dem 15. Tag des ersten chinesischen Monats. Es war zugleich das Ende des Neujahrsfestes, und die Seelen der Ahnen, die zu Besuch gekommen waren, wurden wieder in die andere Welt geleitet: überall hing man Laternen aus Papier und Flechtwerk auf.

Am 7. Tag des 7. Monats war in manchen Gegenden, so in der Provinz Yünnan, ein zweites Laternenfest; dann stellte man lotosförmige Laternen an den Wegen auf oder

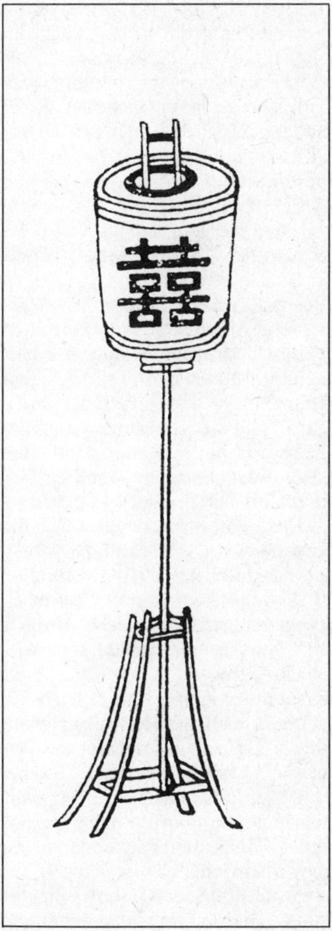

Hochzeitslaterne

ließ Lämpchen auf dem Wasser schwimmen. Dahinter stand folgendes: In den ersten 15 Tagen des 7. Monats dürfen die Seelen von Menschen, die keine Angehörigen mehr haben oder die fern von den Verwandten in der Fremde gestorben sind, auf die Erde zurückkehren; da sie sehr hungrig sind, weil kein Familienangehöriger ihnen opfert, sind sie in Versuchung, die für andere gedachten Opfer aufzuessen. Also stellte man eigens für sie bestimmte Opfergaben hin, die von der Gemeinde bezahlt wurden, und geleitete sie dann am 15. Tag beim Schein der Laternen wieder zurück in die Unterwelt.
Besonders beim ersterwähnten Laternenfest wetteiferten die einzelnen Familien um die schönsten Laternen; sie waren zum Teil so kunstvoll, daß sie sich - dank der durch das Licht erzeugten Hitze - auch im Kreise drehen konnten, Pferdchen etwa oder tanzende Kinder. Gelehrte machten dazu »Laternengedichte« und schrieben sie auf die Umwandung, um dann zu sehen, ob Passanten sie auch verstünden. Erst wenn das Laternenfest nach zweiwöchiger Neujahrsfeier vorüber war, kam das gewohnte Leben wieder in Gang.
Frauen sagte man nach, daß sie gerne unter Laternen entlangliefen, in der Hoffnung, fruchtbar zu werden: man brachte hier *teng,* Laterne, und das lautähnliche *ting,* »militärpflichtiger Sohn« vermutlich zusammen. »Die Laterne anzünden« (*tien teng*) kann ebenfalls so klingen, als bedeute es »einen → Sohn hinzufügen (zu den schon vorhandenen)« - *tien ting.*

Leber
kan 肝

Die Leber gehört nach alter Lehre zu den → fünf Eingeweiden (*tsang*), die ihre Entsprechung in den sieben Körperöffnungen haben: »Die → Augen ermöglichen das Weinen und einen klaren, Blick, als Öffnungen entsprechen sie der Leber, zu der wiederum das → grüne Farbemblem gehört« (Marcel Granet).
Die Leber galt aber auch als Sitz des Mutes. Diese Vorstellung war früher so wirksam, daß Männer versucht haben, die Leber eines hingerichteten Verbrechers zu essen, um an seinem Mut teilzuhaben. »Herz und Leber« ist der zärtliche Anruf an den Geliebten.

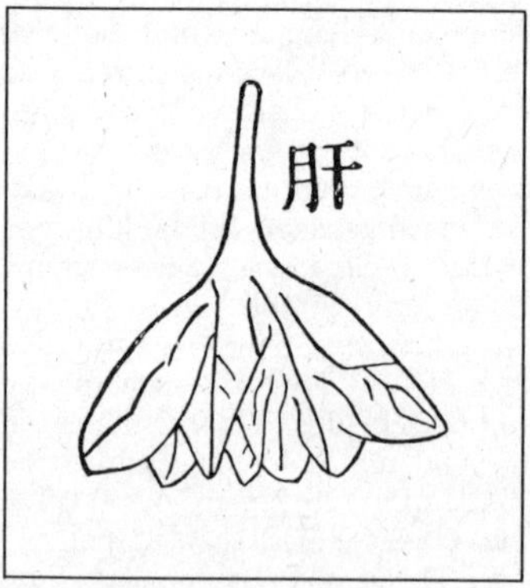

Darstellung einer Leber

Leopard
→ Panther

Li T'ieh-kuai
李鐵拐

Li mit der eisernen Krücke ist einer der acht → Unsterblichen. Er wurde lahm, als er einmal im Schlaf seine → Seele umherwandern ließ. Seine Jünger glaubten, er sei tot und verbrannten den Körper. Als Li heimkehrte und seinen Körper nicht wiederfand, suchte er nach einem passenden Körper und ging in den eines kranken Bettlers ein. Seitdem hat er dessen lahmes Bein. Einer anderen Überlieferung nach wollte sich seine Schwägerin von der in den Bergen erlernten magischen Kunst selbst überzeugen; er gebot ihr zu schweigen, streckte ein Bein unter den Herd und zündete damit ein Feuer an, um den Reis zu garen. Die Schwägerin brach jedoch das Schweigegebot, fragte ihn nach dem Bein – und seither ist es gelähmt.

Lis Symbol ist die Kalebasse oder der → Flaschenkürbis, aus dem eine → Fledermaus entweicht. → Hsi-wang-mu selbst, so heißt es, habe ihm ein Geschwür am Bein geheilt und ihn die Kunst gelehrt, unsterblich zu werden.

Li T'ieh-kuai mit Flaschenkürbis und Fledermaus.

Lila
tz'u 紫

Lila oder purpurfarben ist häufig mit dem → Himmel und dem → Kaiser verbunden; so heißt der Herrscherpalast »Purpurnes Gebiet«. Auf der Bühne sind Helden mit einem lila Gesicht (ähnlich wie solche mit einem roten Gesicht) loyale, ruhige → Beamte. Heute drückt lila Traurigkeit und Selbstbedauern aus. »Wagen des lila Flusses« bedeutet die Plazenta.

Lilie
pai-ho 百合

Die Tageslilie (Hemerocallis) gilt als die Pflanze, die einem die Sorgen vergessen macht. Sie wird auch → Sohnbringer genannt und darum einer jungen Frau bei der → Heirat oder am Geburtstag geschenkt.

Die alte Sitte der Fußverkrüppelung soll der Legende nach auf den letzten Kaiser der Ch'i-Dynastie zurückgehen, der eines Tages über die → Schönheit einer seiner Nebenfrauen in Verzückung geriet: »Jeder Schritt läßt eine Lilie aufblühen.« Von diesem Ausspruch rühre das geflügelte Wort von der »Goldenen Lilie« her, die später für den künstlich verkleinerten Frauenfuß gebraucht wurde. Die Sitte selbst fand erst Ende der T'ang-Zeit (618–906) weitere Verbreitung.

»Schwertlilien« *(po-ho)*, die zu den Iridaceen gehören, wehren böse → Geister ab, besonders am 5. Tag des 5. Monats. An diesem Tag hing man Schwertlilien an der Tür auf. Wer sie ißt, verlängert damit sein Leben.

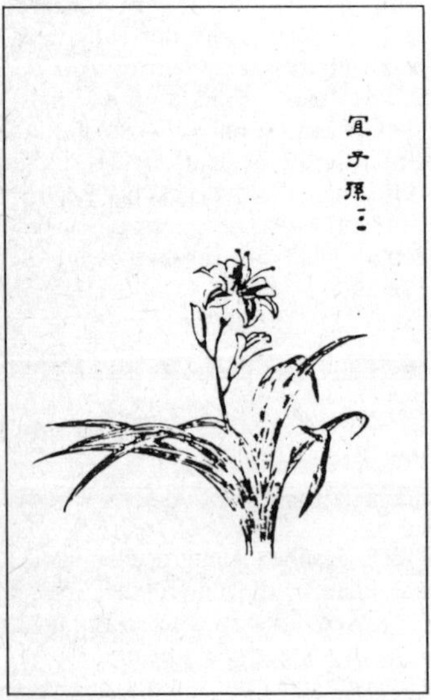

Taglilie

Links und Rechts
tso-yo 左 右

In China wird der Gegensatz zwischen Rechts und Links alles andere als ein absoluter aufgefaßt; so wenig, wie auch → *yin* und → *yang* Gegensätze bilden. Chinesen sind zumeist, wie auch wir, Rechtshänder; trotzdem schätzen sie in gewisser Weise die Linke. Das hängt mit der kosmologischen Orientierung zusammen. Die traditionelle Position des → Kaisers als des Herrschers der Menschen war, daß er bei Empfängen mit dem Gesicht nach Süden gewandt stand. Dann ist Osten der Ort, wo die Sonne aufgeht, links, und Westen, wo die Sonne stirbt, rechts. Die Linke ist der Platz des Fürsten; daher ist sie auch – und mit ihr der Osten – die geehrte Seite. Bei chinesischen Minderheiten geht der Blick des Herrschers nach Osten, die aufgehende Sonne begrüßend. Dann ist Süden (rechts) der Platz, wo die Kraft am stärksten ist und Norden (links) der schwächste Platz. Von diesen verschiedenen Vorstellungen aus, die auch die → Geomantik betreffen, ist die Entscheidung »links oder rechts« oft nicht eindeutig zu treffen. Die chinesische Geschichte kennt verschiedene Regelungen: So war im Altertum der rechte Minister des Kaisers höher im Rang als der linke, aber vom 3. Jahrhundert n. Chr. an sind alle linken → Beamten höhergestellt als die rechten. Bei sich zu Hause (vgl. → Halle), sitzt der Hausherr im Osten (links), seine Frau im Westen (rechts), aber in der Nacht nimmt sie die linke Seite ein und er die rechte. Da ihre Matte unmittelbar vor der dem Sonnenuntergang zugewandten Hauswand liegt, verbleibt ihre Lage im Westen. Auf der Straße soll der Mann rechts, die Frau links gehen, weil die Straße *»yin«* (das weibliche Element) ist, wie auch die Frau. Auf Massenszenen, die Gottheiten darstellen, sind die männlichen auf der rechten Bildseite, die weiblichen auf der linken dargestellt; bei Tibetern jedoch ist es umgekehrt. Den chinesischen Mohammedanern gilt die linke Hand als die unreine Hand. Jungen wurde früher beigebracht, beim Gruß die rechte Hand unter der linken (die dem *yang* entspricht) zu verbergen; und den Mädchen entsprechend, beim Gruß die linke Hand unter die rechte zu legen. Beim Schwur durch Handschlag oder dann, wenn man Freundschaft schließt, bietet man stets die rechte Hand dar. Berichte über Linkshänder sind in China nicht zahlreich, sie werden auch deutlich als »Abweichler« beschrieben.

Litschi
li-chih 荔枝

Litschi ist eine Frucht Südchinas, mit weißem Fruchtfleisch und braunem, ziemlich großem Kern. Als Dessert wird sie auch, in Konservenform, nach Europa und Amerika exportiert. In Nordchina legt man getrocknete Longans und Litschi-

Früchte in der Schale: Litschi, Lotoswurzel und Wassernuß

zweige unter das Brautbett, als Kindersegenswunsch. Zusammen mit der Wasserkastanie drückt sie den Begriff »schlau« (*ling-li*) aus.

Liu Hai 劉海

Liu Hai ist eine Gottheit, öfters dargestellt als jüngerer → Mann, der auf einer dreibeinigen → Kröte steht und eine Schnur mit → Geldstücken um sich schwingt. Die Legenden um ihn sind sehr verschieden. Nach einer diente er der Chin-Dynastie und wurde als Fünfzigjähriger Minister. Dann traf er zwei Heilige, die sich von ihm eine Münze und zehn Eier geben ließen. Sie türmten die Eier, eines über das andere, auf dem Geldstück auf, und als Liu Hai das für ziemlich riskant hielt, sagten sie ihm, das sei keineswegs gefährlicher als sein Fürstendienst. Das brachte ihn zu höherer Einsicht, und er wurde zum Taoisten. Liu Hai wird als ein immer hilfreicher Heiliger angesehen.

Liu Hai mit Geldschnur

Liu-lang 劉郎

»Der junge Liu« bezeichnet einen jungen → Mann, der gerne sein erstes Erlebnis haben will. Dies bezieht sich auf den Mann einer Legende, der sich in den Bergen verlief und zu einer wunderbaren → Pfirsichblütenquelle kam.

Lo-han 羅漢

Den acht → Unsterblichen des Taoismus entsprechen in gewisser Weise die 18 Lo-han (Arhats) des Buddhismus. Eigentlich sind es fünfhundert Schüler → Buddhas, die selbst einmal Buddha werden können, und in einigen Tempeln wurden Statuen aller fünfhundert aufgestellt. Meist spricht man jedoch von 18 Lo-han, d. h. 16 hinduistischen Ursprungs und zwei chinesischer Provenienz: der Legende nach ziehen sie über das Meer und jedem von ihnen ist, entsprechend den acht Unsterblichen, ein bestimmtes Attribut zu eigen; z. B. hat der erste, Pin-tu-lo, ein Buch auf den Knien, und der letzte, Po-lo-t'o-shê, reitet auf einem Tiger.

Bei den nichtchinesischen Yao in Südchina bedeutet Lo-han einfach »junger Mann«.

Der 13. Lo-han Ba-na-ta-ka

Löffel 匙
shih

In den Eßregeln des Li-chi (»Buch der Riten«) steht wohl etwas über den Gebrauch der → Eßstäbchen und auch den der - vorher gewaschenen - Hand; vom Löffel ist nicht die Rede.
Die einzige Frau unter den → Unsterblichen, → Ho Hsien-ku, hat als Attribut einen Bambuslöffel. Wie auch anderes Küchengerät war er früher aus → Bambus, heute sind Porzellanlöffel gebräuchlich.
»Löffel und Pfanne« nennt der Volksmund Penis und Vagina.

Löwe 獅子
shih-tse

Der chinesische Name des Löwen (*shih*) entstammt dem Persischen (*sir*). Erst durch Gesandte aus Westasien lernten die Chinesen das Tier kennen. Jene Diplomaten brachten als Geschenke unter anderem Löwen mit, die in kaiserlichen zoologischen Gärten gehalten wurden. Später, in der T'ang-Zeit (618–906), als chinesische Armeen bis ins Herz Asiens vordrangen, mögen sie auch Löwen in Freiheit gesehen haben.
Der Löwe, der auf Bildern und als Skulptur dargestellt wird, hat wenig Ähnlichkeit mit dem lebenden Löwen, obwohl er im Volksleben eine bedeutende Rolle spielte. Er wird in

Löwe mit Ball (Steinabreibung)

der Sung-Zeit als »König der Tiere« bezeichnet, wie auch in der westlichen Literatur; in einem Roman des 17. Jahrhunderts, als »himmlisches Tier«. Er ist das Reittier des Manjuşri (Wen-shu), des Boddhisattva der Weisheit.
Am häufigsten finden sich, analog zum → Drachen, zwei steinerne Löwen als Wächter vor Amtsgebäuden und Tempeln. Der rechte Löwe ist männlich, der linke weiblich. Unter der linken Pfote des männlichen Löwen ist ein gestickter → Ball, unter der rechten Pfote des weiblichen ein Löwenbaby. Je nach dem Rang des Beamten haben die Löwen vor seinem Amtsgebäude eine größere oder kleinere Anzahl von Beulen auf dem Kopf. Der linke Löwe kann auch das Amt des T'ai-shih (Größter Meister), eines der höchsten Ämter im Staat, der rechte das des Shao-pao (Kleinerer Beschützer, ebenfalls ein hohes Amt im kaiserlichen China) symbolisieren. Solche Löwentorwächter sind schon aus dem 3. Jahrhundert n. Chr. belegt. Einer Überlieferung

Der alte und der junge Löwe

nach enthält der gestickte Ball das Löwenjunge wie in einem Ei; nach einer anderen ist es kein Ball, sondern eine große Perle, mit der der Löwe zur Beruhigung seines Temperaments spielt. Aber der Ausdruck »der Löwe wirft den gestickten Ball« bedeutet Beischlaf.

Am bekanntesten ist der »Löwentanz«, der meist mit dem → Laternenfest am 15. Tag des 1. chinesischen Monats verbunden ist. Dieser Tanz scheint in der T'ang-Zeit aus Westasien nach China gekommen zu sein. Damals trugen Akrobaten Löwenmasken aus Holz und einen Schwanz aus Fäden. Die Augen der Löwen waren golden, die Zähne silbern. Ihr Tanz wurde von Musikern begleitet. Heutzutage tritt meist nur ein Löwe auf, der beim Tanz die Straßenläden bedroht und nur durch das Werfen von Münzen besänftigt werden kann. »Löwengebrüll in Ho-tung« beschreibt einen Pantoffelhelden (Ho-tung ist ein Ortsname).

Darstellungen von Männern, die auf Löwen reiten, beziehen sich fast immer auf Szenen aus dem klassischen Roman Feng-shen yen-i, »Die Metamorphosen der Götter«.

Loquat 枇杷
p'i-p'a

Loquat ist die kleine, gelbe Frucht eines Baums, der auch in Amerika als Zierstrauch angepflanzt wird, aber die Früchte werden dort nur von wenigen gegessen. Die Frucht heißt auch *p'i-p'a*, da ihre Form an die *p'i-p'a*, eine → Mandolinenform, erinnert. Sie ist, weil sie bald im Frühling reif wird, ein Glückssymbol.

»Loquattore und -gassen« sind Freudenhäuser. Junge → Gelehrte, heißt es einmal, »rannten unter die Blüten der Loquat«, d. h, sie besuchten berühmte Freudenmädchen.

Lotos
lien-hua oder *ho* 蓮花

Der Lotos (Lotus, Seerose) ist eine der wichtigsten Pflanzen Chinas, wohl durch den Buddhismus zu dieser Bedeutung gekommen: Lotos kommt aus dem Schmutz(-Wasser), aber wird nicht beschmutzt: er ist innen leer, aber außen gerade. Er hat keine Zweige, duftet aber. Er ist das Symbol der Reinheit und eine der → acht buddhistischen Kostbarkeiten.

Lotos hat zwei Namen, *lien* oder *ho*. *Lien* ist lautgleich mit *lien,* verbinden, d. h. ehelich verbinden, und auch »hintereinander, ununterbrochen«. *Lien* ist aber auch lautgleich mit *lien,* lieben und mit *lien,* Bescheidenheit. So gibt es unzählige Varianten von Lotosdarstellungen; z. B. bedeutet ein Knabe mit einem Lotos in der einen Hand und der → Mundorgel (*sheng*) in der anderen: »Ununterbrochen (sozial) aufsteigen (*sheng*)«. Eine Lotosblume mit Blatt und Knospe wiederum bedeutet »vollständige Vereinigung«. Eine → Elster (*hsi*), die auf dem Fruchtboden eines abgeblühten Lotos sitzt und Samen (*ko*) pickt, bedeutet »mögest du die Freude (*hsi*) haben, eine Prüfung (*ko*) nach der anderen (*lien*) zu bestehen«; ein Knabe mit einem → Karpfen (*yü*), neben ihm ein Lotos (*lien*), bedeutet »mögest du jahraus, jahrein (*lien*) Überfluß (*yü*) haben«, und viele ähnliche Wünsche. Im Buddhismus bedeuten Frucht, Blüte und Stengel des Lotos Vergangenheit, Jetztzeit und Zukunft. Die »Schutzhaut« des Buddha (*pao p'i,* d.i. Vorhaut) soll wie eine Lotosblume gewesen sein.

In einem chinesischen buddhistischen Text heißt es von der Tochter eines Heiligen: »Wohin ihr Fuß trat, sprossen Lotos auf.« Ein Kaiser Südchinas um 500 n. Chr. »inszenierte« das, indem er Lotosblüten ausschneiden und seine Lieblingsfrau darauf tanzen ließ. Nach anderer Version war es ein Teppich, auf dem die Lotos als Muster erschienen. Um gut tanzen zu können auf den kleinen Blüten, banden die Frauen ihre Füße zusammen, so daß der bekannte »Krüppelfuß« der Chinesen entstand (so sagt die Überlieferung). Er war ein Objekt

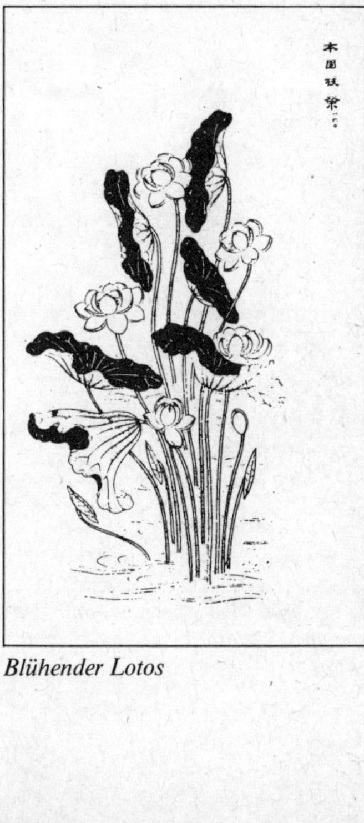

Blühender Lotos

sexuellen Reizes für den Mann, seit etwa 900 n. Chr. wird er erwähnt und wurde erst Ende des vorigen Jahrhunderts abgeschafft. Heute sieht man nur noch sehr alte Dorffrauen mit diesen gebundenen Füßen, die poetisch »gebogener Lotos« genannt wurden.

Lotos (*ho*) steht für den Begriff »Einheit«, daher sind zwei Lotos bzw. Blatt und Blüte, die aus einem Stengel wachsen, »gemeinsames Herz und Harmonie«. Der Lotossamenstock mit seinen vielen Samen deutet Fruchtbarkeit an.

Ein Sinnbild der Liebe ist auch die Zusammenstellung von Lotos (Mädchen) und → Fisch (junger Mann). Die rote Lotosblüte ist ein Symbol des weiblichen Geschlechtsteils, der Stengel des männlichen.

Lotos mit Wunschschale und Unsterblichkeitskraut: Eintracht nach Wunsch

Im Tantrismus Tibets ist der Donnerkeil (*vajra*) das männliche Symbol, wenn er zusammen mit dem Lotos erwähnt wird. Kurtisanen hatten häufig den Namen »roter Lotos«. Wenn ein Mann sagt, er habe das Glück, »eine Lotosblüte mit doppeltem Stil zu treffen«, meint er, daß er eine frühere Geliebte wiedergetroffen hat.

Die blaue (*ch'ing*) Lotosblüte steht für Sauberkeit (*ch'ing*) und Bescheidenheit. Lotos ist auch ein Symbol der Unsterblichen → Ho Hsien-ku, während das Bild eines Mannes im Boot, umgeben von Lotos, den Schriftsteller und Philosophen Chou Tun-i (1017–1073) darstellt, der Lotos ganz besonders liebte.

Wenn das Wort »Lotos« in Männernamen auftritt, deutet es eine Beziehung des Mannes zum Buddhismus an; als Bestandteil von Frauennamen drückt es den Wunsch aus, daß die Frau rein und ehrbar sei.

Ein Lotospäckchen (*ho-pao*) ist ein Portemonnaie aus Seide, das geisterabwehrend wirkt, aber ein »kleines Portemonnaie« bezeichnet die Vagina. Portemonnaie mit einem Goldfisch zusammen symbolisiert den Wunsch, »mögest du Gold (Goldfisch) im Überfluß (*yü,* Fisch) in einem Portemonnaie haben«.

In Peking sagte man, daß der Lotos am 8. Tag des 4. chinesischen Monats blühe, dem Tag der Geburt → Buddhas. Der 8. Tag des 1. chinesischen Monats ist der »Tag des Lotos«. Wenn eine Frau an diesem Tag näht, bekommt sie → Menstruationsbeschwerden.

Lü Tung-pin 呂洞賓

Lü ist einer der acht → Unsterblichen, und sein Symbol ist ein dämonentötendes → Schwert. Er ist der wichtigste der acht, von dem sehr viele Erlebnisse berichtet werden. Er soll in der T'ang-Zeit gelebt haben, nach anderen in der Sung-Zeit. In zwei Volksromanen beweist er in zehn Prüfungen seine Macht. Die bekannteste: er trank einmal in einem Weinhaus, ohne zu bezahlen. Statt dessen malte er an die Wand des Lokals zwei tanzende → Kraniche. Sie wurden so berühmt, daß der Schankwirt mehr Kundschaft bekam und viel verdiente; aber die Kraniche lösten sich von der Wand und flogen weg, als die Schuld abbezahlt war.
In einer ähnlichen Geschichte verwandelt er einen gewöhnlichen Brunnen für einige Zeit in einen Brunnen voller Wein. Er trinkt mit einem Mann, und während der Schankwirt den Wein erwärmt, läßt er den Freund im Traum sein ganzes Leben durchleben (»Traum der gelben Hirse«).
Er flirtet mit → Ho Hsien-ku, die dann eine der Unsterblichen wird. Er wird von der Hure »Weiß-Päonie« verführt, d. h. er »besiegt« sie in einem langen Liebeskampf. In einer der Auseinandersetzungen der Sung-Kaiser gegen die fremde Liao-Dynastie, die Teile in Nordchina beherrschte, tritt er auf die Seite der Liao, während → Li T'ieh-kuai, ein anderer der acht Unsterblichen, auf seiten der Chinesen stand. Schließlich gilt er als Schutzpatron der Friseure.

Lü Tung-pin mit dem Schwert

Ma-ku 麻姑

Eine Fee, die einen Stab aus Bambus trägt, an dem ein Korb hängt, und deren Begleitknabe einen → Pfirsich trägt. Oft hat sie ungewöhnlich lange Nägel, die sie zum Kratzen ihres Rückens verwendet, und einen Haarknoten oder aber bis zur Taille herabwallende Haare. Sie wird auch als Begleiterin der → Hsi-wang-mu dargestellt. Ihre Legenden

Ma-ku mit dem Pfirsich

sind zahlreich. Zur Zeit des Kaisers Hsiao (147–168 n. Chr.) habe sie gelebt, und während eines Gelages sei dem Hausherrn immer wieder in den Sinn gekommen, wie schön es sein müsse, von den langen Fingernägeln gekratzt zu werden, wenn einem der Rücken jucke. Er sei für solchen frevlerischen Gedanken mit einer unsichtbaren Peitsche gestraft worden, aber die Redensart hat sich von daher erhalten: »So entzükkend, als wenn man von Ma-ku gekratzt würde.« Selbst der große T'ang-Dichter Li T'ai-po hat die Anspielung poetisch verwendet.

Tempel für Ma-ku gab es in vielen Teilen Chinas, auch Berge und Höhlen, die nach ihr benannt wurden. Ihr Besuch gilt als glückbringend. Darum werden Bilder von ihr mit den Attributen »Pfirsich der Langlebigkeit«, der Korb mit → Blumen oder Wunderpilzen angefüllt, als Geburtstagsgeschenk mitgebracht.

Ihre langen Nägel haben angeblich zu dem → Rückenkratzer geführt, der, aus Holz geschnitzt, noch bis in die Gegenwart viel benutzt wurde.

Ma-tsu 媽祖

Ma-tsu ist eine Göttin, die vor allem an der Küste Süchinas verehrt wird. Ihre Begleiter sind »Tausend-Meilen-Auge« (Ch'ien-li yen) und »Dem Wind folgendes Ohr« (Shun-feng erh), die sie auf dem Pfirsichblütenberg einfing und die ihr helfen, in Seenot befindliche → Fischer zu retten. Am 14. April 1960 wurde in ihrem Tempel in Peikang (Taiwan) ihr 1001. Geburtstag gefeiert (eigentlicher Tag ist der 19. April 901). Ihr Kult verbreitete sich entlang der Küste und entlang der größeren Ströme, sogar bis nach Kalifornien und Brasilien. Als Göttin wird Ma-tsu die »Himmelskaiserin« (*t'ien-hou*) genannt.

Ma-tsu im Tempel von Chang-hua (Taiwan)

Mäander 廻紋
hui-wen

Dieses Ornamentband, das noch heute viel auf Teppichen und sonstigen Randverzierungen vorkommt, tritt schon in der neolithischen Keramik Chinas auf. Die Darstellungen wechseln stark. Oft besteht das Muster aus ineinander geschachtelten → Quadraten. Da das Muster dem Schriftzeichen »zurückkehren« (*hui*) ähnelt, symbolisiert das Muster »Wiedergeburt«. Eine ähnliche Figur ist das *hui-hui-chin,* das als Grundmuster zwei miteinander verschränkte Quadrate aufweist (*chin* heißt Brokat oder auch einfach Webmuster). Eine Verwandtschaft besteht auch zu dem → Hakenkreuzornament.

Mäandermuster

Mädchen 女孩
nü hai

Die traditionelle Rolle der jungen Mädchen und auch der Frau drückt sich in den Bräuchen bei der → Geburt, bei → Namensgebung, beim unterschiedlichen Ansehen der → Kinder und schließlich beim Jahresfest des »Siebenabends« aus. Eigentlich ist dieses am 7. Tag des 7. Monats begangene Fest, das der mythischen → Weberin; die Mädchen mußten bei Mondenschein üben, die Nadeln richtig einzufädeln, und wenn es ihnen gelang, bedeutete es das Wohlwollen der Göttin und Geschicklichkeit in allen Handarbeiten.

Zahlreich sind die Vergleiche junger Mädchen mit → Blumen; → Granatapfel, → Kürbis, → Orchidee, → Päonie, → Pfirsichblüte, → Pflaume sind besonders bevorzugte Symbole.

Aus der Tierwelt werden → Frosch, → Papagei und → Pferd herangezogen; → Rot und → Grün sind weitere Zeichen ihrer sich entfaltenden → Schönheit.

Das Heldenmädchen → Mu-lan wurde ihnen früher als Vorbild an Pietät (→ *hsiao*) entgegengehalten; das Leitbild des kämpferischen, ja

Mädchen im Frühling

heroischen Mädchens hat sich bis in die Motive der Pekingoper, populärer Comics und nationaler Kriegsfilme bis heute erhalten.
→ Schaukeln

Magier

→ Amulett, → Astrologie, → Flaschenkürbis, → Okkultismus, → Schwert

Magnolie 木蘭
mu-lan

Die Magnolie, die in China seit alters her in vielen Baum- und Straucharten angepflanzt wird, stand anfangs nur dem → Kaiser zu. Gelegentlich verschenkte er Magnolienstöcke als besondere Auszeichnung. Knospen, Früchte und auch das Holz wurden früher als Heilmittel, z. B. gegen Bleichsucht, verwendet. Hou Po heißt eine Magnolienart aus Szu-ch'uan, die eine chinesische Medizin mit stark belebender Wirkung liefert. Die Rinde, welche die meisten Wirkstoffe enthält, wird in die ganze Welt exportiert.

Die Magnolienblüte symbolisiert eine → schöne Frau. Oft wird sie mit der → Päonie verwechselt. Im Volksmund heißt sie »Blume des nächtlichen Zusammenseins« (*yeh-ho hua*). Die Bezeichnung *mu-lan* ist auch der Name eines berühmten Heldenmädchens, das für seinen Vater in den Militärdienst eintrat und dort Karriere machte (→ Mu-lan).

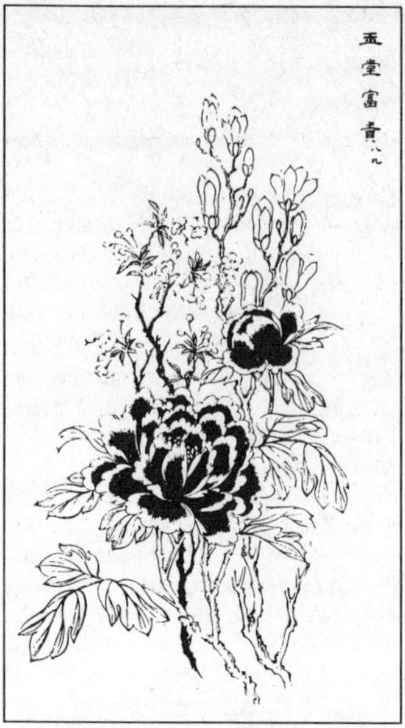

Magnolie, Päonie und wilder Apfel

Mandarine 柑
kan

Wie die anderen Zitruspflanzen sind auch Mandarinen ursprünglich in China und Südostasien beheimatet. In Taiwan bekommt die Braut, wenn sie in das Haus ihres zukünftigen Mannes tritt, zwei Mandarinen, die sie am Abend abpellt. Dies soll langes Leben des Paares bedeuten. Eine »Himmelsmandarine« (*t'ien-kan*) ist ein mit Nägeln besetzter → Ball, den Schamanen bei ihren Zeremonien benutzen.

Mandarinente 鴛鴦
yüan-yang

Die aus Ostasien stammende, in Europa häufig in Parks gehaltene Madarinente ist eine Entenart, die paarweise zusammenlebt und den Partner nie wechselt. Sie stellt als Pärchen eine gute Ehe dar, und wenn die eine eine → Lotosblüte, die andere eine Lotosfrucht im Schnabel hält, deutet dies die Geburt eines → Sohnes an.
»Mandarinenten-Vorhänge« und »Mandarinenten-Bettdecken« verzieren Ehebetten. »Mandarinenten-Kopfkissen« sind häufig aus Porzellan und mit Enten bemalt, ebenfalls ein Geschenk für das Ehepaar.

Mandarinenten mit Lotus

»Mandarinenten im Tau« bezeichnet ein unverheiratetes Liebespaar, und »Mandarinenten-Vereinigung« ist eine der dreißig Beischlaf-Positionen.

Mandoline 琵琶
p'i-p'a

Die Laute oder Mandoline stammt vermutlich aus dem Iran. Von asiatischen Schamanen wird sie nicht selten bei ihren Beschwörungen gebraucht. Wohl wegen ihrer verwandten Form wird die gelbe Frucht → Loquat ebenfalls *p'i-p'a* genannt: ein Glückssymbol und wohl auch ein Symbol der Liebe.
Trägt auf einem Bild eine Frau eine große Mandoline, reitet sie zudem auf einem Schimmel und ist mit Winterkleidung ausgerüstet, so handelt es sich um die Chao-chün. Sie war eine der vielen Nebenfrauen eines → Kaisers der Han-Zeit. Als der Kaiser laut Friedensvertrag dem im Norden Chinas lebenden Hsiung-nu eine Prinzessin geben mußte, ließ er vom Maler Mao alle Haremsdamen malen. Die Frauen bestachen den Maler, so daß er sie alle als berückende Schönheiten darstellte. Nur die bescheidene Chao-chün tat dies nicht, ihr Bild zeigt eine häßliche Dame. Der Kaiser erwählte sie daher als Prinzessin und sandte sie den Hsiung-nu, wo sie eine der Frauen des Herrschers wurde. Später erkannte der Kaiser seinen Irrtum und ließ den Maler hinrichten.

Prinzessin Chao-chün mit umhüllter Mandoline

»Die Mandoline unter den Arm nehmen« bedeutet eine Frau, die sich nach dem Tod ihres Mannes wiederverheiratet.

Mann *nan* 男

Die Darstellung eines oder mehrerer Männer kann ganz Unterschiedliches symbolisieren: Ist es ein junger tanzender Mann, der eine Schnur mit Münzen schwingt und vor sich eine → Kröte hat, so ist es → Liu Hai. Trägt er ein Schwert und sieht wild aus, ist zudem von Tieren und Dämonen umgeben, so kann es kein anderer sein als → Chung K'ui. Bekämpft er auf einem Feuerrad stehend die Feinde, so ist es → No-ch'a.

Zwei alte kahlköpfige Männer, Mönche also, stellen Han-shan und Shih-tê dar (siehe → Ho-ho, → Besen).

Ein alter Mann, der auf dem Rükken ein Kind mit → Klangstein trägt, neben sich einen Stab, an dem zwei → Apfelsinen hängen, und einen → Fächer aus Bananenblättern, um sich her noch ein zweites Kind und eine → Fledermaus, die ihn umfliegt, drückt einen langen Segenswunsch aus; im Telegrammstil: Glückwunsch – Schicksal – Gutes – viel Glück. Solch ein Bild eignet sich vorzüglich als Geburtstagsgeschenk für einen älteren Mann.

Natürlich wird der Mann mit dem → *yang*, dem männlichen Element, identifiziert, so wie die Frau mit dem weiblichen (→ *yin*). »Männlich« und »weiblich« sind Entsprechungen: gerade und eckig gegen rund und gekrümmt, → Himmel gegen → Erde, außen gegen innen, hochstehend gegen niedrigstehend. In der chinesischen Literatur läßt sich »der Mann« auf zwei Grundtypen fixieren: den Militär, mutig und grobschlächtig, und den Zivilbeamten. Dieser zweite Typ wird im allgemeinen als milde, nicht aggressiv dargestellt; das Schicksal kommt zu ihm, er gestaltet es nicht. Er lebt bescheiden, dient seinen Eltern und ist ganz allgemein passiv. So wird er leicht verführt und erleidet Schaden.

In dem Volksroman P'ing yao chuan (»Besiegung der Dämonen«) heißt es, daß der Liebestrieb von Mann und Frau der gleiche ist.

Wenn ein Mann also viele Frauen nehmen kann, wie kann man es ihr dann übelnehmen, wenn sie es genauso macht? Der Mann tut das »Äußere«, d. h. außer Haus arbeiten, die Frau verläßt sich darauf, daß er die Nahrung besorgt. Das ist der Grund, sich an die von Männern aufgestellten Regeln zu halten, nur *einem* Mann zu folgen und nicht untreu zu werden. Aber begabte Frauen, die die Männer übertreffen, halten sich nicht an solche Regeln, und man kann sie nicht regulieren. Ein seltenes Dokument aus dem 17. Jahrhundert oder noch etwas früher, da das Alter des Romans »Besiegung der Dämonen« nicht gesichert ist.

»Mann-Frau« (*nan-nü*) ist ein Schimpfwort für einen Mann. Zu dieser Diskriminierung des weiblichen Geschlechts paßt das Sprichwort: »Es ist leichter, zehn Männer zu kontrollieren als eine Frau; und es ist leichter, zehn Frauen zu kontrollieren als ein Kind.«

Noch stärker ist der in Romanen häufige Ausdruck »Hunde-Mann-Frau« für eine sexuell wenig wählerische Frau.

»Männerhäuser« oder Jugendhäuser, in denen die unverheirateten Männer zusammenlebten, gab es in Südchina bei mehreren Minderheitsgruppen, aber auch bei Chinesen, auf den Ryukyu Inseln, in Korea und wahrscheinlich schon im vorchristlichen China. Die jungen Männer waren frei, → sexuelle Abenteuer zu erleben. Dazu aber gab es in Südchina bis in die Neuzeit auch Frauenhäuser, in denen junge Mädchen ähnliche Freiheiten vor der Ehe hatten.

Medizin *yao-hsüeh* 藥學

Als das älteste chinesische Buch über Medizin gilt das »Buch des Gelben Kaisers« (Huang-ti nei-ching), das von dem mythischen Kaiser Huang-ti zusammengestellt sein soll, ebenso wie das älteste Buch über Sexualpraktiken (Huang-ti su wen). Diese Bücher sind in der jetzigen Form etwa um die Zeitenwende zusammengestellt. Die bei Ausgrabungen kürzlich in Gräbern gefundenen medizinischen Texte, die den Erkenntnisstand von vor 200 v. Chr. darstellen, sind zweifellos älter als die genannten Klassiker und dem Pen-ts'ao (s. u.) näher verwandt. In diesen Texten sind

Hua-t'o operiert den Kuan-ti

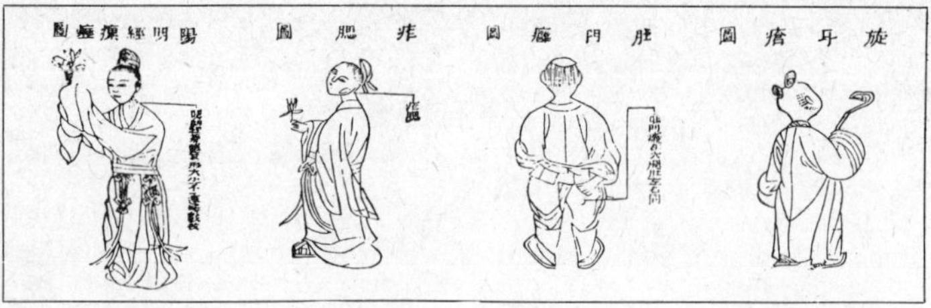

Darstellungen äußerer Krankheiten

bereits die beiden Haupttypen der chinesischen Medizin erkennbar: Rezepte, die sich auf das Einnehmen meist pflanzlicher Stoffe beziehen, die in bestimmter Weise zubereitet werden müssen, und Vorschriften, die wir als magisch bezeichnen würden. Beide Heilmethoden existieren, soweit nicht westliche Medizin durchgedrungen ist, noch heute. Die »magische« Medizin wird nicht von einer Person ausgeübt, die die Chinesen »Arzt« nennen würden, sondern von einem »Schamanen«, der durch seine Bewegungen und Handlungen, sehr oft in Trance ausgeführt, mit einer anderen Welt kommuniziert, indem er zu den Geistern oder Gottheiten hingeht oder diese zu sich ruft. Dieser Zauberdoktor gibt meistens keine Medizin aus, höchstens Asche aus dem bei der Zeremonie verbrannten → Weihrauch. Die durch diese Praktiken hervorgerufene Wirkung ist mehr eine psychologische.

Die anderen Ärzte der alten Zeit, die Medizin aus pflanzlichen oder auch tierischen Bestandteilen verschrieben, gliedern sich in drei Gruppen: die erste bestand aus Staatsärzten, Männern der Oberschicht, die neben der traditionellen Bildung die medizinischen Texte studieren mußten und eine staatliche Prüfung abzulegen hatten. Als festangestellte Staatsärzte auch »Großärzte« genannt, wurden sie auch an den Hof berufen, um den kranken Kaiser oder dessen hohe Beamte zu behandeln. Die zweite Gruppe von Ärzten gehörte ebenfalls der Oberschicht an, es waren Beamte, die neben ihrer Tätigkeit medizinische Texte in ihrer Freizeit studierten und die, wenn ein Freund oder Verwandter erkrankte, diesen zu helfen suchten. Sie verlangten niemals Bezahlung, wohl aber erwarteten sie bei Gelegenheit, etwa bei großen Festen, Geschenke. Die dritte Gruppe entstammte der niederen Gesellschaftsklasse, es waren oft Söhne oder Enkel von Ärzten. Sie hatten oft ein Buch mit eigenen Rezepten, in das sie niemandem Einblick erlaubten. Sie arbeiteten in Läden oder auf der Straße und nahmen Geld. Das heutige Regime hat sich bemüht, die Bücher dieser Ärzte aufzutreiben, einmal, um in ihnen etwaige wichtige Einsichten zu finden, dann aber auch, die Macht dieser Leute zu beschränken.

»Barfußdoktoren« sind Leute, die in Grundkursen Erste Hilfe, Hygiene, Anwendung von Arzneien und den Gebrauch rezeptpflichtiger Heilmittel lernen. Ihr Name rührt daher, daß sie neben ihrer Behandlungstätigkeit auch noch Feldarbeit verrichten, die Hosenbeine aufgerollt und ohne Schuhe.

Das Hauptwerk für alle Heilmittel und Krankheiten ist das Pen-ts'ao kang-mu (»Enzyklopädie von Wurzeln und Pflanzen«), dessen Grundform wohl schon um die Zeitwende entstanden ist, dann im Lauf der Jahrhunderte immer wieder erweitert und verbessert wurde, bis die endgültige Fassung in der Ming-Zeit (1368–1644) niedergelegt wurde. Diese Enzyklopädie enthält Beschreibungen aller Pflanzen und ihrer Wirkung und ist auch von westlichen Forschern, von Botanikern wie von Medizinern und pharmazeutischen Firmen, untersucht worden.

Schon in vorchristlicher Zeit gab es Spezialärzte für Frauen und Kinder, ja, sogar für → Pferde.

Typisch für China ist das Fehlen der Chirurgie. Nach der Tradition war es unziemlich, den menschlichen Körper, den die Eltern gegeben hatten, zu verstümmeln. Männer etwa, die durch operative Eingriffe zu Eunuchen wurden, hoben den wegoperierten Teil auf und ließen ihn mit sich begraben. Bis vor 50 Jahren gab es in China keine Beschneidung, was ebenfalls auf den Glauben der Unversehrbarkeit des Körpers zurückzuführen ist.

Schon vor der Zeitwende haben Denker die chinesische Medizin auch theoretisch unterbaut, indem sie sie in das System der fünf → Elemente bzw. »Wandelzustände« (*wu hsing*) einordneten. Sie lehrten, daß eine Krankheit entsteht, wenn die richtige Balance der Kräfte im Körper mit der Balance der umgebenden Welt nicht mehr im Einklang steht. Sie könne aber geheilt werden, wenn durch bestimmte Medizin das Gleichgewicht wieder hergestellt wird. Um ein einfaches Beispiel zu nehmen: eine Erkältung kann durch eine Medizin geheilt werden, die Wärme enthält. Die Balance von Wärme und Kälte, von Trockenheit und Feuchtigkeit ist durchgängig von Bedeutung. Verschiedene Volksgruppen in Südchina etwa lieben Hundefleisch. Aber da der → Hund »heiß« ist, kann man ihn nicht im Sommer essen. Sobald es kalt wird, verschwinden Hunde aus dem Straßenbild, und die Restaurants servieren Hundefleisch.

Menstruation *chüeh-ching* 月經

Während der Menstruation darf die Chinesin keinen Tempel besuchen, nicht an Pilgerfahrten teilnehmen, keinen Geschlechtsverkehr haben. Die Menstruation beginnt nach chinesischer Rechnung normalerweise bei 14jährigen (entspricht unseren 13jährigen). Das Wort »monatliche Periode« (*yüeh-ching*) wird oft umschrieben, mit Ausdrücken wie »Periode«, »die kleine rote Schwester ist gekommen«, »die rote Nachricht«,

»die Monatsnachricht«, »die erste Flut«, »der rote General faßt die Tür an«, »auf einem Pferd reiten«. Die für die Menstruation benutzten Tücher, »das schmutzige Tuch«, »das Monatstuch« können zusammen mit Blut von einem schwarzen Hund, der Peitsche von einem weißen Pferd und viel schmutzigem Wasser dazu benutzt werden, um die Zaubermacht böser Menschen zu bannen. Menstruationsblut von Jungfrauen gilt als Sexmedizin; wenn man das Tuch unter der Haustürschwelle vergräbt, bleibt die Frau immer im Haus und läuft nicht weg. Man kann es auch am 7. Tag des 7. chinesischen Monats verbrennen und die Asche auf den Türrahmen legen. Sexualerziehung ist nicht üblich, die jungen Mädchen wagen nicht einmal, nach Eintritt der Menstruation sich darüber zu informieren.

Metall
chin 金

Metall ist eines der fünf → Elemente oder »Wandlungsphasen«. Es wird oft auch in der Bedeutung »Gold« gebraucht und ist symbolisch verbunden mit dem Westen und der weißen Farbe.
Nach der alten Lehre Hung-fan ergeben sich auch Beziehungen zu den fünf Eingeweiden (hier: Lunge), den fünf menschlichen Handlungen (hier: Gehör, Verständnis) und den fünf Himmelszeichen (hier: Kälte). In dem Brevier der alten chinesischen Medizin, dem Huang-ti Nei-ching, werden auch noch die Entsprechungen Körperöffnung (zum Metall gehört die Nase) und Gefühlsregung (Trauer) herangezogen. Die zugrunde liegende Vorstellung ist die der Verbundenheit mit dem Westen und dem Herbst als der Jahreszeit, in der die Pflanzen sterben, daher die Zeit des Todes, und in der Gesellschaft des alten China die Zeit der Hinrichtungen. Metall (→ Schwert) ist deswegen auch als Instrument der Hinrichtung bedeutsam.

Milch
nai 奶

Milch wird erst seit wenigen Jahren von Chinesen getrunken, seit längerem jedoch in Gerichten verarbeitet. Nur in gewissen Perioden des Mittelalters wurde Joghurt aus Schafsmilch genossen. »Muttermilch« verleiht angeblich physische und → sexuelle Stärke und ein langes Leben. Von einem kleinen Jungen sagt man verächtlich: »der Milchgeruch ist noch nicht abgetrocknet«. Die »Milchstraße« heißt in China »himmlischer Han-Fluß«.
→ Su, → Trockenheit

Mitte *chung* 中

Das Schriftzeichen für »Mitte« stellt eine von einem Pfeil in die Mitte getroffene Zielscheibe dar und bedeutet als Verb »in die Mitte treffen«.

China bezeichnete sich seit alter Zeit als »Reich der Mitte« (*chung kuo*), und noch heute sind die Chinesen »Leute des Reichs der Mitte«. Im Laufe der Geschichte gab es Abweichungen von diesem Brauch, indem man sich nach der herrschenden Dynastie benannte; so kommt das Wort »China« wahrscheinlich von der Ch'in-Dynastie (ca. 250–206 v. Chr.) her, das russische Wort für China, Kitay, von der Dynastie der Kitan, die zeitweise Nordchina beherrschte (1125–1234 n. Chr.). Chinesische Astronomen der alten Zeit fanden heraus, daß die damalige Hauptstadt Lo-yang ganz nahe an dem Mittelpunkt der Welt lag. Der Sitz des → Kaisers war, theoretisch, in der Mitte, obwohl die meisten Hauptstädte Chinas im Westen oder im Norden lagen. Der Kaiser blickt nach Süden, so daß er den Lauf der Sonne vom Morgen über den Mittag bis zum Abend verfolgen kann. Seine Untertanen mußten sich ihm von Süden her nähern; und auf chinesischen Landkarten, die dem Kaiser sein Land zeigen sollten, war der Süden oben, der Norden unten.

Dem »Reich der Mitte« kam nicht nur eine geographische, sondern auch eine zentrale sittliche Bedeutung zu. Schon in dem taoistischen Buch Lieh-tzu wird es als ein Land des Austauschs wie auch des Ausgleichs extremer Gegensätze dargestellt: »Inmitten der Vier Meere liegt das Reich der Mitte: es liegt nördlich und südlich des Gelben Flusses und östlich und westlich des Großen Berges (T'ai-shan) in einem Bereich weit über tausend Meilen (im → Quadrat). Trüb und klar sind dort wohl geschieden, und so lösen Kälte und Wärme einander ab. Dunkel und hell sind klar getrennt, und so folgen einander Tag und Nacht. Im Volk gibt es Kluge und Dumme. Die Natur gedeiht üppig, Kunst und Handwerk sind reich entwickelt, Fürst und Volk stehen einander gegenüber, Sittlichkeit und Rechtlichkeit stützen einander« (übers. Wolfgang Bauer).

Als Reich der Mitte sah sich China im Zentrum dessen, was »unter dem Himmel« (*t'ien hsia*) liegt, als Inbegriff der Zivilisation. Am Rande, in der »äußeren Welt«, lebten nur Barbaren.

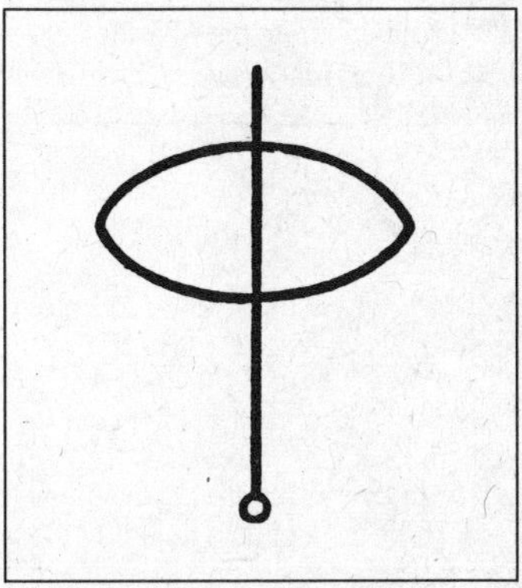

Altes Schriftzeichen für »Mitte«

Mönch
ho-shang 和尚

Es gibt in China erhebliche Unterschiede zwischen buddhistischen und taoistischen Mönchen. Buddhistische Mönche (*seng*) dürfen nur vegetarisches Essen genießen, dürfen weder heiraten, noch Geschlechtsverkehr haben. Sie dürfen sich nicht schmücken, sondern müssen das Haar abrasieren und sind auch verpflichtet, die Uniform eines einfachen, heute meist orangefarbenen, Mönchsgewandes zu tragen. Sie haben eine Weihe durchzumachen, die ihre Lehrzeit beendet. Während der Zeremonie werden ihnen brennende Räucherkegelchen auf das Haupt gesetzt und angezündet, die tiefe Narben hinterlassen.
Taoistische Mönche tragen zwar ebenso einfache, oft graue, Kleidung und überhaupt keinen Schmuck; doch legen nicht alle Gewicht auf das Zölibat und das Verbot von Fleisch und Alkohol.

Taoistischer Mönch auf Tiger reitend

Im Volksmund werden buddhistische Mönche oft beschimpft als → »kahlköpfige Esel« (*t'u lu*), was von doppelter sexueller Anspielung ist, da der Esel als lüsternes Tier gilt.

Mohammedaner
hui – chiao-t'u 回教徒

Chinas zahlenmäßig größte Minderheit sind Mohammedaner. Die meisten von ihnen leben in Sinkiang, der westlichsten Provinz Chinas, im Herzen Zentralasiens; sie sprechen Uigurisch oder verwandte Sprachen und sind auch von anderer Statur als die Chinesen. Einige von ihnen kamen schon im 9. Jahrhundert als Händler nach China. Mohammedaner in Südchina sind körperlich oft nicht mehr von Chinesen zu unterscheiden; sie sprechen auch nur Chinesisch. In der Volkskunde sind sie mit dem Motiv des »gefundenen Schatzes« verbunden: ein Chinese findet ein seltsames Ding, ein Mohammedaner kommt und will es für einen unglaublichen Preis kaufen. Der Chinese denkt, daß dieses Ding sehr wertvoll sein muß und verkauft es nicht. Er versucht, es selbst zu benutzen, vernichtet aber dabei dessen magische Qualitäten.
Auf Volksdrucken treten Mohammedaner mit Schätzen auf, einem Gott des → Reichtums u. ä. Ein Bild dieser Art kann ein Geschenk an einen Kaufmann sein, dem man Hab und Gut wünscht.

Mond
yüeh 月

Da der Mond mit dem weiblichen Element (→ *yin*) verbunden, der Gott des Mondes (→ Ch'ang-o) demnach auch weiblich ist, »entsteht« er im Westen, d. h. der Neumond wird zuerst dort sichtbar. Westen ist weiblich, aber auch die Herbstzeit, und nach chinesischem Glauben ist der Mond im Herbst am schönsten. Darum ist am 15. Tag des 8. Monats das Mondfest, denn nach dem alten chinesischen → Kalender beginnt jeder Monat am Neumondstag, und am 15. Tag ist Vollmond. Aber andererseits ist der Herbst die Zeit des Hinrichtens – weil alle Natur im Herbst stirbt. Darum wurde der Mond gelegentlich mit dem Hinrichten von Verbrechern, die → Sonne mit der Tugend guter Menschen verglichen. Schließlich kann der Mond die Kaiserin bedeuten, weil ihr Mann mit der Sonne verglichen wird.

Im Mond sieht der Chinese eine → Kröte oder einen → Hasen, oft aber auch einen Mann, der einen im Mond wachsenden Kassiabaum (→ Zimt) abschlägt, der danach sofort wieder nachwächst. Der Kaiser Hsüan-tsung der T'ang-Zeit soll, von einem Magier geleitet, zum Mond aufgestiegen sein; sie sollen dort Paläste und die darin lebenden schönen → Feen gesehen haben. Von ihnen, so sagt man, habe Hsüan-tsung eine überirdische Melodie gelernt – ein Ereignis, das in vielen Geschichten ausgeschmückt und in Dramen gefeiert wird.

Mondstimmung

→ Kuang-han kung heißt der Mondpalast. Die »Blume des Mondes« oder die »Mondperle« fallen gelegentlich vom Himmel, und eine Frau, die sie verschluckt, wird schwanger. Die Krüppelfüße der alten Zeit wurden wegen ihrer Schönheit mit dem Neumond verglichen, ebenso die Augenbrauen schöner Frauen. Der Vollmond dagegen versinnbildlicht den Hintern einer schönen Frau; das »Bewundern des Mondes« gilt allerdings dem Hinterteil eines Homosexuellen.

»Der alte Mann unter dem Mond« ist ein Mann, der die Akten von Männern und Frauen in Gewahrsam hat und darin feststellen kann, welcher Mann welche Frau heiraten wird; → Heiraten ist vom → Schicksal vorherbestimmt; über dieses

Thema gibt es zahlreiche Novellen. Der alte Mondkalender brachte es mit sich, daß bestimmten Zahlen, so der → sieben, der → zwölf, der → dreizehn und der 28 (→ Mondstationen) symbolische Bedeutung zukam; siehe auch → Zahlenmystik.
Über das Mond- oder Mittelherbstfest liegen Berichte deutscher Augenzeugen aus dem China des 20. Jahrhunderts vor, die den tiefgreifenden Wandel der Bräuche kennzeichnen.
Richard Wilhelm 1926: »Das Mondopfer findet am 15. Tag des 8. Monats unter freiem Himmel statt. Die Früchte, die geopfert werden, haben alle symbolische Bedeutung: die → Kürbismelonen bedeuten, daß die Familie vollzählig vereint bleiben möge, die → Granatäpfel deuten auf reichen Kindersegen, die → Äpfel auf Frieden. Das Gebäck hat die runde Form der vollen Mondscheibe.«
Und Erwin Wickert 1982: »Unser Koch Lao Huo hatte zum Nachtisch Mondkuchen gebacken: kleine runde und sehr süße Kuchen. Die Chinesen waren gerührt, denn heute, am 15. Tag des 8. Monats nach dem alten Mondkalender, wurde früher das Mondfest, eines der beliebtesten chinesischen Feste, mit Lampions und → Laternenumzügen gefeiert. ›Bei uns auf dem Lande‹, erzählte der Vizepräsident der Academia Sinica, ›gab es eine Mondkuchen-Gesellschaft. Die armen Familien zahlten jeden Monat etwa zehn Pfennig ein. Kassierer war der Bäcker. Er durfte mit dem Kapital das Jahr über arbeiten, mußte aber am Mondfest alle Mitglieder mit Mondkuchen versorgen.‹ Ich fragte, ob es heute auch noch so gefeiert werde wie früher. Unser Gast sagte: ›Nein. Nur die Mondkuchen gibt es noch.‹ «

Mondstationen 宿
hsiu

Das Wort »*hsiu*« bedeutet eigentlich »übernachten« (entspricht unserem »miteinander schlafen«). Vorwiegend aber bezeichnet es die 28 Mondstationen, d. h. die Sternbilder, die der Mond in seinen 28 Umlauftagen durchläuft. Diese waren wohl schon im 5. Jahrhundert v. Chr. bekannt und sind nach späterer Überlieferung die → Seelen von Generälen, die der erste Kaiser der »späteren Han-Dynastie« (1. Jahrhundert n. Chr.) umgebracht hatte. Jeder Station ist ein Tier beigeordnet, ganz ähnlich wie bei den 12 Zeichen des chinesischen → Tierkreises. Die Mondstationen werden auf den meisten geomantischen → Kompassen dargestellt und spielen in der alten → Astrologie eine große Rolle: je eine oder mehrere zusammen entsprachen den alten Lehnsstaaten Chinas, und man schloß aus ungewöhnlichen Phänomenen in einer dieser Stationen auf ungewöhnliche Vorgänge in der entsprechenden Provinz.

Mu-lan 木蘭

Mu-lan, auch Hua Mu-lan genannt, ist das bekannteste Heldenmädchen der chinesischen Mythologie. Ihr Vater war zum Militärdienst einberufen worden und hätte seines Alters wegen einen Sohn schicken müssen. Da er keinen Sohn hatte, trat seine Tochter in Männerkleidung und zu Pferd an seiner Stelle in die Armee. Sie diente zwölf Jahre im Krieg und stieg zu hohem Rang auf - ohne je als Mädchen erkannt zu werden. Als einige ihrer Kameraden sie später besuchen kamen, erstaunten sie sehr, Mu-lan als Mädchen am Webstuhl vorzufinden.
Sie ist bis heute das Idealbild einer pietätvollen Frau (→ *hsiao*).

Mund
k'ou 口

Die alte Lehre von den → fünf Eingeweiden und den sieben oder neun Körperöffnungen diente dem Nachweis, daß der → Mensch nach

Das Heldenmädchen Mu-lan. Steinabreibung

dem Vorbild des Kosmos gestaltet ist. So wie die Lungen zu den → Augen, die → Leber zu den Ohren gehörte, ordneten sich Mund und Milz zueinander. Charaktereigenschaft der Milz wiederum war die Vertrauenswürdigkeit: ein weites spekulatives Feld für Mediziner und Psychologen.
Das Schriftzeichen *k'ou* bildet eine Öffnung ab. Darum kann der Mund auch das weibliche Geschlechtsteil bedeuten; man spricht von »zwei Mündern«, dem oberen und dem unteren (dies stellt dann das Schriftzeichen *lü*, eine Note in der chinesischen → Musik dar).

Mundorgel
sheng 笙

Die Mundorgel, ein Blasinstrument aus mehreren → Bambusrohren, wird schon in der alten Literatur

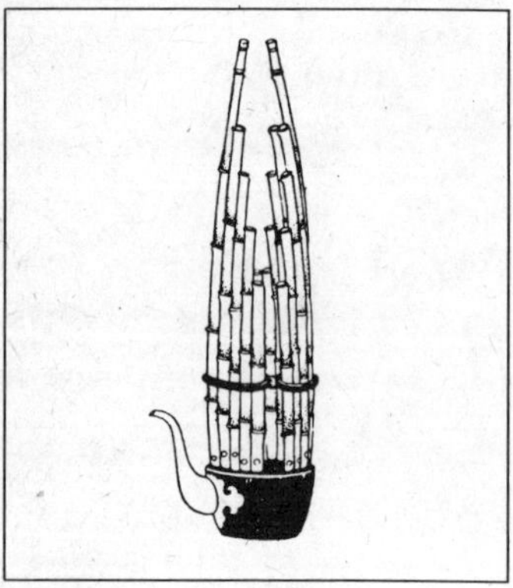

Mundorgel

erwähnt; in der Neuzeit ist sie ein typisches Musikinstrument der Minderheiten Südchinas. Wegen Lautgleichheit symbolisiert die Mundorgel »aufsteigen im Rang (*sheng*)«, dies wird auf Bildern dargestellt, die ein kleines Kind mit einer Lotossamenkapsel (*lien*) zeigen. Ein Sinnbild, das »immer weiter (*lien*) im Rang aufsteigen« bedeutet; oder, wenn das Kind besonders betont werden soll, »fortwährend (*lien*) Söhne zur Welt bringen (*sheng*), die hohen Rang erhalten«.

Muscheln
pang 蚌

Alten chinesischen Mythen zufolge hören die → Schwalben auf, Schwalben zu sein, wenn sie überwintern müssen; sobald sie im Spätherbst ihre im Meer gelegenen Unterschlüpfe beziehen, werden sie Muscheln. Bauernkalender berichten, daß die Muschel nur bei Vollmond voll, bei Neumond hingegen leer ist. Und → Sperlinge seien während der kalten Jahreszeit, wo immer sie sich verbergen müssen, nichts als → Austern.
Eine bestimmte Art von Austern wird in der Provinz Fukien *»li«* genannt, dies gilt als lautverwandt mit *»ti«,* männliches Kind, normale Bedeutung »jüngerer Bruder«.
In Japan und Korea ist Muschel eine Bezeichnung für das weibliche Geschlechtsteil, auch auf Taiwanesisch hat die Muschel (*la*) denselben Nebensinn (*la*).

Musik
yüeh 樂

Im alten China kannte man fünf Musikinstrumente, von denen der → Klangstein die Aufrichtigkeit bedeutete, die Saiteninstrumente Reinheit und Treue, Instrumente aus Leder die Führer im Krieg, die → Gitarre den Mond, und die Laute oder → Mandoline die eheliche Harmonie. Von → Konfuzius, dem großen Musikkenner, wird gesagt, daß er, der bei Reisen in die verschiedensten Lehnsgebiete des damaligen Chinas kam, aus der Musik des Landes auf die Qualität der Regierung schließen konnte. Mehrfach wird in diesem Zusammenhang auch »unsittliche« (*yin*) Musik erwähnt, was sich vermutlich auf erotisch anregende Tanzmusik bezog – eine Art von Musik, bei der sich Konfuzius sofort entfernte.

Konfuzius, die kosmische Gitarre spielend

Gute Musik drückt die Harmonie von Himmel und Erde aus. »Wenn Pauken und Trommeln erdröhnen wie der Donner, wenn Becken und Klangsteine erklingen wie der Blitz, wenn Flöten und Geigen, Tanzen und Singen lärmend erdröhnen, so ist das wohl geeignet, die Nerven zu erschüttern, die Sinne zu erregen und das Leben überschäumen zu lassen. Aber eine Musik, die mit diesen Mitteln wirkt, macht nicht heiter. Darum: je rauschender die Musik, desto melancholischer werden die Menschen, desto gefährlicher wird das Land, desto mehr sinkt der Fürst. Auf diese Weise geht auch das Wesen der Musik verloren« (aus »Frühling und Herbst des Lü Pu-wei«, übers. Richard Wilhelm).
Die klassische chinesische Musik wurde ab dem 6. Jahrhundert nach und nach von zentralasiatischer Musik – und Musikanten – verdrängt.
→ Flöte, → Mundorgel, → Trommel, → Zahlenmystik

Muttermal
chih oder *ch'ih* 痣

Da jedes Zeichen, jedes Merkmal nach chinesischem Denken seine Entsprechungen hat, ist auch ein Muttermal von symbolischer Bedeutung. Liegt es unter der Fußsohle, ist schwarz und sieht wie der Panzer einer → Schildkröte aus, so ist es allemal sicher, daß solch ein Mann hohen Rang erlangen wird. Trägt eine Frau ein Mal auf der Lippe, wird ihr das gleiche auch am Geschlechtsteil angedichtet; ein Muttermal auf der Backe deutet wiederum ein Mal auf der → Brust an.

Nabel
chi 臍

Die Nabelschnur soll man nicht mit einem Messer abschneiden, die Mutter soll sie vielmehr selbst abbeißen. In Mittelchina wird sie allerdings mit Feuer oder einer glühenden Zange abgetrennt. Ein schöner Nabel gleicht einer → Bohne. Eine Frau mit großem und tiefem Nabel zeigt an, daß sie schön und kräftig ist; ein vorstehender Nabel jedoch ist häßlich und ein Zeichen von Krankheit. In einem alten Text wird die Provinz Shantung als »Nabel der Welt« bezeichnet.

Nachgeben
→ jang

Nacktheit
lo 裸

Es entspricht ihrer Gewohnheit, Dinge eher zu verhüllen, daß die Chinesen Nacktheit im allgemeinen verabscheuen: sie sei typisch für Barbaren.

Im Altertum gehörte Entblößung zum Ritual des »Sich Ergebens«; beim Regenzauber-Ritual kam rituelle Nacktheit vor. Sonst aber schläft man in China angekleidet, nicht einmal beim ehelichen Beilager zieht man die Kleidung ganz aus. In einem bekannten Märchen fällt einem jungen → Mädchen der Fächer ins Wasser, es zieht sich aus, um ihn wiederzuholen; dabei wird es von einem Mann beobachtet. Sie verlangt, daß er sie sofort heirate, denn nur eine verheiratete Frau darf von ihrem Mann unbekleidet gesehen werden.

Bei der Belagerung einer Stadt fanden die Angreifer keinen Weg, zum Erfolg zu kommen, bis sie auf die Idee kamen, einen Trupp von Frauen auftreten zu lassen, deren Unterkörper unbekleidet war. Die Belagerten stellten das Schießen ein; doch bald darauf ließen sie Mönche vollkommen nackt auf die Stadtmauer steigen – und nun schossen auch die Belagerer nicht mehr. Um Regen herbeizuzaubern, machte man eine männliche und eine weibliche Schlachtreihe von Unbekleideten, die aufeinander losschlugen.

Ehebrecherische Frauen wurden im Mittelalter dem Gesetz nach verprügelt, auf nacktem Unterkörper, in schlimmen Fällen sogar in völlig nacktem Zustand. Nackttänzerinnen in Taipeh wurden noch vor kurzem für ihr Tun bestraft. Es gab natürlich zu verschiedenen Zeiten Sonderlinge, die nackt herumliefen; man ließ sie unbelästigt.

So bedeutet Nacktheit verschiedenerlei: einmal, Angehöriger einer

Primitivgruppe zu sein; andererseits, eine strafbare Handlung oder die Strafe selbst; und schließlich, die Entblößung zum Zweck eines Rituals (oder eines Tricks).

Nadel 針
chen

Zu verschiedenen Zeiten des Jahres durfte die Frau keine Nadelarbeit machen: vom → Neujahrstag bis zum 5. Tag, sonst bestand Gefahr, daß sie in die Augen von Buddha stach. Wenn sie am 3. Tag arbeitet, wird sie frühzeitig eine Witwe, am 9. Tag werden ihre Eltern frühzeitig sterben, am 10. Tag wird sie ein Mädchen, keinen → Sohn gebären. Das Nadelöhr ist weiblich, die Nadelspitze männlich.

Nagel 釘
ting

Während lange → Fingernägel in der Mythologie (→ Ma-ku) eine gewisse Rolle spielen, ist im Volksgebrauch das Einschlagen von Nägeln einerseits ein Aneignungsritus, andererseits ein Abwehrzauber. Die Nägel, die man früher an chinesischen Hoftoren vorfand, den Knauf mitunter wie ein Medusenkopf gestaltet, sollten Krankheiten abwehren – oder aber männliche Kinder bescheren. Möglicherweise liegt hier eine lautsymbolische Beziehung vor: *ting,* »der Mann« und *ting,* »der Nagel«.

Namensgebung

Chinesische Namen bestehen aus zwei Teilen. Jeder Chinese hat einem Familiennamen (*hsing*), der an erster Stelle steht und in beinahe allen Fällen aus nur einem Schriftzeichen besteht, also einsilbig ist. Es gibt nicht viel mehr als 400 verschiedene Familiennamen, was Millionen von »Wang« oder »Li« zur Folge hat. Leute mit gleichem Namen durften bis zur Revolution 1911 nicht heiraten, mit wenigen Ausnahmen (so, wenn schon vor 2000 Jahren zwei getrennte Linien bestanden). Familien hatten Stammbäume, die manchmal bis in vorgeschichtliche Zeiten zurückreichten und in der Tat von etwa 1200 n. Chr. an recht verläßlich sind.
Bei der → Geburt erhält das Kind zuerst einen Babynamen, wie etwa »kleiner Löwe« oder »kleiner Dikker«; einige Zeit später dann einen Namen, der meist aus zwei Worten besteht. Dieser Name (*hsing*) wird in den Stammbaum eingetragen und ist sein offizieller Name. Er wird nicht im Verkehr mit anderen benutzt und ist nur der Familie bekannt. Familien haben oft »Codes«, d. h. Gedichte, in denen jeweils ein Wort einen Teil des persönlichen Namens des Kindes enthält, während der andere Teil zugefügt wird.

Wenn sich zwei Männer mit gleichem Familiennamen treffen, gibt der eine seinen Ming-Namen an, und der andere kann sofort daraus ersehen, ob der Fremde ein Verwandter ist oder nicht, ob er einer älteren, einer jüngeren oder derselben Generation wie der andere angehört. Dies regelt dann die Form der Anrede. So verhindert man, daß ein Betrüger sich als Verwandter vorstellt.
Einen zweiten Namen erhält das Kind erst mit zehn Jahren oder später. Hierbei wählt der Vater einen ein- oder zweisilbigen Namen, der zum Kind paßt, d. h. seinem Charakter entspricht oder einen Wunsch des Vaters für des Kindes Zukunft ausdrückt. Dieser persönliche Name (*tzu*) ist also symbolisch. Er wird von Fremden und Freunden benutzt. Noch später kann der nunmehr Erwachsene sich selbst weitere Namen zulegen.
Innerhalb der Familie spricht man von einem Bruder oder einer Schwester nur in Verwandtschaftsausdrücken, wie »mein zweiter älterer Bruder«, »meine dritte jüngere Schwester« (d. h. jünger oder älter im Vergleich zum Alter des Sprechers). Man kann dazu einen Bruder innerhalb der Familie auch einfach als »alter Zweiter« oder »meine zweite Tante mütterlicherseits« usw. ansprechen.
Künstler signieren ihre Bilder mit einem ihrer Namen, je nachdem, wem sie das Bild zugedacht haben. Spezielle Nachschlagewerke enthalten die verschiedenen Namen eines Malers. Chinesische Namen drükken im allgemeinen sehr viel mehr über die Persönlichkeit des Trägers aus als unsere; vor allem sind sie nicht standardisiert.
Frauen behielten schon seit langer Zeit ihren eigenen Familiennamen auch nach der → Heirat. Vor der chinesischen Revolution und jetzt noch in Taiwan wird ihr Familienname oft mit dem ihres Mannes zusammen gebraucht.

Narzisse 水仙
shui-hsien

Wörtlich heißt Narzisse im Chinesischen »Die Wasserunsterbliche«. An → Neujahr wird sie zur Blüte gebracht, sie ist daher auch ein Symbol für Glück im neuen Jahr. Durch arabische Kaufleute soll sie

Narzisse und Päonie

um 1000 n. Chr. in die südliche Provinz Fukien eingeführt worden sein; dort spielt sie in Märchen eine größere Rolle, und Blumenzüchter geben ihr Tiger- oder auch Feengestalt. Ein Bild mit Narzisse (*hsien*), → Stein und → Bambus (*chu*) bedeutet »die → Unsterblichen (*hsien*) wünschen (*chu*) langes Leben (Bambus)«. Wie die → Orchidee symbolisiert die Narzisse ein Ehepaar.

Nase 鼻子
pi-tse

Nach der alten Lehre ist die Nase die den Lungen entsprechende Öffnung. Daß sie aus dem Gesicht herausragt, machte sie dem Penis ähnlich. »Des Menschen Mitte« (*jen chung*) ist die Linie zwischen Nase und → Mund: dieser Ausdruck versinnbildlicht Geschlechtsfreuden.
Eine große Nase gilt bei Männern mehr als eine längliche. Die meist kurzen Nasen bei Freudenmädchen werden ebenfalls als sexuelle Aufgewecktheit gedeutet. Ein Abbeißen der Nase ist, wie in der Türkei, das Zeichen extremer Eifersucht.

Nephrit 玉
yü

Das chinesische Wort *yü* wird meist mit »Jade« übersetzt. Jedoch sind viele als → Jade bezeichnete Steine nicht Jade, sondern Nephrit. Das gilt vor allem für Taiwan, wo Jade überhaupt nicht vorkommt. Im Unterschied zu ihm ist Nephrit nicht so durchscheinend und von dunklerem Grün, wird aber ebenso wie Jade zu Waffen und Schmuck verschliffen.
Seine Festigkeit und Elastizität brachten es vermutlich mit sich, daß »Nephritstengel« eine in Romanen häufig gebrauchte Umschreibung für den Penis ist.

Neujahr 新年
hsin-nien

Das chinesische Neujahr dauert nicht nur einen Tag, sondern zwei Wochen. Es ist ein Fest der Familie; die Söhne kommen aus der Ferne heim, die neuverheirateten Töchter besuchen ihre Eltern.
Zur Neujahrszeit steht man mit den Himmlischen in Verbindung, durch den → Herdgott, der zur Berichterstattung am 24. Tag des 12. Monats aufgebrochen ist.
Die Legende berichtet von einem verärgerten Herdgott, der den Jadekaiser im Himmel bat, er möge die Menschheit vernichten. Bevor dieser etwas unternahm, kamen die anderen Götter und legten ein gutes Wort für die Menschen ein. Der Jadekaiser hieß sie, das Treiben auf Erden selbst zu beobachten. Inzwischen hörten die Menschen zu arbeiten auf, putzten alles heraus und machten ein Fest: so begann Neujahr.

Neujahrsbild als Abwehrzauber

Vor diesem Fest gehen → Vater und ältester → Sohn zu den Familiengräbern und laden die Ahnengeister ins Haus ein; man hängt ihre Bilder auf, zündet Kerzen und Räucherwerk an. »Bei verschlossenen Türen, die durch die beiden Tür-Genien und rote Glückszeichen vor bösen → Geistern geschützt sind, wacht man unter sorgfältigster Vermeidung aller unheilbedeutenden Worte der Mitternacht entgegen« (Richard Wilhelm).

Vor dem Neujahrsfest sind auch die Straßen geschmückt, mit → Laternen in allen Formen und Farben, Papierdrachen, Schattenbildern. »An den Mauern hängen bunte Bilder zum Verkauf, meist runde, wohlgenährte → Kinder darstellend oder die Heiligen von Haus und Herd: → Kuan-ti, den Schützergott mit seinem treuen roten Gesicht;

Moderne Neujahrsbilder

→ Kuan-yin, die Göttin der Barmherzigkeit mit ihrem Falken, der die Kette irdischer Gebete, die zu ihr aufsteigen, bringt, und ihrer → Vase mit den segensreichen Zweigen ... auch der → Reichtumsgott ist in den Abbildungen vorhanden, er fehlt in keinem Laden auf dem Lande« (Richard Wilhelm).
Wenn das Laternenfest – am ersten Vollmondstag – zuende gegangen ist, ist auch die Zeit der Vergnügungen und Festivitäten vorbei.

Neun *chiu* 九

Die Potenz von → drei ist eine sehr starke männliche Zahl. Sie spielt im I-ching (»Buch der Wandlungen«) eine wichtige Rolle; so heißt es vom ersten Hexagramm: »Wenn lauter Neunen erscheinen, bedeutet das: Es erscheint eine Schar von → Drachen ohne Haupt ... das ganze Zeichen *ch'ien* (das Schöpferische) kommt in Bewegung und verwandelt sich in das Zeichen *k'un*, das Empfangende« (übers. Richard Wilhelm).
Das alte »Buch der Riten« (Li-chi) zählt deren neun auf: »Männerweihe, Hochzeit, Audienzen, Gesandtschaften, Beerdigung, Opfer, Gastverhältnis, Gautrinken, Heeresbräuche« und fügt hinzu, daß diese neun die fünf Wandelzustände (→ Elemente) symbolisieren.
In ihrer Betrachtung über die Anfänge führt die früheste Enzyklopädie Chinas, »Frühling und Herbst

Neun Schafe (Ziegen) im Zeichen des dreifachen yang

des Lü Pu-wei«, folgendes aus: »Der → Himmel hat neun Felder, die → Erde hat neun Bezirke, das Land hat neun → Berge, die Gebirge haben neun Pässe, in den Seen gibt es neun Inseln.« Der mythische → Kaiser Yü soll diese neun Flüsse in Gestalt des neunköpfigen → Drachen gebändigt, die neun Provinzen bereist und vermessen haben, d. h. er hat die Erde in → quadratische Felder aufgeteilt und diese wieder in neun kleinere unterteilt.
In Analogie zu den neun Provinzen kam in der Han-Zeit der Begriff »Neun Quellen« (*chiu ch'üan*) auf, als Ausdruck für das Totenreich (siehe auch → Hölle). Am 9. Tag des 9. Monats wurde das Fest des doppelten Yang gefeiert: Männer stiegen auf die Berge und tranken Wein aus → Chrysanthemenblüten. Das alte Peking, unter Assistenz von Astrologen erbaut, weist ein Zentrum als Heiligstes auf und acht Zufahrtsstraßen, also neun Teile.

Niesen
p'en-t'i 噴嚏

So wie man einem Niesenden »Gesundheit« wünscht, kann man zu Kindern in China sagen, »tausend Jahre (mögest du leben)«. In der Han-Zeit gab es ein Buch über die Bedeutung von Niesen und Ohrensausen; leider ist es nicht erhalten. Seit jeher sagt man, wenn einer unaufhörlich nieste: »Jemand redet über mich (in unerfreulicher Weise).« Man soll dann ausspucken und sagen: »Gute Leute sagen, ich bin immer freundlich; wenn schlechte Menschen über mich reden, sollen ihnen die Zähne ausfallen.« Umgekehrt heißt es: »Wenn man an jemanden denkt, muß er niesen.«

No-ch'a
哪吒

No-ch'a ist eine junge Gottheit, die auf einem Feuerrad stehend die Feinde bekämpft. Nach anderen ist er der Sohn des Himmelskönigs des Nordens, der nur → Buddha ehrte und nicht seine Eltern. Er ist der Sohn des Li Ching, wurde nach einer Schwangerschaft von drei Jahren als Fleischkloß geboren, den sein Vater zerschlug. Von seinen Taten wird in den Romanen Feng-shen yen-i (»Die Metamorphosen der Götter«) und Hsi yo chi (»Reise nach dem Westen«) berichtet.

Nonnen
ni-ku 尼姑

Nonnenklöster wurden gegen den Willen → Buddhas errichtet, hauptsächlich, weil Buddhas Lieblingsjünger Ananda dies wollte. Das erste Nonnenkloster in China wurde den Quellen nach um 350 n. Chr. errichtet.
Eine Frau, die nicht heiraten wollte, stieß im allgemeinen auf Unverständnis. So wird von einem Gouverneur berichtet, der alle Nonnen aus seinem Bezirk zu sich kommen und abwiegen ließ. Ihr Gewicht wurde notiert und nach dem Preis von Schweinefleisch berechnet; dann verheiratete er sie alle zum festgesetzten Höchstpreis an Junggesellen.
Nonnenklöster hatten zeitweilig einen großen Zulauf. »Wer dem Gatten nicht dienen und keine Kinder aufziehen will, gehe ins Kloster«, sagt ein chinesisches Sprichwort. Eigene Nonnenklöster gibt es seit 972 n. Chr.; ab der Zeit dürfen Nonnen nicht mehr mit Mönchen zusammen initiiert werden.
Wenn man zwischen dem → Neujahrstag und dem 3. Tag des Jahres eine Nonne auf der Straße sieht, so bringt das Unglück.

Nord/Süd 南北
nan-pei

Von den Leuten in Nordchina sagt man, daß sie besonnen und ruhig seien, während die Kantonesen in Südchina unruhig und revolutionär, auch nicht so zuverlässig wie die Nordchinesen seien. Kein Grund ist angegeben, warum dies so sei.

Nach der alten Kosmologie gibt es zwei Antipoden, den »Gott des nördlichen Scheffels« und den »Gott des Südscheffels« (→ Langlebigkeit).

»Südwind« (*nan feng*) lautet wie »Männersitte« (*nan-feng*) und bezeichnet Homosexualität.

Der Alte des Nordpols mit Schlange und Schildkröte

Nudeln 麵條
mien-t'iao

Daß Nudeln bereits in der T'ang-Zeit (618–907) gebräuchlich waren, haben Grabfunde erwiesen. Früher ein reines Weizen- oder Reisprodukt, werden Nudeln heute auch aus Mais, Erbsen und Bohnenmasse hergestellt. In Südostchina werden sie besonders zu → Neujahr gegessen, da sie ein Symbol des → Langen Lebens sind. »Nudelpäckchen« bezeichnet den Venusberg.

Nü-kua 女媧

Nü-kua gilt als die Schwester des → Fu-hsi, der zugleich auch ihr Mann war. Sie hat wie ihr Mann einen → Schlangenleib oder einen Fischschwanz und konnte pro Tag 70 verschiedene Dinge verwandeln. Zusammen mit Fu-hsi »erfand« sie die Ehe. Aber berühmt ist sie dafür, daß sie schmelzen konnte: Als bei einem Kampf der Götter einer der vier Pfeiler, die die Erde hielten, zerbrach, schmolz sie Steine und reparierte ihn. Allerdings sind dadurch nicht alle Himmelssäulen gleich hoch, der Himmel sackt nach Südosten etwas ab – weshalb die Flüsse Chinas alle nach Südosten fließen.

Nü-kua gilt auch als Erfinderin der → Mundorgel; sie regulierte die

Fu-hsi und Nü-kua

(religiöse) Musik Chinas. Nach wieder anderer Überlieferung »erfand« sie die → Flöte und erschuf die Menschen aus Tonfiguren, die sie in einem Brennofen brannte, wobei die zu heiß gebrannten die Schwarzen, die zu wenig gebrannten die Weißen wurden. Nach noch anderer Überlieferung gab es am Weltberg K'un-lun ein Geschwisterpaar Fu-hsi und Nü-kua, die einzigen Menschen. Sie wollten nicht heiraten, weil dies Blutschande sei, aber sie machten ein Orakel mit zwei Rauchwolken, die sich in der Luft vereinten: eine Andeutung, daß sie aus Pflicht einander heiraten sollten. Aus Scham verdeckte der Fu-hsi beim Beischlaf ihr Gesicht, wie das noch heute viele Frauen tun, so sagt ein alter Text.

Man sagt von Nü-kua, daß sie mehrere Male bedrängten Helden geholfen habe. Dem Kaiser Chou-hsin, letzter Herrscher der Shang-Dynastie, bereitete sie allerdings den Tod, weil er ein anzügliches Gedicht auf sie gemacht hatte.

Auf Steinskulpturen werden Fu-hsi und Nü-kua mit verschlungenen Unterleibern dargestellt. Nü-kua, die auf der Rechten erscheint, hält in der rechten Hand einen Zirkel, Fu-hsi in der linken ein Winkelmaß. Die Insignien beider ergeben die Anschauung »gute Sitten«.

Obst

→ Frucht

Ochse

→ Rind

Öffnen 開
k'ai

»Verbergen« und »Öffnen« sind im Chinesischen aufeinander bezogen. Verborgen werden soll, was gegen die Sitte verstößt. Ch'ih, »die Scham« (Grundbedeutung: mit den Augen starr anblicken), ist ein wichtiger Begriff der konfuzianischen Ethik.

Die → Sexualität wird nicht öffentlich gezeigt, noch in direkten Worten beschrieben; sie ist *nei-pu*, »im Bereich des Inneren«. Bilder und Vergleiche enthüllen jedoch, was Sprache eher zu verschleiern sucht. »Das Siegel öffnen« ist die Entjungferung; ein Freudenmädchen besuchen ist ein »Öffnen des Herzens«; ein Orgasmus ist »Öffnen der Freude«. »Pflaumenblüten öffnen sich zum zweiten Mal« ist ein zweiter Beischlaf am gleichen Abend. »Dreimal öffnen« bezeichnet drei sehr spezielle Liebestechniken.

Ölkessel
yo-kuo 油鍋

Ölkessel gehören zum Repertoire der buddhistischen → Höllen. In jeder der zehn Höllen sitzt hinter seinem Tribunal der Totenrichter, der die Schuldigen aburteilt. Sie werden zersägt, in Öl gesotten, im Reismörser zerstampft usw. Es gehört zur Allgemeinvorstellung, daß der Ölkessel in der siebten Hölle zu finden ist. Die Schuldigen werden darin verbrüht, dann wiederbelebt, dann noch viele Male der gleichen Prozedur unterzogen. Der Ölkessel ist die Strafe für bestechliche → Beamte, für Richter, die bewußt falsche Urteile gegeben haben, für Sekretäre, die die Akten gegen Bezahlung änderten, für Schergen, die Gefangene umgebracht haben.

Okkultismus

Seit den Zeiten des → Laotse und → Konfuzius war die gebildete Oberschicht Chinas eher aufgeklärt, nüchtern, mehr oder weniger dem Diesseits zugewandt. Diese Haltung vertrug sich durchaus mit dem Kult und Ritus der Ahnenverehrung, mit den Praktiken der → Astrologie, der → Geomantik, der → Medizin, der → Orakelbefragung oder auch mit der → Zahlenmystik. Eine umfassende Kenntnis des Ich, eine alles durchdringende Weisheitslehre stand den Konfuzianern ebenso vor Augen wie den Taoisten. Eine »Einheit im Geiste« leitete beide Denk-

Okkultistische Sitzung

schulen selbst dann noch, als mythologisch-alchimistische Richtungen wie die des Taoisten Huai-nan-tzu (179–122 v. Chr.) aufkamen, als taoistische Geheimgesellschaften aus dem Boden sprossen und der Konfuzianismus seinerseits doktrinäre Züge annahm.

»→ Himmel und → Hölle sind im Bewußtsein des → Menschen« ist ein immer wiederkehrender Satz der chinesischen Jenseitslehre. Im späteren Konfuzianismus waren Trauerbräuche und Ahnenkult so ausgestaltet, daß sie eine regelrechte Selbstsuggestion förderten: »Durch Fasten und Meditieren über das Leben des Verstorbenen, indem man sich versenkt in sein Aussehen, seine Stimme, seine Gewohnheiten, wird die Stimmung des Sohnes so erregt, daß es oft fast zu Visionen und Auditionen kommt« (Richard Wilhelm). Es ist allerdings schwer, bei den Chinesen zwischen zeremoniellem Verhalten und echtem → Gefühl, das als Gefühl ausgedrückt wird, zu unterscheiden.

Die Sekte vom weißen Lotos

Die Ungewißheit, die Konfuzius mit der Vorstellung eines Lebens *nach* dem Tode verband, die den Ahnenkult zur Pflicht machte und zugleich zur »schwebenden Freiheit der Anschauung« (R. Wilhelm), war nichts für breitere Schichten. Manch einer begnügte sich nicht mit der Verehrung der → Geister und Gottheiten, sondern suchte nähere Verbindung mit ihnen. Hier öffnete sich den Sekten und okkultistischen Bewegungen ein reiches Betätigungsfeld. In politisch unruhigen Zeiten, z. B. während des Boxeraufstandes, gewannen sie Zulauf: etwa die → Fuchsbewegung, die zur Verehrung des »dritten Vaters Hu« führte, da dieser Fuchsgott Krankheiten zu heilen und auch in anderen Lebensnöten offenbar zu helfen vermochte. Oder auch die Svastika-Gesellschaft bzw. → Hakenkreuz-Vereinigungen, die sich durchaus auch karitativen Zwecken widmeten und heute noch ihre südostasiatischen Ableger haben.

Bis in die dreißiger Jahre gab es in China eine Vielzahl solcher Sekten und okkulter Vereinigungen; die einen waren stark ritualistisch geprägt, wie etwa die »Drachenblumensekte« (Lung-hua), die sich bis auf die → ›Weiße Lotosgesellschaft‹ der Ming-Dynastie zurückführen läßt; Beichtübungen, Sexualkulte und auch das massenhafte Abbrennen von → Weihrauch waren dabei ein geeignetes Mittel, um das Unterbewußtsein unmittelbar anzusprechen. Andere Geheimgesellschaften lehnten das Ritual ab und widmeten sich allgemeinen Lebensfragen, etwa die Sekte Hsien-t'ien (»Früher als der Himmel«) und die Sekte Wu-wei (»Handeln im Nicht-Handeln«).

Spritistische Praktiken existieren noch heute: z. B. in der Form, daß im Tempel ein viereckiges Brett mit Asche oder Sand bestreut wird und zwei Männer darüber eine Stange im Griff halten, die sich nach Beginn der Séance »wie von selbst« bewegt und Zeichen in die Asche schreibt. Solche »Botschaften« aus der anderen Welt werden dann von einem Spezialisten gelesen und gedeutet.

→ Amulett, → Seele

Olive
kan-lan 橄欖

Olivenbäume wachsen aus klimatischen Gründen vor allem in Südchina. Seit dem 3. Jahrtausend v. Chr. im südlichen Vorderasien angebaut, wurden sie vermutlich aus Persien eingeführt. Weil die Olive → grün ist, daher Leben symbolisiert, bereitet man aus Oliven eine Art → Wein oder → Tee, der früher zu → Neujahr getrunken wurde.

Orakel

Versuche, die Zukunft im voraus zu erfahren, hat es in Chinas Vor- und Frühzeit schon gegeben. Schildkröten- und Knochenorakel waren die frühesten Verfahren. In die Schalen von → Schildkröten bzw. in die Schulterknochen von → Rindern bohrte man ein oder mehrere Löcher, in die glühend gemachte Stäbe gesteckt wurden; dadurch entstanden auf der Rückseite Risse, aus denen man binär Antwort erfuhr: »ja« oder »nein«, bzw. bei eingetretenen oder bevorstehenden Ereignissen: »glückbedeutend« – »unheilbringend«.

Es gab auch Varianten, z. B. das glühende Metall nahe an die Bohrstellen der Rückenpanzer zu halten, die dadurch Sprünge bekamen, oder aber die präparierten Knochen ins Feuer zu werfen. Der Text der Frage war stets auf dem Schalen- oder Knochenstück eingeritzt, so daß sich ein vollständiges »Textdokument« ergab – die bisher wichtigste Quelle für die Geschichte der Shang-Zeit (ca. 1500–1050 v. Chr.). Ähnliche Orakel, die jeweils durch das beigefügte Datum beglaubigt wurden, gab es bis in die neuere Zeit bei verschiedenen ethnischen Minderheiten.

Für die frühe Kultur Chinas waren solche Orakelsprüche eine wichtige, die Flut von Möglichkeiten dämmende und kanalisierende Orientierungshilfe. »Die Orakelpriester erwiesen sich als unentbehrliche Wegweiser in einer zweifach nach → Wildnis und Kultur, Diesseits und Jenseits aufgeteilten Welt, in der dennoch die Trennwände so dünn waren, daß ein ununterbrochener Austausch zwischen ihnen stattfand« (Wolfgang Bauer).

Beim späteren Schafgarbenorakel legte man 50 Stengelteile dieser Pflanze zurecht, nahm damit gewisse Teilungen und Subtraktionen vor, die man sich als »Entsprechungen« von → Himmel, → Erde, → Mensch, → Jahreszeiten dachte, und legte je nach den geraden oder ungeraden Restmengen geknickte oder ganze Stengelteile zu → Diagrammen zusammen, die später zu Hexagrammen erweitert wurden. Auf diesem Prinzip ist auch das berühmte I-ching, das dreitausend Jahre alte »Buch der Wandlungen«, aufgebaut. Es besteht aus einem immer wieder erweiterten System von 64 Hexagrammen, deren jeweils beigefügten Erklärungen (»Das Urteil«, »Das Bild«) dem Fragenden Antwort auf seine eigene Lage geben. Dieses Orakel sagt nicht mehr eindeutig, als »gut« oder »schlecht«, die Zukunft voraus, sondern benennt – mittels geworfener Münzen oder Stäbe – die augenblickliche Situation des Fragenden und die sich daraus ergebenden Tendenzen: »Solange die Dinge noch im Werden sind, können sie geleitet werden« (I-ching, übersetzt von Richard Wilhelm).

Im Gegensatz zu den westlichen Kultursprachen, in denen das I-ching immer populärer wird, wird es als Orakelbuch in Ostasien nur mehr von Gebildeten benutzt, weil die Interpretation der Erläuterungen und Kommentare schwierig, ja sie selbst ungesichert sind. Dafür gibt es bis heute in fast jedem Tempel (vor allem noch in Südostasien) Bambusröhren, in denen eine Anzahl Stäbe steckt, je nach der benutzten Serie 12, 24, 28, 49, 64, 100 oder 120. Man schüttelt die Trommel, bis ein Stäbchen herausfällt. Nach der Nummer, mit der es beschriftet ist, wählt man den entsprechenden Zettel von einem Brett aus, dort steht das → Schicksal des Fragenden beschrieben. Tempelwächter erklären dem Analphabeten oder dem, der den Text nicht gleich verstehen kann, den Inhalt. Solche Zettel sind eindeutig Nachfahren des alten »Buches der Wandlungen«, freilich vereinfacht und vergröbert.

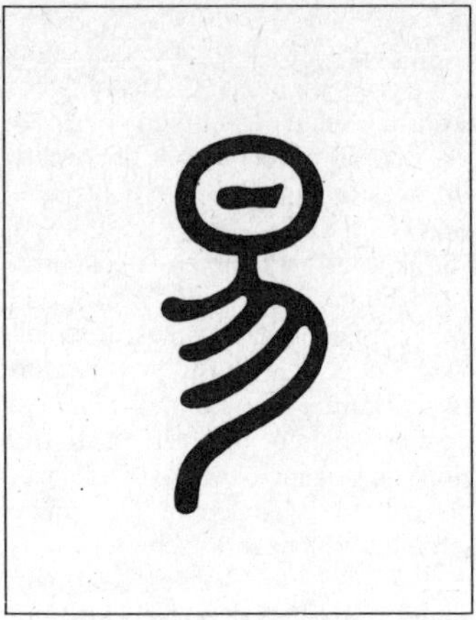

Das Wandlungszeichen des I-ching

Andere Wege, etwas über die Zukunft zu erfahren, ergeben sich aus »Traumbüchern«, aus ungewöhnlichen Geräuschen im Ohr, aus dem Zwinkern der Augen (*yen-t'iao*).

Orchidee
lan 蘭

Dasselbe chinesische Wort kann auch → Lilie oder Iris bedeuten. Die symbolische Bedeutung der Orchidee liegt vor allem in ihrem Duft: »Orchideenzimmer« ist das Haus eines jungen Mädchens, oder auch das eheliche Schlafzimmer. Der Duft des Atems einer → schönen Frau ist wie der einer Orchidee. Wenn in Personennamen das Wort Orchidee vorkommt, handelt es sich immer um eine Frau.

Alte Texte sprechen von einem Bad in Orchideenblüten. Dieser Ausdruck kann aber auch euphemistisch sein für ein Bad in → Kot, wenn jemand glaubt, von → Geistern besessen zu sein und diese los sein will. Im allgemeinen stellt diese Blume jedoch Liebe und Schönheit dar. »Bund der Goldenen Orchidee« (*chin lan ch'i*) ist ein enges Freundschaftsverhältnis zwischen zwei Männern oder Frauen, nicht unbedingt sexueller Art. Andererseits kann ein Mann zu seiner Frau sagen: »Oben (auf der Erde) haben wir (den Bund der) goldenen Orchidee, unten haben wir dasselbe Grab«, und das Verhältnis zwischen zwei Homosexuellen kann auch ein Goldener Orchideenbund sein.

Orchidee

»Goldener Orchideenklub« ist eine auf den Bezirk Shun-tê in der Provinz Kuongtong und Umgebung beschränkte Sitte eines Jung-Mädchenhauses, in das junge Mädchen beim Eintritt der Pubertät gingen und dort ein verhältnismäßig freies Leben führten, zumal es auch Jung-Männerhäuser gab. Ein Gouverneur fand die freien Sitten so schlimm, daß er die Augen von Vätern und Brüdern solcher Mädchen rot anmalen ließ, als Zeichen der Familienschande. Dann brachte er mit Gewalt das Mädchen mit demjenigen zusammen, der von den Eltern als Heiratskandidat ausgesucht worden war. Es gab Mädchen, die nicht mit ihrem Mann zusammen, sondern weiterhin im Mädchenhaus waren, während ihr Mann sofort eine zweite Frau nahm. Die Sitte stammt wohl von den Chuang, einer der größten ethnischen Minderheiten in Südchina.

Orchideen in der → Vase können auch »Eintracht« bedeuten, nach der Stelle im I-ching: »Wenn zwei Menschen einträchtig sind, so bricht ihre Schärfe (→ Metall). Worte der Eintracht duften wie Orchideen.«

Otter → Fischotter

Päonie
mu-tan 牡丹

Die Päonie gilt als »Königin der Blumen«, als Blume des Reichtums und der Vornehmheit. Der Name (*mu-tan*) tritt kaum vor dem 5. Jahrhundert n. Chr. auf; vorher hieß sie *sho-yao.* Im »Buch der Lieder« (Shih-ching) schenken sich flirtende junge Männer und Mädchen *sho-yao.* Anscheinend ist die *mu-tan* die veredelte Päonie der alten Zeit, die im 8. Jahrhundert entwickelt wurde.

Päonie, das Symbol des jungen Mädchens

Sie trat bald in verschiedenen Färbungen auf, aber die rote Päonie war und ist noch immer die am meisten verehrte. Später gab es auch weiße Päonien, sie symbolisieren ein schönes und kluges junges → Mädchen. Eine Frau mit Namen »Weiß-Päonie« (Pai Mu-tan), die den Unsterblichen → Lü Tung-pin zum Wettstreit im Liebesspiel herausforderte, besiegte ihn nach nächtelangem Kampf dadurch, daß sie ihn kitzelte.
Der Historiker Ou-yang Hsiu (1007–1072) schrieb ein Buch eigens über diese Pflanze; Poeten der T'ang-Zeit (618–907) besangen sie in bezeichnenden Versen.
Päonie wurde zeitweise zum Synonym für → Blume. In einem Theaterstück der Ming-Zeit wird beschrieben, daß die Kaiserin Wu in ihrer Überheblichkeit allen Blumen befahl zu blühen; nur die Päonie gehorchte ihr nicht. Ein späterer Roman (Ching-hua yüan, Kap. 3–4) führt dies weiter aus. Im Volksmund ist die Päonie eine berückende junge Frau. So heißt es in einem Volkslied: »Ich warte darauf, daß im Garten die Päonie aufblüht«, oder »Wenn der Hahn kräht, weiß man genau, daß er am Morgen den Abschied verkündet.« »Wenn die Päonie blüht, duftet es auf 1000 Meilen hin und lockt Blumen und Schmetterlinge an«: Biene und Schmetterling bedeuten hier junger Mann, die Päonie das junge Mädchen. »Wenn die Päonie zu blühen beginnt, wird sie vom jungen Mann gepflückt.« Noch spezieller wird die Päonie zum Symbol des weiblichen Geschlechtsteils: »Wenn der Tau (Samen) tropft, öffnet sich die Päonie.«

Bestickte Handtasche, in der Mitte eine Päonie, umgeben von Fledermäusen

Auf Bildern finden wir die Päonie zusammen mit → Lotos, → Pflaume und → Chrysantheme als die Blumen der vier → Jahreszeiten. Sie symbolisiert dabei den → Frühling. Mit → Hibiskus (*fu-jung*) zusammen bedeutet sie »gedeihend (jung) in Reichtum und Ansehen« (steht für die Päonie). Andere Konstellationen sind: zusammen mit dem wilden → Apfel (*hai-t'ang*), »Möge dein ganzes Haus (*t'ang*) in Reichtum und Ansehen stehen«, zusammen mit → Pfirsich, »Langes Leben und Reichtum und Ansehen«; zusammen mit → Kiefer und → Stein, »Reichtum und Ansehen und langes Leben«.

Panther
pao 豹

Der Panther oder Leopard tritt nur selten auf Bildern auf. In der alten Literatur wird eigentlich nur der Pantherschwanz (*pao-wei*) häufig erwähnt, der ein Ehrenzeichen war und auf Kriegswagen als Verzierung aufgepflanzt wurde. Der Panther selbst gilt als grausames, wildes Tier, wohl darum war das Wort Panther (*pao*) in Westchina tabuiert (*pao* = grausam, wild). In der Tat symbolisiert dieses Tier die »Zähmung der

Wildheit« (*fu-meng*); eine junge Frau hatte den Spitznamen »bunter Panther« (*hua pao-tse*), weil sie zwar schön, aber auch gewalttätig war.
Auf ein ganz besonderes Symbol spielt das Bild eines Panthers mit einer oder mehreren → Elstern (*hsi*) an. Es bedeutet wegen der gleichlautenden Worte *hsi,* »die Freude«, und *pao,* »verkünden«: »Möge das Bild dir Freude ankündigen« – ein passendes Familiengeschenk.

Panther und Elster zeigen bevorstehende Freuden an

Pao 報

Oft bedeutet *pao*, das einen weiten Bedeutungskreis hat, nur »Vergeltung« im Sinne von Rache. Dann aber finden wir häufig einen Ausdruck wie »die Gnade des Staates (oft im Sinne von Herrscher des Staates) vergelten«. Dies geht von der Vorstellung aus, daß jeder Bürger so viel Gutes von der Regierung empfängt, durch Anstellung, durch Zulassung zu Staatsprüfungen usw., daß er diese Wohltaten, wenn nötig, mit dem Tod vergelten muß. Man lobt dann »das loyale Herz« des Mannes, der dem Staat »zurückzahlt«. In der Zeitung stand eine Geschichte von einer blinden Witwe, die ihren Sohn durch den Verkauf von Lotterielosen in die Schule schicken konnte, so daß er sein Abitur machte. Der Sohn entschuldigte sich dann, er könne der Mutter ihre Güte, die so tief wie das Meer sei, noch nicht »vergelten«. In einer anderen Zeitung wurde die außereheliche Beziehung eines älteren Mannes zu einer ebenfalls älteren Frau beschrieben als »oben erhob sich der (heiße) Dampf, und unten folgte die (schöne) Vergeltung«.

Papagei
ying-wu und *ying-ko*

鸚鵡 䳇

Der Papagei ist in Südchina beheimatet, er ist aber schon in vorchristlicher Zeit im eigentlichen China bekannt gewesen, da ein alter Text sprechende Papageien erwähnt. Häufig ist er mit einer Perle im Schnabel, als Begleiter der Göttin → Kuan-yin, dargestellt.
»Papagei« allein kann einfach »junges → Mädchen« bedeuten, so daß man sagen kann, »der Papagei lädt zum Tee ein« und dabei ein Freuden- oder Barmädchen meint.

Papageien

P'an-ku
→ Weltschöpfer

Paradies
→ Hsi-wang-mu, → Inseln, → Unsterbliche

Paß
kuan

關

Grenzpässe sind befestigte Zollkontrollstellen in den Bergen, in chinesischen Romanen sehr häufig der Ort von heftigen Kämpfen. Es gibt in Taiwan ein Kinderspiel: »die fünf Pässe passieren«. Dort besteht auch der Glaube, daß ein Kind, wenn es zwölf Jahre alt geworden ist, mehrere Pässe passieren muß, an denen sie ein Göttergeneral beschießt. Sie müssen also vom siebten oder achten Lebensjahr an Unterricht im Buddhismus nehmen, damit sie durch die Pässe kommen können. Am Weg sind dann Steine mit Aufschriften, und sollte ein General doch schießen, so würde der Pfeil am Stein abprallen.
Ein bekanntes Bildmotiv stellt → Lao-tse auf dem Han-ku-Paß dar, wie er dem Paßwächter das Tao tê ching erläutert. Dies ist auch das zentrale Motiv in Bertolt Brechts bekannter »Legende von der Entstehung des Buches Taoteking auf dem Weg des Laotse in die Emigration« (1939).

Pavillon 亭
t'ing

Oft ist auf chinesischen Bildern ein kleiner vieleckiger oder runder Pavillon abgebildet. Wenn dieses luftige Gebäude auf einem steilen Felsen über dem Meer steht, von → Wolken umgeben, und wenn → Kraniche auf ihn zufliegen, stellt dies die → Inseln der → Unsterblichen im Ostmeer dar, eine Art Paradies, in dem die Glückseligen leben. Aber wenn er auf Nebel gebaut ist, der aus dem Maul eines Untiers kommt, handelt es sich um eine Fata Morgana über dem Ostmeer, die auch Wasserschlangenmarkt (*shen-shih*) genannt wird und dann symbolisch »Erfolg« (*sheng-shih*) bedeutet.

Pavillon auf Paradiesinsel

P'eng-tsu 彭祖

P'eng-tsu ist der chinesische Methusalem; er soll 800 Jahre alt geworden sein und mit 70 noch wie ein Baby ausgesehen haben. In einer alten Biographiensammlung über → Unsterbliche heißt es: »P'eng-tsu sprach: Der Mensch erreicht mit seiner Lebenskraft, selbst wenn er keinerlei magische Mittel kennt, bei richtiger Pflege regelmäßig ein Alter von 120 Jahren, wenn nicht, dann hat er sie irgendwie (mutwillig) verletzt. Besitzt er auch nur die geringste Ahnung vom ›Weg‹, (*tao*), so kann er 240 Jahre alt werden, und wenn er etwas mehr weiß, 480 Jahre. Wenn er seine Geisteskräfte voll ausschöpft, braucht er überhaupt

P'eng-tsu

nicht zu sterben – nur ist er deswegen noch kein ›Unsterblicher‹. Der Weg der Pflege des → Langen Lebens besteht einfach darin, (das Leben) bei keiner Gelegenheit zu verletzen. Im Winter fühlt man sich warm, im Sommer kühl und verfehlt nicht die den vier → Jahreszeiten innewohnende Harmonie: so paßt man seinen Körper an. Im dunklen Gemach hat man seine Freude an den Frauen und läßt nicht die Verirrung begehrlicher Gedanken aufkommen: so läßt man seiner Lebenskraft freien Lauf...« (übers. Wolfgang Bauer).
Auf Bildern wird P'eng-tsu gezeigt, wie er → Weihrauch verbrennt und um Langes Leben bittet. Häufig ist er dabei von Kindern umgeben. Schenkt man ein solches Bild, so drückt dies den Segenswunsch »mögest du lange leben« aus.

Perle
chu 珠

Die Perle ist eine der → acht Kleinode und bedeutet Reinheit und Kostbarkeit. Die Züchtung von Perlen war schon vor der Zeitwende, lange vor den Japanern, eine Domäne der Chinesen. »Perlchen« sind Tränen. In der alten Zeit legte man Toten eine Perle in den Mund, vielleicht weil die → Muschel durch Donner »schwanger« wird und »durch Mondschein die Perle wächst«.
Chinesen behaupten, daß tibetische Mönche eine »Verführungsperle« besitzen, die sie 60 Jahre lang »bezaubert«. Dann wird jede Frau, die von ihr bestrahlt wird, liebestoll.

Persimone
shih 柿

Die Persimone, auch Dattelpflaume oder Chinafeige genannt, bedeutet eigentlich nur »Angelegenheiten« (*shih*). Eine Persimone zusammen mit einer → Mandarine (*chü*), lautähnlich mit *chi,* bedeutet »großes Glück (*chi*) in allen Angelegenheiten«. Ein Kuchen aus Persimonen gemacht, zusammen mit einem → Kiefernzweig (*po*) und einer → Apfelsine (*chü,* hier lautgleich mit *chi*), bedeutet »in hundert (*pai*)

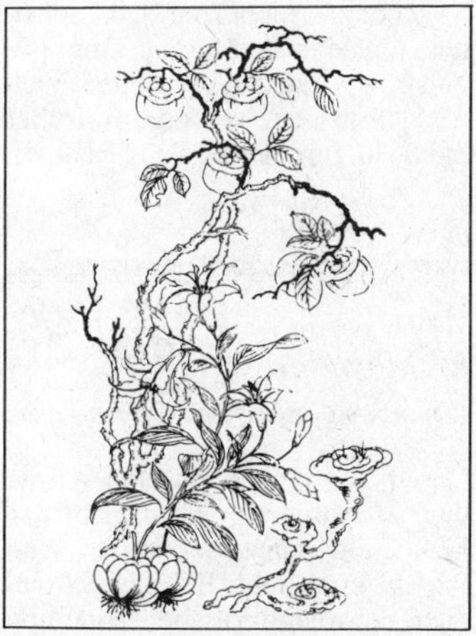

Persimone, Lilie und Wunderpilz: »Alles möge gehen wie erwünscht«

Persimonen-Ornament

Angelegenheiten (*shih*) großes Glück (*chi*)«. Die Persimone (*shih*) zusammen mit der → Litschifrucht bedeutet »Vorteil (*li*) auf dem Markt (*shih*)«, also ein gutes Geschäft.
Als → Baum hat die Persimone vier Tugenden: sie lebt lange, gibt Schatten, Vögel nisten in ihr, und sie beherbergt kein Ungeziefer. Vielleicht hat man sie darum früher häufig in Tempelhöfen angepflanzt.

Pfau 孔雀
k'ung-ch'iao

Der Pfau versinnbildlicht Würde und → Schönheit. Er vertreibt das Böse und tanzt, wenn er eine schöne Frau sieht. Er hat in China nicht die mythologische Bedeutung wie in Indien, wo er das Reittier des Schlachtengottes Karttikeya und der Sarasvati (Göttin der Dichtkunst) ist, und Indra auf einem Pfauenthron dargestellt wird.
Pfauenfedern waren ein Rangzeichen der Mandschu-Dynastie; auf Tuschbildern dargestellt, deuten sie einen → Beamtenrang an. Eine → Vase, gefüllt mit Pfauenfedern und Koralle, liest sich als Spruch »der Glanz der Feder und des Knopfes möge dir zuteil werden«; denn aus Korallen machte man damals die Knöpfe für den ersten und den zweiten Rang.

Pfauen im Flug

Pfeil
shih 矢

Der Pfeil ist in China seit ältester Zeit gebräuchlich, in unterschiedlichen Formen: z. B. als Fadenpfeil, eine Art Harpune, und als »singender Pfeil«, mit einer pfeifenähnlichen Vorrichtung an der Spitze (zum Signalisieren).

Das Zerbrechen eines Pfeils war ein Symbol der Bekräftigung. Sehr bekannt, und nicht nur in China, ist die Geschichte des alten → Vaters, der seine Söhne herbeiruft und jedem einen Pfeil gibt mit dem Befehl, diesen zu zerbrechen; dies erweist sich als einfach. Dann gibt er jedem ein Bündel Pfeile mit demselben Befehl. Dies gelingt keinem. Er zeigt damit seinen Söhnen, daß sie nur durch Einigkeit stark sind.

In einem modernen chinesischen Film schießt ein → Mädchen, das einen Mann sucht, einen Pfeil ab und sagt: »Kein Pfeil kommt von allein. Wenn er kommt, kommt er bestimmt von der Bogensehne«, und drückt so aus, daß sie den Mann, der den Pfeil findet, heiraten will: ein hocherotisches Gleichnis.

Pferd
ma 馬

Das Pferd ist das siebente Tier des chinesischen → Tierkreises. In alter Zeit gab es eine Vielzahl von Begriffen, die Pferde verschiedener Farbe und Größe bezeichneten. Da diese Wörter ausgestorben sind, kann man auf die schwindende Bedeutung dieses Tieres in der Neuzeit schließen.

Pferde hatten in China immer einen guten Preis; die kräftigsten kamen aus der Mongolei, und kleinere, aber ausdauernde aus Tibet. Oftmals kamen auch die besten Pferde aus Westasien: Araberpferde, von denen man sagte, daß sie Blut schwitzten. Im Altertum verehrten die Chinesen einen »Ahn der Pferde«, eine Gottheit, der sie auch Opfer darbrachten. Im I-ching sind → Drache (männlich) und Pferd (weiblich) Tiersymbole für die beiden Geschlechter; nach jüngeren mythologischen Vorstellungen ist das Männliche (→ *yang*) durch das Pferd symbolisiert, das Weibliche (→ *yin*) durch die Kuh.

Eine Reihe von acht Pferden stellt die berühmten Pferde des Königs Mu dar, der im 10. Jahrhundert v. Chr. gelebt haben soll. In dem berühmten Roman »Die Reise nach dem Westen« (Hsi-yu chi) ist vom »Pferd des Willens« (*i-ma*) die Rede, was Unbändigkeit und auch Unbeständigkeit bedeutet. Ein galoppierender Rappe bezieht sich auf das »Rot-Hasen-Pferd« genannte Reittier des Generals Kuan Yü (des späteren → Kuan-ti). Der in buddhistischen Texten häufig auftretende Schimmel steht für Reinheit und Loyalität.

Ein Bild, das einen Mann und ein Pferd, mit Kostbarkeiten beladen, darstellt, drückt den Wunsch nach einem Beamtenrang mit entsprechender Pfründe aus; ist dagegen

Krieger zieht dem verwundeten Pferd seines Herrschers einen Pfeil aus der Brust

ein → Affe (*hou*) zu sehen, der auf dem Pferd reitet, besagt das für den mit dem Bild Beschenkten: »möge er sofort (*ma-shang,* wörtlich »zu Pferde«) einen Grafenrang (*hou*) erlangen.«
Im heutigen Taiwan ist »Pferd« der Ausdruck für eine Freundin. Aber Pferd als vulgärer Ausdruck für Mädchen ist bereits alt. Schon im 16. Jahrhundert wird von einem Markt in der Stadt Yang-chou berichtet, auf dem »magere Pferde« (*ou-ma*) verkauft wurden. Dies war ein Markt, auf dem es über hundert Freudenmädchen zu kaufen gab; Kunden konnten die Frauen öffentlich taxieren, ohne durch einen Vermittler aufgehalten zu werden.
»Vom Pferd absteigen« bezeichnet einen Schamanen, der die Gottheiten zu sich einlädt. »Auf dem Pferd reiten« bedeutet bei Freudenmädchen die → Menstruation, »Pferdeeimer« (*ma-t'ung*) wiederum Klosettkübel, der bei → Heiratsriten ein Symbol für Babies ist. Schließlich ist »Pferdeauge« die Öffnung des Penis, und »das Pferd schüttelt die Hufe« eine der 30 Beischlafstellungen.

Pfirsich
t'ao 桃

Kaum ein Baum, kaum eine Frucht ist in China so symbolgeladen wie der Pfirsich. Sein Holz und seine Farbe bannten die Dämonen, seine Blütenblätter konnten Menschen verzaubern, und die berühmten Pfirsiche der → Unsterblichkeit reiften alle 1000, nach anderen Quellen alle 3000 oder 9000 Jahre heran. Jener Wunderbaum stand, der Legende zufolge, in den Gärten der → Hsi-wang-mu im sagenumwobenen K'un-lun-Gebirge; zu dem seltenen Tag, an dem der Baum

Pfirsichblüten und Osmanthus

Früchte trägt, lud die Göttin alle → Unsterblichen ein und feierte mit ihnen ein großes Fest. Wie es im Roman »Die Reise nach dem Westen« (Hsi-yu chi, 16. Jahrhundert) hieß, drang der → Affe Sun in den Palastgarten der Hsi-wang-mu ein, kurz vor der Reifung der wundersamen Früchte, pflückte sie und aß sie, zum Entsetzen der Gäste; Sun wurde unsterblich.

Der Pfirsich ist das häufigste Symbol der → Langlebigkeit. Noch bis vor kurzem stellte man zu → Neujahr Pfirsichzweige vor die Haustür, um die bösen Geister zu vertreiben; und man benutzte Bogenwaffen aus Pfirsichholz, um die Dämonen abzuschießen. Die göttlichen Torhüter wurden aus Holz geschnitzt und vor das Tor gestellt. Diesen Brauch hat man später durch papierne Abdrucke ersetzt.

Das Unsterblichkeitsmotiv klingt auch bei den Naturlyrikern der T'ang-Zeit an, so bei Li Po (701–762): »Die Pfirsichblüten treiben auf dem Strom davon in weite Ferne /Andere Himmel gibts und Erden als die der Welt der Sterblichen« (übers. Stephan Schuhmacher). Hier ist zugleich eine Anspielung an die berühmte Kurzgeschichte des T'ao Ch'ien (365–428), überschrieben »Die Geschichte vom Pfirsichblütenquell« (nach R. Wilhelm ein »Pfirsichblütenwald«): ein einfacher Mann tritt im Wald, an einer Quelle, plötzlich in eine andere Welt, in der die Menschen ein glückliches Leben führen.

Die Höhle, aus der die Quelle kommt, wurde häufig im westlichen Hunan gesucht; sie wurde als ein Kultzentrum der Chuang, einer

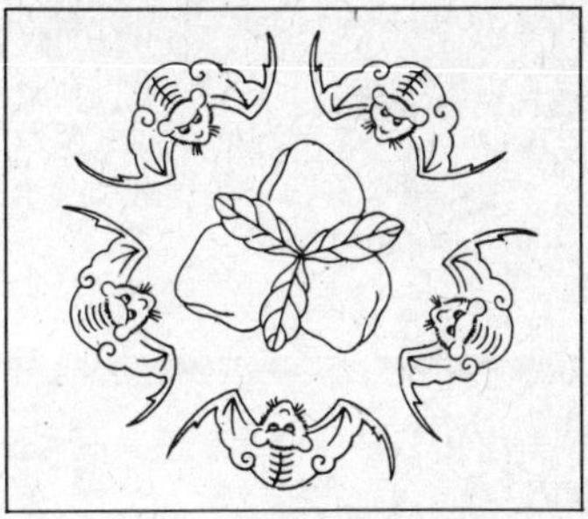

Drei Pfirsiche, fünf Fledermäuse

Minderheit Südchinas, identifiziert. Nach den Yao, einer anderen Minderheit, die in dieser Gegend lebte, gibt es zwölf Pfirsichquellenhöhlen: die Stationen auf dem Weg nach dem Tod in ein anderes Leben.

Im Volksmund aber wird der Pfirsichquell sehr irdisch als Umschreibung der Vagina benutzt.

Die »Pfirsichblüte« wird mit der schönen Gesichtsfarbe junger Mädchen verglichen, sie deutet aber auch auf eine Frau hin, die leichtfertig und leicht verführbar ist. »Grüne Pfirsichblüten« bezeichnen einen geheimen Treffpunkt von Liebenden. »Pfirsichblütenaugen« sind feuchte, anziehende Augen bei Schauspielern, die Frauen darstellen. Wenn es in einem Volksgedicht heißt »Ein Tropfen Pfirsichblüte färbt den azurnen Rock«, so beschreibt dies das Jungfernblut. »Pfirsichblüten-Irresein« beschreibt Pubertätswirren. Eine »Pfirsichblütenhöhle« kann auch gelegentlich »Sarg« bedeuten. Durch den Roman »Die Geschichte der drei Reiche« ist der »Pfirsichgarten« berühmt geworden, in dem die drei Hauptbelden Liu Pei, Chang Fei und Kuan Yü sich Bruderschaft schworen.

In einer Reihe von Pflanzen, die symbolisch für die Monate stehen, ist der Pfirsich der Baum des 3. chinesischen Monats.

Pflaume *mei* 梅

Der Pflaumenbaum beginnt als erster im Jahr zu blühen, noch ehe er Blätter entwickelt hat. Im kalten Nordchina muß man ihn allerdings als Topfpflanze im Treibhaus halten, um sie im Frühlingsmonat (Januar/Februar nach dem alten → Kalender) zum Blühen zu bringen. Die Pflaume wird als eishäutig und jadeknochig beschrieben und mit einem frisch erblühten, aber noch unberührten Mädchen verglichen. Sie steht für Winter und Unberührtheit.

»Im Mauerwinkel ein paar Pflaumenblütenzweige. Dem Frost trotzend blühen sie still für sich. In der Ferne schon sieht man, daß es kein Schnee sein kann. Von irgendwoher kommt süßer Duft« (ein Gedicht des Wang An-shih aus dem 11. Jahrhundert, übersetzt von Ferdinand Lessing).

Die fünf Blütenblätter versinnbildlichen alle fünf Glücksgötter. »Pflaumenblüte« (*mei-hua*) ist ein häufig gebrauchter Name für die früheren Zofen und Dienstmädchen; er schließt sexuelle Freuden mit ein, was auch aus der Bezeichnung für die Decke des Brautbetts – »Pflaumenblütendecke« – ersichtlich ist.

Pflaumenblütenschlinge

Pflaumenblüte

In ganz anderem Zusammenhang bedeutet »Pflaumenblüte« eine bestimmte Methode der Berechnung menschlichen → Schicksals, angeblich von dem Philosophen Shao Yung (1011–1077) erfunden. Das Bild eines Gelehrten an einem Tisch mit vielen Büchern, dem ein Knabe zwei blühende Pflaumenzweige bringt, stellt den Dichter Lin Pu (967–1028) dar, der für seine Gedichte über dieses Motiv (z. B. »Der kleine Pflaumenbaum in meinem Berggarten«, *shan-yüan hsiao-mei*) berühmt ist.
Die Pflaume zusammen mit → Kiefer und → Bambus sind die drei → Freunde der kalten Jahreszeit. Eine Bildkomposition Bambus, Pflaumenbaum, spielende Kinder, alter Mann mit Zofe und zwei Frauen bedeutet folgender Spruch: »Die Pflaume setzt viele Kerne (= Kinder) an, der grüne Bambus (*hsün*) wiederum bringt viele Enkel (*sun*, lautverwandt mit *hsün*)«.
»Blaue Pflaume und Bambuspferd« bezeichnet ein junges Paar, das schon in früher Jugend befreundet war, bevor es heiraten konnte. Der Ausdruck »Pfirsich und Pflaume« (*t'ao li*) bezeichnet Studenten. Pflaume kann auch für → Augenbrauen stehen, da sie den gleichen Wortlaut haben.
»Die Pflaumen blühen zum zweiten Mal« bedeutet entweder Heirat mit einer zweiten Frau, einer Nebenfrau also, oder einen zweiten Beischlaf in derselben Nacht.
Die »Weiden-Pflaumen-Krankheit« (*yang-mei ping*) ist der chinesische Ausdruck für Syphilis, angeblich, weil die Beulen so aussehen wie Pflaumenblüten.

Phönix *feng-huang* 鳳凰

Der chinesische *feng-huang* hat nichts mit dem europäischen Phönix zu tun, außer daß er ebenfalls mythologischen Ursprungs ist. Feng-huang werden schon in Texten vor Ende des 2. Jahrtausends v. Chr. erwähnt. In einem Kommentar zu den »Frühlings- und Herbst-Annalen« aus dem 4. Jahrh. v. Chr. heißt es, daß der männliche Phönix wie auch das weibliche → Einhorn und fünf magische Wesen (der grüne Drache, der rote Vogel, der weiße Tiger, die Schildkröte, der dunkle Krieger) Zeichen dafür sind, daß das Land von einem guten König regiert wird. Solche

Männlicher und weiblicher Phönix

Phönix mit neun Jungen

Himmelszeichen (*fu-jui*) kennt auch → Konfuzius, der beklagt, daß der Phönix nicht mehr erscheine, wohl weil die Regierung so schlecht und kein gutes Zeitalter in Sicht sei.

Er ist das zweite der vier Wundertiere und der König der Gefiederten. Wird er mit dem → Drachen zusammen abgebildet, so symbolisiert jener den → Kaiser, der Phönix aber die Kaiserin: dieses Sinnbild eines weiblichen Phönix ist jüngeren Datums.

Chinesische Forscher halten es für möglich, daß der Phönix ursprünglich eine Gottheit des → Windes gewesen ist, da das Schriftzeichen aus dem Zeichen *feng*, »der Wind«, entwickelt ist. Einige Interpreten gehen davon aus, daß Feng der männliche und Huang der weibliche Phönix sei, beide Worte zusammen die geschlechtliche Vereinigung symbolisieren. Andere bezeichnen ihn generell als Tier des → *yang* (also männlich) und daher des Südens. Sein Körper stelle die → fünf menschlichen Qualitäten dar: der Kopf die Tugend (*tê*), beide Flügel die Pflicht, der Rücken das rituell richtige Verhalten, die Brust Menschlichkeit, der Bauch Zuverlässigkeit. Entsprechend seien seine Federn fünffarbig.

Einige Texte sprechen von einem zinnoberroten Phönix, der in einer Zinnoberhöhle des Südpols geboren sei, er wird aber auch »Phönix des Zinnoberberges« genannt. Nun ist Zinnober rot, hat also die Farbe des Südens, und ist zugleich Grundsubstanz der taoistischen Alchimie. Da in der chinesischen Philosophie der Vergleich alchimistischer Praktiken mit sexuellen durchaus statthaft ist und sich auch in der Terminologie niederschlägt, kann der »Phönix des Zinnoberberges« das weibliche Geschlechtsteil bedeuten.

»Die zwei Phönixe durchbohren die Blüte« bedeutet ehelicher Beischlaf, wogegen »falscher männlicher und leerer weiblicher Phönix« sich auf Homosexualität bezieht. Im heutigen Nordwestchina symbolisiert der Phönix den Geliebten, die → Päonie die Geliebte. Dieses Motiv kann auch durch ein Bild dargestellt werden mit drei Phönixen, auf denen Kinder reiten, die Vasen mit Päonien und anderen Blumen tragen. Wenn auf einem Bild zur Rechten und zur Linken Phönix und Drache zu sehen sind, bedeuten sie Frau und Mann. Wenn auf dem Brautkleid einer Frau ein Phönix abgebildet ist, bedeutet das, daß sie für einen Tag Kaiserin ist. »Phönixaugen« sind ganz besonders reizende Augen einer Frau. »Die Phönixe tanzen zu zweit« ist eine der 30 Beischlafpositionen.

In einer Beschreibung des Reiches Uttarakuru, ein Paradies hinter dem Weltberg Meru, unterhalten Feng und der weiße Luan die Unsterblichen mit Gesang und Tanz. »Luan« soll der weibliche Phönix sein, aber seine Beschreibungen weichen nicht von denen des männlichen ab, mit einer Ausnahme: ein »Luan-Mann« (*luan-sheng*) ist eine Person, die mit Hilfe einer Plakette die Geister befragen kann. Die Antwort ist meist in Form von Gedichten gehalten. In einem Dorf in Taiwan stellte ein solcher Luan-Mann in drei Monaten nachweislich 1717 Fragen an die Geister, vorwiegend über einen Tag, der für bestimmte Arbeiten günstig, über Medizin, die man nehmen und über → Amulette, die man tragen soll. Die Fabeltiere werden hier mit → Okkultismus in Verbindung gebracht.

Pi-Scheibe 璧

Die Rundscheibe aus → Jade, deren äußerer Rand doppelt so breit ist wie der Durchmesser des kreisrunden Loches in der Mitte, wird als einfaches → Himmelssymbol gedeutet. Ursprünglich ein Zeremonialgerät für den Erdkult, soll sie nach Ansicht einiger Sinologen auch ein astronomisches Instrument gewesen sein.

»Unverletzter Ring« (*wan pi*) bedeutet Jungfräulichkeit.

Pietät

→ hsiao

Pilz 菇
ku

Echte Pilze (*chün* oder *ku*) werden in der chinesischen Literatur häufig erwähnt. Im Zusammenhang mit der Frage des Drogenkonsums in den frühen Hochkulturen wurde u. a. von R. Gordon Wasson (»Soma, Divine Mushroom of Immortality«) vermutet, daß auch die Chinesen halluzinogene Pilze (wie etwa den Fliegenpilz) gekannt und benutzt haben. Zu dieser Untersuchung bot sich das chinesische *chih* an, auch »zauberwirkendes *chih*« genannt und umschrieben als Geisterpilz, Götterpilz, Wunderpilz, glückbringender Pilz – alle im Sinne eines damit verliehenen → Langen Lebens.

Cammann machte dagegen den Einwand, daß *chih* niemals als Fliegenpilz abgebildet wurde. Auf Tuschbildern sieht *chih* eher wie eine Art Morchel aus und wird mit anderen Pflanzen oder Objekten dargestellt, stets mit der Bedeutung Langlebigkeit. Im umfassenderen Sinn wird *chih* als → Unsterblichkeitskraut bezeichnet.

»Pilzwuchspalast« (*chih-ch'eng ku*) wird der Palast aus Gold und Silber genannt, der sich auf den P'eng-lai – → Inseln befinden soll.

Pinsel 筆
pi

Der Pinsel ist das traditionelle Schreibgerät der Chinesen und somit das Gerät des → Gelehrten. Sonst bedeutet der Pinsel auf Bildern oft »sicherlich« (*pi*), besonders, wenn er durch ein Rad gesteckt ist, was dann »er wird sicher treffen« bedeutet, d. h. die Staatsprüfung bestehen. Das Rad kann dann das buddhistische »Rad des Gesetzes« bedeuten. Pinsel mit einem → Geldbarren (*ting*) und einem → Zepter (*ju-i*) ist ein Rebus mit der Bedeutung »es möge bestimmt (*pi ting*) alles nach Wunsch (*ju-i*) gehen«. Gelegentlich kann Pinsel auch Penis bedeuten.

Pirol 鶯
ying

Der Pirol (engl. Oriole) ist der Vogel der Freude und der Musik, seines schönen Gesanges wegen. Stellt man die → fünf menschlichen Beziehungen bildlich dar, so symbolisiert ein Pirol die Freundschaft.

»Die Schwalbe harmonisiert mit dem Pirol« ist ein Liebesspiel; dies kann auch ausgedrückt werden mit »der Pirol ist ausschweifend, und der Schmetterling pflückt«. Ein »fließender Pirol« (*liu-ying,* was mehr »herumziehender Pirol« heißt) ist ein Freudenmädchen, weil

Pirol auf Kirschzweig

dies oft als Singmädchen auftritt. Ein »wilder Pirol« ist ein offiziell nicht registriertes Freudenmädchen. »Pirolschwalbe« steht für Bardame, und »Pirolblütenhallen« sind erstklassige Freudenhäuser.

Planeten
hsing 星

Im Unterschied zu → Gestirnen allgemein spielen die Planeten keine große Rolle in der Mythologie. Die Chinesen der alten Zeit kannten deren fünf. Diese waren daher mit Leichtigkeit in das System der → »Fünf« einzubetten, indem man sie mit den Himmelsrichtungen und den ihnen zugeordneten Farben verband. Nur bei zwei Planeten passen Farbe und Planet richtig zusammen: die Venus ist weiß, der Mars ist rot. Da Weiß die Farbe des Todes, die Farbe des Westens wie des Herbstes ist, also derjenigen → Jahreszeit, in der die Natur abstirbt, ist Venus der Stern des Westens, zumal er eindrucksvoll als Abendstern am westlichen Teil des Himmels erscheint. Venus wird »der Große Weiße« (*t'ai pai*) genannt und ist männlich. Der Mars wird dem → Feuer und dem Süden zugeordnet; man bezeichnete ihn auch als »Feuerstern« und als »Strafe des Himmels«. Sein Erscheinen deutete Kriegsunheil an. → Jupiter gehört zum Osten und damit zum → Element Holz. Merkur gehört zum → Wasser und zum Norden, seine symbolische Farbe ist → schwarz. Er ist ein Sinnbild der Kaiserin. Saturn steht in der → Mitte, und seine Farbe ist die der → Erde, also → gelb.

Po-shih 博士

Po-shih hat jetzt die Bedeutung »Professor«, während es im Altertum einen klassischen → Gelehrten bezeichnete, der die Staatsprüfungen bestanden hatte. Aber schon im Mittelalter sprach man von »Mühlenprofessoren«, d. h. von Arbeitern, die in den Getreidemühlen arbeiteten. Die Angestellten in Weinschänken wurden entsprechend als »Teeprofessoren« bezeichnet.

Puder
fen 粉

Gesichtspuder bestand im alten China aus Arten von Reisstärke, erst etwa um die Zeitwende kam Schminke auf mineralischer Basis in Gebrauch. → Schöne Frauen scheinen sich immer das Gesicht gepudert zu haben, und Prostituierte puderten sich, wie auch in Europa, in besonders auffälliger Weise; darum nannte man Prostituierte auch abfällig »Puderkopf« (*fen-t'ou*).

Quadrat
szu-fang hsing

四方形

Die alte Literatur erwähnt einen »Plan des Flusses« (*ho-t'u*), der eines Tages aus den Wassern des Gelben Flusses hervorgekommen sei. Dieser »Plan« hatte → neun Felder, diesen entsprachen die neun Räume der »Ming-t'ang«, einem »Halle des Lichts« genannten Kultbau, der u. a. astronomischen Zwekken diente. Die neun Räume wiederum scheinen mit einer Reihe von neun »Planeten« zusammenzuhängen, nach der indischen Tradition Sonne, Mond, Merkur, Mars, Venus, Jupiter, Saturn, Rahu und Ketu (nicht sichtbare »Gegenmonde« der indischen Astronomie). Ein anderer Gelehrter der alten Zeit berichtet, daß der Plan des Flusses dasselbe sei wie ein → Schachbrett – was auf die kosmische Bedeutung des alten Schachspiels der Chinesen anspielt. Neuere Untersuchungen haben einwandfrei festgestellt, daß es sich bei dem »Plan« um ein magisches Quadrat gehandelt hat.
Oft wird auch ein »Buch des Lo-Flusses« (*lo-shu*) mit dem »Plan des Ho-Flusses« zusammen erwähnt, es scheint ebenfalls ein magisches Quadrat von je → drei Zahlen gewesen zu sein.

Quelle
ch'üan 泉

Wegen des Lößbodens in Nordchina sind alle Quellen und Flüsse dort gelblich-braun. In Südchina jedoch gibt es klare Quellen: neben → Brunnen das wichtigste Trinkwasserreservoir. An dem Ort, wo die Quelle zum Vorschein kommt, wurden häufig Statuen von Gottheiten aufgestellt; diese Art Quellenverehrung findet sich auch im alten Japan (kleine hölzerne Schreine). Das chinesische Wort für Quelle kann mit den Komponenten »rein« und »Wasser« geschrieben werden, es ist stammverwandt mit dem Begriff »Ursprung«.

Rabe
wu ya 烏鴉

Schon auf den ältesten erhaltenen Steinreliefs finden wir den Raben als Tier der → Sonne, zusammen mit seinem Gegenstück, dem Mondhasen. Da die Sonne mit dem → Feuer, der Mond mit dem → Wasser in Zusammenhang steht, sollte man in der Sonne einen Feuervogel erwarten, aber die Texte lassen eine solche Deutung nicht zu.
Der Sage nach gab es einst zehn Sonnenraben, die so viel Hitze erzeugten, daß die Menschheit dem Tode nahe war, bis der Bogenschütze Hou I neun der sengenden Sonnen vom Himmel schoß. So ist jetzt nur noch ein Rabe in der Sonne, aber einer mit drei Beinen.
Ein roter Rabe war das symbolische Tier der Chou-Dynastie (etwa 1050–256 v. Chr.), weil sich die Chou mit der Sonne identifizierten. Ein dreibeiniger Rabe ist der Bote der Göttin → Hsi-wang-mu, und diese Raben brachten Speisen für sie heran. Die Mythe weiß auch von Turnieren der Himmelsbewohner; die Sonnen, als dreibeinige Raben zum Kampf angetreten, ziehen sich zurück, sobald → Einhörner einen Zweikampf veranstalten oder ein solches Ch'i-lin sie selbst zu verschlingen sucht.

Der Bogenschütze Hou I, der die Sonnen vom Himmel holt. Die am Boden liegenden Raben symbolisieren die schon erlegten Sonnen.

Raben gelten als pietätvolle Vögel: sie machen den Grabhügel von einigen durch → *hsiao* ausgezeichneten Männern. Es gibt auch »göttliche« Raben, die in Tempelanlagen leben und von den Besuchern gefüttert werden. Wenn Raben im Schatten Futter aufpicken, heißt es, werden sie schwanger und spucken die jungen Raben aus.
Das Krächzen der Raben wird unterschiedlich beurteilt. Ein Text sagt, daß das Krächzen in der Abendstunde (20 bis 22 Uhr) Freude voraussagt, das in der nächsten Doppelstunde (22 bis 24 Uhr) den Tod. Häufiger gilt es als unglückbringendes Omen.
Schön glänzendes, schwarzes Frauenhaar wird als »Rabenhaar« bezeichnet.
Dann wieder steht der Rabe (als schwarzer, häßlicher Vogel) gegen die → Elster (als glückbringender Vogel), wie in dem Sprichwort »Lieber ein ehrlicher Rabe als eine unehrliche Elster.«
Ein »Feuerrabe« (*huo ya*) untersteht dem Wen yüan-shuai, einem der Pockengötter.

Ranke
man 蔓

Ranke (*man*) klingt ähnlich wie Zehntausend (*wan*). Ranke und Wurzel (*tai*) drücken den Wunsch aus, der mit einem solchen Bild Beschenkte möge »zehntausend Generationen (*tai*) lang leben«.

Ratte
ta shu 大鼠

Die Ratte ist das erste Tier im alten chinesischen → Tierkreis. Es heißt, daß das → Rind die Reihe der Tiere anführte, die in den Tierkreis aufgenommen werden wollten. Aber die Ratte hatte sich unbemerkt auf seinen Rücken gesetzt und war von oben heruntergesprungen, als sich die Tiere zur Ernennung aufgereiht hatten; so wurde sie das erste Tier des Tierkreises.
Die Ratte hängt mit → Geld zusammen: wenn nachts eine Ratte knabbert, so »zählt sie Geld«. »Geldratte« ist ein Schimpfwort für Geizhals.
Ratten wurden früher an bestimmten Tagen, je nach der Gegend, am 3. Tag des 12. Monats, am 7., 12. oder 19. Tag des 1. Monats in Ruhe gelassen, weil man glaubte, daß dies ihr Hochzeitstag sei. In einem südchinesischen Märchen ist es die Ratte, die den Menschen → Reis bringt. Ratten können auch Dämonen werden, vorwiegend männliche, im Gegensatz zu → Füchsen, die weibliche werden. Wenn Ratten im Haus sind, kommen auch → Katzen ins Haus, weil sie wissen, daß die Familie bald arm sein wird.
In früheren Texten wird mehrmals ein Rattentanz erwähnt, wo Ratten auf den Hinterbeinen stehen, die Vorderbeine auf den Kopf legen und singen.
Im Gegensatz zur Ratte spielt die Maus keine Rolle in der Symbolik, vielleicht deswegen, weil sie nicht so

Rattenjahre

schädlich ist wie die Ratte, vielleicht auch, weil beide Tiere den selben Namen tragen (*shu*) und nur, wenn zur Unterscheidung notwendig, die Ratte speziell als »alte Maus« (*lao shu*) bezeichnet wird.
Zur → Neujahrszeit wurde früher in Peking auf Märkten ein Mäusetheater aufgeführt.

Rauch
yen 煙

Der Rauch ist ein Symbol der Vergänglichkeit: er kommt schnell, er vergeht auch schnell. Die Dichter der T'ang-Zeit erwähnen ihn wiederholt in ihren Naturschilderungen, so Wang Wei (700–761): »Über der Furt noch ein Rest der sinkenden Sonne, aus dem Weiler steigt eine einsame Rauchsäule« (übers. Stephan Schuhmacher). Immer sind es einzelne Rauchzeichen, in der Ferne zu sehen: eine Chiffre.
Selbst in der Bezeichnung für Bordell (»Lager von Rauch und Blüten«, *yen-hua chai*) oder für Prostituierte (»Blume des Rauchs«, *yen-hua*) schafft die chinesische Sprache Sinnbilder für kurzes Blühen und Vergehen.

Raupe
ch'ung 虫

In der ältesten Zeit wurden bei nichtchinesischen Minderheiten in Südchina verschiedene Arten von Raupen zur Seidenherstellung benutzt; seit langem wird die Seidenraupe allen anderen Raupen vorgezogen.
Während der Ackerbau Aufgabe des Mannes war, war Seidenraupenzucht Aufgabe der Frau. Nach einer alten Regel sollen alle Mädchen über 15 Jahre Seidenraupen züchten. In manchen Gegenden gewinnt man pro Jahr vier bis fünf Ernten, jedoch ist der Arbeitseinsatz sehr hoch: Frauen müssen die Blätter der Maulbeerbäume, die in der Regel nahe beim Haus stehen, abpflücken und die in speziellen Gestellen untergebrachten Raupen damit täglich mehrmals füttern; sie müssen sie dann zur rechten Zeit im kochenden Wasser töten und später das Spinnen und Weben übernehmen. Die Arbeit beginnt in vielen Teilen des Landes im April.
Nach einer Sage wurden der Frau des Königs Ho-lü mehr als tausend Seidenraupen ins Grab gegeben.
Chinesen waren sehr darauf bedacht, daß zwar ihre Seide durch Kaufleute nach Syrien gebracht wurde, dort umgewoben wurde in der Art von Stoffen, wie die Römer sie liebten, und dann nach Rom verkauft wurde. Sie verboten daher die Ausfuhr von Seidenraupeneiern und die Verbreitung der Kenntnis ihrer Zucht, bis einst ein Mönch in seinem Pilgerstab ein paar Raupen-

Das Sammeln von Raupen und ihre Lagerung in speziellen Regalen

eier mit in den Westen brachte. »Raupe« ist ein Ausdruck für → Kinder, die adoptiert sind. Während normalerweise Chinesen nur Kinder adoptieren, die mit ihnen verwandt waren, wurden in selteneren Fällen auch männliche Kinder aus Waisenhäusern adoptiert. Im Küstengebiet wurden solche Söhne auf gefährliche Expeditionen geschickt, während die eigenen Söhne die risikolosen Arbeiten machten.

Raute, Rhombus *ling-hsing* 菱形

Raute ist eines der → acht Glückssymbole und soll den guten Zustand des Staates symbolisieren, kann aber nach anderen Belegen ein Siegeszeichen bedeuten.

Als Doppelraute (*fang-cheng*) gilt sie, wie auch in Europa, als Abwehrzauber. Die ineinander geschobene doppelte Raute findet sich häufig an Mauern und Wänden.

Rebhuhn *chê-ku* 鷓鴣

Das Rebhuhn gilt als südlicher Vogel. Schon die Kalendersprüche des ersten Teils im uralten »Buch der Lieder« (Shih-ching) machen deutlich, daß es sich um ein Sinnbild gegenseitiger Anziehungskraft handelt. Das girrende Rebhuhn, das zur Zeit des Frühjahrshochwassers den Hahn herbeiruft, wird zur Anspielung auf »unordentliche Verhältnisse«. Dahinter verbirgt sich ein eklatanter Verstoß gegen alle

Rebhühner

Sitte: Prinzessin I-chiang, die erst den Vater, dann den Sohn (Herzog Hsüan von Wei, 718–699 v. Chr.) geehelicht hatte: »Als allegorische Sentenz offenbart jeder althergebrachte Vergleich die Ordnung der Natur« (Marcel Granet).

Regen
yü 雨

Eine der ältesten überlieferten Fragen an das sog. Knochenorakel war: wann gibt es Regen? Seine Bedeutung für die Agrargesellschaft des alten China ist darin ablesbar. Bei anhaltender Dürre fanden bis in die Neuzeit Regenopfer statt.
»Wind und Regen durchwehen den Kosmos« (Huai-nan-tzu des Liu An, gest. 121 v. Chr.). Über Wind und Regen zu gebieten, ist Vorrecht zauberkräftiger Geister (*ling*).
Regen entsteht, wenn das weibliche Element (→ *yin*) sich mit dem männlichen (→ *yang*) paart. »Regen und Tau« stellen dichterische Motive dar, welche bestimmten Jahresabschnitten als Embleme dienen; sie bilden einen Gegensatz. »Mit dem Regen verknüpft man die Vorstellung weiblicher Gegebenheiten, mit dem Tau den Gedanken der fürstlichen Wohltätigkeit« (Marcel Granet).
Der Regenbogen wird als ein strahlendes Symbol der Vereinigung des *yang* mit dem *yin* aufgefaßt, er ist ein Zeichen der Ehe. Man soll nicht mit dem Finger auf einen Regenbogen zeigen.
Der Regenbogen kann auch eine andere Bedeutung haben: er erscheint nämlich, wenn der Mann

Regengott auf Wolken

schöner ist als die Frau oder die Frau schöner ist als der Mann und sie daher eine außereheliche Verbindung eingehen. Dann ist er ein Zeichen der → Unzucht, ein Unheilszeichen.
»Regenbogenbrücken« sind pfeilerlose »fliegende« Brücken aus Baumstämmen. »Regenbogenröcke« haben am unteren Saum verzierte Borten in vielerlei Farben.
Auf frühen Reliefs wird der Regenbogen als → Schlange oder als → Drache mit zwei Köpfen dargestellt. In Westchina hat er einen Kopf wie ein → Esel und ist oft ein glückbringendes Omen.

Reichtumsgott 財神 *Ts'ai-shen*

Der Gott des Reichtums wird teils einzeln, teils zu zweien oder noch mehreren dargestellt. Als doppelte Gottheit ist die eine, zur Linken, der militärische und der zur Rechten der zivile Gott (vgl. die Gouverneure des → Kaisers). Aber diese beiden Reichtumsgötter sind nicht immer dieselben; einmal ist es → Kuan-ti, der aufrichtige, gerechte Krieger, und Pi-kan, der loyale Minister, ein anderes Mal sind es Kuan-ti und Yao-wang, der »König der Medizin« (wahrscheinlich der ursprünglich buddhistische Gott Bhaisajyaguru). Auch die beiden → Ho-ho wurden als Reichtumsgötter verehrt, besonders in der Provinz An-hui, dann aber häufig nur als Nebenfiguren zu einem Hauptgott.

Der militärische und der zivile Reichtumsgott

Andere Texte wiederum kennen fünf Götter des Reichtums (siehe → Glücksgötter), die eigentlich fünf Brüder waren, doch sind ihre Namen nicht einzeln erwähnt. Es hat den Anschein, daß das Geben von Reichtum wichtiger war als die Frage, wer den Reichtum nun gab. Ähnlich ist es mit dem Kult. In den meisten Gegenden wurde ihm am 2. Tag des neuen Jahres geopfert, nach anderen Quellen auch noch am 5. Tag. Nach einer alten Tradition in Peking besucht der Reichtumsgott in jedem Monat am 2. und 16. Tag den höchsten Herrn aller Götter, den »Jadekaiser« (Yühuang) und berichtet über die Handlungen der Menschen, um so das Glück oder Unglück der Gläubigen bestimmen zu lassen.

Reiher 鷺
lu

Der in Wassernähe lebende Reiher ist ein beliebtes Motiv der Naturlyriker in der T'ang-Zeit. »Der Fluren Wasserfläche dehnt sich weit, ein Reiher breitet gelb die Schwingen. Von Schatten schwer der Sommerbaum, darin die Oriolen singen« (Wang Wei, übersetzt von Günther Debon).
Das Lautzeichen *lu* ist das gleiche wie das für »Weg«; wenn daher ein Reiher zusammen mit einem → Lotos bildlich dargestellt wird, bedeutet dies »auf deinem Weg (*lu*) steige immerzu (*lien,* lautgleich mit Lotos) auf«.

Reiher und Lotos

Rein/Unrein 素 葷
su/hun

»Rein« (*su*) und »Unrein« (*hun*) ist ein Gegensatzpaar, das in verschiedenen Bedeutungen auftritt. Am häufigsten ist die Bedeutung »vegetarisches« (*su*) und »nichtvegetarisches« Essen (*hun*), eine → Speisentrennung für Buddhisten und Nichtbuddhisten. → Mönche müssen *»su«* essen, das bedeutet »einfach«, »nicht veredelt« und ist auch die Bezeichnung für Kleider in der Trauerzeit, die aus nicht veredeltem, nicht gefärbtem Stoff gemacht waren. Dagegen bedeutet *hun* »trübe«, »unrein«, vor allem das Essen, das mit Fleisch angerichtet ist. Im nichtbuddhistischen Bereich bekommt das Gegensatzpaar die Bedeutung »klar« (*ch'ing*) und »trübe«.
Wenn ein Chinese in alter Zeit von seiner Frau sprach, benutzte er abwertende Ausdrücke als Zeichen der Bescheidenheit; es wurde verlangt, daß man alles, was zu einem selbst gehörte, herabsetzte und alles, was den Angesprochenen betraf, hochsetzte. So kann ein Mann von seiner Frau sagen *hun-chia,* »die Trübe«, und es dennoch nicht schlecht meinen.

Reinheit
→ Weiß

Reis
t'ao und *mi* 稻 米

Der Reis ist eines der wichtigsten Grundnahrungsmittel, er wird vorwiegend in Mittel- und Südchina angebaut, während im Norden mehr Mehlprodukte hergestellt werden.

Er ist zugleich eine der ältesten Nutzpflanzen: Der mythische → Kaiser Shen-nung soll in feierlichem Zeremoniell alljährlich das Ritual des Reispflanzens vollzogen haben, und vor Ende des 2. Jahrtausends v. Chr. gab es ausgedehnte Bewässerungsanlagen für die Reiskulturen am Jangtsekiang. Auch hier wurden kosmologische Vorstellungen berücksichtigt: die Größe eines Reisfeldes stand immer in rechtem Verhältnis zu menschlichen Dimensionen (außerdem ließen sich weite Wasserflächen nicht gleichmäßig halten und regulieren).

In einer Legende der Li-su, einer Minderheit in der Provinz Yünnan, brachte der → Hund den Reis zu den Menschen, aber da er durchs Wasser laufen mußte, verlor er die meisten Körner, so daß nur die Halmspitzen hervorschauten. In einem anderen südchinesischen Märchen ist die → Ratte der Reisbringer.

Früher war Reis die Speise der Vornehmen. Dem Toten legte man Reis in den Mund. Man soll bis heute die Reisschale nie so aufhäu-

Bewässerung und Jäten der Reisfelder

fen, daß es sich türmt; das tat man nur bei den Reisopfern, die man den toten Ahnen darbrachte. Das Wegwerfen von Reis war verpönt, desgleichen auch, Reisreste in der Schale zu lassen: wer das tat, bekam die Pocken oder wurde vom Donnergott erschlagen.
In einem Gleichnis über die Vergeßlichkeit der reichen Leute heißt es, sie hätten auf die Frage, woher der Reis komme, gesagt: »aus dem Mörser« und nochmals befragt, »aus dem Sack«. Keiner wußte mehr von der Arbeit der Bauern. Im heutigen Brauch wird Reis gelegentlich als Abwehrzauber benutzt oder als Tempelopfer.
Für die Heilung von bösen Geistern verlangte der Taoist Chang Lu jeweils fünf Scheffel Reis, ein Brauch, der der religiös-politischen Sekte »Fünf-Scheffel-Reis-Taoisten« (Wu-tou-mi) ihren Namen gab.

Reiten
ch'i-ma 騎馬

Es scheint, daß die Chinesen von ihren nördlichen Nachbarn das → Pferdereiten gelernt haben. Zusammen mit dem Reiten kam der Gebrauch von Hosen auf; vorher trugen chinesische Männer (wie auch noch in späteren Zeiten die Zivilbeamten) weite Gewänder. Das Wort für Reiten (*ch'i*) ist erst später aufgekommen, stattdessen wurde

Jagd zur Ming-Zeit

der Ausdruck »das Pferd besteigen« benutzt.
Das Bild eines reitenden → Beamten, begleitet von einem Mann, der einen → Baldachin über ihn hält, während acht Personen um ihn herumstehen, stellt den Liang Hao (913–1004) dar, der erst im Alter von 82 Jahren die höchste chinesische Prüfung, noch dazu als Bester, bestand.
Umgekehrt auf dem Tier zu reiten war nicht, wie in Europa eine Strafe oder eine Eulenspiegelei; dies wurde sogar von Chinas berühmtestem Dichter, Li T'ai-po, praktiziert, der mit dem Gesäß nach vorn auf einem → Esel, dem Reittier der Ärmsten, ritt.
»Reiten« als Ausdruck für Beischlaf ist aus Japan und Europa bekannt, aber in China nicht gebräuchlich.

Reuse
ku 轂

Die Erfindung der Fischreuse wird dem legendären Kaiser → Fu-hsi zugeschrieben. Das Fanggerät aus Bambusgeflecht, das vorn eine große, hinten eine kleinere Öffnung hat und so konstruiert ist, daß die Fische hineingelangen, aber nicht herausschwimmen können, ist auch Metapher und Rebus für die Vagina (*k'u,* »Loch, Schlitz«).

Rhinozeros
hsi-niu 犀牛

Nashörner kamen in früher Zeit auch in China vor. Das Horn ist eines der Glückssymbole des → Gelehrten und verbindet sich mit der Vorstellung eines »festen Charakters«, den der gute Gelehrte haben soll. Das Rhinozeroshorn diente nach altem Volksglauben auch dazu, Gift in Getränken zu erkennen.
Ein Gürtel aus Rhinozeroshaut ist wasserabstoßend und wurde der Legende nach von → Ts'ao Kuo-chiu, einem der acht → Unsterblichen, benutzt, als diese den im Wasser lebenden Drachenkönigen in die Quere kamen.

Rind
niu 牛

Das Rind ist, nach der → Ratte, das zweite Tier im chinesischen → Tierkreis. Gewöhnlich wird im Chinesischen zwischen Rind, Kuh, Stier, Ochse kein Unterschied gemacht. Es ist das Pflugtier. Viele Chinesen essen noch heute kein Rindfleisch, weil es unmoralisch sei, das Tier zu töten und zu essen, was einem bei der Ernte hilft und darum Dank verdient. Dieses Tabu könnte durch den Buddhismus nach China gekommen sein, weil es sich mit indischen Speiseverboten – kein

Fleischgenuß, besonders kein Rindfleisch - verbindet.
Im Mittelalter erließen verschiedene Kaiser Edikte, wonach das Schlachten und Essen von Rindern zeitweise verboten war. Ähnlich und noch rigoroser waren solche Verbote in Japan. In Südchina wiederum gab es einen Kult des Rindes (oder auch des → Wasserbüffels), der überhaupt nichts mit Buddhismus zu tun hat.
Das Rind symbolisiert den Frühling, weil die Landarbeit im Frühling mit der Pflugzeremonie, an der der → Kaiser aktiv teilhatte, begann. Es gab Rindertempel für das »gelbe Rind« (bovina communis). Andersfarbige Rinder waren nicht gerade selten: nach einem alten Bericht kamen bei der Stadt Lo-yang zwei schwarze und zwei blaue Rinder aus dem → Fluß und kämpften miteinander. Rinder wurden oft mit dem → Wasser in Verbindung gebracht; man warf Rinderfiguren aus Stein oder Bronze in die Flüsse, wenn die Gefahr eines Dammbruchs bestand. Es liegen mehrere Sagen vor, nach denen ein Rind aus einem Baum kam, dann in den Fluß lief und als Gottheit verehrt wurde. All diesen Berichten ist der Glaube an die Stärke des Rindes gemeinsam.
Stierkämpfe kamen bei einigen Gruppen südchinesischer Ureinwohner vor und wurden von Chinesen übernommen. Man ließ zwei Tiere gegeneinander kämpfen, das besiegte wurde geschlachtet und von beiden Parteien verzehrt. Oft waren diese Tiere keine Stiere, sondern Wasserbüffel. Ihr Kampf soll nach einigen Kommentatoren an einen Kampf mit einem rindergestaltigen Flußgott in Westchina erinnern; zweifellos handelt es sich

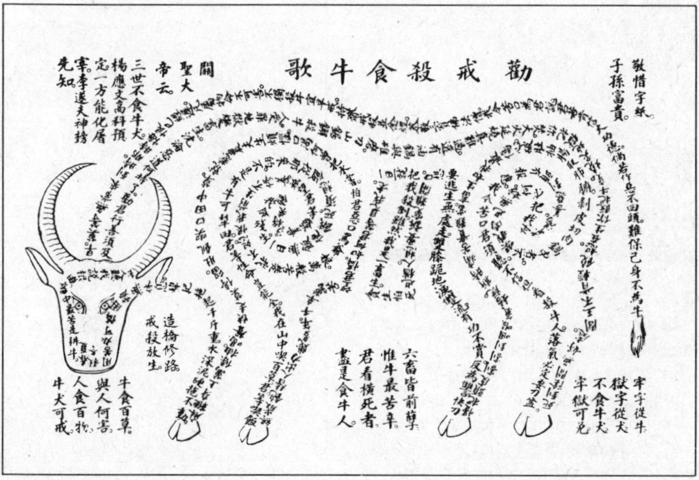

Rind aus Schriftzeichen

Knabe mit Drachen auf Rind

jedoch um einen Fruchtbarkeitskult, denn bei den Ureinwohnern tanzten die Frauen während des Kampfes und trommelten wie sonst nur bei ihrem → Trommeltanzfest. Dieses Fest fand am Ende der Ernte statt, in Korea am 5. Tag des 5. Monats.

Ring
huan 環

Der Ring versinnbildlicht den Begriff des Dauernden, des nicht Zerbrechlichen, wie auch das Rad. Bei den Yao, einer Minderheit in Südchina, ist der Ring ein Liebes- und Verlobungssymbol. Dies kam auch im übrigen China vor. Ring ist gleichlautend mit »zurückkehren« (*huan*).

Rosa
fen-hung 粉紅

Rosa, eigentlich »Schminkenrot« oder »Pfirsichrot«, symbolisiert Leichtfertigkeit von Frauen und ist die Farbe der → Unzucht. In einer Provinz Chinas mußten alle Prostituierten einen »rosa → Ausweis« haben. Freudenmädchen wurden im allgemeinen allerdings »rote Mädchen« (*hung-niang*) genannt. Das ist auch der Name einer Zofe, wie er in mehreren Dramen vorkommt: das »rote Mädchen« arrangiert zwischen ihrer Herrin und dem Liebhaber ein Stelldichein, sie symbolisiert »Helferin in der Liebe«.

Rose und Unsterblichkeitskraut

Rose
ch'iang-wei 薔薇

Die Rose spielt in China bei weitem nicht dieselbe Rolle wie in Europa. Sie steht für »Jugend«, aber nicht für »Liebe«. Auch gilt sie als Pflanze aller vier → Jahreszeiten.

Rosenkranz
nien-chu 念珠

Mit dem Buddhismus kam der Rosenkranz (*nien-chu*) nach China. Er besteht aus Perlen, die meist aus Holz oder Kernen gedrechselt und außen verziert sind. Das Dogma schreibt keine bestimmte Anzahl vor, doch sind 108 Perlen die häufigste Anzahl: hundert für das Abbeten von hundert Gebeten, und acht zusätzlich, falls man sich verrechnet hat. Nach anderer Auffassung werden die 108 Perlen aus den → zwölf Monaten, den → 24 Abschnitten des Jahres und den → 72 Fünftage-Abschnitten gebildet und sind deswegen eine heilige Zahl.

Öfters sieht man ältere Chinesen mit einem Kranz von Stein- oder Holzkugeln in der Hand: er dient dazu, die Finger beweglich zu halten – oder aber zum Ablenken der Gedanken.

Rot
hung 紅

Rot scheint schon in vorgeschichtlicher Zeit als »lebensspendende Farbe« gegolten zu haben; aus Grabfunden ist ersichtlich, daß man den Toten Zinnober oder Rötel mitgab. Rot ist die Farbe des Sommers, des Südens und auch die des alten Reiches Chou (ca. 1050–256 v. Chr.). Ein solches »rotes Zeitalter« hatte rote Gewänder, rote Quasten an den → Mützen der Beamten, rote Siegelschnüre, Pferde, Fahnen, Opfertiere usw. zur Folge; das Erscheinen des Roten Raben war sein virtueller Beginn. Solch alter Glaube ist indirekt bis heute wirksam, etwa in der Vorstellung des Kommunismus als »Herrschaft der Roten« (Feng Yu-lan) und der »Roten Garden« als Wegbereiter revolutionärer Unruhen.

Auf der chinesischen Bühne ist ein rotgesichtiger Mann eine heilige Person, oftmals der Kriegsgott → Kuan-ti. Von den drei Glücksgöttern hat derjenige, der hohen Rang und Reichtum gibt, ein rotes Kleid; der neben ihm im → grünen Gewand verleiht Kindersegen, der dritte spendet langes Leben und ist → gelb- oder → weißgekleidet. So ist Rot auch die Farbe des Reichtums.

Bis zum 19. Jahrhundert durften Nebenfrauen keinen roten Rock anziehen; nur wenn die Nebenfrau zum ersten Mal zu ihrem Gemahl ging, zog die Hauptfrau ihr ein rotes Kleid an.

»Jungfraurot« ist das Blut der Entjungferung, »das Rote fallen lassen« die Entjungferung selbst. Noch heute gilt das Sprichwort »Rotes Gesicht – schlechtes → Schicksal«, d. h. früher Tod für den Ehemann, den die Frau zu oft zum Geschlechtsgenuß verleitete. »Roter Alter« (*hung lao*) war ein Vulgärwort für einfache Soldaten, »roter Vertrag« ein amtlich (mit roter Farbe) abgestempeltes Dokument eines Vertrages, z. B. über den Kauf eines Sklaven. Ein »rotes Register« wurde für Listen aller Weinfabrikanten im 14. Jahrhundert angelegt. »Rotes Herz« bezeichnet das Zentrum der Zielscheibe. »Roter Lotos« ist eine späte Reissorte.

Schließlich kann rot auch »nackt« bedeuten. Ein »rotes Kind« ist z. B. ein nacktes Baby – keineswegs ein rothaariges; ein solches Kind wurde in alter Zeit oft ausgesetzt. Den »roten Fleck« hat man am 14. Tag des 8. Monats auf die Stirn von Kindern gemalt, um sie gegen Krankheiten zu schützen, oder bei erwachsenen Frauen auf die Wange als Schönheitsmal. Eine »rote Schnur« wurde um den Hals einer Götterfigur oder eines Altars gebunden, wenn man um göttliche Hilfe betete. »Rote Augenbrauen« nannte sich eine Gruppe von Aufständischen im 1. Jahrhundert v. Chr., die sich die Brauen mit einer nicht abzuwischenden Farbe rot färbten, so daß sie nicht desertieren konnten. »Rotköpfe« ist die Bezeichnung einer taoistischen Sekte, deren Priester exorzieren, gegenüber den »Schwarzköpfen«, die Totenrituale abhalten.

Besonders wichtig ist die Kombination von Rot und → Grün, die beide Farben des Lebens sind. So heißt es in einem Roman, daß manche Mädchen so rot wie → Pfirsichblüten und daher liebenswert sind, andere hingegen so grün wie → Weiden(-blätter), daß man sie nur bemitleiden könnte. »Mitleid« wiederum ist ein Gefühl, das oft von Männern im Munde geführt wird, wenn sie von ihren Gefühlen jungen Frauen gegenüber berichten. Häufiger noch spricht man von Mädchen mit rotem Rock und grünen Strümpfen, d. h. jungen Mädchen. Dagegen bedeutet »Lampen rot – Wein grün« das Leben in einer Kneipe. Noch heute wird Malerei als *tan-ch'ing* aufgefaßt, wobei *tan* Zinnoberrot bedeutet und *ch'ing* ein sehr alter Ausdruck für eine Farbe ist, die sowohl dunkelblau (wie der Himmel), als auch grau und grün bedeuten kann. »Rot und grün« ist die Symbolformel der chinesischen Malerei. »Rot und weiß« bedeutet Hochzeits- und Begräbnisfeierlichkeiten. Lobend spricht man von roten Lippen und weißen Zähnen einer → schönen Frau.

Rückenkratzer 搔杖
sao-chang

In vielen Folkloresammlungen findet man einen Rückenkratzer. Er ist meist aus einem Bambusstock, an dem der eigentliche Kratzer, der wie eine Klaue oder Hand aussieht, befestigt ist. Dieses Instrument scheint aber noch eine andere Bedeutung gehabt zu haben, nämlich

Vase mit Rückenkratzer und Beamtenstab: »Frieden nach Wunsch«

als »Diskussionsstab« (*t'an chu*): ein Stab, manchmal auch einfach nur ein Kiefernzweig und nicht selten ein → Zepter, den der Lehrer vor sich aufstellte; ein Schüler, der eine Diskussion beginnen wollte, nahm ihn heraus und sprach dann. Dieser Stab scheint schon ziemlich früh mit dem Buddhismus nach China gekommen zu sein. Mit dem Rückenkratzer verbindet sich die Legende von der Göttin → Ma-ku.

Sack *pu-tai* 布袋

Besonders Säcke aus Leder spielten im alten China eine bedeutende Rolle: man benutzte sie, wie im europäischen Altertum, um Wein darin aufzubewahren. Häufig nähte man Verbrecher – meist politische – in Ledersäcke ein, ertränkte sie oder schlug sie tot.

Der Sackgott Ti-chiang, der auf dem Himmelsberg lebte, hatte weder Gesicht noch Augen, aber sechs Füße und vier Flügel. Er singt und tanzt, ist dem Urwesen ähnlich, das keine Glieder hatte und auch dem »Urchaos«, das ebenfalls ungestaltet war. Darum hieß der Sack im Volksmund »Chaos« (*hun-tun*). Heute werden in Teig gehüllte und im Wasser gekochte Fleischklöße auch »Chaos« genannt (in kantonesischer Aussprache *wan-tan*).

Mönch mit Sack ist eine beliebte Figur. Er soll am 3. Tag des 3. Monats des Jahres 917 im Kloster Yüeh-lin in der Provinz Chêkiang gestorben sein, wurde aber nach seinem Tod vielfach gesehen und gilt als eine der Wiedergeburten des Maitreya (Mi-lo). Obwohl sein Sack schwer war, konnte nur ein Kind ihn tragen. Einmal gab er seinen Sack weg, als ein Klosterbruder ihm beim Baden zusah und bemerkte, daß er auf dem Rücken ein Auge hatte. Aus Scham, daß dieses Geheimnis entdeckt war, gab der Mönch ihm seinen Sack.

Sago *hsi ko mi* 西谷米

Die Sagopalme kommt in Südchina vor, aus ihrem Sago wird eine Art Mehl gemacht. Da früher die Männer an der Küste Südchinas oft auf hoher See waren und lange ausblieben, banden die jungen Frauen das Hosenband ihres Mannes oder dessen Schweißtuch an einen Baum und beteten zu diesen, daß ihr Mann (oder Liebhaber) bald lebendig zurückkomme. Vielleicht hat hier ein Wortspiel seinen Ursprung, Sago (kuang-lang), »Mann an der Sperre« (Zollstation am Meer heißt *kuang-lang*).

Sarg
kuan 棺

Da die Chinesen an die Existenz zweier → Seelen im Körper glaubten, hatten sie bei einem Begräbnis darauf Rücksicht zu nehmen.
Wohlhabendere besorgten sich vorzeitig ihren eigenen Sarg, sie ließen ihn aus gutem hartem Holz anfertigen mit einem luftdicht abzuschließenden Deckel. An der Seite jedoch mußte ein Loch sein, damit die *hun*-Seele entweichen und nach dem Totengericht in neuer Form, als Mensch oder Tier, wiedergeboren werden konnte.
Die Körperseele (*po*) hingegen durfte nicht entweichen, da sie sonst als → Gespenst ihre Anverwandten heimsuchen würde. Ein bereits verfaultes Sargbrett konnte der Familie des Toten durchaus Angst einjagen.
In Südchina legte man weitaus weniger Gewicht auf den Sarg, da der Tote meist nach zwei Jahren wieder ausgegraben und seine Gebeine nach einer »Knochenwäsche« in eine tönerne → Vase versenkt wurden.
Im Traum gesehen, kündigt der Sarg einen Beamtenrang an; ein Rebus, denn das Wort für Sarg ist gleichlautend mit → Beamter (*kuan*).

Sattel
an 鞍

Der Sattel ist lautgleich mit »Frieden« (*an*) und wird häufig mit einer → Vase (*p'ing*) zusammen dargestellt, die wiederum lautgleich mit »Ruhe« (*p'ing*) ist; beides zusammen drückt den Wunsch nach Frieden und Ruhe aus. Daher bestand schon seit mehr als tausend Jahren in China der Brauch, vor das Haustor einen Sattel zu stellen, bevor Bräutigam und Braut im Haus seiner Eltern eintrafen. Die Braut stieg dann über den Sattel – sie wünschte damit, in das Haus Frieden und keine Unruhe zu bringen. Diese Sitte scheint im Mittelalter auch bei den nördlichen Nachbarn der Chinesen bestanden zu haben.

Schachspiel
hsiang-ch'i 象棋

Das alte Brettspiel Schach ist in China früh und in verschiedenen Variationen überliefert. So wird das Go-Spiel als »Umzingelungsschach« (*wei-ch'i*) bezeichnet. Das Go, sagt

man, ist genau wie ein Krieg und folgt dessen Strategieregeln. Das übliche Schach dagegen entspricht genau dem »Plan des Gelben Flusses« (Ho-t'u); und ein Mann, der dies als erster erkannt hatte, besiegte sofort den Schachmeister. Jener »Plan« ist eine Form des magischen → Quadrats. Das »Figurenschach« (*hsiang-ch'i*) hängt mit Astralsymbolik zusammen, es soll zudem eine Nachbildung des chinesischen Fußballspiels sein (→ Spiele).
Schach ist eine der »vier Künste«. Auf Gemälden sieht man häufig Schachspieler. Berühmt ist die Szene, bei der die beiden → Gestirnsgottheiten des Nord- und Südpols miteinander Schach spielen. Ein Junge kommt und sieht eine Weile zu; als er nach Hause kommt, sind inzwischen viele Jahre vergangen.

Schaf *yang* 羊

Das Schaf ist das achte Tier im chinesischen → Tierkreis. Es gilt als Symbol kindlicher Pietät (→ *hsiao*), da es kniet, wenn es an der Mutter säugt. Es kann aber auch für → *yang*, männliche Kraft, stehen. Schafe waren weniger für Chinesen als für die Nomaden Tibets und der Mongolei wichtig. Dort zirkulierte der Glaube, daß man zu Beginn des Winters Schafsknochen säen kann und daß dann im Frühling junge Schafe aus der Erde geboren werden. Zwischen Schaf und Ziege wird

Drei Schafe (Ziegen) in der Sonne

normalerweise kein Unterschied gemacht; die Ziege wird auch als »Bergschaf« bezeichnet.
Ein »Schafaugenring« (*yang-yen chüan*) ist eine Art Kondom, der ganz mit Haaren, wie eine Bürste, besetzt ist und angeblich aus dem Muskelring um das Schafsauge hergestellt sein soll; er muß daher vor Gebrauch in warmem Tee aufgeweicht werden.

Schafgarbe *ai* 艾

Schafgarbe oder Artemisia ist eine Pflanze mit starkem Geruch, dem Beifuß nicht unähnlich. Man kann sie zum Grünfärben benutzen und

zur Herstellung der kleinen Kügelchen, die auf der Haut verbrannt werden; dieses Moxibustion genannte Heilverfahren wird bei Gicht, Rheumatismus und auch bei Lähmungen angewendet.
Man soll die Schafgarbe am 5. Tag des 5. Monats pflücken, trocknen und über die Tür hängen als Abwehr gegen Gifte. Früher wurden die Stengel der Pflanze zum → Orakelnehmen benutzt, vermutlich, weil ihre Heilkraft seit altersher erwiesen ist. Die Schafgarbe ist auch eines der → acht Symbole des → Gelehrten.

Schale voller Kostbarkeiten

→ Kostbarkeiten

Schamhaar

Schamhaar wird im Chinesischen stets umschrieben: »schwarze Rose«, »duftendes Gras«, »heiliges Haar« oder auch »Moos«. Häufig wird es mit einem → Bart verglichen. Eine Frau, die Haare an den Beinen hat, hat auch viel Schamhaar. Eine Frau mit üppigem Haar gilt als allzu sinnlich und daher unsittlich. Kluge Frauen, so wird gesagt, haben langes und feines Haar; dumme Frauen haben dafür keinerlei Haar, solche Frauen werden »weißer Tiger« genannt. Ein Zeichen der → Schönheit ist es, wenn das Haar wie ein gleichschenkliges Dreieck aussieht und nach oben hin wächst.

Schatten
ying 影

Der Schatten gleicht der → Seele. Ein Mann, der über seinen eigenen Schatten erschrak, starb. Die → Geister der Toten haben keinen Schatten. In einer Geschichte heiratet ein Neunzigjähriger eine Frau und stirbt nach der ersten Nacht. Ein Sohn wird geboren, und da die Vaterschaft strittig war, kam der Fall vor den Richter. Der entschied: wenn er der Sohn des Alten ist, hat er keinen Schatten.
Eine »Schattenmauer« ist eine kurze Mauer, direkt hinter dem Eingangstor. Sie verhindert, daß böse Geister ins Haus eindringen, weil Geister nur schnurgeradeaus gehen und nicht den Bogen um die Schattenmauer machen können.

Schaukeln
ch'iu-ch'ien 鞦韆

Schaukeln war ein mit der Religion verbundenes Spiel, das zu → Neujahr oder im Frühling (oft um den 4. April herum) gespielt wurde, vorwiegend von jungen Frauen. Es soll eine Bitte um → Langes Lebens, d. h. »tausend Herbste« (*ch'ien-ch'iu*) sein. In Teilen Südchinas und Thailands, wie auch in Korea hängt das Schaukelfest mit dem 5. Tag des 5. Monats, d. h. nach unserem Kalender mit der Sommersonnenwende, zusammen. Es ist der Wendepunkt des Jahres, so daß das Hin und Her möglicherweise den Wechsel des Sonnenlaufs symbolisieren kann, wenngleich dies in keinem Text ausgedrückt ist. Übrigens ist es das einzige chinesische Fest, an dem sich junge → Mädchen im Freien vergnügen konnten.

Scheidung
li hun 離婚

Die Ehescheidung war nach Gesetzen, die schon in der T'ang-Zeit in Kraft waren, für den Mann nur erlaubt, wenn einer von sieben Gründen vorlag: Wenn die Frau keinen Sohn geboren hatte, wenn sie Ehebruch begangen hatte, geschwätzig war, d. h. mit Nachbarn über Familienangelegenheiten sprach, eine Diebin oder stark eifersüchtig war, oder wenn sie krank war, d. h. wohl geschlechtskrank, oder wenn eine schlimme Krankheit vorlag. Ohne Grund die Frau (d. h. die Hauptfrau) zu verstoßen, galt als strafbar. Eine Frau konnte sich dann scheiden lassen, wenn ihr Mann ihre Ahnen beschimpft oder ein Mitglied ihrer Sippe ermordet hatte. Über die Scheidung wurde ein Scheidungsvertrag ausgeschrieben.
Scheidung gilt auch heute noch, zumal bei der moralischen Einstellung der Landbevölkerung, als letzter Ausweg aus einer unhaltbar gewordenen Situation. Bei anhaltenden Ehestreitigkeiten packt die Frau eher ihre Sachen und kehrt zu ihren Eltern zurück. Ist sie erst einmal geschieden, so hängt ihr ein Makel an.
Es gibt heute einen Registrierzwang für → Heiraten und Scheidungen. Ein kinderloses Ehepaar kann sich scheiden lassen, wenn beide Teile mit der Trennung einverstanden sind. Dann gehen sie gemeinsam zur Registrierstelle und geben ihren Wunsch zu Protokoll. Wenn → Kinder da sind, wird ein Schlichtungsverfahren eingeleitet, und die Scheidung wird durchweg verweigert, falls eine Partei nicht einwilligen will.

Schicksal
ming 命

Das Wort *ming* bedeutet meist »Befehl«, aber im speziellen Sinn (auch »Himmelsbefehl« genannt) Schicksal. Dieses ist den Menschen nicht direkt »vorbestimmt«; jeder erreicht sein Schicksal, wenn er der »Vorbestimmung« nach richtig handelt. Oder anders gesagt, selbst wenn ein Wahrsager einem eine bestimmte Zeit für den Tod voraussagt, ist dies nur eine »Tendenz«, auf die durch Handlungen eingewirkt werden kann. Besonders anläßlich des Todes eines Kindes sagt man, »das war sein (ihr) Geschick«, um weitere Diskussionen zu vermeiden. Jede »Vorbestimmung« kann geändert werden, u. a. durch Gebete und Opfer.
Ein anderes Wort für Schicksal ist *yün,* »Bewegung« – eine Bewegung, die so oder so verläuft, ohne daß der

davon Betroffene eine Schuld auf sich geladen hat. So sagt ein Sprichwort: »Wenn das *yün* sich verzieht, verliert gelbes Gold seine Farbe, aber wenn die Zeit kommt, strahlt selbst das Eisen im Glanz.« Die Parallele in diesem Satz (Schicksal/Zeit) deutet darauf hin, daß ein Mensch eine gute Tat vollbringen will, aber nicht zur rechten Zeit, und darum Mißerfolg erleidet. Der Begriff der »richtigen« Zeit ist sehr wichtig für Chinesen: alle Handlungen müssen zur rechten Zeit ausgeführt werden, ganz gleich, ob sie im Grunde gute Handlungen sind oder nicht.

Der Begriff der »richtigen Zeit« ist bereits im I-ching vorhanden und liegt seinem ganzen System zugrunde. Neben diesem sehr alten → Orakelbuch gibt es hunderte andere bis in die heutige Zeit: auch sie zeigen immer nur die Situation an, in der sich der Fragende im Moment befindet. Für eine andere Methode, die Zukunft zu erfragen, ist ein Buch berühmt, das lange Zeit verboten war, da es in Form von Bildern mit einem rätselhaften Spruch das Schicksal des → Kaisers voraussagte (T'ui pei t'u). Diejenigen Bilder, die sich deutlich auf vergangene Perioden beziehen lassen, lassen sich jetzt sicher deuten; aber eine Reihe von Bildern scheint sich auf die Zukunft zu beziehen, und deren Deutung ist den jeweiligen Machthabern unangenehm; in Taiwan, Hongkong und der Volksrepublik China mit ihren unterschiedlichen Regionen werden die Sprüche und Bilder sehr verschieden ausgelegt.

Schildkröte *kui* 龜

Zu allen Zeiten galt die Schildkröte als ein rätselhaftes, hochsymbolisches Tier (→ Ao). »Sie birgt die Geheimnisse des → Himmels und der → Erde«, sagt man noch heute in China. Schon in ältester Zeit verglich man ihren Panzer mit der Wölbung des Himmels, ihre Unterseite mit der flachen Scheibe der Erde. Aufgrund dieser kosmischen Bezüge und wohl auch wegen der Zeichen auf ihrem Rücken benutzte

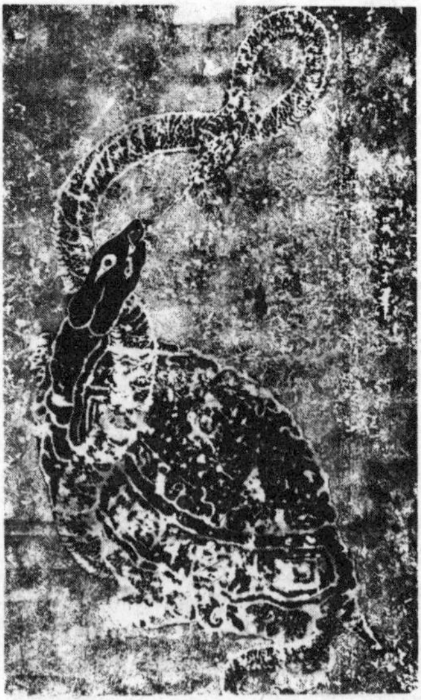

Schildkröte und Schlange (Steinabreibung)

man Schildpatt schon sehr früh zum → Orakelnehmen. Die 24 Randplatten wurden, so schließt man heute, mit den 24 Jahresabschnitten des agrarischen → Kalenders in Verbindung gebracht.

Die Schildkröte ist auch Held zahlreicher Legenden. Sie half schon dem ersten → Kaiser, den Gelben Fluß zu bändigen; wann immer ein Kulturheroe auftrat, der Ordnung in das Universum brachte, war ihm eine Schildkröte zur Seite. Kaiser Shang-ti gewährte ihr zur Belohnung → zehntausend Jahre Leben. Ihre reale Langlebigkeit prädestiniert sie zum Symbol des → Langen Lebens. Bei Opfern in Taiwan werden noch heute große Schildkröten aus Teig geformt und → rot bemalt; für ein solches Fest wurde am 13. 1. 1971 (→ Neujahr) eine »Langleben-Schildkröte« aus 7478 Pfund Klebreis angefertigt.

Die Schildkröte steht auch für unwandelbare Festigkeit. Steinerne Grabstelen werden häufig damit gekrönt, auf steinernen Schildkröten auch stehen die Tafeln mit den Inschriften der alten Kaiser. Bezeichnend für die restaurative Phase des gegenwärtigen chinesischen Kommunismus ist ein Ausspruch: »Der Vorsitzende Mao änderte den Lauf der Flüsse und versetzte Berge. Er war aber nicht in der Lage, die Form der Schildkröte zu ändern« (übers. Tiziano Terzani).

Nach anderer Anschauung gilt die Schildkröte als unsittlich; es gäbe keine Schildkröten-Männchen, darum müßten sie sich mit → Schlangen paaren. So wird sie auch als Tier des Nordens (→ Gestirne, → Planeten) zusammen mit einer Schlange dargestellt.

Stilisierter Schildkrötenpanzer

Das Wort »Schildkröte« wurde sogar tabuiert, man sagte stattdessen »der dunkle Krieger«. Schildkröte und Schlange seien, so sagt die Legende, aus den Eingeweiden und dem Magen des »Kaisers des Nordens« (Pei-ti) entstanden.

Ein »Schildkrötenherr« (*kui-kung*) ist ein Schimpfwort, es bedeutet »Vater einer Hure«. »Schwarze Schildkröte« (*wu-kui*) ist ein Zuhälter, und »Schildkröte« ist ein bildhafter Ausdruck für Penis. Warum die Schildkröte auch »König Acht« heißt, ist unklar. Man sagt, es bezeichne einen Mann, der die achte Tugend vergessen habe (König = *wang*, lautgleich mit acht), und diese sei das Schamgefühl. Dieses Wort wird als starkes Schimpfwort für einen Bordellbesitzer gebraucht.

Schirm
yü san 雨伞

Der Schirm ist eines der → acht buddhistischen Symbole und entspricht der Milz der Gottheit. Bei den Minderheiten Südchinas gilt er, weil über dem Würdenträger gehalten, selbst als Zeichen der Würde. Er symbolisiert auch die Reinheit und Würde des → Beamten. Bei Hochzeiten bedeckte er den Bräutigam auf seinem rituellen Weg zur Braut. Ein Schirm über dem Bett einer Frau im Kindbett vertreibt die bösen Geister. Andererseits wird berichtet, daß die Seele einer toten Frau sich im Schirm eines Kaufmanns verbarg, der auf dem Schiff nach Taiwan fuhr; allein konnte die Seele nicht das Meer überqueren.

Zusammenklappbarer Schirm

Zusammenklappbare Schirme sind in China schon seit vorchristlicher Zeit bekannt; es waren auch mehrstöckige Schirme in Gebrauch.

Schlange
shê 蛇

Die Schlange ist das fünfte Tier im chinesischen → Tierkreis. Sie ist eines der fünf → Gifttiere; sie gilt als schlau, aber böse und hinterlistig. Wer ein »Schlangenherz« hat, ist eine hinterlistige Person. Früher gab es einen Schlangenkult, vor allem entlang der chinesischen Flüsse, da → Flußgötter oft in Schlangengestalt vorgestellt wurden. Der Gott des Gelben Flusses z. B. war eine kleine goldene Schlange mit viereckigem Kopf und roten Punkten unter den Augen. Diese Schlangengottheit liebte Theatervorstellungen, die man gab, um sie bei guter Laune zu halten. Manche Schlangen verlangten in jedem Jahr an einem bestimmten Tag das Opfer eines jungen → Mädchens; bis ein tapferer Held, in Frauenkleidung getarnt, die Schlange töten konnte.
Schlangen können, ähnlich wie in westasiatischen Märchen, → Perlen schenken. In einem bekannten Märchen rettete ein Junge eine solche Schlange, sie gab ihm kostbare Dinge dafür. Als der Kaiser dann Schlangenleber verlangte, bat der Junge seine Schlange, ihm ihre Leber zu geben. Das war zu viel: sie verschlang den Undankbaren.
Schlangenleber ist noch heute als

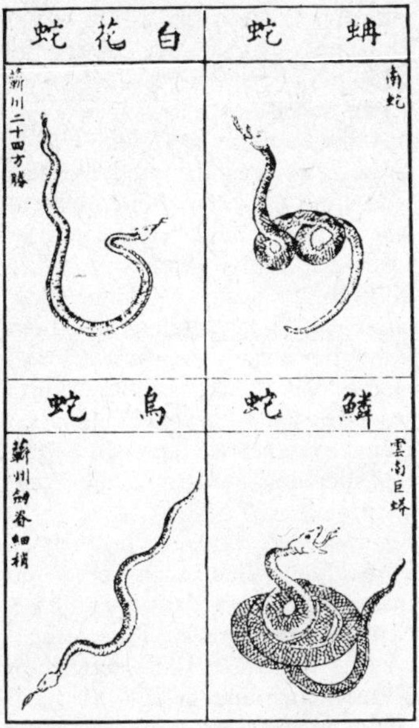

Schlangendarstellungen in medizinischen Büchern

→ Medizin sehr gesucht. In Taiwan werden Schlangen viel gegessen, weil ihr Fleisch gut für die Augen sei. Dagegen ist Schlangenfett sehr gefährlich: es läßt den Penis einschrumpfen, so daß er nie wieder richtig funktioniert.

Schlangenhaut soll man behalten: dann wird man später reich. Träume von Schlangen haben verschiedene Bedeutung: wenn man träumt, eine Schlange verfolge einen, bringt dies Glück. Ein Traum von einer → schwarzen Schlange sagt die → Geburt einer Tochter, von einer grauweißen dagegen die eines Sohnes voraus. Wenn man in Taiwan von einer Schlange träumt, bedeutet es Verlust von Reichtum; wenn man sich im Traum von Schlangen umzingelt sieht, bedeutet dies eine Veränderung im Leben; dahinter steht das Bild der sich häutenden, also auch sich veränderbaren Schlange. Wenn ein Mann nur von einer Schlange träumt, bedeutet dies eine neue Frauenbekanntschaft.

Schlangen geht der Ruf voraus, sie seien sehr sinnlich, und da sie durch den Geruch von Frauenunterwäsche angelockt werden, fängt man sie durch diese Methode. Kein Wunder, daß die Schlange daher mit dem Penis verglichen wird. Wenn jedoch eine Schlange mit einem dreieckigen Kopf dargestellt wird, ist sie ein weibliches Symbol – eine Warnung an alle, unbesehen tiefenpsychologische Vorstellungen zu übernehmen.

Schlangendämonen mit menschlichem Kopf kommen, so heißt es, in der Provinz Kuanghsi vor. Wenn sie einen mit Namen rufen, soll man nur nicht antworten. In Kuanghsi soll es auch Schlangen geben, die so groß sind, daß sie einen → Elefanten (*hsiang*) verschlingen können. Aber da das Wort für Elefant gleichlautend mit »Minister« ist, beziehen andere diese Information auf das oben erwähnte Märchen von der Schlange, die ihren allzu habgierigen Wohltäter, der inzwischen Minister geworden ist, verschlingt.

»Weißschlange« (*pai shê*) ist die Heldin eines sehr bekannten Volksromans und mehrerer Filme: eine Schlange, die sich in eine schöne junge Frau verwandelt hatte und den jungen Mann, in den sie sich verliebte, heiratet und reich macht. Der junge Mann aber läßt sich von einem buddhistischen Mönch überzeugen, daß die Frau böse sei, obwohl sie bereits ein Kind von ihm erwartete. Der Mönch läßt sie das Kind zur Welt bringen, verbannt sie dann aber unter eine Pagode, die bis vor kurzem am West-See bei Hangchow stand. Als ihr Sohn zu einem berühmten → Gelehrten geworden ist, besucht und ehrt er seine Schlangenmutter.

Schmetterling 蝴蝶
hu-tieh

Der Schmetterling ist, rein wortspielerisch, Sinnbild eines Mannes von 70 Jahren (*tieh*), sonst aber viel öfter das Zeichen eines verliebten Mannes, der aus Blütenkelchen (Sinnbild für Frauen) saugt. In einem Orakeltext heißt es: »Der geschminkte Schmetterling tanzt zwischen den Blumen, der gelbe → Pirol singt auf dem Weidenbaum«, wobei Pirol und Blumen weiblich sind. Eine tote Frau erscheint ihrem Mann als Schmetterling, und in einer berühmten Liebesgeschichte kommt die Seele des toten Mädchens als Schmetterling aus dem Grab. Beischlaf wird beschrieben als »liebestoller Schmetterling und wilde Biene«. Man spricht auch von einem »losgelassenen Schmetterling, der den Duft (d. h. die Frau) sucht«.

Schmetterling und → Pflaume auf einem Bild stellen langes Leben und unberührte → Schönheit dar; Schmetterling und → Katze (*mao*) dagegen bedeutet der gesteigerte Wunsch, daß man bis 70 oder gar 80 (*mao*) leben möge.

Schmetterlinge auf bestickter Handtasche

Schnee
hsüeh 雪

Schnee wird mit hohem Alter und mit dem Gott der Vergänglichkeit (dem »Alten des Nördlichen Scheffels«) in Verbindung gebracht. Ein Kurzgedicht des Dichters Liu Tsung-yüan (773–819) heißt *chiang hsüeh,* »der verschneite Fluß«, es endet mit dem Satz: »Nur der Alte im Strohmantel sitzt einsam im Boot und angelt allein im kalten Schnee des Flusses« (übers. P. E. Feifel). Andere Lyriker der T'ang-Zeit haben die treibenden Schneeflocken mit herabfallenden → Birnenblüten verglichen.
Schneemänner werden auch von chinesischen Kindern aufgestellt, aber sie meinen jemand ganz Bestimmtes damit: Mi-lo, den Buddha der Zukunft, auch → Dickbauch-Buddha genannt.

Schönheit

Chinesen haben sich schon seit langen Zeiten mit der Schönheit der Frauen beschäftigt; in einem besonderen Handbuch sind die Merkmale festgehalten, die junge Frauen haben mußten, wenn sie für den kaiserlichen Harem ausgewählt wurden. Die Aufzählung der Merkmale beginnt (ähnlich wie im mittelalterlichen Europa) mit → Auge, Augenbrauen, Gesicht, → Haar, → Nase, Ohr und geht erst dann zu Hand und Fingern über, d. h. man beginnt von oben und geht nach unten.
Die Feststellungen des Ästhetikers Li Yü (oder Li Li-weng) aus dem 17. Jahrhundert sind z. T. heute noch gültig. Da alle Chinesen, wenn sie nicht infolge Hungers und Vitaminmangels rötliche Haare bekommen, starke schwarze und glatte → Haare haben, ist von Haarfarbe nicht sonderlich die Rede; wohl gilt »Wolkenhaar«, das wie Wolken leicht am Kopf anliegt, als besonders schön. Da eine hohe Stirn als schön gilt, epilieren noch heute viele Frauen ihre Stirnhaare, eine Prozedur, die alle zwei Wochen wiederholt werden muß. Das Gesicht soll eiförmig sein, nicht rund; und die Augenbrauen leicht geschwungen – wie die Blätter des Weidenbaums.
Die schönsten Frauen, so hieß es bei Li Yü, kämen aus den Städten Su-chou und Hangchou, und die Frauen aus der Provinz Hunan waren berühmt für ihre romantische Ader. Auf Gemälden sind oft drei schöne Frauen dargestellt, die als Geschenke → Bambus, einen Korb mit → Blumen und einen mit → Früchten darbringen – Wunschgabe für einen Mann. Ein Bild mit achtzehn Frauen dagegen stellt berühmte Schönheiten des Altertums dar, und kann auch Gabe an einen Mann sein.
Zahlreich sind die Vergleiche mit dem Tier- und Pflanzenreich: eine Frau ist schön, wenn ihr → Mund klein wie der eines → Fisches, ihre Augen wie die Früchte des → Litschi oder wie einer → Blume sind. »Taubenaugen« deuten auf Klugheit und

Charme, dagegen sind rötliche oder »Muschelaugen« häßlich, und blaue Augen ganz verpönt. Die → Nase wird mit dem Stengel einer Zwiebel verglichen; eine Stupsnase, auch »Löwennase« genannt, bringt, wenn auch keine Schönheit, so doch Glück. Die Ohren ähneln den »Baumohr-Pilzen« (*mu-erh*), sie sollen nicht zu dünn und nicht zu dick sein und leicht glänzen; ein »Rattenohr« ist einfach zu klein und ein »Erdgottohr« allzu lang. Mund und Lippen sind die einer Kirsche, eher klein und nicht wülstig; ihr leuchtendes → Rot darf seit alters her durch Schminke verbessert werden.
Die Zähne müssen weiß und ordentlich aufgreiht sein, dann sind sie wie die Kerne im → Granatapfel. Unregelmäßige und zu kleine Zähne heißen »Rattenzähne«. Vorstehende gelten als besonders häßlich und werden mit den Stäbchen verglichen, die man früher anstelle von Toilettenpapier benutzte. »Wohlgeruch« ist ein häufiges Beiwort bei der Beschreibung von Frauen (→ Geruch).
Das »rote Gesicht« einer schönen Frau, wie sie der Dichter Li T'ai-po besingt, hat zur Spruchweisheit »Rotes Gesicht und kurzes Leben« geführt: schöne Frauen verleiten den Mann allzu häufig zum Geschlechtsgenuß, so daß er früh stirbt.
Die → Nacktheit einer Frau ist im allgemeinen tabu, bis heute. Dennoch sind kleine Figuren von Nackten erhalten, häufig aus Elfenbein geschnitzt: sie stammen aus der Zeit, in der kein männlicher Arzt eine Frau, ob verheiratet oder unverheiratet, körperlich untersuchen durfte. Die Kranke zeigte dann auf der Figur die Stelle an, die ihr Schmerz verursachte, und der Arzt konnte ihr dann den Puls fühlen (oft auch nur indirekt) und eine Diagnose stellen.
Im chinesischen Kunsthandel wurden neuerdings kleine silberne Figuren angeboten, die unbekleidete Frauen zeigen; angeblich rühren sie von Prostituierten her, die sie an ihrem Bett aufgehängt haben.
Das Ideal der verhüllten Frau ist geblieben, das Schönheitsideal selbst hat sich im Laufe der Zeiten erheblich geändert. In der T'ang Zeit (618–906) mußten Frauen nahezu plump sein, um als schön zu gelten, während im 11. Jahrhundert Schlankheit Trumpf war. Bis zu Beginn des 20. Jahrhunderts galten Frauenfüße als Objekt männlicher Sinnlichkeit, wenn sie durch Abbinden auf »drei Zoll Größe« verkleinert waren, sie wurden dann »Goldlotos« oder »Goldlilie« genannt. Diese Sitte, zuerst nur bei der Oberschicht (seit etwa 7. Jahrhundert) vorherrschend, im 19. Jahrhundert auch vielfach bei Frauen aus den unteren Schichten zu finden, ist jetzt ganz verschwunden – damit auch der »Fußfetischismus« der alten Zeit.
Der ganze Körper einer schönen Frau soll einer → Weide gleichen, schlank, biegsam und geschwungen, so daß die Hüften nur angedeutet sind. Selbst für das → Schamhaar gibt es Anweisungen: es sollte nie fehlen, nicht ungebührlich lang sprießen und nicht gelblich sein, wie das bei einer sehr verachteten Kaiserin der Fall gewesen sein soll.
Mit den Idealen männlicher Schönheit haben sich die chinesischen

Ästhetiker wenig und auch nicht im Detail beschäftigt. Die Schönheit der → Kaiser wurde an der ihrer mythischen Vorgänger gemessen: Augenbrauen wie Kaiser Yao, Augen wie Shun, einen Rücken wie Yü und Schultern wie T'ang zu haben, galt als optimal.
Weibliche Züge bei einem → Gelehrten sind durchaus wünschenswert. Fette Männer allerdings, wie sie als Militärs oder Ringer häufig sind, galten in China niemals als schön; auch der → Dickbauch-Buddha steht nicht für Schönheit, sondern für Frohsinn. Auf den erotischen »Frühlingsbildern« findet man die Brust von Männern nicht selten stärker betont als die ihrer Gespielin.

Schritt des Yü 禹步
Yü pu

Dieser zeremonielle Tanzschritt wurde der Legende nach von Yü, einem der mythischen → Kaiser, der die große Flut beseitigt haben soll, geschaffen. Bei der Regelung der Fluten tanzte er in Gestalt eines → Bären seinen Schritt. Dieser Tanzschritt, zum ersten Mal in Texten des 2. Jahrhunderts v. Chr. erwähnt, wird bis heute von taoistischen Priestern bei ihren Opferzeremonien aufgeführt. Taoisten können damit Schlangen töten, Geister fangen; auch eine bestimmte Vogelart (*chen*) soll mit dieser Technik Steine zerspringen lassen und aus diesen Schlangen herausholen.

Der Kaiser Yü

Schuhe 鞋
hsieh

Schuhe symbolisieren Eintracht und Harmonie (*hsieh*); aber in Südchina wird das gleiche Wort wie *hai* ausgesprochen und symbolisiert dann den Wunsch nach einem → Sohn (*hai*).

»Lotosschuhe«, d. h. die kleinen Schuhe von Frauen, versinnbildlichen »hintereinander Söhne gebären«. In Mittelchina werden bei der → Heiratszeremonie die Schuhe der Braut gegen die des Bräutigams ausgetauscht; dies drückt den Wunsch aus, daß beide (*hsieh*) bis ins hohe Alter zusammenbleiben mögen. Dies kann auch durch ein Bild von Schuh (*hsieh*) und → Spiegel aus Kupfer (*t'ung*) ausgedrückt werden, es besagt dann, daß beide zusammen (*t'ung* und *hsieh*) bis zum Alter zusammenleben mögen.
»Eiserne Schuhe«, die in vorderasiatischen Märchen häufig vorkommen, gab es auch in der chinesischen Tradition: »Er reiste so lange, daß selbst eiserne Schuhe zerbrachen«; Herr Mou, ein Meister in der Shao-lin-Technik, trug fünf Jahre lang eiserne Schuhe und hatte dadurch einen seltsamen Gang.

Schwalbe
yen 燕

Wie in der europäischen Antike galt die Schwalbe als Bote des Frühlings. Chinesischem Volksglauben nach kehrte sie dann jedesmal aus ihrem Meeresversteck, wo sie als → Muschel überwintert hatte, zurück.
Die Schwalbe, besonders wenn sie ihr Nest am Haus hat, symbolisiert Erfolg, Glück, Kindersegen. Die Schwalben, die ihre Nester aus Schlamm bauen, bauen auch Stadtmauern, füllen ein geschändetes Grab aus und verfertigen die Statue eines Gottes. Auf einem Bild, auf dem die → fünf menschlichen Beziehungen dargestellt sind, symbolisiert die Schwalbe das Verhältnis vom älteren zum jüngeren Bruder. Der Nestbau der Schwalben aber deutet Ehe an.
Getrocknete Schwalbennester, die von einer Gattung Seeschwalben im Indischen Ozean herrühren, welche zum Nestbau eine besondere Art von Meeralgen benutzen, sind eine gesuchte und teure → Speise, die angeblich die männliche Kraft stärkt.

Schwarz
hei 黑

Als der Erste → Kaiser von China, Shih Huang-ti, die rote Chou-Dynastie besiegt hatte, wählte er die Farbe Schwarz als Dynastiefarbe: das Wasser (schwarz) löscht das Feuer (rot). Seine Nachfolger, die Frühere Han-Dynastie (206 v. Chr.), ließen volle hundert Jahre verstreichen, ehe sie sich wieder für Rot entschieden.
Es entsprach der alten Lehre von den fünf Wandlungsphasen bzw. → Elementen, daß dem Schwarz das → Wasser und der Norden, der salzige Geschmack und das Haustier → Schwein zugeordnet war. So wurden auch die beiden ersten der »Drei Dynastien« nachträglich durch Schwarz (Hsia) und Weiß (Shang) symbolisch gekennzeichnet.
Schwarz als Symbol steht für das

Dunkle, den Tod, die Ehre. Wenn auf der Bühne acht Helden mit geschwärzten Gesichtern auftreten, sind es rauhe, aber ehrliche Männer; der chinesische Salomon, Pao-kung, ist auch unter ihnen.

Schwefel 硫磺
liu huang

Schwefel wird gegen die fünf → Gifttiere verwendet, die am 5. Tag des 5. chinesischen Monats das Leben der Menschen gefährden. Vor allem zwingt Schwefel die → Schlangenwesen, welche als Frauen verwandelt waren, sich in ihre wahre Gestalt zurück zu verwandeln. An dem → Jahresfest im Sommer, der zugleich ein Tag der → Gespenster und Dämonen ist, schmiert man Kindern Schwefelpulver an Ohr und Nase zu ihrem Schutz; aus dem gleichen Grund füllt man Schwefel in den Sarg. Wenn man einer Schwangeren Schwefel auf den Leib reibt, wird ein ungeborenes Mädchen zu einem Jungen.

Schwein 豬
chu

Das Schwein ist das letzte der zwölf Zeichen im chinesischen → Tierkreis und symbolisiert männliche Stärke. Es kommt in China in → schwarzer und → weißer Hautfärbung vor. Der Ahn der Kitan, einer nicht-chinesischen Volksgruppe aus der Mandschurei, die 916–1122 große Teile Nordchinas beherrschte, hatte einen Schweinekopf; darum aßen die Kitan, dem Bericht nach, kein Schweinefleisch. Chinesische → Mohammedaner essen es, wie alle Mohammedaner, ebenfalls nicht. Auch dem Gott Hsüan-t'an soll man kein Schweinefleisch opfern, da er Mohammedaner sei. Und ein junges → Mädchen soll kein Eisbein essen, weil dies andeutet, daß sie schwanger ist: schwangeren Frauen wird Eisbein serviert, denn es stärkt die Mutter, so daß sie das Kleine gut nähren kann. »Gebratenes Schweinefleisch essen« bedeutet Geschlechtsverkehr haben.
Das »Flußschwein« (*ho chu*) ist eine Art Abalone (Seemuschel), die zu Zeiten stark giftig ist, dennoch häufig in China gegessen wird.

Schwein verheißt Prüfungsglück

Schwert
ta tao 大刀

Ein dämonentötendes Schwert ist Attribut des → Lü Tung-pin, eines der acht → Unsterblichen. An Schwerter und ihre magische Kraft knüpfen viele Geschichten an; berühmt war das (männliche) Schwert Kan-chiang und sein (weibliches) Gegenstück, das Moh-yeh: beide sollen aus der Leber und den Nieren des metallfressenden → Hasen im Weltberg K'un-lun gegossen worden sein.
Im alten Vietnam wurden zwei Karpfen zu Eisen, aus denen man dann zwei Schwerter machte. Im Traum vertritt eine → Schlange das Schwert, aber wenn eine Frau träumt, daß sie ein Schwert zieht, bekommt sie einen Sohn. Wenn sie ein Schwert im Traum besitzt, deutet dies auf großes Glück; und wenn im Traum eines Mannes ein Schwert ins Wasser fällt, deutet dies den Tod von Frauen an.
Ein magisches Schwert, das die Dämonen vertreibt, kann man dadurch herstellen, daß man ein gewöhnliches Schwert mit dem Blut einer Frau, die mit einem männlichen Kind schwanger war, beschmiert, dann einen Zauberspruch aufsagt und dann das Schwert schmiedet.

Magier mit dämonenvertreibendem Schwert

Schwertlilie
→ Lilie

Sechs
liu 六

Die Sechs spielt in der chinesischen Zahlensymbolik keine große Rolle. Als die »sechs Körperteile« gelten Kopf, Rumpf, Arme und Beine, als »Sechs Richtungen« die vier Himmelsrichtungen plus »oben und unten«. Die alte chinesische Enzyklopädie des Lü Pu-wei spricht von den »Sechs Flüssen« und den sechs großen Königen. Frühere Kosmologen pflegten fünf (»himmlische«) Dinge mit sechs (»irdischen«) zu kombinieren; so wurden den fünf

Sechsfüßiges Pferd

Haupttugenden die sechs Gefühlsregungen gegenübergestellt: Zorn und Freude, Schmerz und Lust, Liebe und Haß.
Vom Ersten → Kaiser Shih Huang-ti heißt es, er habe sein Reich nach der Zahl sechs geregelt (36 Provinzen), während der mythische → Fu-hsi sich an die → Acht gehalten und die dem Shih Huang-ti folgenden Han der → Neun den Vorzug gegeben hätten.

Sechsunddreißig 三十六
san-shih-liu

Der Erste → Kaiser Shih Huang-ti, der sein Reich der → Mitte auf der Zahl → sechs aufgebaut haben soll, schuf 36 Provinzen; der kaiserliche Wagenzug bestand aus 36 Fahrzeugen.
Bildeten die 36 Provinzen das Zentrum der als → quadratisch sich vorgestellten Erde, so entsprach das der Vermutung, daß an ihrem Außenrand 36 Barbaren- oder Fremdvölker wohnten; entweder in jeder der vier Seiten des Horizontes neun, oder aber, wie der taoistische Philosoph Huai-nan-tzu (179–122 v. Chr.) kombinierte, 6 im Osten, 10 im Westen, 13 im Süden und 7 im Norden: auch so war die logische Gesamtzahl 36 erreicht.
Der Sage nach wurden in der T'ang-Zeit (618–907) 36 Gelehrte vom Taoistenpapst magisch getötet und dann zu Göttern der Pest erklärt.
Nach einer südchinesischen Version begingen in der Provinz Fukien zu Ende der Ming-Dynastie (1644) 360 Gelehrte Selbstmord, um nicht den Fremdherrschern dienen zu müssen. Sie wurden zu Seuchengöttern erklärt, und bei der kultischen Feier wird ein Boot schön ausgeschmückt und ins Meer geschoben: es soll die Seuchen wegbringen.

Sechzig 六十
liu-shih

Der chinesische → Kalender der alten Zeit hatte, basierend auf der → Zehner- und → Zwölferreihe, als Grundeinheit einen Sechzigerzyklus: nach 60 Tagen, aber auch nach 60 Jahren, fing eine neue Zeitrechnung an. Man schloß daraus, daß das Leben des Menschen genau einen Zyklus dauern solle. Bis in die Neuzeit hielt sich eine Sage, daß alte Leute mit ihrem 60. Geburtstag lebendig zu begraben seien. Dieser Brauch lebte besonders stark in den Lößgebieten Nordchinas nach, wo

man sogar noch Höhlen sehen kann, in denen die Alten eingemauert wurden. Eine daran anknüpfende Sage handelt von einer verzwickten Frage, die weder der → Kaiser noch seine Minister beantworten konnten; ein junger Mann löste sie überraschend, und als man ihn fragte, wieso, gestand er: er habe zwar seinen Vater vorschriftsmäßig lebendig begraben, aber doch in der Höhle eine Öffnung gelassen, um ihm immer Essen bringen zu können – und der Vater habe die Lösung gewußt. Daraufhin, hieß es, schaffte der Kaiser die Sitte ab.
Für Volksaufstände wurden in der Zeit der »Drei Reiche« (220–265) und auch später bewußt Jahre gewählt, mit denen ein neuer Sechzigerzyklus namentlich begann; nur konnte es einem passieren,wie dem Aufrührer Chang Chio, daß das Jahr keinen neuen Anfang brachte, nur sein eigenes Ende.

Seele
hun und *p'o* 魂 魄

Chinesen unterscheiden zwischen zwei Seelen: die eine (*p'o*) verleiht dem → Menschen Leben. Nach dem Tod hält sie sich noch lange Zeit am Grab auf; wenn jedoch Fehler beim Begräbnis gemacht wurden, kann sie Schaden anrichten, selbst wenn sie ihre eigenen Verwandten trifft, denn sie ist wie ein Tier und erkennt Verwandte nicht.
Die andere Seele (*hun*) gibt den Menschen die Persönlichkeit. Sie lebt nach dem Tod noch lange, kümmert sich um die Zurückgebliebenen, unter der Voraussetzung, daß man ihr Opfer darbringt. Wenn dies nicht geschieht, wird sie hungrig und stiehlt Opfergaben anderer Menschen, kann ihren Verwandten Schaden zufügen und kann von Magiern, die sie füttern, zu verschiedenen Zwecken benutzt werden; unter Umständen wird sie sogar zur Gottheit. Diese Seele tritt in den Leib des Babies erst im Monat der → Geburt ein; dies mag einer der Gründe sein, daß Abtreibungen in China nicht als Sünde betrachtet werden. Andererseits wird durch die Feuerbestattung die Seele vernichtet – und die Bevorzugung der Einäscherung im heutigen China mag eine der Bemühungen sein, den alten »Aberglauben« auszurotten.

Eine Seele, die in Anwesenheit Kuantis vom Stadtgott verhört wird

Buddhisten dagegen haben immer Feuerverbrennung gepriesen. Nach ihrem Glauben kommt die Seele auf einer langen Wanderung durch verschiedene Fegefeuer, in denen sie für ihre Sünden bestraft wird, endlich in einen dunklen Raum, wo sie nach einer Haut sucht. Je nachdem, was für eine Haut sie gefunden und angezogen hat, wird sie als Mann, Frau oder Tier wiedergeboren (→ Hölle).
»Seelentafel« ist eine Holztafel mit dem Namen des Verstorbenen. Sie wird dadurch »lebendig«, d. h. Sitz der Seele, indem man sie mit dem Blut aus einem Hahnenkamm beschmiert.

Seide
szu 絲

Seide wurde schon in Gräbern aus dem 2. Jahrtausend v. Chr. aufgefunden; eine alte Legende schreibt ihre Erfindung der Frau des mythischen Kaisers Huang-ti zu. Chinesische Seide wurde auf dem Landweg durch Zentralasien nach Indien exportiert, während umgekehrt auf dieser »Seidenstraße« die Lehre → Buddhas nach China »importiert« wurde.
In der alten Zeit wurden Fäden verschiedener → Raupenarten zur Seidengewinnung verwendet, heute fast ausschließlich aus den Fäden der Seidenraupe, die mit Maulbeerblättern gefüttert wird. Die Seidenraupenzucht und Seidenweberei ist bis zur Neuzeit Frauenarbeit. Es gibt einen weiblichen Gott der Seidenzucht, »die dritte Tante« (*san ku*), aber häufiger wird die »Pferdekopffrau« (*ma t'ou niang*) als Schutzgöttin verehrt. Sie war eine junge Frau, die eine Pferdehaut, die zum Trocknen im Hof hing, verspottete, woraufhin die Haut lebendig wurde und sie ganz einhüllte. So wurde sie zur Gottheit.

Sex
sê 色

In einem Anhang zum berühmten »Buch der Wandlungen« (I-ching) heißt es: »Männliches und Weibliches vermischen ihre Wesenskräfte (*ching* = Samenflüssigkeiten) und die → zehntausend Wesen entstehen.« Das ist ein für chinesische Verhältnisse sehr unverblümter Spruch. Zwar soll der für das Familien- und Geschlechtsleben außerordentlich bedeutsame Denker → Konfuzius gesagt haben: »Essen und Sex (*sê*) sind naturgegeben«, doch bezog er sich dabei allein auf das eheliche Zusammenleben. Der spätere Konfuzianismus ging in einigen Lehren sogar so weit, daß er dem Ehemann nahelegte, einen Gegenstand seiner Frau nicht direkt in die Hand zu geben, sondern ihn niederzulegen, seine Frau nähme ihn dann auf – jede körperliche Berührung sollte bei »offiziellen« Vorgängen vermieden werden.
Die vielen Sexualsymbole der Chinesen sind Beispiele dafür, daß Erotik und Sexualität nie unter-

drückt, wohl aber in mehr oder minder raffinierter Form umschrieben worden sind; siehe auch → Eheglück, → Heirat, → Nacktheit, → Öffnen, → Schönheit.
Schriftsteller nach Konfuzius unterschieden zwischen *sê*, was häufig einfach »Farbe« meint, und *yin*, was ein Überfluten bedeutet und auch mit → Unzucht übersetzt wurde, d. h. freies Sexualverhältnis sowie sexuelle Ausschweifung. Ein Schriftsteller des 19. Jahrhunderts, der zugleich ein frommer Buddhist war, schrieb: »Von den drei Verboten im Leben des Menschen ist Sex das erste: es schafft Schuld und Sünde in zehntausendfachen Arten. Aber am schlimmsten von diesen ist die Unzucht (*yin*)! Die Götter sehen sie, selbst wenn sie in einem dunklen Haus passiert.«
Der Sozialutopist K'ang Yu-wei (1858–1927) war ganz anderer Ansicht; er plädierte für einen befristeten »Liebeskontrakt« (*chiao-hao chih yo*), nicht länger als ein Jahr und nicht kürzer als einen Monat dauernd; die alten Ausdrücke »Ehemann« und »Ehefrau« sollten nicht mehr benutzt, lebenslängliche »Liebeskontrakte« nicht gestattet werden (Ta T'ung Shu, »Das Buch von der Großen Gleichheit«, 1902). Diese Utopie wurde nicht Wirklichkeit: noch heute droht Männern und Frauen, die unverheiratet miteinander schlafen, das Umerziehungslager.

Shan-hsiao 山魈

Shan-hsiao sind Berggeister, die wie → Affen oder wie kleine Menschen aussehen und nur in Mittel- und Südchina vorkommen. In Nordchina entspricht ihnen der → Fuchs. Sie haben oft nur ein Bein, leben von Krebsen und wohnen auf Bäumen; sie sind schwarz und behaart. Sie versuchen, den Namen eines Menschen zu erfahren, der ihnen begegnet, da sie diesem dann schaden können. Man kann sie – wie andere → Gespenster – durch das Abschießen von Raketen vertreiben.

Sieben 七
ch'i

Als die sieben → Gestirne (*ch'i-hsing*) bezeichnet man in China → Sonne und → Mond und die fünf → Planeten; die Vorstellung von sieben Planeten ist aus Indien bzw. aus dem Vorderen Orient nach China gelangt, doch hat sich der Begriff der siebentägigen Woche vor der Einführung des gregorianischen Kalenders im 20. Jahrhundert nicht durchgesetzt.
Als »Siebengestirn« werden auch die Himmelskörper im Sternbild Großer → Bär bezeichnet. Der siebente Tag des alten → Mondkalenders ist der Tag des zunehmenden Halbmonds, und am 7. Tag des

7. Monats wird eines der großen → Jahresfeste gefeiert, besonders für Frauen und junge → Mädchen (→ Weberin und Kuhhirt).
Obwohl Sieben eine Yang-Zahl ist, wird sie in der Zahlenmystik mit der Frau als einem Yin-Wesen in Beziehung gesetzt. Sie gibt den Rhythmus für die Entwicklung des Weiblichen vor: Mit sieben Monaten bekommt das Mädchen Milchzähne, die es mit sieben Jahren verliert; mit 2 x 7 Jahren öffnet sich »die Straße des → *yin*« (Eintritt der → Menstruation), mit 7 mal 7 Jahren schließt sie sich wieder (Klimakterium).
Analog dazu wird die Zahl → Acht als maßgeblich für die Entwicklung des Männlichen angesehen.
Im Totenkult spielt Sieben eine besondere Rolle. Man sagt »die Sieben machen« (*tso ch'i*), das bedeutet Perioden von je 7 Tagen nach dem Tod eines Menschen, während derer sich die Seele allmählich von dieser Welt und den Angehörigen trennt. An jedem 7. Tag werden bestimmte Opfer dargebracht und Rituale begangen, häufig unter Beteiligung buddhistischer Mönche, die Messen lesen. Nach 49 Tagen sind die Opfer beendet: der Tote ist in die andere Welt übergegangen.

Sohn
tse 子

Einen Sohn zu bekommen, ist bis heute der größte Wunsch der Chinesen. Die Gesetze der »Familienplanung«, die den Eltern ein, höchstens zwei → Kinder zubilligen, haben vielen Familien Schwierigkeiten gebracht; denn trotz aller Gleichberechtigung der Geschlechter ist ein Sohn noch immer wertvoller als eine Tochter. Das chinesische Wort *tse* steht nicht nur für »Sohn«, sondern hat oft noch einen anderen Sinn. Angehängt an einen Familiennamen, kann es etwa »Meister« bedeuten, z. B. K'ung-tse = Meister K'ung, → Konfuzius. Oft spricht man von einem *ts'ai-tse,* einem begabten, gebildeten jungen Mann, während *tse-ti* Besucher eines Freudenhauses sind und nicht »Söhne und jüngere Brüder«, wie die wörtliche Übersetzung sein würde. Zum Lebemann (*ts'ai-tse*) gehört dann eine »Schöne« (*chia-jen*), eine Lebedame.

Sonne
jih 日

Die Sonne entspricht dem → *yang,* dem männlichen Prinzip; sie steht mit dem Osten in Verbindung, denn dort ist Sonnenaufgang, und auch mit dem → Frühling, denn dann siegt ihre Kraft. Sie ist ein Symbol des → Kaisers.
Kaiser Wu (Frühere Han-Dynastie) wurde geboren, nachdem seine Mutter träumte, die Sonne gehe in ihren Leib. Eine der ältesten Vorstellungen findet sich – nach M. Granet – in den Bruchstücken des als Ganzes verloren gegangenen Orakelbuchs Kuei-tsang. Dort ist von Hsi-ho die Rede, der Mutter der

Sonnen, die im Hohlen Maulbeerbaum aufsteigt, der die Residenz der Sonne ist und im Tal des Sonnenaufgangs (Osten) steht; durch ihr Hervortreten bewirke sie »Finsternis und Licht« (*hui ming*). Einer Mythe nach gab es ursprünglich zehn Sonnen – die Söhne des Hsi-ho –, die die Erde zu versengen drohten, bis der Held Hou I neun von ihnen abschoß. Einer anderen Mythe zufolge hat der Donnergott acht von neun Sonnen vernichtet, und noch andere besagen, daß Erh-lang, ein junger Gott, diese acht mit einem Berg erdrückte.

Ureinwohner Taiwans meinen, daß es einst zwei Sonnen gab, und die abgeschossene sei zum → Mond geworden. Stämme in Südchina wiederum glauben, daß ursprünglich zwölf Sonnen existierten, von denen der Sonnenheros zehn abschoß; die beiden übriggebliebenen seien Sonne und Mond geworden. In der gleichen Gegend gibt es noch eine andere Vorstellung: Als es einst dunkel auf Erden war, habe der → Hahn die Sonne hervorgelockt (dieser Glaube bestand auch in Japan).

Es gibt auch Berichte, wonach die Sonne rückwärts lief oder gar stehen blieb – ähnlich Berichten im Alten Testament.

In der Sonne lebt ein dreibeiniger → Rabe, nach anderer Tradition ist es eine → Kröte. Daß Sonne den Ehemann, der Mond die Frau bedeutet, geht auch aus den alten Anschauungen über die Verfinsterung der Gestirne hervor: Sonnenfinsternisse werden als ein Zeichen erklärt, daß der Herrscher selbst verfinstert sei bzw. der → Kaiser zu

Phönix und Sonne

sehr von der Kaiserin beherrscht werde; Mondfinsternisse jedoch sind die Folge davon, daß die Ehefrau nicht folgsam genug gewesen sei.

Chinesische Astronomen hatten schon längt die Ursachen und den Verlauf dieser Himmelserscheinungen berechnet, konnten erst Mondfinsternisse, dann auch Sonnenfinsternisse relativ genau voraussagen – als immer noch der Volksglaube bestand, ein → Hund wolle die Sonne auffressen; um ihn zu vertreiben, schlug man die → Trommeln, betete oder schoß mit Pfeilen auf den vermeintlichen Himmelshund.

Das Opfer an die Sonne war ein → Rind, das des Morgens geschlachtet wurde. Ein Kult der Sonne und des Mondes läßt sich auch an den Riten bestimmter Geheimgesellschaften ablesen, etwa der »Sekte der Teufelsdiener und Gemüseesser« (späte Sung-Zeit, 13. Jahrhundert). Die Spuren dieser Verehrung der Sonne und des Lichts lassen sich »auf Einflüsse des in der T'ang-Zeit nach China eingedrungenen Zoroastrismus und Manichäismus zurückführen« (Wolfgang Bauer). In den unteren Gesellschaftsschichten schlug sich diese Sonnenverehrung in Verbindung mit der Glücksfarbe → Rot als Leitmotiv in der Ideologie von Volksaufständen nieder, bis hin zur Revolution des Mao Tse-tung, dessen Lehre mit einer »roten Sonne« gleichgesetzt wurde. Von der siegreichen Kraft der Sonne und der Revolution durchdrungen ist auch die Nationalhymne »Der Osten ist rot, die Sonne steigt auf«. Zeigt auf einem Bild der Glücksgott mit der Hand auf die Sonne, bedeutet dies: »In kürzester Zeit mögest du (als Beamter im Rang) aufsteigen«.

Südberg, Mond, Sonne und Kiefer: Glück und langes Leben

Speisen

Auch die bedeutendsten Denker und Staatsmänner Chinas haben es nicht für unter ihrer Würde gehalten, über Speisen und ihre Zubereitung nachzudenken. Von → Konfuzius heißt es: »Wenn er auch nur einfachen → Reis und Gemüsesuppe und Melonen hatte, so brachte er doch ehrfurchtsvoll ein Speiseopfer dar« (Lun yü, X, 8, übers. Richard Wilhelm).

Der Sage nach hat der Staatsmann I Yin den König T'ang dadurch für seine Pläne gewonnen, daß er sich als Koch bei ihm verdingte. Sein »Gespräch« mit dem König überliefert das Ch'un-ch'iu des Lü Pu-wei (gest. 235 v. Chr.), und der Symbolgehalt ist nicht zu übersehen: »Die Grundlage aller Speisen ist vor allem das → Wasser. Es gibt → fünf Geschmacksarten, → drei Materialien, → neun Kochweisen, neun Bratweisen der Speisen, wobei es auf die Anwendung der verschiedenen → Feuer ankommt. Bei der Mischung muß man süß, sauer, bitter, scharf und salzig richtig abwägen, man muß wissen, was von jedem früher, was später zugesetzt werden muß und wieviel von jedem. Die Veränderungen, die mit den Speisen nach dem Anrichten noch in der Schüssel vor sich gehen, sind so fein und geheimnisvoll, daß man sie gar nicht mit Worten erklären kann. Es ist wie bei den subtilen Kunstgriffen beim Bogenschießen und Wagenlenken, wie bei den geheimnisvollen Wachstumsvorgängen in der Natur« (übers. R. Wilhelm). Dahinter läßt sich das System der fünf »Wandlungsphasen« erkennen, wonach dem Wasser der salzige Geschmack, dem Feuer der bittere usw. beigeordnet war (→ Elemente).

Die Gerichte, die man einem Gast vorsetzt, wollen diesem besonders nützlich sein. Alte Herren bekommen z. B. häufig → Schildkrötenfleisch, das noch an der zerschlagenen Schale hängt; dazu → Schwalbennester, weil sie die Sexualkraft des Mannes stärken.

Von den Mehlspeisen seien drei hervorgehoben, die eine symbolische Bedeutung haben: Einmal → Nudeln aus → Weizen und anderen Produkten, als ein Symbol des → Langen Lebens. Dann *man-t'ou*, ein Hefekloß aus Mehl, mit Fleisch oder – seltener – mit Süßem gefüllt, der in Wasser gedämpft wird. Das Wort bedeutet »Barbarenkopf« und tritt zuerst in der Provinz Szu-ch'uan auf, wo es eine Beziehung zur Kopfjagd gehabt zu haben scheint. Jedenfalls soll Chu-ko Liang, der Eroberer von Teilen der Provinz, sie erfunden haben, um Menschenköpfe bei der Opferzeremonie im Krieg zu ersetzen. Schließlich *hun-tun* (*wan tan*): in ein Stückchen Teig lose eingewickeltes kleines Fleischklößchen, das in Wasser gekocht und mit der Brühe zusammen als Suppe gegessen wird. Der Name *hun-tun* bezeichnet das Chaos, das im Anfang aller Ding bestand, weil es in sich das Leben (»die Füllung«) enthält, aber noch von Wasser umgehen ist.

Aufschluß über die Bedeutung der Speisen im alten China gibt auch ein Gespräch im »Land der Edlen«, aufgezeichnet in dem phantastischen Roman »Schicksal der Blumen im Spiegel« des Li Ju-chen (gest. 1830 n. Chr.). Dem Ideal der Bescheidenheit (→ *jang*) wird der fragwürdige Luxus gegenübergestellt, und als Musterbeispiel für die Relativität der Werte die chinesische Delikatesse des → Schwalbennests angeführt; im Grunde schmeckte es doch nur wie Wachs und werde erst durch allerlei Zutaten halbwegs genießbar; seine Wertschätzung beruhe auf dem Dünkel bestimmter exklusiver Kreise.

Bis in das 20. Jahrhundert galten eine ganze Reihe von Feinschmekker-Küchen, die Shantung-, Hunan-, Szu-ch'uan-, Shanghai- und Kantonküche als die vorzüglichsten; Kenner können beim ersten Bissen unterscheiden, welcher Herkunft die Speise ist. Seit Peking wieder Hauptstadt wurde, verbreitete sich insbesondere der Peking-Stil.

Sperling
ma-ch'iao 麻雀

Der »Hanfvogel« soll der sinnlichste aller Vögel sein, darum soll der Genuß seines Fleisches auch die Geschlechtskraft stärken. Er ist das Sinnbild des Penis. Den alten Bauernkalendern zufolge tauchen die Sperlinge am Ende der warmen Jahreszeit im Meer oder im Huai-Fluß unter; sie verbergen sich dort den Winter über als Austern.

Dem Sperling sagt man aber auch nach, daß er lieber sterbe, als seine Ehre verliere. »Spatzenschule« ist ein südchinesischer Ausdruck für Mahjongspieler.

Spiegel 鏡
ching

Bronzespiegel gab es in China schon vor Beginn des ersten vorchristlichen Jahrtausends. Trotzdem ist noch immer die Geschichte von der Bäuerin beliebt, die ihren Mann bat, aus der Stadt einen Kamm mitzubringen, und da er vergeßlich war, ihm noch sagte, er solle das kaufen, was so aussähe wie der junge Mond. Aber der Bauer erinnert sich erst wieder an das Mitbringsel, als Vollmond ist, und so kauft er einen Spiegel. Die Frau schaut hinein und wird wütend: »Wie kommst du dazu, eine Nebenfrau mitzubringen, und dazu eine so häßliche!«
Dem Volksglauben nach macht der Spiegel → Geister sichtbar, und bis heute gibt es sog. Zauberspiegel, auf deren Rückseite seltsame Muster erscheinen, wenn sie richtig gehalten werden. Blumen werde man sehen, wenn die Sonne darauf scheint, und einen → Hasen, bei Mondeslicht, sagt ein alter Text. Die Zauberspiegel, die früher bei der Stadt Yang-chou in Mittelchina gemacht wurden, galten als die besten, besonders, wenn am 5. Tag des 5. Monats angefertigt (→ Jahresfeste). Buddhistische Priester benutz-

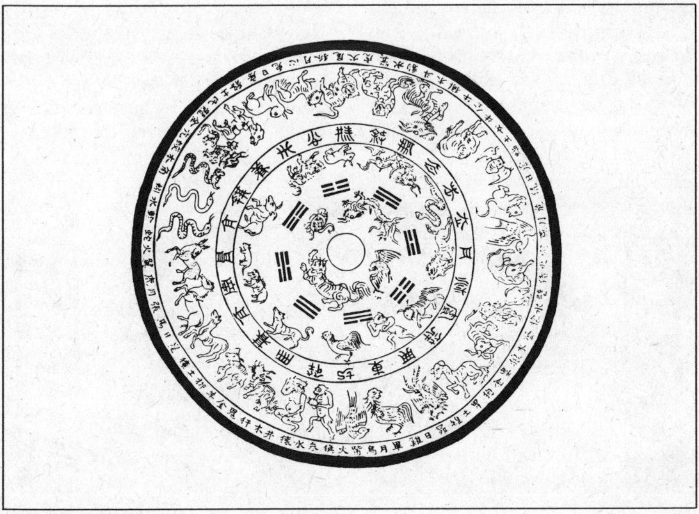

Spiegel aus der T'ang-Zeit

ten ihn, um den Gläubigen zu zeigen, in welcher Gestalt sie wiedergeboren würden. Sieht einer hinein und kann seinen Kopf nicht erkennen, deutet das seinen bevorstehenden Tod an. Erblickt man im → Traum einen dunklen Spiegel, so ist Unglück angezeigt, bei einem hellen Glück. Wer einen Spiegel findet, findet auch bald eine gute Frau.

Wer einen Spiegel zum Geschenk bekommt, wird einen Sohn erhalten, der einen hohen Posten bekleiden wird. Eine passende Hochzeitsgabe ist das Bild eines Spiegels (*t'ung ching*) mit Schuhen (*hsieh*) davor; es bedeutet, gemeinsam (*t'ung*) in Harmonie (*hsieh*) zu leben.

So wie ein heiler Spiegel → Eheglück symbolisiert, so deutet ein zerbrochener die Trennung an, oftmals → Scheidung.

In zahlreichen Novellen zerbricht der Mann, der sich auf lange Zeit von seiner Frau trennen muß, einen Spiegel; jeder behält einen Teil. Er ist das Erkennungszeichen, wenn die Trennung so lange währt, daß sich die Partner nicht mehr erkennen.

Man glaubt auch, der eine Teil des Spiegels verwandle sich in eine → Elster und flöge zum anderen, falls er untreu würde. Wenn der »zerbrochene Spiegel wieder rund« wird, bedeutet dies, das Paar ist wieder beisammen.

Metallspiegel hatten es an sich, daß sie nach einiger Zeit beschlugen; ein Spiegelpolierer mußte gerufen werden. »Den Spiegel polieren« bedeutet im Volksmund freilich ein Betasten der weiblichen Geschlechtsteile und auch lesbische Liebe.

Spiele

Den Chinesen ist die Erfindung einer ganzen Anzahl weltweit bekanntgewordener Spiele gelungen. So das des → Drachensteigens, die Papier- und Stäbchenspiele, dann

Spielkarten und Würfel

das des magischen → Quadrats, das der Legende nach dem Kaiser Yü während eines Spaziergangs am Fluß Lo erschienen war. Auch das → Schachspiel, von dem es in China mehrere Arten gibt, soll nach einem mystischen Dokument, dem »Plan des Gelben Flusses«, entwickelt worden sein.
Die erste Erwähnung von Spielkarten stammt ebenfalls aus China; während der T'ang-Dynastie (618–906), der Blütezeit chinesischer Kultur, hat sich dieses Spiel aus dem alten »Topfwerfen-Spiel« (*t'ou hu*) entwickelt. Seit jener Zeit sind die Spielkarten rechteckig und sehr klein; sie werden mit Blättern verglichen. Besonders zu → Neujahr, wenn auch die → Kinder reichlich mit Spielzeug versorgt sind, spielen die Frauen das »Blätterspiel« (*yeh-tse hsi*).
Selbst das Domino wird erstmals in alten chinesischen Urkunden erwähnt, wobei sich Fakten und Legenden ähnlich mischen wie bei den anderen Spielen.
Tui-tse ist die Form eines Gesellschaftsspiels unter → Gelehrten, bei dem der eine einen Satz sagt, auf den der andere so antworten muß, daß jedes Wort dem des ersten Satzes entsprechen muß, d. h. ein Substantiv muß im zweiten Satz ebenfalls ein Substantiv sein, ein Verb wieder ein Verb, eine Kombination von zwei Wörtern muß auch im zweiten Satz durch eine Kombination vertreten sein. Die einzelnen Sätze selbst sind oft gespickt mit Zitaten aus klassischen Texten, oder sie enthalten Anspielungen.
Über Spiele im Freien siehe → Ball, → Schaukeln, → Schnee

Spinne
chih-chu 蜘蛛

Die Spinne ist ein Glückstier: wenn sie an ihrem Faden vom Netz herabgleitet, bedeutet dies »Glück kommt vom Himmel herab«. In einem Dialekt Mittelchinas heißt sie Hsi-mu, »die Muttererfreuende«, da sie anzeigt, daß ein Sohn bald aus der Fremde zurückkehrt, oder daß der Besuch eines Gastes bevorsteht.

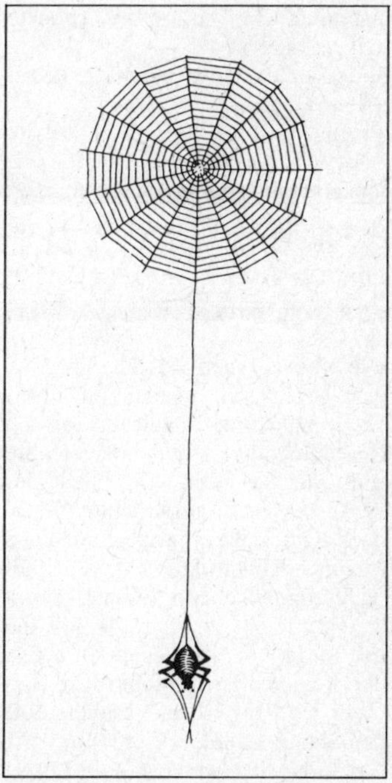

Spinne am Faden: Freude kommt vom Himmel herab

Spucke
k'ou-shui 口水

Spucke wird in China → Jadequell, Jadesaft, Jadetropfen, Goldtropfen genannt. Dreimal auf die Erde spukken hat denselben Sinn wie unser »toi, toi, toi«. Wenn man ausspuckt, kann man Unheil vermeiden, wohl weil → Gespenster und böse → Geister sich nicht mehr verwandeln können, wenn man auf sie spuckt. Wo man vermutete, daß ein Kind eigentlich ein Dämon sei, spuckte man es an.
Spucknäpfe stehen noch heute in jedem Haus.

Stadt
ch'eng 城

Die chinesischen Städte sind, so weit geologisch möglich, in Form eines → Quadrats angelegt, wie auch Reisfelder und Truppenlager. Sie alle wurden nach Gesetzen der → Geomantik ausgerichtet, d. h. nach Himmelsrichtungen angelegt. Für die Stadtstruktur war die Zahl → Drei maßgebend; es gab einen linken und einen rechten Bezirk, die den in der → Mitte liegenden Palast des Regierenden einschlossen. Seit mehr als 2000 Jahren residiert dort der Stadtbeamte.
Der »Plan der leeren Stadt« (*k'ung ch'eng chi*) ist eine Szene aus dem Roman »Geschichte der drei Reiche« (San-kuo-chih yen-i), die sehr oft bildlich dargestellt ist. Man sieht auf der Stadtmauer über dem Tor drei Männer friedlich sitzen, während unten die Angreifer zum Angriff rüsten. Da sie denken, daß die Stadt schwer bewaffnet sein müsse, wenn die Führer friedlich dasitzen und essen, sehen sie vom Angriff ab. Die Stadt war aber ganz ungenügend vorbereitet.
Jede Stadt hatte, seit 1500 Jahren etwa, ihren eigenen Stadtgott (Ch'eng huang shen). Er war gewissermaßen auch der Schutzpatron: oft ein verstorbener Stadtbeamter oder sonst ein würdiger Mandarin, dessen Ernennung zum Gott vom zuständigen Beamten auf Wunsch der Bevölkerung beim → Kaiser beantragt wurde. Am Kaiser lag es, die Besetzung neuer Stadtgötterposten zu bewilligen oder auch bisherige Stadtgötter zu degradieren bzw. zu einem höheren Amt zu befördern. Auf Bildern wird der Stadtgott stets

Stadtgott in Beamtenkleidung

in Beamtenkleidern dargestellt, oft auch als Totenrichter der Stadt, denn dieses Amt hat er ebenfalls inne.

Staub
chen 塵

Staub zeigt, ähnlich wie → Rauch, die Vergänglichkeit an. »Staub-Handgriff« (*chen ping*) ist ein von Buddhisten gebrauchter Ausdruck für den Penis. Der Staubwedel scheint aus Indien nach China gekommen zu sein; heute ist er das Symbol des → Chung-li Ch'üan, eines der acht Unsterblichen.

Stein
shih 石

Wie auch → Berge und Felsen ist der Stein ein Symbol der → Langlebigkeit. Er findet sich auf vielen Bildern, die man älteren Personen zum Geschenk macht. Ein Stein oder ein Fels im Meer stellt meist das → Paradies im Meer des Ostens dar, von dem ein Dichter gesungen hat: »Leben wie der Südberg und Glück wie das Ostmeer.« Der »Geburtstag des Steins« (*shih*) ist am zehnten (*shih*) Tag des Jahres. Leute, in deren Namen oder auch Vaternamen das Wort »Stein« vorkommt, benutzen nie Geräte, die aus Stein sind.

In verschiedenen Orten Chinas gab es einen Steinkult. Im allgemeinen wurden diese Steine um → Regen angefleht oder geschlagen, wenn er ausblieb. Es gab auch Steine, auf die sich Frauen setzten, die einen Sohn haben wollten. In einem Tempel in der Provinz Szu-ch'uan war ein Stein mit fünf Löchern; Frauen, die ein Kind haben wollten, kauften kleine Steinchen und versuchten, sie in eins der Löcher zu werfen. Wurde das oberste getroffen, bedeutete es, daß man reich werden würde, das untere versprach Ehre, das linke einen Sohn, das rechte eine Tochter.

»Herr Steinkopf« ist ein Schutzgott von Kindern in Taiwan. Die Mutter bittet um ein Kind, das so stark ist wie ein Stein. Wenn ihr ein Sohn geboren wird, wird ihm viermal im Jahr geopfert, bis der Sohn 16 Jahre alt ist.

Steine an Straßenecken oder vor

Stein und Orchidee

Gebäuden mit der Aufschrift »Der Stein wagt es zu übernehmen« (*shih kan tang*) beziehen sich auf den → T'ai-shan und den damit verbundenen Glauben, sein Stein könne die Dämonen verscheuchen.
Steinerne Löwen werden oft vor Amtsgebäuden aufgestellt. Siegel aus Stein zieren den Schreibtisch des → Gelehrten. »Steintrommeln«, d. h. Steine, die wie Trommeln aussehen, fangen plötzlich an zu klingen und sagen Regen oder Krieg voraus. »Steinschlachten« zwischen zwei Dörfern wurden in Korea und oft auch in Südchina zu → Neujahr abgehalten, in Taiwan häufiger am 5. Tag des 5. Monats. Sie sollten Epidemien verhindern und Fruchtbarkeit fördern.

Sterne

→ Gestirne, → Planeten

Su 酥

Su ist ein spezifisch chinesisches Getränk, das aus → Milch hergestellt wurde. Es bekam später die Bedeutung »weich, glatt, knusprig«. So sagt man, »der Körper einer → Schönen von zweimal acht (Jahren) gleicht dem *su*«. Die Brust einer Frau wird besonders oft als *su* beschrieben.

Svastika

→ Hakenkreuz

Tabak 煙
yen

Tabak kam auf dem Umweg über die Philippinen nach China und verbreitete sich zuerst in der Provinz Chêkiang. Der älteste Name des Tabaks in China ist *tan-pa-ku* (gleich Tobacco); dann wurde *yen* gebräuchlich, was »leicht gelblich« bedeuten soll, wegen der Farbe der trockenen Blätter, aber heute auch allgemein → Rauch heißt. Tabak kann auch »Kraut des Aneinander-Denkens« bedeuten, aufgrund einer Geschichte, in der ein Mann den Tod seiner Frau so sehr betrauert, daß er ihr Grab jeden Tag aufsuchte; eines Tages wuchs aus ihrem Grab eine Pflanze, die Tabakpflanze, deren Kraut ihn den Kummer vergessen ließ. Fast dieselbe Geschichte wird von der Mohnpflanze erzählt, aus deren Samenkapsel man Opium macht.

T'ai-chi 太極

T'ai-chi ist ein Begriff, der für die konfuzianische Philosophie seit dem 11. Jahrhundert grundlegend ist. Schon vorher war T'ai-chi das Allererste, → Eine, aus dem sich dann zuerst die Zweiheit (→ *yin* und → *yang*), dann die fünf Wandelzustände (→ Elemente) gebildet haben, die die → »zehntausend Dinge«

bewirkten. In der Philosophie von Chu Hsi (1130–1200), oft als der größte chinesische Philosoph nach Konfuzius betrachtet, regiert T'ai-chi die metaphysische Welt. Sein Symbol ist ein leerer Kreis, *yin* und *yang* darin als eine schwarze und eine weiße Hälfte. Die Trennlinie ist wie unser lateinisches großes »S« geschwungen. Nach dem Volksglauben kann man das Bild des T'ai-chi (*t'ai-chi t'u*) auf der Plazenta von Neugeborenen erkennen.
Der Begriff »T'ai-chi-Kleid« bezeichnete im 16. Jahrhundert eine Sexualpraktik, und ein »T'ai-chi-Kügelchen« (*t'ai-chi wan*) ist sonst als birmanisches (burmesisches) → Glöckchen bekannt.
Dasselbe Wort T'ai-chi wird auch für eine besondere, jetzt auch im Westen bekannte Art des Boxens benutzt. Manche sehen in Hsü Hsüan-p'ing (T'ang-Zeit, 618–906) den Erfinder dieser Boxtechnik; häufiger aber wird Chang San-feng als sein Erfinder angesehen, jedenfalls seit dem 16. Jahrhundert.
Die T'ai-chi chüan-Technik scheint erst spät aus der sog. Shao-lin-Schule entwickelt zu sein und bezeichnet sich selbst als eine esoterische Schule.

Das T'ai-chi, aus dem sich yin und yang entwickeln

T'ai pao

→ Beamter

T'ai-shan 泰山

T'ai-shan ist der Name eines »sehr (*t'ai*) großen Berges (*shan*)« in der Provinz Shantung, einem der fünf heiligen → Berge Chinas, auf dem sich noch bis heute viele Tempel befinden, zu denen das Volk wandert und Opfer darbringt. In der Mythe wird der Berg von den acht → Unsterblichen in ihrem Kampf gegen den Meeresdrachen ins Meer geworfen. Heute ist T'ai-shan ein Ausdruck für die eigene Frau und T'ai-shui (großes Wasser) für die Schwiegermutter des Mannes.
Vor Häusern gab es früher behauene Sandsteine mit der Inschrift: »Der Stein von T'ai-shan wagt zu widerstehen«; solche → Steine waren zur Abwehr von Dämonen und → Gespenstern errichtet.

Taro
yü-nai 芋艿

Taro ist eine Knollenpflanze, meist auf Naßfeldern angebaut, die vermutlich aus Polynesien nach China gebracht wurde und jetzt typisch für Südchina ist. In der Provinz Fukien soll man ihn besonders am Fest des 15. Tages des 1. Monats essen, um gute Augen zu bekommen bzw. zu behalten. In der Provinz Anhui wird er dem Reichtumsgott am 4. Tag des 1. Monats geopfert, da Taro (*yü-nai*) im Dialekt ähnlich klingt wie »Glück oder Reichtum kommt« (*yün-lai*).

Tau
lou 露

Tau kann die kaiserliche Gnade symbolisieren, die von oben (vom → Kaiser) her das Volk benetzt. Aber es kann auch ein einmaliges Liebesverhältnis bedeuten, das so schnell vergeht wie der leichte Tau am Morgen. Als ein Kaiser der Sung-Zeit ganz von den Reizen einer neuen Nebenfrau gefangengenommen wurde, klagte die Kaiserin, die nun verstoßen wurde, daß sie »nicht mehr benetzt werde von der Gnade des Regens und des Taus«. Der »Tempel des süßen Taus« (*kan lou szu*) ist im Roman »Geschichte der drei Reiche« ein Gebäude im Südstaat Wu. Der Herrscher von Wu lud den Herrscher des Weststaates Shu ein, um ihn mit seiner Tochter zu verheiraten. Er sandte zuerst seine Mutter mit zwei Zofen zu dem draußen Wartenden, um dessen Gestalt zu inspizieren. Dieser merkt den Trick und geht: eine Szene, die oft in Tempeln dargestellt ist.

Taube
ko 鴿

Die Taube, im alten Indien der Todes- und Seelenvogel, bei den Römern der Vogel der Liebe, versinnbildlicht in China die Treue und → Langlebigkeit, wohl weil Tauben zu Paaren auftreten und Männchen wie Weibchen sich in die Brut teilen. Seit der T'ang-Zeit ist sie als Kopfschmuck der »kindersendenden Göttin« (Sung tzu niang-niang) dargestellt und muß dann wohl ein Fruchtbarkeitssymbol sein. Brieftauben wurden bereits zur gleichen Zeit benutzt.

Tausendfüßler
wu-kung 蜈蚣

Der Tausendfüßler ist der Erzfeind der → Schlangen und rettet in einigen Märchen den Helden vor einer Schlange, die ihn angreifen wollte.

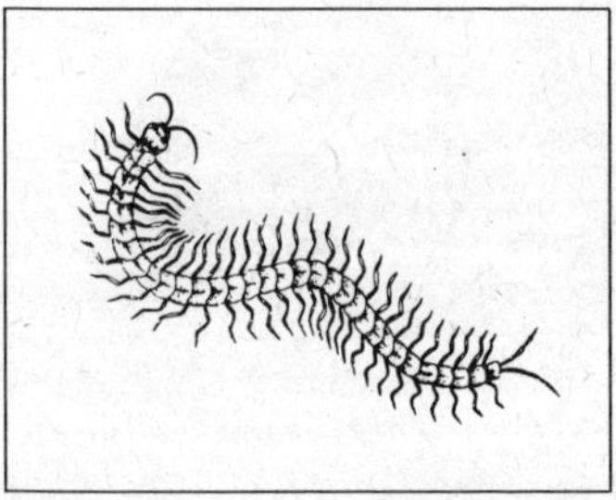

Tausendfüßler

Nach einem alten Bericht nehmen die Chinesen in Südchina, wenn sie in die Berge gehen, einen → Alarmstab aus Bambus mit, in dem sich ein Tausendfüßler befindet. Wenn sie nahe an einer Schlange vorbeikommen, bewegt sich der Tausendfüßler und warnt sie auf diese Weise. Große Tausendfüßler (*yen-yu*) sind giftig; wenn ihr getrockneter Samen ins Essen fällt, stirbt man daran. In diesem Sinn ist der Tausendfuß auch eines der fünf → Gifttiere, die man besonders am 5. Tag des 5. Monats auszutreiben versucht; sie können, wie man glaubt, durch den → Hahn vernichtet werden.

Tee
ch'a 茶

Tee ist heute das für China und Japan typische Getränk. Das mitteleuropäische Wort »Tee«, »tea« leitet sich aus dem Fukien-Dialekt (*ti*) ab, während das türkische Wort »çay« aus dem nordchinesischen stammt. Der Tee wurde zusammen mit dem Buddhismus vor dem 3. Jahrhundert n. Chr. nach China – vermutlich durch Mönche aus Assam – importiert. Er hatte bald zwei Hauptanbaugebiete, die Westprovinz Szu-ch'uan und die mittelchinesischen Provinzen südlich des Yangtse. Er wurde zu einem solch wichtigen Handelsartikel, daß die Regierung schon seit dem 8. Jahrhundert das Monopol besaß und gute Pferde aus der Mongolei mit

Wilder Tee und Siegelbandvogel: »Langes Leben im Glanz des Frühlings«

Tee bezahlte. Zuerst war nur »grüner« Tee gebräuchlich, unbearbeitete getrocknete Teeblätter. Später wurden diese Blätter dann gerollt, wie noch heute. Zum Verkauf wurde der Tee lange Zeit zu Bällen oder → Ziegeln gepreßt, unter Zugabe von Mehl. Diese Sitte hat sich bis in die Neuzeit in Tibet und Teilen der Mongolei erhalten, wo dem Ziegeltee oft außer Mehl auch Ingwer, Zwiebeln, Salz und Tierblut zugesetzt wurde, so daß man ihn wie eine Suppe genoß und als ein Nahrungsmittel ansah. In China hat sich eine solche Art von Tee, allerdings ohne Blutbeimengung, bis zum 11. Jahrhundert erhalten. Erst

vom 15. Jahrhundert an setzte sich der Genuß reinen Tees durch, wohl durch den Einfluß des Meditationsbuddhismus.
Der sog. »rote« Tèe, der in Europa der typisch schwarze Tee ist, wurde der Legende nach von Lu Yü erfunden. Als Baby im Wasser gefunden und von Mönchen aufgezogen, nach einer anderen Legende aus einem Vogelei geschlüpft, soll er in der T'ang-Zeit (618–906) gelebt haben. Manche Töpfer geben Tonfiguren dieses Teegottes beim Kauf von zehn Teetöpfen als Geschenk mit. Bis heute aber wird in China hauptsächlich grüner Tee getrunken.

Terrasse 臺
t'ai

Bei einem chinesischen Bauwerk sind das Dach, von dem es überdeckt wird, und die Terrasse, auf dem es ruht, von kosmologischer Bedeutung: »Der → Himmel bedeckt und die → Erde trägt«, heißt es in alten Texten. Meist ist die Terrasse in Form eines Rechtecks oder → Quadrats (*fang,* geradzahlig, weiblich), seltener in einer Rundung (ungeradzahlig, männlich) angelegt. In Terrassen steigen die Reisfelder hügelan, von Terrasse zu Terrasse fließt das Wasser herab. Schon im Altertum diente ein flacher Terrassenbau dazu, Opfer darzubringen, Feste zu zelebrieren und Gastmähler zu veranstalten.
»Mondterrasse« (*yüeh t'ai*) ist in unserer Prosa: der Bahnsteig.

Tiere 獸
shou

Tiere werden von den Chinesen in → fünf Arten aufgeteilt. Jede Art hat einen Repräsentanten: die Federtiere haben den → Phönix zum Führer, die Haartiere das → Einhorn, die Nackttiere den → Menschen, die Schuppentiere den → Drachen und die Schalentiere die → Schildkröte. Auf dem Rock, den eine Frau bei

Die Führer der Tierarten, Phönix, Drache, Einhorn, Schildkröte: Symbol der Vier Richtungen

der Audienz am Hof trug, war das *ch'i-lin* (Einhorn) abgebildet, dem die anderen Tierarten ihre Reverenz erwiesen. Der Mensch als die fünfte Tierart war nicht abgebildet.
An Haustieren zählte man fünf oder sechs, nämlich → Pferd, → Rind, → Schaf, → Schwein, → Hund, → Huhn; alle galten als eßbar, doch wurde Pferdefleisch nur bei zeremoniellen Anlässen gegessen.
Die fünf → Gifttiere sind → Schlange, → Tausendfüßler, Skorpion, Eidechse oder → Gecko und → Kröte. Am 5. Tag des 5. Monats versucht man, sie magisch auszutreiben. → Chung-K'ui ist die Gottheit, die hauptsächlich gegen sie kämpft, und der → Hahn hilft ihm dabei.

Tierkreis *huang-tao* 黄道

»Das chinesische Jahr hat einen Kreislauf von → zwölf Zeichen, dem der Tageskreislauf der Doppelstun-

Tierkreis und die Jahreszyklen eines Jahrhunderts

den entspricht. Jedes dieser Zeichen ist einem Tierbild zugeordnet. So ist Mitternacht und der Beginn des Jahreszyklus der → Ratte zugeordnet, dann folgen → Rind, → Tiger, → Hase, → Drache, → Schlange, → Pferd, → Schaf, → Affe, → Hahn, → Hund und → Schwein. Diese zyklischen Zeichen dürfen nicht mit den Zeichen des europäischen Tierkreises verwechselt werden« (Richard Wilhelm). Statt der Tiere werden, besonders in der astronomischen und → astrologischen Literatur, rätselhafte Symbolzeichen benutzt. Man zählte in der alten Zeit die Jahre nach dem Zwölferzyklus, und da jedes Zeichen durch den Charakter des betreffenden Tieres bestimmt wurde, verglich man bei Verlobten die Zeichen, unter denen Braut und Bräutigam geboren waren. Bei ungünstiger Konstellation konnte die geplante Ehe »storniert« werden.

Es gibt viele Märchen über den Tierkreis, z. B. warum die Ratte vor dem Rind den Vortritt erhalten hat, oder warum die Katze nicht aufgenommen worden ist. Bereits im Mittelalter lernten die Chinesen auch den westlichen Tierkreis kennen, ohne daß er sich bei ihnen durchgesetzt hat.

Der → geomantische Kompaß, den man zur Bestimmung günstiger, d. h. glückbringender Plätze für Gräber und Wohnhäuser bis zur Gegenwart benutzt hat, weist mindestens einmal, oft sogar dreimal in verschiedener Anordnung den Zyklus der zwölf Zeichen, den Zyklus der zehn Zeichen und manchmal auch die 28 Zeichen des Mondzyklus (*hsiu*) auf.

Tiger
hu 虎

Der Tiger gilt als König der Bergtiere und erhielt im alten China Opfer, weil er die Wildschweine, die die Felder verwüsteten, fraß. Er ist ein Tier des → *yang,* des männlichen Elements, wohingegen ein weißer Tiger das Symboltier des Westens und des Herbstes ist: Westen hängt mit dem weiblichen Element → *yin* zusammen. Weiter ist er ein Symbol der Tapferkeit, denn er kann die Dämonen vertreiben. Darum finden sich auf Gräbern steinerne Tigerfiguren. Mehrere Gottheiten werden auf einem Tiger reitend dargestellt, aber auch ein Junge, ein Musterbeispiel der Pietät (→ *hsiao*) reitet auf einem Tiger, um ihn von seinem Vater wegzutreiben.

Man fürchtete den Tiger so, daß man seinen Namen nicht aussprach, sondern von einem »großen Insekt« (*ta ch'ung*) oder einem »König der Berge« redete. Anstatt ihn durch systematische Jagd auszurotten, baten mehrere Gouverneure den Tiger, er möge doch den Bezirk verlassen und in die Berge gehen, was der Tiger den Berichten nach auch tat. Auch in anderen Fällen gehorchten Tiger der Staatsgewalt: eine alte Frau klagte beim Gericht gegen ihn als Mörder ihres Sohnes und daß sie nun dem Hungertod nahe sei. Der zuständige Beamte lud den Tiger vor Gericht und forderte von ihm, daß er die Frau bis zu ihrem Tod ernähren solle. In Südchina glaubte man, daß Angehörige der dort le-

Tiger mit Bambus: Der positive Held (naturalistische Darstellung)

Tiger-Amulett: Der Schatzhüter (ornamentale Stilisierung)

benden Minderheiten sich in einen Tiger verwandeln könnten.
Der Tiger ist das dritte Zeichen des chinesischen → Tierkreises. Ein Tigerbild auf dem Türpfosten schützt gegen Dämonen; man setzt kleinen Kindern eine Tigermütze auf, um sie zu schützen. »Weißer Tiger« ist ein Schimpfwort für Frauen. »Schritt des Tigers« ist eine der 30 Arten des Beischlafs, und »Tiger« (*hu-tzu*) nennt man einen Nachttopf, da dieser, aus Ton oder Porzellan gefertigt, wie ein liegender Tiger geformt ist, der das Maul aufsperrt.

Töne 聲音
sheng-yin

Die → fünf Töne der alten chinesischen Tonleiter symbolisierten, der Reihe nach, Glück, Krieg, Dürre, Wasser, Unglück. Ein Weiser konnte den Zustand des Staates erkennen, wenn er auf die Tonlage der → Musik achtete.
Der Legende nach befahl der Gelbe → Kaiser (Huang-ti) dem Ling-lun,

die Tonleiterpfeifen zu verfertigen. Der nahm Bambusrohre aus dem Tal Yüeh-hsi und bestimmte, daß die Tonika der Tonleiter *huang-chung* (die »Gelbe Glocke«) sein solle. »Er blies darauf und sprach: das stimmt. Darauf schnitt er die zwölf Pfeifen. Da er am Fuße des Yüan-yu-Berges den männlichen und weiblichen → Phönix singen hörte, unterschied er danach die zwölf Tonarten. Darum heißt es: die Tonika der »Gelben Glocke« ist der Grundton der ganztonigen und abgeleiteten Tonleitern« (Frühling und Herbst des Lü Pu-wei, übers. R. Wilhelm). In diesem Mythos findet sich eine Anspielung auf die sexuellen Tänze des Phönixpaares und damit auf die → Mundorgel, die solche Tänze zu begleiten pflegte und in der Anordnung ihrer Pfeifen den Schwingen eines Vogels nachgebaut war.

Topf 盆
p'en

Der Topf ist eine der → acht buddhistischen → Kostbarkeiten, er repräsentiert → Buddhas Magen. Er kann aber auch die Urne bezeichnen, welche die Gebeine von Toten enthält. Ein »sprechender Topf« spielte eine entscheidende Rolle bei der Aufklärung eines Mordes: dieses Drama, in dem der Richter-Detektiv Pao-kung den Fall aufklärt, wird noch häufig gezeigt und war Thema des ersten in China gedrehten Films.

Tor 門
men

Das Tor, besonders das des Palastes, war ein Sinnbild des → Kaisers, aber auch das der Familie. Stadttore wurden bis in die Neuzeit abends geschlossen und erst nach dem Hahnenschrei geöffnet; zur Zeit der Sonnenwende blieben sie den ganzen Tag geschlossen, denn sie galt als eine kritische Periode (→ Jahresfeste). Zur Dämonenabwehr nagelte man auf das Tor eine Metallscheibe mit der Darstellung eines Tierkopfes, der wie ein → Löwe aussah. Bis heute werden zur → Neujahrszeit die Bilder von zwei Generälen an die Seiten des Tors geklebt. Sie waren Generäle eines Kaisers der T'ang-Zeit, der viele Morde, auch an Mitgliedern seiner Familie, begangen haben soll. Von → Geistern geplagt, ließ er sich durch sie schützen; heute beschützen sie alle Häuser, lediglich durch ihr Bild. In Südchina soll man weder Tür noch Tor halb offen stehen lassen, es bringt Unglück.

»Torpaket« (*men pao*) ist ein diskreter Ausdruck für Bestechung, da man das Geschenk an der Tür abgibt. Eine »Person, die in der Tür steht« (*men-hu* oder *meng-chung jen*) bezeichnet ein Freudenmädchen; entsprechend »Mann in der Tür« (*men jen*) einen Strichjungen. »Dunkles Tor« (*hsüan-men*) kann die weibliche Scheide bedeuten, aber auch eine bestimmte taoistische Sekte.

Das äußere Tor der Kaiserstadt in Peking

Tote

→ Ahnentafel, → Geister, → Geomantik, → Grab, → Seele, → Unsterbliche

Traum
meng 夢

Der Traum wird als ein Erlebnis der → Seele aufgefaßt, die den Menschen während seines Schlafes verlassen kann. Die → Unsterblichen haben keine Träume, weil sie keine Wünsche haben. Träume können Glück oder Unglück bringen (→ Spiegel), sie lassen sich deuten wie das → Orakel.
Der Beruf der Traumdeuter hat abgenommen, aber sog. Traumbücher sind noch heute gebräuchlich. Das am häufigsten benutzte Traumbuch ist das Chou-kung chieh meng, es soll bereits um 1050 v. Chr. vom Herzog von Chou verfaßt worden sein. Seine Deutungen heben das dialektische Prinzip mancher Träume (wenn einer vom Tod träumt, so bedeutet dies Leben) besonders hervor.
Berühmt ist die Geschichte des Traumes von Han-tan, die im »Magischen Kopfkissen« des Shen Chichi (frühe T'ang-Zeit) zu finden ist: der in den Geheimnissen der Unsterblichen bewanderte Taoist Lü Wêng trifft in einer Herberge in Hantan einen Mann namens Lu, der in der Prüfung durchgefallen ist, er leiht ihm sein Kopfkissen aus und läßt ihn vom irdischen Glück träumen – das er dem vom Traum Erwachten wieder ausredet. Als »Traum der Gelben Hirse« ist diese Geschichte dramatisiert worden.
→ Schlange, → Schwert

Trigramme

→ Diagramme

Trockenheit
kan 乾

Zusammen mit den Verwandtschaftsbezeichnungen Mutter, Sohn, Tochter bedeutet »Trockenheit« die Adoptivmutter und Adoptivkinder – denn sie haben nicht die Milch ihrer Mutter getrunken, sind also »trokken« ausgegangen. Adoptivbrüder oder -schwestern heißen dagegen die Liebchen (außerhalb jeder Ehe).

Trommel
ku 鼓

Die Trommel, eins der → acht Musikinstrumente, wurde viel zu zeremoniellen Zwecken benutzt: in der alten Zeit gab die Trommel das Zeichen zum Angriff und ihr Klang wurde mit dem Rollen des → Donners verglichen; sie wurde auch bei vielen Festen geschlagen, so in Peking die »Trommel des großen Friedens« zum → Neujahrsfest. Bevor man die Stadttore schloß oder den Markt beendete, wurde die Trommel gerührt. Vor dem Gerichtsgebäude hing eine »Beschwerdetrommel«, die jeder, der eine Beschwerde vorzubringen hatte, anschlagen durfte. Im Taoistentempel wurde jeden Abend die große Trommel geschlagen, und die → Glocke antwortete ihr.
In Nordwestchina, aber auch in Teilen des Südens, gab es Trommeln mit irdenen Klangkörpern, die mit buntem Lack geschmückt waren. Berühmt sind die großen Kesselgongs der Nichtchinesen des Südens. Man hat versucht, diese Instrumente in ihrem Bilderschmuck zu verstehen: Frösche, die am Außenrand sitzen, Figuren von Menschen, die zu Schiff reisen oder eine Prozession veranstalten. Die meisten Szenen konnten bisher nicht ganz aufgeklärt werden, nur weiß man, daß die großen Trommeln schon seit mehr als 2000 Jahren im Gebrauch sind und eines der wertvollsten Besitztümer jener Stämme darstellen.

Ts'ao Kuo-chiu
曹國舅

Ts'ao Kuo-chiu ist derjenige der acht → Unsterblichen, der immer in Hofkleidung, oft mit Hofzepter oder mit Kastagnetten, dargestellt wird. Der Namensbestandteil *kuo-chiu* deutet an, daß er ein »Onkel des Kaisers« (mütterlicherseits) gewesen sei. In der Legende heißt es: »Von früher Jugend an liebte er geheimen Sinn (*tao*). Reichtum und Ehre waren ihm wie Staub« (übers. R. Wilhelm).
Er ist der Schutzpatron der Schauspieler.

Ts'ao Kuo-chiu mit Kastagnetten

Turm
lou 樓

In der chinesischen Literatur bedeutet »Turm« nicht dasselbe wie bei uns, sondern meist den Oberstock eines Privathauses, mit den für die Familie bestimmten Zimmern. Auch die mindestens zweistöckigen Pfandhäuser in den Marktflecken werden als »Turm« bezeichnet; schließlich auch die dörflichen Wehr- und Wachttürme (z. B. bei den Hakka). Der gleiche Begriff taucht im Titel des wohl berühmtesten chinesischen Romans auf: Hung lou meng – was Franz Kuhn als »Traum der Roten Kammer« übersetzte, um den Raum im Oberstock verständlicher zu benennen. »Dreistöckiger Turm« ist ein Ausdruck für Vagina.

Unsterbliche
hsien 仙

Chinesische Heilige sind Männer oder Frauen, die übernatürliche Fähigkeiten erlangt haben und nach ihrem Tod zur Gottheit erklärt wurden. Es gibt hunderte und aberhunderte von ihnen, im Gebirge K'un-lun oder auf den → Inseln des Ostens sollen sie ein glückliches, nie endendes Leben führen; hienieden ist ihr Kult meist an einen bestimmten Ort gebunden. Das Wort *hsien* kann durchaus auch einen lebenden Menschen meinen, der in irgendeiner Tätigkeit besonderes Geschick beweist; man spricht von »Weinheiligen«, »Schwertheiligen« und sogar Freudenmädchen haben oft den Zusatz »Heilige« als Teil ihres Berufsnamens.

Im besonderen spricht man von acht Heiligen oder Unsterblichen (*pa-hsien*), die oft als Gesamtgruppe oder in Gruppen zu dritt dargestellt werden. Ihre Formation hat sich im Lauf der Zeit geändert, heute gehören ihnen an: → Chang Kuo-lao, → Chung-li Ch'üan, → Han Hsiang-tse, → Ho Hsien-ku, → Lan Ts'ai-ho, → Li T'ieh-kuai, → Lü Tung-pin und → Ts'ao Kuo-chiu.

In Volkstempeln ist der Altar mit einem langen Stofftuch bedeckt, auf dem die Unsterblichen beisammen sind. Bildlich werden sie auch als Gratulanten dargestellt, oder wie sie über das Meer zum Fest der »Königinmutter des Westens« (→ Hsi-wang-mu) schreiten, dem Fest der Götter und des → Langen Lebens.

Fest der Unsterblichen

Auch auf einer → Terrasse oder in einem kleinen → Pavillon stehend werden sie gezeigt, wie sie den auf einem → Kranich herbeifliegenden Gott der Langlebigkeit begrüßen.
Sie können den Texten nach auch wieder auf Erden wandeln, wo sie z. B. einem armen Mann an einer Brücke begegnen, der sie um eine Gabe bittet. Einer der Unsterblichen kratzt den Schmutz von seiner Haut, macht eine Pille daraus und gibt sie dem Mann. Der ekelt sich aber davor. In einer anderen Geschichte probiert der Bettler die Wirkung zuerst an toten Fischen, die dadurch wieder lebendig werden. Also ißt er die Pille auch und wird selbst ein Unsterblicher.
Mit der taoistischen Gruppe der acht Unsterblichen verbindet sich gelegentlich die mehr buddhistische der achtzehn → Lohan.

Unsterblichkeitskraut *chih* 芝

Die *chih* oder *ling-chih* (»zauberwirkendes Kraut« genannte Unsterblichkeitsdroge) wird in der klassischen chinesischen Literatur häufig erwähnt. Als Zauberkraut ist sie noch heute auf den Volksdrucken zu sehen, etwa im Maul eines → Hirsches oder im Schnabel eines → Kranichs, damit ein doppeltes Symbol der → Langlebigkeit darstellend.
Ling-chih wird in den verschiedensten Formen dargestellt. Chinesen bezeichnen es mitunter als *ts'ao,* »Gras, Pflanze«. Ein alter Text besagt, daß es auf einer → Insel im Ostmeer gedeihe, das ganze Jahr über, wie Wassergras mit langen lanzettenförmigen Blättern aussehe und endlos langes Leben verleihe. Andere Texte beschreiben es als eine Art Morchel, manche Abbildungen lassen es als einen richtigen → Pilz mit Stengel und Kappe erscheinen. *Chih* ist auch ein Sinnbild des schnellen Wachsens, d. h. einer raschen Amtskarriere, und kann, zumal wenn es in Gruppen vorkommt, auch »Fruchtbarkeit« bedeuten.
Als halluzinogene Droge von mehr sinnbildlich-alchimistischer Bedeutung ist *chih* etwas völlig anderes als die unter dem Namen *han-shih* (»Kalte Mineralien«) und *wu-shih* (»Fünf Mineralien«) bekannte Pulverdroge, die gegen Ende der späten Han-Zeit aufkam. Jene wurde gezielt ihrer stimulierenden Kräfte

wegen eingenommen, über ihren Entdecker schreibt Huang-fu Mi (215–282), er habe sich alsbald der → Musik und dem → Sex ergeben. Im Unterschied zum Unsterblichkeitskraut wurde das Fünf-Mineralien-Pulver nie in irgendeinen religiösen oder kosmologischen Zusammenhang gebracht; allein ihre Wirkung entschied die Verbreitung.

Unzucht
yin 淫

Unzucht bezeichnet vor allem sexuelle Vergehen gegen die guten Sitten, in weiterem Sinn alle Ausschweifungen. So sagt ein Sprichwort: »Von den zehntausend Übeln ist Unzucht das schlimmste«, und ein Moralbuch lehrt: »Wer andere Leute verführt, tötet seine eigenen Angehörigen in (den nächsten) drei Generationen.« Man schrieb nicht selten, wie auch in Europa, geheimen religiösen Gesellschaften Promiskuität zu, obwohl, wenigstens für China, nur wenige glaubwürdige Berichte vorliegen. »Unzüchtige Bücher« sind nicht nur pornographische, sondern auch z. B. der jetzt so berühmte klassische Roman »Traum der roten Kammer« (Hung-lou meng) des Ts'ao Hsüeh-ch'in (1715–1764). In dem wohl berühmtesten erotischen Roman, »Pflaumenblüten in goldener Vase« (besser bekannt unter dem chinesischen Titel Chin P'ing Mei), redet der Mann seine Geliebte häufig scherzend mit »kleine Unzuchtfrau« an, als Ausdruck der Bewunderung ihrer → Schönheit. »Unzuchtgeräte« sind Instrumente zur sexuellen Stimulierung. Ein »Unzuchtdämon« (*yin mo*) vernichtet Lebemänner und Orgiasten; er hat die Schädel der Getöteten an einer Schnur um die Hüften hängen.

Urin
hsiao pien 小便

Frauen in Nordwestchina benutzen Urin zur Gesichtswäsche, um ihre Haut zu verschönen. Urin von → Füchsen und Fuchsgeistern soll Krankheiten heilen. Zur Verlängerung des Lebens tranken es manche Magier.

Wenn die Braut das väterliche Haus verläßt, darf sie bis zum Abend das »kleine Bedürfnis« (*hsiao-pien*) nicht verrichten. Wer Statuen anpinkelt, entehrt sie; jedoch gab es eigens dafür im großen Tempel des Yo Fei (in Hangchou) eine kleine Statue seines Widersachers Ch'in K'ui, dessen Intrigen dem Heldengeneral den Tod gebracht hatten; ihn durfte man entehren. »Die Hand lösen« (*chieh-shou*) oder »die Hand reinigen« (*ching shou*) sagt man für den gleichen Vorgang.

Vase
p'ing 瓶

Vase und Flasche machen im Chinesischen keinen Unterschied; ihr Wortzeichen ist gleichlautend mit *p'ing,* »Frieden«, was zusammen mit dem Arrangement von Pflanzen oder anderen Dingen, die in der Vase stecken, eine reiche Symbolsprache ermöglicht. Finden sich auf einem Bild die Blumen der vier → Jahreszeiten in einer Vase, so bedeutet dies, daß man dem Beschenkten Frieden in allen Zeiten wünscht; drei → Hellebarden in der Vase, eine → Mundorgel daneben, besagt: »(mögest du) friedlich zu den drei höchsten Graden aufsteigen.«

Eine besondere Rolle spielte früher die »Schatzvase« (*pao-p'ing*). Mit den »fünf nährenden Früchten« (*wu-ko*) gefüllt, nämlich Hirse, Weizen, Sorghum und zweierlei Bohnen, diente sie einem Fruchtbarkeitsritual während der → Heiratszeremonie. Eine »schwarze Flasche« wurde von Magiern zum Einfangen der → Geister verwendet. Eine Wärmflasche wurde »Wärmfrau« oder »Fußfrau« genannt und mit einer Ölflasche der Penis bezeichnet.

Auf vielen Feldern Südchinas sieht man noch heute ein oder mehrere mindestens einen halben Meter hohe Tonkrüge stehen, sog. Knochenvasen. Sie enthielten die Gebeine von Anverwandten, die, zunächst einmal begraben, nach zwei Jahren wieder ausgegraben und

Kiefern- und Pflaumenzweige sowie Narzissen in der Vase: »Immergrünes Leben, Liebe, Glück und Frieden«

vom restlichen Fleisch gereinigt, in solche Krüge zur letzten Ruhe gegeben wurden. Chinesen schaudert ein wenig, wenn ein Ausländer eine »Knochenvase« zur Zierde seines Wohnzimmers ersteht.

Vater
fu 父

Vater und → Sohn bilden eine der → fünf menschlichen Beziehungen. Dennoch beschreibt sie die Literatur in einem gewissen Gegensatz zueinander: der Vater ist »streng«, die Mutter hingegen »liebevoll«. Der Vater symbolisiert in der alten

Vater und Sohn: »der Junge möge eine ähnlich hohe Stellung bekleiden«

patriarchalischen Gesellschaftsordnung den Herrscher, der Sohn den Untertan. Der älteste Sohn ist es wiederum, der zu → Neujahr den Vater zum Familiengrab und zur zeremoniellen Einladung der Ahnen begleiten darf.
Nicht eben selten sind Bilder, auf denen Vater und Sohn in Hofkleidung dargestellt wurden; der Vater trägt einen → Beamtenhut, der Sohn den Kopfschmuck desjenigen, der als Bester die höchste Staatsprüfung bestanden hat. Solch ein Bild wünschte dem damit Beschenkten: »mögest du deinen Sohn mit an den Hof nehmen«.

Vergelten

→ pao

Vier
szu 四

Die Vier als eine → *yin*-Zahl kann den Westen bezeichnen und auch die → Erde, die nach ältester Anschauung viereckig war und selbst wieder in Vierecke (→ *fang*) unterteilt wurde; das Reich der → Mitte stellte man sich inmitten der Vier Meere vor, und es war umgeben von vier Barbarenvölkern. »*Vier Berge* nannten sich die Führer, die der Lehensoberherr mit der Aufrechterhaltung des Friedens in den *Vier Richtungen* betraute und die er empfing, indem er die *Vier Pforten* seiner Residenz öffnete« (Marcel Granet über alte Legenden im Zusammenhang mit den Inspektionsreisen der → Kaiser).
So symbolträchtig die Vier als Anzahl der Pole oder auch der Seiten eines → Quadrats ist, noch häufiger ist die Verwendung der symbolischen → Fünf; sie erlaubt, die we-

Vierfaches Glück

sentliche Mitte als fünfte Richtung mit einzubeziehen.

Die vier → Jahreszeiten bringen es mit sich, daß »vier Abschnitte« (*chüeh*) von je 15 Tagen an ihrem Beginn stehen, nämlich die Perioden der Sonnenwenden und der Tag- und Nachtgleichen; als die »vier Trennungen« (*szu li*) bezeichnet man den jeweils ersten Tag dieser Perioden, an diesem Tag war Geschlechtsverkehr untersagt.

Die »vier Tore« (*szu men*) bedeuten die vier Reisen des jungen Sidharta Gautama, die ihn dazu bewogen, sein prinzliches Leben aufzugeben und → Buddha zu werden. Die »vier großen Könige« (*szu ta wang*) heißen Ma, Chao, Wen, Liu, sie beschützen den Jadeherrscher in den vier Weltregionen.

Die »vier Künste« des → Gelehrten, der zu den vier → Berufsständen gehört, sind durch die → Gitarre, das → Schachbrett, das → Buch und das Gemälde symbolisiert; sie werden auch durch berühmte Männer dargestellt, die sich in einer Kunst besonders hervortaten: Yü Po-ya (um 500 v. Chr.) in der Musik, Chao Yen (3. Jahrhundert n. Chr.) im Schach, Wang Hsi-chih (etwas später) in der Kalligraphie und Wang Wei (T'ang-Zeit) in der Malerei.

Die »vier Schätze des Arbeitszimmers« von Gelehrten sind Tusche, Papier, → Pinsel und Tuschreibstein (die in Stangenform getrocknete Tusche wird auf dem Reibstein mit Wasser angerührt und damit erst gebrauchsfähig). Die »vierfarbigen Spielsteine« (*szu sê p'ai*) sind → Spielkarten des alten Typs, schmal und rechteckig; ihre Benutzung war in Taiwan verboten.

Die »Vier Bücher« (*szu-shu*), nämlich → Konfuzius' »Gespräche« (Lun-yü), das Buch Meng-tzu, die »Große Lehre« (Ta-hsüeh) und »Innehalten der Mitte« (Chung-yung) erfreuten sich seit der Etablierung des Neokonfuzianismus in der

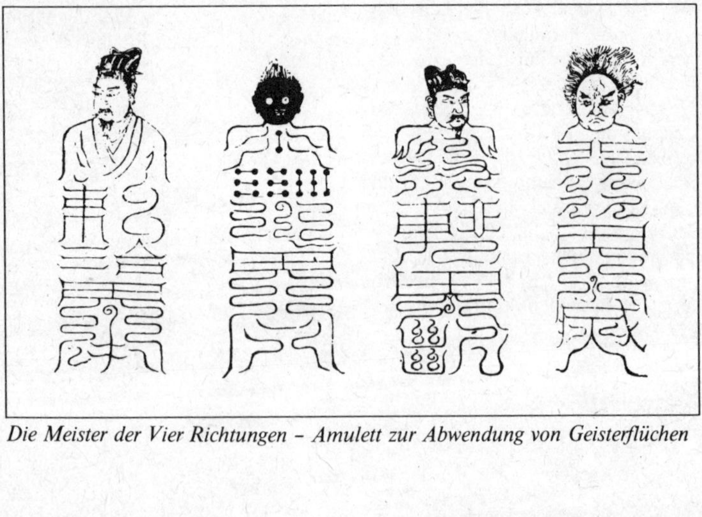

Die Meister der Vier Richtungen – Amulett zur Abwendung von Geisterflüchen

Sung-Zeit fast größerer Beliebtheit als die alten »Fünf Klassiker«. Konfuzianisch geprägt waren auch die Moralprinzipien der »vier Seile« (*szu wei*), nämlich rituelles Verhalten, Pflichtbewußtsein, Schamgefühl und Unbestechlichkeit. Als »vier veraltete Traditionen« sah der chinesische Kommunismus die Ideologie des Feudalismus an und hat sie entsprechend bekämpft: alte Kultur, alte Gewohnheiten, alte Bräuche, altes Gedankengut.
Manche Chinesen tabuieren die Zahl vier, weil sie gleichlautend ist mit »Tod« (*szu*).

Vierundsechzig

→ Diagramme, → Orakel

Vierundzwanzig

erh-shih szu 二十四

Da der alte → Mondkalender für den Bauern, der seine Nutzpflanzen zur rechten Zeit säen und ernten mußte, relativ ungenau war (z. B. war er vor der Einschaltung eines Schaltmonats beinahe 15 Tage hinter dem Sonnenlauf, danach aber gleich um 14 Tage voraus), gab es eine andere Einteilung des Jahres, die von der → Sonne abhing.
Das Jahr wurde in 24 gleich lange Abschnitte, von je 15 Tagen, eingeteilt. Sie ergaben ein Sonnenjahr von 360 Tagen, das astronomisch nur um etwas mehr als fünf Tage pro Jahr ungenau ist, was durch Schaltungen ausgeglichen wurde.

Vogel

niao 鳥

Besondere symbolische Bedeutung haben → Adler, → Elster, → Fasan, → Kranich, → Pirol, → Schwalbe und → Wachtel; der »Weißkopfvogel« symbolisiert hohes Alter und wird mitunter als Pärchen auf einer → Päonie dargestellt, er besagt dann »Reichtum und Ehre bis ans Lebensende«.
Als Haupt der gefiederten → Tiere gilt der mythische → Phönix. Eine Reihe von Märchen berichtet über Männer, die der Vogelsprache mächtig waren und sich dadurch retten oder großen Reichtum erwerben konnten. Auch die Verwand-

Weißkopfvögel und Päonie

lung von Menschen in Vögel ist ein geläufiges Motiv; so werden manche Vogelschreie durch die Geschichte von der bösen Stiefmutter erklärt, die ihrem eigenen Sohn gute Saatkörner, dem Stiefsohn dagegen gekochte gab; sie sollten beide zurückkehren, wenn die Saat aufgegangen sei, aber sie kamen nicht wieder, und die Stiefmutter wurde zu einem Vogel, der sein Schicksal beklagt.
Vögel sind es, die das Grab des Urkaisers Yü sauberhalten, die Erde auf die Grabstätte pietätvoller Männer tragen, die mit ihren Federn den Leichnam eines Frommen bedecken.
Gute Menschen werden von Vögeln belohnt. Aber es gibt auch Vogeldämonen, vor denen man sich hüten muß; man sollte vor allem nicht Vogelkot auf Kinderkleider fallen lassen.
In China wie in Korea hat das Wort Vogel im Volksmund die Nebenbedeutung »Penis« und wird als Schimpfwort häufig gebraucht.

Vorn/Hinten 前後
ch'ien-hou

In China ist »Vorn« der Richtung Süden und dem Element → Feuer zugeordnet und ist ein Zeichen des → *yang,* der männlichen Urkraft. So blickte der → Kaiser bei seinen Empfängen nach Süden (vorn); der kaiserliche Palast war immer nach Süden ausgerichtet – wie nach den Gesetzmäßigkeiten der → Geomantik jedes gute Grab.
»Hinten« ist dem Norden, dem → Wasser und der weiblichen Urkraft → *yin* zugeordnet. Die Untertanen hatten sich von Süden her dem Kaiser zu nähern. → Links/Rechts entsprach zumeist Ost/West. Auf älteren chinesischen Landkarten ist der Norden unten und oben der Süden.

Wachtel 鵪鶉
an und *ch'un*

Die Wachtel ist ein Symbol des Mutes, denn auf dem Land wurden häufig Wachtelkämpfe, ähnlich den → Hahnenkämpfen, veranstaltet. Nach alter Anschauung singt die

Neun Wachteln mit Chrysantheme

Wachtel den Sommer über, wird dann in der kalten Jahreszeit zu einer großen Feldmaus und verwandelt sich im Frühjahr zurück (siehe auch → Schwalbe). »Die Wachteln gesellen sich zu Paaren, die → Elstern fliegen zu zweit« ist eine berühmte Stelle im »Buch der Lieder« (Shih-ching), die immer wieder zu feinen politischen Anspielungen benutzt wurde.
»Neun Wachteln zusammen« bedeutet »neun Generationen mögen in Frieden (*an*) leben« (*chü,* dargestellt als Chrysantheme); ein Ereignis, daß außerordentlich selten ist. Freudenmädchen werden manchmal »Wachteln, die ihre Federn (d. h. ihre Haut) verkaufen« genannt.

Wald
lin 林

Alte Quellentexte belegen, daß China früher reich bewaldet war, daß aber im Laufe der Jahrhunderte fast alle Wälder abgeholzt wurden und nur noch in dünnbesiedelten Randgebieten weiterbestanden; erst seit Errichtung der Republik (1911) und der kommunistischen Regierung (1949) wurde gebietsweise wieder aufgeforstet.
Heilige Wälder am Hang von heiligen → Bergen, auch heilige Haine sind vielfach erwähnt. Im ganzen aber wird der Wald als unheimlich und voll von Gefahren angesehen. In den Wäldern Südchinas war der → Tiger zuhause, auch Banditen hatten dort ihren Sitz, sie hießen darum »Leute der grünen Wälder«.
Wald- und Berggeister (→ Shanhsiao) sind in China ebenso geläufig wie in Japan, wo man noch 1824 die »Tengu« durch Plakatanschlag in den Wäldern aufforderte, für die Zeit des Tempelbesuchs des Shogun das Nikkogebirge zu räumen. Beiden Völkern gemeinsam ist die Verehrung »heiliger Bäume« wie alter markanter Kiefern, Fichten, Ginkobäume.
Auf chinesischen Bildern, die eine Vielzahl Bäume zeigen, sieht man immer auch Gebäude, Wege oder Menschen – die »gebändigte Natur«, nicht die → Wildnis.

Walfisch
ching-yü 鯨魚

Der Walfisch spielt verständlicherweise nur im südlichen Küstengebiet Chinas eine Rolle. Im Volksglauben Taiwans brachte ein Walfisch den Menschen die → Hirsesaat, er wird darum mit einem besonderen Fest gefeiert. Auch im alten Japan gab es einen Walfischkult.
Bevor Coxinga, der Chinese, der sich den Mandschu nicht ergeben wollte, vor den Eroberern nach Taiwan floh (von wo aus er später die Holländer vertrieb), erschien ein Walfisch vor der Stadt Tainan. Als Coxingas Dynastie zusammenbrach, ward auch der Walfisch nicht mehr gesehen.

Walnuß
hu t'ao 胡桃

Die Walnuß heißt im Chinesischen wörtlich »Hunnischer Pfirsich«, wobei Hunnisch eine Bezeichnung für alle Volksstämme westlich und nördlich des Reichs der → Mitte ist. Einigen Quellen zufolge soll sie erst im 4. Jahrhundert n. Chr. nach China gelangt sein, doch wird die Walnuß in Japan schon sehr viel früher nachgewiesen.
hu-t'ao ist auch eine Kurzform für den Ausspruch »Herr Ch'in-*hu* flirtet (*t'ao*) mit seiner eigenen Frau«, was auf eine alte Geschichte zurückgeht, die bis zur Gegenwart auch als Drama aufgeführt wurde: der nach langen Jahren heimkehrende Mann sah nah bei seinem Haus eine junge Frau oben im Maulbeerbaum die Blätter für ihre Seidenraupen abpflücken, er begann mit ihr zu flirten; ins Haus gelangt, entdeckten beide, daß sie miteinander verheiratet waren, worauf die Frau – in einigen Fassungen – aus Scham Selbstmord beging. Die Walnuß wurde so zum Symbol für »Flirt«.

Waschen
hsi 洗

Im kaiserlichen China sollte man sich alle fünf Tage einmal gründlich waschen bzw. die Kinder sollten ihre Eltern alle fünf Tage waschen. Die Hände sollte man fünfmal am Tag mit Wasser reinigen, und vor einer Audienz beim → Kaiser hatte man ein Vollbad zu nehmen. Das → Bad für ein Neugeborenes war erst am dritten Tag fällig. Kleider wusch man oft an einem Teich oder Fluß, legte sie auf einen Stein und bearbeitete sie mit dem Waschklöppel. Dieser Waschklöppel wird gelegentlich mit dem Penis verglichen.

Wasser
shui 水

Das Wasser ist eins der fünf → Elemente oder »Wandelzustände«, es gehört zum Norden und zur Farbe Schwarz, zugleich aber auch zum → Mond, der des Nachts den Tau hervorbringt. Wasser ist auch das

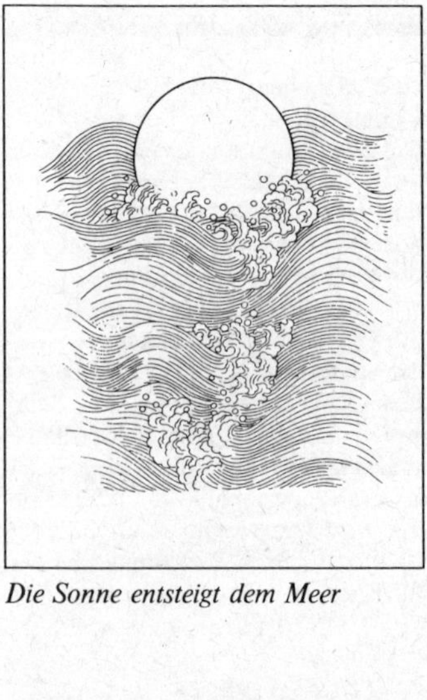

Die Sonne entsteigt dem Meer

Konfuzius mit Jüngern am Gestade

Symbol des → *yin,* der weiblichen Urkraft, die in Verbindung mit dem männlichen → *yang* (Element des Südens und des Feuers) steht. Nach der alten chinesischen Philosophie gehen Feuer und Wasser aus dem Großen Einen (→ T'ai-chi) hervor: »das Wasser befeuchtet und strebt nach unten, das Feuer lodert und strebt nach oben« (1. Abschnitt des Hung-fan). Aus ihrer geschlechtlichen Vereinigung gehen die fünf Elemente und daraus die → zehntausend Dinge hervor. Wasser gehört denn auch zur Nacht, wie Feuer zum Tag gehört: das Sexualleben ist daher der frühen Nacht zugeteilt und viele Ausdrücke, die den Geschlechtsverkehr beschreiben, haben mit »Wasser« zu tun.

Wasser ist weich, schmiegsam und nachgiebig, wie eine Frau sein soll. »Schwaches überwindet das Starke, Weiches überwindet das Harte« heißt ein berühmter Vers des Tao tê ching; für → Lao-tse ist Wasser ein Vorbild des richtigen Verhaltens, durch das der Schwache den Starken bezwingen kann wie die Frau den Mann.

»Ausgegossenes Wasser« bezieht sich auf eine bekannte Geschichte, die auch einem Theaterstück als Vorlage gedient hat: Chu Mai-ch'en war sehr arm, da er immer studierte und kein Geld verdiente; seine Frau konnte diese Armut nicht länger aushalten, sie verließ ihn und heiratete einen wohlhabenden Schlächter. Gegen alle Erwartung bestand Chu eines Tages die Staatsprüfung und wurde ein hoher Beamter. Als er durch sein Heimatdorf ritt, lief seine frühere Frau auf ihn zu und bat ihn, sie wieder anzunehmen; Chu aber, hoch zu Pferde, goß einen Krug Wasser aus und sagte: »Ausgegossenes Wasser nimmt man nicht wieder auf.« Die Frau soll dann Selbstmord begangen haben.

Der seltsame Ausdruck »Wasser und Feuer« entstammt dem skatolo-

gischen Wortschatz, er bedeutet »pissen und scheißen«.
Für chinesische Holzschnitte und auch Tuschbilder ist ganz charakteristisch, daß Wasser meist als Wellen oder als Reihen von Viertel-, Halb- oder Dreiviertelkreisen dargestellt werden; es kann dann ein Meer, einen See oder einen Teich symbolisieren.

Wasserbüffel
shui niu 水牛

Der Wasserbüffel kommt zwar in ganz China vor, ist aber typisch für Südchina, wo er besonders als Pflugtier im nassen Reisfeld benutzt wird.

Der Wasserbüffel gehorcht einem Knaben, Holzschnitt um 1920

Die Thai-sprechenden Minderheiten Südchinas verwenden ihn als Opfertier bei ihren großen Festen und veranstalten Büffelkämpfe, bei denen zwei Büffel gegeneinander kämpfen, bis der eine besiegt und von der Partei des Siegers aufgegessen wird.
Auf Gemälden wird er oft als Reittier eines alten Mannes dargestellt: dann ist dieser Mann der Philosoph → Lao-tse, der China auf diese Weise verlassen haben soll. Sonst reitet ihn häufig ein Junge: das mächtige Tier gehorcht einem schwachen Kind.
→ Rind

Weberin und Kuhhirt
chih-nü, niu-lang
牛郎織女

Eine der bekanntesten und beliebtesten chinesischen Mythen ist die vom Kuhhirten, der an einem See eine Anzahl junger Mädchen badend antrifft; er nimmt einer die Kleider heimlich weg und erlebt dann, daß alle Mädchen in Federkleidern zum Himmel fliegen und entschwinden, nur ein einziges bleibt zurück, wird seine Frau, gebiert ihm einen Sohn und trägt durch ihr Weben zum Haushalt bei. Eines Tages aber findet das Kind beim Spielen ihr Federkleid im Versteck, sie nimmt es und fliegt in den Himmel davon. Eine treue Kuh bedeutet dem Hirten, daß er sie

Weberin und Kuhhirt

schlachten und auf ihrem Fell zum Himmel fliegen solle. Dort trifft er in der Tat seine Frau wieder, aber beide vergessen über ihrem → Eheglück, ihre Arbeiten zu tun. Der Himmelsgott bestellt ihnen, daß sie sich nur noch einmal im Monat treffen dürfen, aber die → Elster, welche dieses Urteil überbringen soll, vergißt das Zeitmaß und sagt ihnen, daß sie sich nur einmal im Jahr sehen können.
Das ist die Nacht des 7. Tages des 7. Monats, das → Jahresfest der jungen → Mädchen.

Weichheit 温柔
wen jou

»Wärme und Weichheit sind von jeher besser als Stärke und Härte«, sagt die chinesische Spruchweisheit. → Lao-tse folgerte aus der Lebensbahn eines Menschen - weich und schwach bei der Geburt, hart und starr, wenn er stirbt -, daß die Weichen und Schwachen, anders als die Harten und Starken, mit dem Leben verbündet sind.
Als »das Land von Wärme und Weichheit« (*wen jou hsiang*) wird häufig auch ein Bordell bezeichnet.

Weide 柳
liu

Die Weide, deren Holz zum Feuermachen sehr geschätzt wird, ist ein Symbol des → Frühlings. Da dieser mit erotischen Erwartungen verknüpft ist, bedeuten »Weidengefühle und Blumenwünsche« sexuelles Verlangen, »Blumen suchen und Weiden kaufen« eine Kurtisane besuchen, »am Wegrand Blumen und Weiden« die Freudenmädchen, »unter Blumen schlafen und unter Weiden ruhen« der Besuch eines Freudenhauses.
Die Taille einer → schönen Frau wird mit dem Weidenbaum, ihre → Augenbrauen mit dem Schwung der Weidenblätter verglichen. Ein junges Mädchen ist eine »zarte Weide und frische → Blume«, eine nicht mehr jungfräuliche Dame dagegen »abgeblühte Weide und verwelkte Blume«; das Schamhaar der Frau ist »in der Tiefe des Schattens der Weide«.
Dann ist die Weide auch dämonenabwehrend. In einem Roman schaffen es 49 mit Weidenzweigen bewehrte Kinder, die → Gespenster zu

besiegen. Beim → Jahresfest am 105. Tag nach der Wintersonnenwende, dem Ch'ing-ming-Fest, steckte man sich Weiden an oder trug einen Weidenkranz auf dem Kopf. Ein Sprichwort sagt, wer sich an diesem Fest nicht mit Weiden umkränzt, wird in der nächsten Wiedergeburt ein gelber Hund.
Schließlich war es im alten China Brauch, beim Abschied Weidenruten vom Baum zu brechen und sie dem Scheidenden mit auf den Weg zu geben; so bekam sie auch der in die Provinz versetzte → Gelehrte am Osttor der Hauptstadt von Frauen und Freunden geschenkt.

Unter dem Weidenbaum

Weihrauch 香
hsiang

Weihrauch wird einfach als »guter → Geruch« bezeichnet. Das Sandelholz, aus dem er meist gemacht ist, muß aus Südostasien eingeführt werden. Im Altertum waren Räucherbecken gebräuchlich, in denen Weihrauch verbrannt wurde; heutzutage werden fast immer Weihrauchstäbchen benutzt, die man in ein Altarbecken vor dem Bild der Gottheit hineinsteckt; häufig wird die Asche gesammelt und als eine Art Medizin eingenommen. Weihrauch ist schon in den ältesten Berichten über den chinesischen Buddhismus erwähnt, wird aber heute in allen Tempeln – und auch in den kleinen Schreinen, die Gläubige in ihren Privathäusern aufstellen – verwendet.
Moskito-Weihrauch (*wen-tse-hsiang*) ist meist grün und zudem kreisförmig aufgerollt, so daß er unter dem Bett die ganze Nacht lang glimmen und die Mücken fernhalten kann.

Wein 酒
chiu

Wein wird in China meist aus Korn (→ Reis) hergestellt; Traubenwein wird zwar schon in alten Berichten erwähnt, war aber nie sehr beliebt. Wein ist weniger üblich als → Tee, man trinkt ihn beim geselligen Bei-

sammensein, in Restaurants, Weinschänken, Freudenhäusern. Betrunkene sieht man selten. Als gegen Ende der Späteren Han-Zeit die verschiedensten Stimulantien aufkamen, wurden auch »harte Drogen« heißem Wein beigemischt. Die ältere Literatur erwähnt unzählige Weinsorten; heute beliebt sind besonders der Mao-t'ai und der Shaohsing-Wein.
Eine sakral-symbolhafte Bedeutung wie im Christentum hat der Wein in China niemals erlangt. Wenn er als Weinopfer aus einem Becher gespendet wurde, dann mehr als Zugabe zu den → Speisen, die man der Gottheit als Opfer darbrachte.

Weiß 白
pai

Die Farbe Weiß ist symbolisch mit dem Westen verbunden; so ist der »weiße Tiger« das Tier des Westens, der blaue Drachen dagegen das Tier des Ostens. Angeblich trug man zur Shang-Zeit, deren Ende um 1050 v. Chr. war, weiße Kleider, weil Weiß die symbolische Farbe dieser Dynastie gewesen sei.
Im 7. Jahrhundert trugen Gelehrte, die noch keine Anstellung bekommen hatten, weiße Kleider. Der Erdgott (T'u-ti) wird als alter Mann mit einem weißen Gesicht gedacht, ebenso der Kuan P'ing, Sohn des Kuan Yü (der zum Kriegsgott → Kuan-ti aufstieg).
Weiß ist auch die Farbe des Herbstes und symbolisiert Alter. Auf der Bühne sind Schauspieler mit weißem Gesicht Darsteller von Männern, die nicht sehr böse, jedoch hinterlistig sind. Sie werden auch als »Toufugesichter« bezeichnet, weil Toufu (Bohnenkäse) eine weißgelbe Färbung hat.
Bei der Prozession zu Ehren einer Göttin nehmen sich die Frauen, die einen Sohn haben wollen, aus der Vase des Prozessionsbegleiters eine weiße Blume heraus; beim → Laternenfest am 15. Tag des 1. Monats bedeutet die gelbe Blume ein Sohn, die weiße eine Tochter.
Keinesfalls soll man Weißes im Haar tragen: es bringt Unglück. Man liest mitunter, daß Weiß die Trauerfarbe in China sei. Dies ist nicht ganz richtig; das Wort, das man dafür benutzt, ist *»su«,* was ungebleichter Stoff bedeutet. In der Tat sind Trauerkleider mehr sackfarben, also bräunlich-gelb.
»Reines Weiß« (*ch'ing-pai*) bezeichnet die Jungfräulichkeit. Frauen gelten als sexuell »unrein« während der Menstruation und nach einer Geburt; Männer »waschen und schneiden sich rein«, wenn sie sich kastrieren lassen.
»Weißer Lotos« war der Name einer mächtigen Geheimgesellschaft, die zu Beginn des 12. Jahrhunderts entstand, und aus deren Reihen auch der spätere Gründer der Ming-Dynastie kam. Im Namen »Weißer Lotos« steckt die Vorstellung einer anderen, besseren, »reineren« Welt.

Weizen 麥
mai

Wo → Reis nicht mehr gedeiht, wird in China Weizen angebaut; vor allem in den Nord- und Westgebieten. In der alten Entsprechungslehre ist der Weizen der »Wandlungsphase« (→ Element) Holz zugeordnet, dem Frühling, der Farbe Grün, dem Haustier Schaf. Folglich aß man Mehlspeisen meist im Frühjahr, mit Hammelfleisch zusammen. »Das Getreide birgt Leben«, heißt es im uralten »Buch der Lieder« (Shih-ching). Die Kornfrucht symbolisiert den Kitzler, und »Weizenbackenzahn« ist ebenso eine Bezeichnung dafür.

Neun Weizenähren

Wellen 浪
lang

Wellenlinien als Ornament, oft stilisierte Viertel-, Halb- oder Dreiviertelkreise in Parallelführung, deuten

Wellen und Schaumkronen

→ Wasser an. Auf dem unteren Saum eines Hofkleides angebracht, stellen sie das Meer dar, die Berge daneben die → Landschaft. Oft sind Wellenornamente auch eine Darstellung der Meeresflut (*ch'ao*) und symbolisieren die Audienz (*ch'ao*); d. h. der mit solch einem Bild Beschenkte möge ein hoher Hofbeamter werden.

Weltschöpfer *P'an-ku* 盤古

Chinesische Philosophen (vor allem die des 11. und 12. Jahrhunderts) haben eine Theorie von der Schöpfung der Welt entwickelt, die keine Gottheit enthält. Im Volksmund jedoch gilt P'an-ku als der Schöpfer. Es scheint, als sei diese Mythe von südchinesischen Minderheiten entwickelt, dann von Chinesen übernommen und abgewandelt worden. P'an-ku war ursprünglich ein gewaltiges Wesen, das eines Tages starb und dessen Körperteile zu Tieren und Pflanzen und den übrigen Dingen der Natur wurden. Andere Bilder zeigen ihn, wie er die Welt aus einem Felsen meißelt.

Die → Menschen jedoch wurden nach einer weitverbreiteten Mythe von der Göttin → Nü-kua geschaffen: sie formte sie aus Lehm und trocknete sie. Nach einer modernen Fassung dieser Mythe brannte sie die Lehmfiguren in einem Brennofen. Die ersten wurden schwarz, die nächsten, zu früh herausgenommenen, weiß. Erst die letzten gerie-

P'an-ku mit dem Weltenei

ten ihr und hatten eine schöne, gelbe Farbe: die Chinesen. Nach einer ergänzenden Mythe begann es beim Trocknen der Figuren zu regnen, dadurch wurden einige Figuren entstellt – die heutigen Krüppel. Einer ganz anderen Mythe zufolge ruht die Erde auf dem Rücken einer → Ao bzw. → Schildkröte, und es entstehen Erdbeben, wenn sich die Schildkröte bewegt.

Lange Zeit herrschte die Vorstellung, daß der → Himmel rund, die → Erde aber → quadratisch sei, so daß einige Teile der Erde nicht vom Himmel bedeckt sind. In diesen Regionen herrscht deswegen ewige Dunkelheit, und Menschen niederer Art leben dort.

Wildnis 野
yeh

Der Ausdruck *ch'ao-yeh* bedeutet wörtlich »Kaiserhof und Wildnis«, man versteht darunter die Hauptstadt (in der der → Kaiser lebt) und alles Land, das außerhalb der Stadtmauern, eben »draußen« lag. Verglichen mit unserem Ausdruck »Stadt und Land«, läßt sich der grundlegende Unterschied in den Auffassungen erkennen. *Yeh* bedeutet bei den Chinesen »unzivilisiert«. Ein *yeh-jen* (wilder Mensch) ist ein »Barbar«, ein Mensch, der nicht das hat, was der Chinese Kultur nennen würde. Bezeichnend ist, daß auf chinesischen Bildern so gut wie nie die ursprüngliche Natur dargestellt wird, denn diese ist *yeh,* »wild« und »furchtbar«. Man sieht immer die vom Menschen umgeformte, zivilisierte Natur: man sieht Wege, oft Häuser, und Menschen. Selbst die Flüsse sind nicht einsam: auf ihnen zeigen Fischer und Boote an, daß sie dem Menschen dienen. In vielen Romanen werden Banditengruppen als »Leute der grünen Wälder« bezeichnet; man fürchtete sie zu der Zeit, als es noch große → Wälder gab, so wie man sich in deutschen Volksmärchen fürchtete. Darum sind chinesische Reisebeschreibungen oft so eintönig: was den Reisenden am meisten interessiert, sind Spuren menschlicher Tätigkeit, Klöster, Tempel, Profanbauten, Wege; die Schönheit der → Landschaft wird meist in mehr oder weniger stereotypen Worten beschrieben.

Wind 風
feng

In der Shang-Zeit, die ca. 1050 v. Chr. endete, wurde der Wind anscheinend als Gott Feng-po verehrt: angedeutet als eine Art Vogel, vielleicht sogar eine Urform des → Phönix. Im Altertum kannte man → acht verschiedene Winde mit Namen, auch wurde die Windrose als achtstrahliger Fächer dargestellt.
Sinnbildlich wird der Wind in zwei ganz verschiedenen Bedeutungen gebraucht. Die eine scheint sich auf das Dahinstreichen des Windes über weite Gebiete zu beziehen: *kuo-feng* (»Wind des Landes«) ist

»Die Urnen alle umgestürzt, Haarnadeln und Amtstafeln sind verschwunden – Auf einmal fährt ein Windstoß drein. Staub und Asche wirbeln durcheinander« (Han Shan)

eine Sammlung ältester Volkslieder in dem klassischen Buch Shih-ching; *feng-shui* ist die Wissenschaft von Wind und Wasser (→ Geomantik); *feng-su* heißt »Sitten und Gebräuche«, wobei die Wortsilbe *su* für »allgemein« steht: daher kann Wind auch im Sinne von »Gerücht« gebraucht werden.
Die andere sinnbildliche Bedeutung ist eng mit dem Liebesleben verbunden: »im Winde fließend« (*feng-liu*) bezeichnet einen Charmeur; »ein Wind und Regen, der die Blüten zerstört«, ist ein allzu kurzes Liebeserlebnis. Wenn eine Frau »Wind und Mond liebt«, ist sie sexuell aktiv, denn diese Metapher bezeichnet sowohl nächtliches Zusammensein wie ausgedehntes Liebesspiel. Von einem unberührten Mädchen sagt man, daß es noch nie »die Wellen des Windes erlebt« habe, während ein Freudenmädchen eine »Person des Windes und des Staubes« ist (Staub als das Weltliche, als das im buddhistischen Sinne rasch Vergängliche). »Sich um den Wind streiten« ist ein Krach wegen Eifersucht. »Windschuhe« sind wie Vogelschwanzfedern gebogen: also Frauenschuhe.
Aber auch in ganz anderen Zusammenhängen kommt der Wind vor, als eine Krankheit, als »innerer Wind«, Schlaganfall. Das Wort *feng* ist verwandt mit dem, allerdings anders geschriebenen Wort für »Verrücktheit« (*feng*). Ein »Windspiegel« (*feng chien*) ist ein Wahrsager. »Zum Winde verwandeln« (*feng hua*) ist die Nichtbestattung der Leichname von Feinden, die man zur Rache verwesen ließ.

Winkelmaß

→ Fu-hsi, → Klangstein

Wolf 狼
lang

Der Wolf ist ein Tier Nordchinas und symbolisiert Grausamkeit, Gefräßigkeit und Gier. So ist jemand mit einem Wolfsherzen ein grausamer Mensch, und ein habgieriger Mann ist »gierig wie ein Wolf und hat den Blick wie ein → Tiger«; während ein »Wolfsblick« Mißtrauen oder Furchtsamkeit anzeigt. Auch im Sprichwort stehen Wolf und Tiger zusammen: »Es ist besser, zehn Tiger zu töten als einen Wolf«, weil Tiger meist Einzelgänger sind, aber die Wölfe als Pack kommen und Rache für den Tod eines aus ihrem Rudel nehmen. Bei den benachbarten Turkvölkern ist der Wolf ein heiliges Tier und sogar Ahnherr eines Geschlechtes. Die Ahnen von Chinggis Khan gelten als ein grauer Wolf und eine weiße Hirschkuh. Turkstämme führten ein Wolfsbanner mit sich, oder eine Standarte mit Wolfskopf. Im Ordosgebiet Nordchinas gibt es die Sage von einem ausgesetzten Kind, das von einem Wolf aufgezogen und später von ihm beraten wird, also eine Art Parallele zur Romulus-und-Remus-Mythe. Man behauptet auch, daß der Wolf die Stimmen von kleinen Kindern, Kälbern und Lämmchen nachahmen kann, um so seine Beute zu fangen.
»Sexwolf« (*sê lang*) ist ein Lüstling.

Wolken 雲
yün

Wolken gelten als ein Symbol des Glücks, besonders Wolken in verschiedenen Farben; fünffarbene Wolken (*wu-sê-yün*) bedeuten fünffaches Glück. Solche Glückswolken sind auch ein Zeichen des Friedens. Wolken entsprechen dem Westen; sie entstehen aus einer Vereinigung der beiden Kräfte → *yin* und → *yang.* Zahlreiche Stilisierungen finden sich in der Ornamentik, so das »verschlungene Wolkenband« in Form einer Wellenspirale, aber auch realistische Zeichnungen sind häufig. »Wolkenberge«, d. h. entfernte Berge, stellen Trennung und Sehnsucht dar. »Ich geh und lange an, wo die Wasser versiegen / Sitze und schaue, wie die Wolken aufsteigen«, dichtete der große Malerpoet der T'ang-Zeit, Wang Wei (übers. Stephan Schuhmacher). »Wolkenmutter« (*yün-mu*) bezeichnet den Glimmer, »Duftende Wolken« das schöne, lockere Haar einer Frau, »Wolkennebel« (*yün-wu*) einen reizvollen Büstenhalter.
Am häufigsten jedoch ist das Sinnbild »Wolken und Regen« (*yün yü*) als die sexuelle Vereinigung, wobei die Wolken bereits die Verschmelzung des Männlichen mit dem Weiblichen bedeuten und der → Regen das Ende der Vereinigung. Das Wolken-und-Regen-Spiel findet sich bereits in einer alten Sage, der zufolge ein König in Südchina einmal nachts auf dem »Zauberberg« träumte, er habe ein Liebeserlebnis mit einer → Fee. Auch hier verbinden sich Naturvorstellung (die Wolke, die sich am Berg abregnet) mit symbolischer Ausdeutung.

Fünf Fledermäuse in den Wolken: Glücksbringer

Wu-t'ung 梧桐

Der Wu-t'ung gehört zur Gattung der Paulownia-Bäume; meist wird er als Paulownia imperialis angesehen, aus deren Blüten früher ein Stoff gewebt wurde und dessen Öl ein wertvolles Konservierungsmaterial für verschiedene Hölzer ist. Sein Holz selbst hat man häufig zur Herstellung von → Gitarren (*ch'in*) verwendet.
Der in China und Japan beheimatete Wu-t'ung gilt als *der* Baum, auf dem sich der → Phönix niederläßt. Darum pflanzte man ihn häufig in

Elster auf Wu-t'ung-Zweig: »Gemeinsame Freuden«

Höfen an, in der Hoffnung, ein Phönix möchte kommen und der ganzen Familie Glück bringen.

Der Wu-t'ung symbolisiert das weibliche Element → *yin* und steht somit im Westen; sein Gegenpart ist der → Bambus, der das männliche Element → *yang* und damit den Osten vertritt. So trug denn auch früher bei dem Begräbnis der Mutter ihr Sohn einen Trauerstab aus Wu-t'ung-Holz, beim Begräbnis des Vaters einen Bambusstab. Ein anderer Grund für diese Sitte soll darin bestehen, daß der Wu-t'ung-Knoten im Inneren, der des Bambus nach außen wächst: »innen« bezeichnet die Frau, »außen« den Mann.

yang 陽

Die Begriffe → *yin* und *yang* gehören ganz eigentümlich zum chinesischen Denken: beide Naturkräfte, die männliche (*yang*) und die weibliche (*yin*), sind aus dem Ur-Einen (→ T'ai-chi) entstanden; aus ihrer Vereinigung entstanden die fünf → Elemente, die wiederum die → zehntausend Dinge hervorriefen. Schon die ältesten Bücher der Chinesen, das Shih-ching (»Buch der Lieder«) und das I-ching (»Buch der Wandlungen«) sprechen von *yin* und *yang*. »Hier das Beschattete, dort das Besonnte« (*i yin, i yang*), so steht es bereits im Hsi-tz'u, einer kleinen, dem I-ching angefügten Abhandlung; die Sentenz läßt sich auch in zeitlicher Abfolge übersetzen: »Erst der Schatten, dann das Sonnenlicht«. In der Sprache des Shih-ching verbindet sich mit dem Wort *yin* der Gedanke an kaltes und trübes Wetter, während *yang* auf Sonneneinfall und Wärme hinweist. Dem *yang* entspricht der → Himmel, der Süden, der → Kaiser, der → Drache; alle ungeraden Zahlen sind *yang*.

Von den vielen Zusammensetzungen mit *yang* sind einige von spezifisch sexueller Bedeutung. So die »Yangterrasse« (*yang-t'ai*) als Bezeichnung für den inneren Teil der Vagina, »Yang-Gegenstand« (*yang-wu*) für Penis und *yang-wei* als »Schwäche des Penis« (nach übermäßiger → sexueller Tätigkeit). Als *yang-t'o* wird eine Starre des Penis beim Beischlaf bezeichnet, die nach alten medizinischen Texten nur dadurch zu beseitigen ist, daß sich der Mann mit einer Haarnadel in die Fußsohle sticht, bis es blutet; oder daß er moxiert, d. h. mit einem Räucherstäbchen ein Brennen der Haut hervorruft. Angeblich hatten viele Freudenmädchen in den Vorhängen ihres Bettes eine Nähnadel für den Notfall parat. Wenn einer Frau das gleiche passiert, sie also in einen sexuellen Paroxysmus verfällt, soll man sie den Texten zufolge in den Arm beißen oder ihr eine Nadel in die Achselhöhle stechen.

Yang-Linien sind ununterbrochene Linien der acht → Diagramme.

yin 陰

Die weibliche Naturkraft *yin* wird mit der → Erde verglichen, auch mit dem Norden und dem Kalten. Das Wort bedeutet ursprünglich (eigentlich) die der Sonne abgewandte Seite eines Berges. Im alten Shihching (»Buch der Lieder«, 8–6. Jahrhundert v. Chr.) bezeichnet *yin* das »Innere« (*nei*) wie auch den wolkenbedeckten Himmel; es wird auch für die dunkle und kühle Kammer gebraucht, in der man sommers das Eis aufbewahrte.

»Yin-Berg« ist ein Berg in der fünften → Hölle, bevölkert mit zu Unrecht gestorbenen Leuten; im »Yin-Amt« (*yin-szu*) sitzt der Erdgott und untersucht die Toten als erster – bevor er sie an das Höllenamt (*yin ts'ao*) zu weiteren Untersuchungen überweist.

Wenn man beide Naturkräfte, die weibliche und die männliche (→ *yang*), benennen will, steht *yin* immer an erster Stelle, obwohl im täglichen Leben Chinas zuerst der Mann und dann erst die Frau kommt. Es sind eine Anzahl von Höhlen bekannt, in denen *yin*- und *yang*-Steine sich befinden, der *yang*-Stein immer trocken, der *yin*-Stein immer naß. Bei Dürre peitschte man den weiblichen, bei übermäßigem Regen den männlichen Stein.

»Yin-Regen« bedeutet starken, aber nicht allzu heftigen → Regen.

Yin-Linien sind die jeweils unterbrochenen Linien der acht → Diagramme.

Zahlenmystik

Wie bedeutsam die Zahlensymbolik im alten China war, wird schon darin erkennbar, daß jede Dynastie in der alten Zeit ihre eigene Zahl besaß. Sie konnte sich auf einen der Töne der alten Fünf-Ton-Musik beziehen, sie war aber zugleich im Einklang mit den → fünf Farben. Darum wurden bei Dynastiewechsel die Farben der Hofkleidung wie auch die Skala der Hofmusikstücke geändert. Einer der alten Philosophen wurde einst, so geht die Geschichte, berufen, ein Tal, in dem es immer kalt war, zu verändern: er tat nichts, als die »richtige« Musik zu spielen, und das Tal wurde warm.

Ein Zahlensymbol hat in China auf einen ganzen Komplex von Gegebenheiten und Emblemen Bezug, doch lassen sich mit dem gleichen Komplex verschiedene Zahlen in Verbindung bringen: die Zahl ist wandlungsfähig (wie denn überhaupt die Kategorie des Wandels eine sehr wichtige ist).

Das dem chinesischen → Kalender zugrundeliegende Mondjahr bzw. der → Zwölferzyklus schafft ein Zahlensystem, mit dessen Hilfe alle anderen astronomischen und kalendarischen Daten berechenbar wurden; die chinesische → Astrologie wird durch ein System von → »zehn Himmelsstämmen« und → »zwölf Erdenzweigen« konstituiert (→ Mondstationen).

Die Lehre von den beiden Wirkkräften → *yin* und → *yang*, von der Dreiheit Himmel-Erde-Mensch, vom → Quadrat als beherrschender Figur, von den fünf → Elementen oder »Wandelzuständen« und von den acht → Diagrammen ziehen eine Fülle numerologischer Spekulationen nach sich. Auch die → Geomantik hat einen zahlenmystischen Urgrund.

Neben ihrem vielfältigen praktischen Nutzen diente durch Jahrtausende die Zahl der »Darstellung des Weltgefüges und der sich ablösenden Kulturordnungen, durch welche der Rhythmus des kosmischen Lebens sich bekundet« (M. Granet, Das chinesische Denken).

→ Eins, → Zwei, → Drei, → Vier, → Fünf, → Sechs, → Sieben, → Acht, → Neun, → Zehn, → Zwölf, → Dreizehn, → Vierundzwanzig, → Sechsunddreißig, → Zweiundsiebzig, → Zehntausend

Zahn
ya und *ch'ih* 牙 齒

Gute Zähne, vor allem wenn sie »immer tadellos stehen, keine Lükken, keine Unregelmäßigkeiten und von strahlendem Weiß, dessen Tönung an hellen Jadestein erinnert« (Beschreibung der → Unsterblichen im Reich Uttarakuru, übers. Wolfgang Bauer), sind ein Merkmal weiblicher → Schönheit.

Nichtchinesische Volksstämme im Süden pflegten allerdings jungen Frauen einen Vorderzahn auszuschlagen, andere Stämme schwärzten sich die Vorderzähne (z. T. auch durch ausgiebiges Betelkauen). Wenn man im Traum einen Vorderzahn verliert, bedeutet dies den baldigen Tod von Vater und Mutter. Man putzte sich die Zähne meist nur am Morgen; nur in einem Text findet man es ratsam, sie am Abend zu putzen, was mit Sexhygiene zusammenhängen mag. Zähneknirschen ist eine Methode, um → Gespenster abzuwehren. Es war auch beim Betreten von Tempeln gebräuchlich.

Zehnerzyklus
t'ien kan 天 干

Neben dem gebräuchlichen → Zwölferzyklus (→ Tierkreis) gab es in der Frühzeit Chinas einen Zehnerzyklus; er ist schon in den ältesten

Dokumenten häufig erwähnt. Die *kan* genannten Zeichen des Zehnerzyklus werden auf einem Achsenkreuz angeordnet und als »Himmelsstämme« (*t'ien-kan*) aufgefaßt, während die Zeichen der Zwölferreihe auf einem Kreis angeordnet und als »Erdenzweige« (*ti-chih*) bezeichnet sind. Der Zwölferzyklus bezieht sich auf die Grundzahl → sechs: Zehner- und Zwölferzyklus kombiniert, ergeben den großen Zyklus der → sechzig Jahre, die in China unserem »Jahrhundert« entsprechen.
Im einzelnen sind die zehn Symbole bisher unerklärbar geblieben. Man vermutete eine frühere Zehn-Tage-Woche, aber dies ist nicht nachweisbar und zudem unwahrscheinlich, da schon sehr früh der chinesische → Kalender auf dem Lauf des → Mondes aufgebaut war, also niemals 30 Tage einschloß.

Zehntausend 萬
wan

»Aus → eins wird → zwei, aus zwei wird → drei, aus drei werden zehntausend Dinge«, so brachte der Dichter → Lao-tse die chinesische Kosmologie auf ihre knappste Formel. Obwohl die Chinesen eigene Worte für »Hunderttausend« und »eine Million« haben, gilt Zehntausend im Sprachgebrauch als die Obergrenze; es steht für dasjenige, das zahlreich vorhanden ist oder vorhanden sein sollte: als »Zehntausend Lebensjahre« wurde der → Kaiser angeredet, um zum Ausdruck zu bringen: »Möge Eure Majestät zehntausend Jahre lang leben.« In feiner Abstufung wurde der Kronprinz als »Tausend Lebensjahre« angeredet.
Zehntausend ist ein in allen Zeiten wirksames Symbol für → Unsterb-

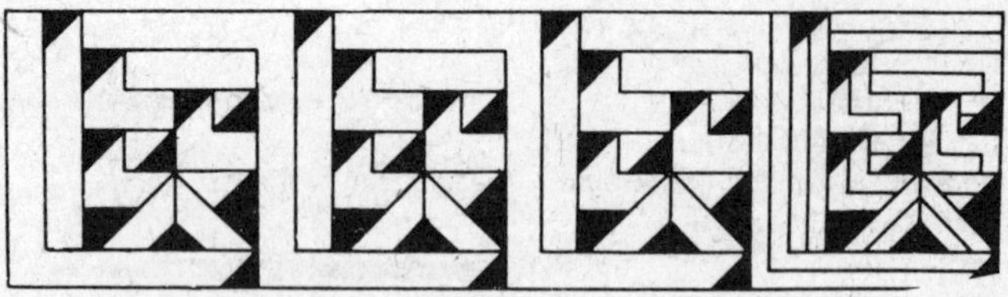

Das Zeichen Zehntausend als »sich schlängelnder Wasserlauf«

lichkeit, dargestellt in Form eines → Hakenkreuzes, als Skorpion, als sich schlängelnder Wasserlauf. Es läßt sich auch aus dem Bild eines → Zepters vor dem Hintergrund eines → Mäanderornaments (*wan*) ablesen: »die zehntausend Dinge (*wan*) mögen dir alle nach Wunsch gehen«.

Zeichensprache

→ Gesten

Zepter 如意

ju-i

Das chinesische Zepter hat nichts mit den → Insignien eines Herrschers zu tun. Es bedeutet »nach Belieben« oder »wie man will« (*ju i*) und wird häufig alten Männern als Geschenk überreicht in dem Sinne »möge dir alles nach Wunsch gehen«. Es ist ein Gegenstand, aus Holz schön geschnitzt, gelegentlich auch aus → Jade gefertigt, der Form nach gebogen und mit einer Art Kopf versehen.

Das wunscherfüllende Zepter findet sich oft, aber durchaus nicht ausschließlich bei buddhistischen Figuren. Zusammen mit dem → Pinsel, als dem Symbol des → Gelehrten (Beamten) und einem → Geldschuh aus Silber dargestellt, bedeutet eine solche Bildkomposition Segenswünsche für beruflichen und geschäftlichen Erfolg.

Der Liebhaber der berüchtigten Kaiserin Wu aus der T'ang-Dynastie wurde Ju-i chün (»Herr, dem alles nach Wunsch geht«) genannt, was sich zweifelsohne auf seine sexuellen Fähigkeiten bezog. Auf daß sich → Eheglück einstellen möge, überreichte bei früheren → Heiratszeremonien die Familie des Bräutigams der Familie der Braut ein Zepter.

Kopf des Zepters: »Wie man es haben will«

Zepter und Persimonen: »Mögen alle Dinge nach Wunsch gehen«

Auf vielen chinesischen Bildern lassen sich Zepter entdecken: in der Hand eines Jungen, der auf einem → Elefanten reitet, in Händen der → Ho-ho, wenn sie als bejahrte → Lo-han auftreten, in einer Kombination mit → Persimonen, → Pfirsich und → Pflaume oder vor dem Hintergrund eines → Mäanderornaments.

Ziegel
wa 瓦

Ziegelsteine wurden meist außerhalb der Stadt gebrannt, um den Rauch nicht in der Stadt zu haben; Ziegelöfen mußten nach einiger Zeit aufgegeben und an anderer Stelle neu gebaut werden. Die verlassenen Ziegelöfen wurden dann oft von Paaren bewohnt, die sehr arm waren oder in der Stadt nicht geduldet wurden. So bedeutet »Ziegelofen« (*wa-tse*) Vergnügungsplatz, vor allem Bordell. Nach einer anderen Version bezeichnet das Wort einen Ort, wo es stundenweisen → Sex, so billig wie »Ziegelsteine«, gibt.

Ein »Ziegelmann« (*wa jen*) ist ein Vermittler auf dem Land, der die Ernte nach den Halmen abschätzte. *Wa-la*, ein Wort, das mit dem Zeichen »Ziegel« geschrieben wird, soll ein Fisch im fernen Westmeer sein, dessen Augen dunkel sind, solange er im Wasser, aber außerhalb des Wassers klar; sprichwörtlich für jemanden, der falsches Mitleid zeigt. Singmädchen werden manchmal *wa-la* genannt, weil auch sie falsche Liebe geben.

Zikade
kuo-kuo und *shan*
蟬 蟈 蟈

Die Zikade symbolisiert in alter Zeit die → Unsterblichkeit, bzw. das Weiterleben nach dem Tod. Man

Zikadenornament

legte Toten eine Zikade aus → Jade in den Mund. Dies wurde später geändert und die Zikade durch einen Fisch ersetzt. Nach einer Legende verwandelte sich die Königin des ostchinesischen Lehnstaates Ch'i nach ihrem Tod in eine Zikade, daher nannte man die Zikade auch »Mädchen aus Ch'i«. Das Bild einer Zikade an einem → Hut symbolisiert jemanden, der rechtschaffen ist und Prinzipien hat.

Zimtbaum
kui 桂

Ein mythischer Zimt- oder Kassiabaum wächst im Hofe des Mondpalastes. »Der Kassiabaum wächst so üppig, daß er mit der Zeit den ganzen Glanz des → Mondes beschatten würde. Darum muß er alle tausend Jahre einmal abgehauen werden« (Märchen von der Mondfee, übers. R. Wilhelm). Nach anderer Überlieferung versucht ein Mann jede Nacht, ihn abzuhacken, aber bis zum nächsten Tag ist er wieder neu gewachsen; dieser chinesische Sisyphos heißt Wu Kang, nach anderen Wu Chih.

Die Blüten des Baums (Spezies: Osmanthus fragans) haben einen sehr anziehenden, wohlriechenden Duft; so besagt »einen Zimtzweig abbrechen« die Staatsprüfungen bestehen, weil man dadurch nach allen Seiten gut duftet; im gleichen Zusammenhang spricht man auch von »Zimtsöhnen« und »Orchideenenkeln«. Dagegen bedeutet »den Zimt(zweig) brechen und den Drachen besteigen« die geschlechtliche Vereinigung.

Der Zimtbaum blüht im achten Monat des chinesischen → Kalenders und ist infolgedessen eine Blüte des Herbstes. Zusammen mit → Pfirsichblüten dargestellt, symbolisiert er »hohes Alter und grenzenlose Lebenszeit in Ehren (*kui*)«.

Zinnober
tan 丹

Zinnober ist ein Quecksilber enthaltendes Mineral von roter Farbe, daher auch mit dem Symbolwert »rot«. Es ist die Grundsubstanz der taoistischen Alchimie und ein Bestandteil vieler Elixiere, die → Langes Leben ermöglichen sollten, oft aber zum Tod dessen, der zu viel Gebrauch davon machte, geführt hat. Zinnober sollte sogar → unsterblich machen.

In der Han-Zeit zeigte ein Zinnoberfleck auf der Stirn einer Haremsfrau dem Kaiser an, daß er sie nicht zu sich rufen dürfe (wegen ihrer → Menstruation). »Zinnoberschein« (*tan shu*) war eine Urkunde auf rotem Papier; früher diente ein solches Schriftstück auch als Sklavenschein. Im menschlichen Körper ist nach dem Glauben der Taoisten unterhalb des Nabels das »Zinnoberfeld«, vergleichbar unserem »Sonnengeflecht«; es spielt bei der Meditation eine große Rolle. »Zinnoberhöhle« wird der innere Teil der Vagina genannt.

Zwei
erh 二

Die Zwei, wie alle geraden Zahlen weiblich, wurde in der alten Zeit der → Erde zugeordnet, so wie die → Eins dem → Himmel und die → Drei dem → Menschen.
»Die Eins stellt die Einheit dar, der kein anderer Wert als 1 zukommen kann, weil sie die allumfassende Ganzheit ist. Sie kann von der Zwei nicht verschieden sein, weil sich in ihr alle gegensätzlichen und gegenläufigen, zugleich aber vereinigenden Aspekte, als da sind → Links/Rechts, Oben/Unten, → Vorn/Hinten, Kreis und → Quadrat, das gesamte → yang und das gesamte → yin, aufheben. Das zugleich eine Einheit und ein Paar darstellende Ganze findet sich in allen ungeraden Zahlen wieder, und zwar zuallererst in der Drei (die Eins plus Zwei ist)«. Soweit Marcel Granet in seiner grundlegenden Abhandlung über die chinesische Zahlensymbolik.
Die Befragung des → Orakels ist auf der Zwei (d.h. dem Binärsystem) aufgebaut; die 64 Hexagramme des I-ching (Buch der Wandlungen) bestehen jeweils aus zwei übereinanderliegenden → Diagrammen.

Zweiköpfiger Vierfüßler

Zweiundsiebzig
ch'i-shih-erh

Alte chinesische Schriften kombinieren die → neun Provinzen der → Erde mit den → acht → Himmelsrichtungen bzw. den acht → Diagrammen. 72 fünftägige Wochen ergaben ein rundes Sonnenjahr. Vom mythischen → Kaiser Yao heißt es, er habe 72 Zoll gemessen und 72 Jahre die Regierung ausgeübt; der Begründer der Han-Dynastie habe 72 schwarze Punkte auf dem Dickbein gehabt: ein glückver-

Die zweiundsiebzig Jünger des Konfuzius (Steinabreibung)

heißendes Vorzeichen. Von → Konfuzius ist bekannt, daß er 72 Jahre alt wurde; er soll auch 72 Schüler gehabt haben (so wie Jesus insgesamt 72 Jünger, symbolisch für jeden Namen Jahwes einen, in die Welt gesandt habe).

Zwiebel *ts'ung* 葱

Die Zwiebel steht oft für »klug« (*ts'ung*). Eine besondere Zwiebelart heißt Hirschzwiebel: am Gürtel einer Schwangeren getragen, bringt sie ihr einen Sohn.

Zwillinge *shuang-t'ai* 雙 胎

Zwillingskinder verschiedenen Geschlechts wurden in früheren Zeiten in China nicht aufgezogen, da man sie »Geisterehepaar« nannte. Ein Stamm der Ureinwohner Taiwans pflegte einen der Zwillinge zu töten. In der Provinz Ch'ing-hai in Nordwestchina gelten Zwillinge immer als unglückbringende Kinder, vor allem, wenn sie verschiedenen Geschlechts sind; doch besagt ein anderer Text, daß die Frau eines frommen Mannes zum Dank für seine Frömmigkeit noch mit fünfzig Jahren männliche Zwillinge bekam.

Zwölf *shih-erh* 十二

Das alte chinesische Jahr hatte zwölf Monate von je 28 oder 29 Tagen. Da das auf dem → Mondkalender basie-

Der mythische Kaiser Shun

rende Jahr so nur 354 Tage hatte und sich die → Jahreszeiten sehr bald verschoben, führten die Chinesen Schaltmonate ein: in je 19 Jahren sieben Schaltmonate – sehr beliebt, weil es dann jedesmal → dreizehn Gehälter gab.

Ein → Zwölferzyklus tritt schon in den ältesten Urkunden auf, daneben auch ein → Zehnerzyklus. Beide zusammen bilden den → Sechzigerzyklus. Dem Zwölferzyklus entspricht der → Tierkreis mit seinen zwölf Zeichen. Der alte chinesische Tag hatte zwölf Doppelstunden. Man beachtete auch den zwölfjährigen Umlauf → Jupiters um die Sonne. Es gab zwölf kaiserliche → Insignien, und der mythische Kaiser Shun soll zwölf hohe → Beamte eingesetzt haben. Nach der alten Entsprechungslehre kannte die → Medizin zwölf Eingeweide: Lunge, Herz, Herzbeutel, Leber, Milz, Niere, Galle, Magen, ein Hohlorgan, große Gedärme, kleine Gedärme. Die Chinesen legten sich nach den fünf → Tönen der alten Tonleiter später eine Zwölfton-Musik zu.

Zypresse
po 柏

Zypressen finden sich häufig bei → Gräbern, weil sie sehr alt werden und weil das Grab lange Bestand haben soll: ein Symbol des → Langen Lebens. Auf Bildern dargestellt, können sie den Segenswunsch »Hundert (*po*) Söhne« ausdrücken, denn »Sohn« steht auch für »Same«. Eine ganz andere Bedeutung resultiert aus der Wortgleichheit »Graf« (*po*), der Wunsch lautet nun, daß der Betreffende einen hohen Rang erlangen möge.

Zypressensamen gelten als heilkräftig; wenn man sie lange kaut, sollen sie Augen und Ohren schärfen.

Die Wiedergabe der chinesischen Wörter und Begriffe erfolgt in der heute international gebräuchlichen Umschrift von Wade/Giles: hier in modifizierter Form nach Mathews' *Chinese-English Dictionary*, revised American Edition, Harvard University Press 1963

Literaturverzeichnis

A-ying, *Chung-kuo nien-hua fa-chan shih-lüeh* (Entwicklungsgeschichte der chinesischen Neujahrsbilder). Peking 1954

B. M. Alekséev, *Kitajskaja narodnaja kartina.* Moskau 1966

Mary and Frances Alexander, *A Handbook of Chinese Art Symbols.* Austin 1972 (Von Boeckmann-Jones Press)

Th. J. J. Altizer, W. A. Beardslee, J. H. Young (edit.), *Truth, Myth and Symbol.* Englewood Cliffs 1962 (Prentice Hall)

Wolfgang Bauer, *China und die Hoffnung auf Glück.* Paradiese, Utopien, Idealvorstellungen in der Geistesgeschichte Chinas. München 1971 (Hanser)

Marianne Beuchert, *Die Pflanzen und ihre Symbolik.* In: M. B., Die Gärten Chinas. Köln 1983 (Seite 40 - 76)

Jutta Bewig, *Chinesische Papierschnitte* (Wegweiser zur Volkskunde Nr. 21). Hamburg 1978 (Museum für Völkerkunde)

V. R. Burkhardt, *Chinese Creeds and Customs,* 3 Bde. Hongkong 1953. Nachdruck in 1 Bd. Taipeh o.J.

D. J. Burrows, F. R. Lapidus, J. T. Shawcross (edit.), *Myths and Motifs in Literature.* New York 1973 (Free Press)

Schuyler Cammann, *China's Dragon Robes.* New York 1952 (Ronald Press)

–, *Substance and Symbol in Chinese Toggles.* Philadelphia 1962 (University of Pennsylvania Press)

Edouard Chavannes, *Five Happinesses.* Symbolism in Chinese Popular Art. Übers., annotiert und illustr. von Elaine S. Atwood. New York 1973 (Weatherhill Press). (Original erschien im Journal Asiatique, Serie 9, Bd. 18, 1901)

Chou Sou-chüan, *Hua-ch'ien hsin chi* (Neue Notizen über Blumen). Nanking 1958

–, *Hua-ch'ien hou chi* (Spätere Notizen über Blumen). Nanking o. J.

Michael Cole, *Comparative Studies of how People think.* Cambridge 1981 (Harward University Press)

Clarence B. Day, *Chinese Peasant Cults.* Shanghai 1940. Nachdruck Taipeh 1974 (Ch'eng-wen Publ.)

Henri Doré, *Recherches sur les Superstitions en Chine.* Bd. 1 - 23, Schanghai 1911–1938 (Imprimerie de la Mission Catholique)

Danielle Eliasberg, *Imagerie populaire Chinoise du Nouvel An.* Cahiers publiés par École Française d'Extrême-Orient, vol. 34, 1978

Otto Fischer, *Chinesische Landschaftsmalerei.* München 1923 (Kurt Wolff)

C. Geertz, *The Interpretation of Cultures.* New York 1975 (Basic Books)

Marcel Granet, *Das chinesische Denken.* Inhalt, Form, Charakter.

Hrsg. Manfred Porkert. München 1963 (Piper). (Originalausgabe u.d.T. La Pensée chinoise, Paris 1934)

van Gulik, *La vie sexuelle dans la Chine ancienne*, Paris 1971

Donald J. Harper, *The Wu shih erh ping fang*, Translation and Prolegomena. Ann Arbor 1982 (University Microfilm International)

A. Koehn, *Chinese Flower Symbolism*. In: Monumenta Nipponica, Tokio, 8. Jg. 1952, S. 121 ff.

C. B. Leitch, *Chinese Rugs*. New York 1928 (Dodd, Mead)

Ferdinand Lessing, *Über die Symbolsprache in der chinesischen Kunst*. In: Sinica, Frankfurt, Bd. 9, 1934, S. 121 ff., S. 217 ff., S. 237 ff. Auch als Sonderdruck, hrsg. Erwin Rousselle, Frankfurt o.J. (China-Institut)

Albert Y. Leung, *Chinesische Heilkräuter*. Köln 1985 (Diederichs Gelbe Reihe, Bd. 56)

Harry T. Morgan, *Chinese Symbols and Superstitions*. South Pasadena 1942 (P. D. and Ione Perkins)

Desmond Morris, *Gestures, their Origin and Distribution*. New York 1979 (Stein and Day)

Seikin Nozaki, *Kisshô zuan kaidai* (Erklärung der Darstellungen von Glückssymbolen). 2 Bde. Tientsin 1928. Nachdruck Taipeh 1979 u. d. T. Chung-kuo chi-hsiang t'uan (Darstellungen von chinesischen Glückssymbolen)

Ostwestliche Symbole und Seelenforschung. Eranos-Jahrbuch 1934. Hrsg. Olga Fröbe-Kapteyn. Zürich 1935 (Rhein Verlag)

Gerhard Pommeranz-Liedtke, *Chinesische Neujahrsbilder*. Dresden 1961

–, *Die Weisheit der Kunst*. Chinesische Steinabreibungen. Leipzig 1963 (Insel)

Emil Preetorius, *Malerei als Schreibkunst*. In: Kunst des Ostens, Katalog der »Sammlung Preetorius«. München 1958

Gernot Prunner, *Papiergötter aus China*. Hamburg 1973 (Museum für Völkerkunde)

M. C. Ripley, *Collection of Antique Chinese Rugs*. New York 1908 (Tiffany Studies)

Karl Sälzle, *Tier und Mensch, Gottheit und Dämon*. Das Tier in der Geistesgeschichte der Menschheit. München 1965 (Bayerischer Landwirtschaftsverlag)

San ts'ai t'u hui (Enzyklopädie bezüglich der drei Potenzen Himmel, Erde und Mensch). 1607, Nachdruck Taipeh o. J.

Carl Schuster, *Some Peasant Embroideries from Western China*. In: Embroidery, Bd. 3, Nr. 4, S. 87 ff.

–, *Relations of a China Embroidery Design: Eastern Europe and Western Asia, South-East Asia and Melanesia*. In: Early Chinese Art and its possible Influence in the Pacific Basin, New York 1972, Bd. 2, S. 243 ff.

–, *A Comparative Study of Motives in Chinese Folk Embroideries*. In: Monumenta Serica, 1936, Bd. 2, S. 21 ff. und S. 437 ff.

Arthur H. Smith, *Proverbs and Common Sayings from the Chinese*. 1914. Nachdruck New York 1965 (Dover Publications)

Dan Sperber, *Rethinking Symbolism*. Übersetzt von A. L. Morton. London 1975 (Cambridge University Press)

Su yü tien (Sprichwortsammlung). Von Wang Yü-k'ang u. a. Taipeh 1976 (Wu-chou Publishing Co.)

Yu-ho Tseng, *Chinese Folk Art in American Collections.* Honolulu 1977 (University of Hawaii Press)

Anthony R. Walker, *Farmers in the Hills.* Taipeh 1981 (Asian Folklore & Social Life Monographs, Bd. 105)

Po-min Wang, *Chung-kuo pan-hua shih* (Geschichte der chinesischen Holzdrucke). Schanghai 1961

Shu-ts'un Wang, *Yang-liu ch'ing ch'un-nien-hua tz'u liao chi* (Frühlingsbilder von den Meistern in Yang-liu ch'ing). Materialien. Peking 1959

–, *Chung-kuo ko-ti nien-hua yen-chiu* (Untersuchung von Neujahrsbildern aus allen Teilen Chinas). Hongkong 1976

–, *Chung-kuo ku-tai pan-hua yen-chiu* (Untersuchung der alten Holzdrucke Chinas). Peking o. J. Nachdruck von Zeitschriftenartikeln

V.-F. Weber, *Koji Hô-ten.* Dictionnaire à l'usage des amateurs et collecteurs d'objets d'art Japonais et Chinois. 2 Bde. Paris 1923 (Selbstverlag)

Jörg Weigand, *Fensterblumen.* Rosenheim 1977 (Rosenheimer Verlag)

E. T. Chalmers Werner, *Myths and Legends of China.* London 1922

–, *A Dictionary of Chinese Mythology.* Schanghai 1932

Stephan H. West, *Vaudeville and Narratives: Aspects of Chinese Theatre.* Wiesbaden 1977 (Steiner)

Erwin Wickert, *China von innen gesehen.* Stuttgart 1982 (Deutsche Verlags-Anstalt)

Richard Wilhelm, *Die Seele Chinas.* Berlin 1926 (Reimar Hobling). Nachdruck hrsg. Wolfgang Bauer, Frankfurt 1980 (Suhrkamp)

–, *Die chinesische Literatur.* In: Handbuch der Literaturwissenschaft, hrsg. Otto Walzel. Wildpark-Potsdam 1926 (Athenaion)

–, *Chinesische Volksmärchen.* Jena 1914 (Diederichs)

C. A. S. Williams, *Manual of Chinese Metaphor.* Schanghai 1920 (Commercial Press)

–, *Outlines of Chinese Symbolism and Art Motives.* Schanghai 1932 (Commercial Press). Nachdruck u. d. T. Chinese Symbolism and Art Motives. New York 1960 (Julian Press)

Bernard Wolfe, *The Daily Life of a Chinese Courtesan.* Hongkong 1981

Yang-liu ch'ing pan-hua (Holzdrucke von Yang-liu ch'ing). Taipeh 1976

W. Perceval Yetts, *Notes on Chinese Flower Symbolism.* In: Journal of the Royal Asiatic Society, Januar 1941

–, *Symbol in Chinese Art.* In: The China Society. Leiden 1912 (E. W. Brill)

Zozayong, *Introduction to Korean Folk Painting.* Seoul 1977